高等院校法学教材

GUOJI SHANGFA

国际商法
（第二版）

陈慧芳　公惟韬　编著

上海大学出版社

图书在版编目(CIP)数据

国际商法/陈慧芳,公惟韬编著. —2版. —上海:
上海大学出版社,2023.11
ISBN 978-7-5671-4811-6

Ⅰ.①国… Ⅱ.①陈… ②公… Ⅲ.①国际商法－高等学校－教材 Ⅳ.①D996.1

中国国家版本馆 CIP 数据核字(2023)第 221462 号

责任编辑　庄际虹
封面设计　柯国富
技术编辑　金　鑫　钱宇坤

国际商法(第二版)

陈慧芳　公惟韬　编著

上海大学出版社出版发行
(上海市上大路 99 号　邮政编码 200444)
(https://www.shupress.cn 发行热线 021-66135112)
出版人　戴骏豪

*

南京展望文化发展有限公司排版
句容市排印厂印刷　各地新华书店经销
开本 710mm×1000mm　1/16　印张 27.5　字数 492 千字
2023 年 12 月第 1 版　2023 年 12 月第 1 次印刷
ISBN 978-7-5671-4811-6/D·257　定价　68.00 元

版权所有　侵权必究
如发现本书有印装质量问题请与印刷厂质量科联系
联系电话: 0511-87871135

前　　言

在百年未有之大变局的国际环境下,经济全球化趋势还是在不断推进中。面对日益频繁的国际商事活动中出现的摩擦,培养懂经济、懂管理、懂法律的复合型人才,以利于我国顺利开展国际商事活动,并提升我国的竞争力,对经济管理类等非法学专业的院校开设国际商法课程就显得非常必要。

本书是结合作者多年来教学科研以及法律事务实践的经验和成果,根据高校经济管理类学生的专业特点,以国际商法概述、国际商事组织法、合同法、国际货物买卖法和运输法以及运输保险法、国际知识产权法、产品责任法以及国际商事仲裁法等为主要内容编撰而成的。

在编写过程中,本书力求充分介绍国内外商法领域最新的法律、法规及相关的国际公约及国际惯例的内容与发展变化,包括国际商法领域中的新问题;同时在体例上,力求采用理论和实际相结合的方法。每章内容都包括教学要求、教学内容、案例分析及思考练习题,突出培养学生运用理论知识解决实际问题的能力;同时本书的部分章节中附有与本书内容相关的教学视频,以期开拓读者的视野。本书撰稿分工如下:陈慧芳担任第一、二、三、七、八章的编写工作;公惟韬担任第四、五、六、九章的编写工作。

教学补充内容视频录制工作分工如下:陈慧芳录制了第一、二、三章的内容,崔浩然录制了第五、七、八、九章的内容。

本书适合高等院校非法学专业的学生使用,同时也可供从事国际商务工作的人员及法律工作者学习参考。

本书在编撰的过程中得到了上海大学出版社的鼎力相助,在此深表感谢!

由于我们的学识有限,谬误疏漏在所难免,谨祈读者们赐教匡正。

作　者
2023 年 11 月

目 录

第一章 国际商法绪论 … 1
  第一节 国际商法的概念和渊源 … 1
    一、国际商法的概念 … 1
    二、国际商法的渊源 … 2
  第二节 法域与法律体系 … 3
    一、法域与法律体系的概述 … 3
    二、两大主要的法律体系 … 5
  第三节 国际商法的历史发展和两大法系的发展趋势 … 9
    一、国际商法的历史发展 … 9
    二、两大法系的发展趋势 … 11
  第四节 中国涉外商事法律制度 … 12
    一、中国涉外商事法律制度的形成和发展 … 12
    二、中国涉外商事法律制度的基本原则 … 13
    三、中国涉外商法的渊源 … 14
  【本章思考题】 … 22

第二章 国际商事组织法 … 23
  第一节 商事组织和商事组织法 … 23
    一、商事组织的概念和种类 … 23
    二、商事组织法的概念 … 24
  第二节 合伙企业法 … 25
    一、合伙的定义及产生 … 25
    二、合伙的特征 … 25

三、各国合伙企业法 ··· 26
　　四、普通合伙 ··· 26
　　五、有限合伙 ··· 33
　　六、合伙的解散与清算 ··· 37
第三节　公司 ··· 40
　　一、公司和法人资格 ·· 40
　　二、公司的类型 ·· 43
　　三、公司的成立 ·· 53
　　四、公司章程 ··· 56
　　五、公司的组织机构 ·· 57
　　六、公司的股本和债券 ··· 68
　　七、公司的盈余分配 ·· 72
　　八、股份有限公司的合并、分立、解散和清算 ············· 73
　　九、外国公司 ··· 75
第四节　其他商事组织 ·· 83
　　一、代理的概念与形式 ··· 83
　　二、代理权的产生 ··· 85
　　三、无权代理 ··· 89
　　四、代理的终止 ·· 91
　　五、代理的法律关系 ·· 93
【本章思考题】 ·· 107

第三章　国际商事合同法律制度 ································· 108
　第一节　国际商事合同法概述 ······································· 108
　　一、国际商事合同的概念 ·· 108
　　二、商事合同法的渊源 ··· 110
　　三、国际商事合同的法律适用 ···································· 111
　　四、国际商事合同的一般法律原则 ····························· 113
　第二节　合同的成立及合同的效力 ································· 117
　　一、当事人的订约能力 ··· 118
　　二、要约与承诺 ·· 120

    三、对价与约因 ·· 132
    四、合同的形式 ·· 136
    五、合同的效力 ·· 140
    六、当事人意思表示的真实性 ······························ 142
    七、合同的解释 ·· 154
  第三节 国际商事合同的履行 ····································· 164
    一、合同履行的一般规则 ···································· 164
    二、法定补充履行规则 ······································· 168
    三、合同履行中的抗辩权 ···································· 172
  第四节 国际商事合同的违约处理法律制度 ····················· 178
    一、违约的概念、形式与违约责任原则 ······················ 178
    二、违约救济与违约责任方式 ································ 181
    三、商事合同的违约免责 ···································· 196
  第五节 合同的消灭 ··· 200
    一、大陆法系的规定 ··· 200
    二、英美法系的规定 ··· 203
    三、中国法律的规定 ··· 203
  第六节 联合国电子商务示范法 ·································· 207
    一、联合国电子商务示范法的发展历史 ······················ 207
    二、《电子商务示范法》的主要内容 ························· 208
  【本章思考题】 ·· 213

第四章 国际货物买卖法 ·· 215
  第一节 国际货物买卖合同概述 ·································· 215
    一、国际货物买卖合同的概念 ································ 215
    二、国际货物买卖法的概念和渊源 ··························· 216
    三、国际货物买卖合同采用的形式 ··························· 217
  第二节 《联合国国际货物销售合同公约》的适用范围 ········ 218
    一、《公约》适用的合同主体、客体 ························· 218
    二、《公约》排除的适用范围 ································ 219
  第三节 国际货物买卖合同的成立 ······························· 221

一、要约 ·· 221
二、承诺 ·· 222
第四节 卖方和买方的权利和义务 ························ 224
一、卖方的义务 ·· 224
二、买方的义务 ·· 227
第五节 货物所有权与风险的转移 ························ 229
一、货物所有权的转移 ·································· 229
二、货物风险的转移 ···································· 229
第六节 违约救济 ·· 231
一、《公约》规定的违约种类 ························ 231
二、违约的救济 ·· 232
【本章思考题】 ·· 239

第五章 国际货物运输法 ···································· 240
第一节 国际货物运输概述 ································ 240
一、国际货物运输的概念 ······························ 240
二、国际货物运输的特征 ······························ 240
第二节 国际货物运输主要立法 ························ 241
一、国际海上货物运输主要立法 ·················· 241
二、有关国际公路货物货物运输的立法 ········ 250
三、有关国际铁路货物运输的立法 ·············· 251
四、有关国际航空货物运输的立法 ·············· 251
五、有关国际货物多式联运的立法 ·············· 253
第三节 国际海上货物运输法律制度 ·················· 255
一、提单法律制度 ······································ 255
二、提单当事人的基本义务和责任 ·············· 261
三、租船合同 ·· 271
第四节 国际贸易其他运输方式法律制度 ············ 275
一、国际铁路货物运输 ································ 275
二、国际航空货物运输 ································ 277
三、国际货物多式联运 ································ 279

【本章思考题】……284

第六章 国际货物运输保险法……285
 第一节 国际货物运输保险概述……285
  一、国际货物运输保险的概念……285
  二、国际货物运输保险的种类……285
 第二节 海上货物运输保险合同概述……286
  一、海上货物运输保险合同的概念及性质……286
  二、海上货物运输保险合同的当事人、关系人与中介人……287
 第三节 海上货物运输保险合同的订立和主要内容……287
  一、海上货物运输保险合同的订立程序……287
  二、海上货物运输保险合同的形式……288
  三、海上货物运输保险合同的主要内容……289
 第四节 海上货物运输保险合同的变更、转让和解除……290
  一、海上货物运输保险合同的变更……290
  二、海上货物运输保险合同的转让……290
  三、海上货物运输保险合同的解除……291
 第五节 海上保险合同的基本原则……291
  一、诚实信用原则……291
  二、保险利益原则……293
  三、赔偿原则……294
 第六节 国际货物运输保险的承保的风险……294
  一、基本风险……294
  二、特别风险……295
  三、除外风险……295
 第七节 承保的损失与费用……295
  一、全部损失……296
  二、部分损失……296
  三、承保的费用……298
 第八节 保险索赔与理赔……298
  一、索赔与理赔的概念……298

二、索赔程序 ………………………………………………………… 299
三、理赔程序 ………………………………………………………… 299
四、委付与代位求偿权 ……………………………………………… 301

【本章思考题】 …………………………………………………………… 308

第七章　国际知识产权法 …………………………………………… 310

第一节　知识产权概述 …………………………………………… 310
一、知识产权的概念 ………………………………………………… 310
二、知识产权的特征 ………………………………………………… 312

第二节　专利法律制度 …………………………………………… 313
一、专利、专利权 …………………………………………………… 313
二、授予专利权的条件 ……………………………………………… 313
三、专利法保护的对象 ……………………………………………… 314
四、专利权的取得 …………………………………………………… 315
五、专利权人的权利与义务 ………………………………………… 316
六、专利权人的权利期限 …………………………………………… 317

第三节　商标法律制度 …………………………………………… 327
一、商标、商标权与商标法 ………………………………………… 327
二、商标权的取得 …………………………………………………… 328
三、商标权的内容 …………………………………………………… 331
四、商标权人的义务 ………………………………………………… 332

第四节　版权及其他知识产权法律制度 ………………………… 338
一、版权制度 ………………………………………………………… 338
二、秘密技术保护制度 ……………………………………………… 342
三、集成电路布图设计 ……………………………………………… 343

第五节　国际技术转让法律制度 ………………………………… 347
一、国际技术转让的概念、种类 …………………………………… 347
二、国际技术贸易的特点 …………………………………………… 348
三、国际技术贸易方式 ……………………………………………… 349

第六节　国际知识产权组织和知识产权国际公约 ……………… 358
一、国际知识产权组织 ……………………………………………… 358

二、知识产权公约 ……………………………………………………… 359
　【本章思考题】 …………………………………………………………… 367

第八章　产品责任法 ……………………………………………………… 368
　第一节　产品责任法概述 ………………………………………………… 368
　　一、产品责任的概念 …………………………………………………… 368
　　二、产品责任法的概念及其特征 ……………………………………… 369
　第二节　各国的产品责任法 ……………………………………………… 370
　　一、美国的产品责任法 ………………………………………………… 370
　　二、欧洲主要国家的产品责任法 ……………………………………… 381
　　三、英国产品质量法 …………………………………………………… 384
　　四、日本的产品责任法 ………………………………………………… 385
　　五、澳大利亚的产品责任法 …………………………………………… 386
　　六、我国的产品质量法 ………………………………………………… 387
　第三节　关于产品责任法律适用的国际公约 …………………………… 388
　　一、《海牙公约》的适用范围 …………………………………………… 388
　　二、《海牙公约》对产品、损害及产品责任主体的规定 ……………… 389
　　三、《海牙公约》规定的法律适用原则及其内容 ……………………… 389
　【本章思考题】 …………………………………………………………… 400

第九章　国际商事仲裁 …………………………………………………… 401
　第一节　国际商事仲裁法概述 …………………………………………… 401
　　一、国际商事仲裁的概念和特征 ……………………………………… 402
　　二、国际商事仲裁法的法律渊源 ……………………………………… 403
　第二节　国际商事仲裁的机构和规则 …………………………………… 404
　　一、我国的国际商事仲裁机构和仲裁规则 …………………………… 404
　　二、外国及国际性的仲裁机构和仲裁规则 …………………………… 405
　第三节　国际商事仲裁协议 ……………………………………………… 409
　　一、国际商事仲裁协议的概念 ………………………………………… 409
　　二、仲裁协议的种类 …………………………………………………… 409
　　三、涉外仲裁协议的法律效力 ………………………………………… 410

四、仲裁协议的内容 …………………………………………………… 411
第四节　国际商事仲裁程序 ………………………………………………… 412
　　一、我国的国际商事仲裁程序 ………………………………………… 412
　　二、外国的常设仲裁机构之全国性仲裁机构的仲裁程序 …… 414
　　三、联合国国际贸易法委员会仲裁规则的仲裁程序 ………… 416
　　四、国际商会仲裁院 …………………………………………………… 418
第五节　国际商事仲裁裁决的承认和执行 ……………………………… 419
　　一、承认与执行仲裁裁决的含义和方式 …………………………… 419
　　二、国际商事仲裁的承认与执行的法律适用问题 ……………… 420
　　三、我国在涉外商事仲裁承认与执行中的法律适用问题 …… 422
【本章思考题】 ………………………………………………………………… 426

参考文献 …………………………………………………………………… 427

第一章 国际商法绪论

教学要求

通过本章的学习,了解国际商法的概念、国际商法的历史发展以及国际商法的渊源;掌握法域、法系的概念区别,世界两大主要法系大陆法系和英美法系的基本特征;了解中国涉外商事法律制度的产生和发展、基本原则、渊源,并注意国际交往中法律适用问题的意义。

第一节 国际商法的概念和渊源

一、国际商法的概念

国际商法是调整国际商事组织在国际商事活动中所形成的各种关系的法律规范、规则的总称。首先,在"国际商法"这一概念中,"国际"(international)一词的含义包括但并不着重于"国家与国家之间"的意思,而着重于"跨越国界"(transnational)的意思;其次,国际商事主体是指在国际商事关系中依法可以享有国际商事权利和承担国际商事义务的当事人。具体包括:① 自然人。各国法律和国际条约一般都承认具有权利能力和行为能力的自然人可以以自己的名义参与国际商事活动,从而成为国际商事主体。如我国《宪法》和《中华人民共和国外商投资法》都明确规定,允许外国的个人在中国投资,同中国的企业或其他经济组织进行各种形式的经济合作。② 具有法人资格的公司、企业(特别是跨国公司)以及其他非法人商事组织(如合伙企业)显然是重要的国际商事主体。③ 国际组织特别是第二次世界大战后涌现的全球性或区域性国际经济组织也是国际商事活动中的重要主体。世界银行、国际货币基金组织(IMF)、世界贸易组织(WTO)等全球性经济组织以及欧洲联盟(EU)、亚太经济合作组织(APEC)、北美自由贸易协定(NAFTA)等区域性经济组织不仅参与制定或促成制定有关调整国际商事活动的行为规范,有时还直接与其他国际商事主体签订国际商事合同,参与国际商事交易。④ 国家。国家是国际商事法律规范的参与制定者,又是本国涉外商事法律的制定者。此外,国家也会在一定情况下参与国际商事交易(如政府间贷款或在国际债券市场上发行政府债券等),因而国家是一种特殊的国际商事主体。由此可见,今天的国际商事主体已不再局限于传统的自然人、公司、企业,而是包括了更多的主体。最后,国际商法调整的对象为国际商事活动。传统的国际商事活动是以有形商品(货物)的买卖为核心内容的,但在当代社会,随着经济的飞速发展和全球化程度的不断提高,国际商事活动不论在其交易对象还是交易方式上都有了很大发展。从交易对象来看,除了国际货物买卖有了巨大发展外,技术、资金、劳务的国际流动也日趋频繁,在国际经济交往中的重要性也日趋提高。从交易方式来看,除了买卖这一传统方式外,还出现了很多新型的交易方式,如国际技术转让、国际投资、国际合作生产、国际融资、国际工程承包、国际租赁等。由此可见,当今的国际商事活动早已突破了传统的国际货物买卖的范畴,深入到技术贸易、服务贸易、投资和金融等众多经济领域。正因如此,当今的国际商法也早已突破传统范畴,发展成一个涉及面极广,包含内容极为丰富的法律规范体系。国际贸易法(包括货物贸易、技术贸易、服务贸易)、国际商事合同法、国际商事组织法、国际代理法、国际产品责任法、国际票据法、海商法、国际投资法、国际金融法等都可纳入国际商法的范畴。显然,将内容如此丰富的国际商法全部纳入一本篇幅有限的书中加以介绍是十分困难的,甚至是无法做到的。故本书只选择其中最基础的内容(包括商事组织法、商事合同法、货物买卖法、货物运输法、货物运输保险法、知识产权法、产品责任法及商事争议解决等)加以阐述和介绍。

二、国际商法的渊源

所谓法律渊源是指法的各种具体表现形式,也称法律形式。就国际商法而言,其渊源主要有三个,即国际商事条约、国际商事惯例及各国有关的国内商事法。

(一) 国际商事条约

作为国际商事主体的国家和国际组织缔结的、调整国际商事活动的条约或公约是国际商法的重要渊源。1969年《维也纳条约法公约》第2条第1款(甲)定义条约的概念为:"称'条约'者,谓国家间所缔结而以国际法为准之国际书面协定,不论其载于一项单独文书或两项以上(相互有关之)文书内,亦不论其特定名称为何。"

国际商事条约的数量不少，总体上可分为三大类：第一类是调整国际商事活动的实体规范，如1980年的《联合国国际货物销售合同公约》、1978年的《联合国海上货物运输公约》（汉堡规则）、1980年的《联合国国际货物多式联运公约》等，此类实体规范在国际商事条约中占了大多数；第二类国际商事条约是属于程序法规范，如1905年的《国际民事诉讼程序公约》、1958年的《联合国承认及执行外国仲裁裁决公约》、1976年的《联合国国际贸易法委员会仲裁规则》等；第三类是调整国际商事活动的冲突法公约，如1973年海牙《代理法律适用公约》等。

（二）国际商事惯例

国际商事惯例是统一的国际商法的另一个重要渊源，但是与国际商事条约不同的是，它不是由国家或政府间国际组织缔结的，而是在国际商事活动长期实践的基础上逐渐形成和发展起来的。在其形成和发展的初期，它一般尚未正式成文，后来随着实践的积累和为了更利于实践，一些国际性民间组织便把其中比较定型的行为规范和行为准则，分门别类，编纂成文，供当事人选择使用。如国际商会编纂的《国际贸易术语解释通则》《跟单信用证统一惯例》《托收统一规则》；国际海事委员会编纂的《约克—安特卫普规则》（共同海损理算规则）等。尽管这些商事惯例严格说来并不是法律，不具有法律的普遍约束力，但各国一般都允许双方当事人在国际商事活动中有选择使用国际商事惯例的自由。一旦当事人在合同中采用了某项惯例，该惯例对双方当事人就具有约束力。

（三）各国国内商事法

尽管目前国际上有大量的国际商事条约和国际商事惯例，但这些条约和惯例并不能解决国际商事活动所有领域中的一切问题，而且对某一问题，即使现有条约或惯例中已有规定，该条约或惯例也未必会被所有国家和地区一致参加或承认。因此，在不少场合下，国际商事纠纷还得借助法律冲突规则的指引，使用有关国家的商法来处理。因此，各国国内商事法仍然是国际商法的重要补充。这种国内商事法，在大陆法和英美法国家有不同的表现形式，关于这一点，将在第二节作详细介绍。

第二节 法域与法律体系

一、法域与法律体系的概述

（一）法域

所谓法域，是指具有独特法律制度的地区。法域是法律适用的地域，是法律有效管辖或适用的范围。这个特定的范围既可能是空间范围,又可能是成员范围,还可能是时间范围。正是基于此,法域有属地性法域、属人性法域、属时性法域和属法性法域之分。

属地性法域是就法律有效管辖的地域范围而言,产生于多个这种地域范围之间的法律冲突称为地域之间(通常是国际或区际)的法律冲突;属人性法域是指法律有效管辖的人员范围,产生于这一范围之间的法律冲突称为人际法律冲突;属时性法域划分的是法律有效管辖的时间范围,产生于不同时间范围之间的法律冲突称为时际法律冲突;属法性法域指的是法律有效管辖的社会关系的范围,产生于调整不同社会关系的法律之间的冲突称为法际法律冲突。

这四种对法域的划分并非界限截然,其相互间多有交叉或重叠的情形,如某一法律既有效管辖一定的地域范围,又有效管辖一定的人员范围,此一法域既为属地性法域,又为属人性法域。判断一个地区是否构成独立法域的标准,在于当地法律是否具有值得单独调查的充分独特性。世界上一共大约有 320 个法域。法域和民族、国家不同,现在世界上大约有 193 个主权国家。很多民族、国家拥有多个法域,美国有 51 个法域,英国有 7 个。澳大利亚基本上可以算作统一的法域,瑞士各省之间和巴西各州之间的差异也非常小,因此这两个国家都被视为单一法域。还有比如中国大陆、俄罗斯和阿联酋,虽然可能拥有多个法域,但出于种种原因仍被视为单一法域。

(二) 法系

所谓法系,是指比较法学家按照法的历史传统和形式上的某些特征,对世界各国法律体系所作的分类。从历史角度来看,世界上 320 个法域中大多数法域的法律都建立在几个西欧国家法律的基础上。这些法域可以归入三大主要法系:

1. 英美法系

最初产生于英国,包括世界上 45% 左右的法域。这个总数因为算上了美国、加拿大和澳大利亚的各个法域才显著增加,如果这三个国家都只算作一个法域,那么英美法系的规模就与法国法系相当。

2. 法国法系

最初产生于法国,包括世界上约 25% 左右的法域。

3. 德国法系

最初主要产生于德国,并且在荷兰、奥地利和瑞士获得重大发展,包括世界上 10% 左右的法域。

剩下的法系可分为:① 混合法系(5%),例如海峡群岛;② 伊斯兰法系(3%),

例如沙特阿拉伯；③ 不完整的新型法系（6%），例如越南；④ 未归类的法域（2%），例如南极地区。

如果我们用更加概括的方式进行梳理，不仅把美国、加拿大和澳大利亚视为单一法域，而且把大陆法系/英美法系混合法系和新型法系按照各自的主要特征进行重新归类，那么总体情况就是：英美法系占30%，法国法系占30%，德国法系占30%，剩下的法系占10%。

中国的法学家习惯将法国法系与德国法系合为一个法系，称为大陆法系。这样，当今世界法系中最具代表性的即两大法系：大陆法系与英美法系。

法国学者勒内·达维德（Rene David）在其《当代主要法律体系》一书中将世界各国法律归纳为七个法律体系。其中，最具代表性和影响力的法律体系无疑为大陆法系和英美法系。这两大法系各具特点，在不少方面存在分歧。这种分歧不可避免地会影响到其国内商事法，因为一国国内商事法是一国法律体系的有机组成部分，它不可能脱离一国的法律体系而孤立地存在。目前来说，各国国内商事法仍是国际商法的重要补充，不少国际商事纠纷还得援引有关国家的国内商事法来处理，既然这种国内商事法不可避免地反映该国法律体系上的特征，因此，我们在学习和研究国际商法时，有必要了解西方两大主要法系即大陆法系和英美法系的基本特征，以便我们更好地理解有关国家的国内商事法。

二、两大主要的法律体系

（一）大陆法系（Civil Law）

1. 大陆法系概述

大陆法系又称罗马法系、成文法系、民法法系或罗马—日耳曼法系（因为它的历史渊源是罗马法和日耳曼法，此外还有教会法、商法和城市法），是资本主义国家中历史悠久、分布广泛、影响深远的法系。它以欧洲大陆的法国和德国为代表，在罗马法的基础上，融合其他法律成分，逐渐发展为世界性的法律体系。在大陆法系内部，各个国家和地区的法律制度的情况不尽相同，大体上有两个分支——以《法国民法典》为代表的拉丁分支和以《德国民法典》为代表的日耳曼分支。

除了这两个国家之外，许多欧洲大陆的国家，如瑞士、意大利、比利时、卢森堡、荷兰、西班牙、葡萄牙等国，均属大陆法系。此外，整个拉丁美洲、非洲的一部分、近东的一些国家也属于大陆法系，日本也引入了大陆法系。值得一提的是，在属于英美法系的国家中，某些国家的个别地区，如美国的路易斯安那州和加拿大的魁北克省，也属于大陆法系的范围。

资产阶级革命取得胜利,西欧许多国家的资本主义制度确立并巩固以后,适应资本主义经济、政治、文化的发展以及国家之间的交往,这些国家的法律制度相互间的联系和共同特征获得进一步发展。首先在法国,以资产阶级革命为动力,在古典自然法学和理性主义思潮的指导下,在罗马法的直接影响下,开创了制定有完整体系的成文法的模式。《法国民法典》成为欧洲大陆各国建立自己的法律制度的楷模,标志着近代意义上大陆法系的模式的确立。随后在德国,在继承罗马法、研究和吸收法国立法经验的基础上,制定了一系列法典。《德国民法典》成为资本主义从自由经济到垄断经济发展的时代的典型代表。

由于以法国和德国为代表的大陆法系适应了整个资本主义社会的需要,并且由于它采用了严格的成文法形式易于传播,所以20世纪后,大陆法系越过欧洲,传遍世界。

2. 大陆法系的基本特点

大陆法系的一个特点是强调成文法的作用。它在结构上强调系统化、条理化、法典化和逻辑性。它所采取的方法是运用几个大的法律范畴把各种法律规则分门别类归纳在一起。这种结构上的特点,在法学和立法上都有所反映。

(1) 大陆法系各国都把全部法律分为公法和私法两大部分。公法一般是指与国家状况有关的法律,包括宪法、行政法、刑法、诉讼法和国际公法。私法一般是指与个人利益有关的法律,包括民法和商法等。大陆法系各国在这些法律领域中都使用相同的法律制度和法律概念,所以尽管各国的语言不同,但它们的法律词汇可以准确地互相对译。掌握了一个大陆法系国家的法律,再了解其他大陆法系国家的法律,就比较容易。

(2) 大陆法系各国都主张编纂法典。法国资产阶级革命胜利后,曾先后颁发了五部法典:《民法典》《民事诉讼法典》《商法典》《刑法典》和《刑事诉讼法典》。其他大陆法系国家也制定了类似的法典,但各国在法典的编制体例上却不完全相同。就民商法而言,有些大陆法系国家将民法与商法分别编成两部独立的法典,即采用民商分立的编制体例。法国、德国、日本等国采用这种体例。但也有大陆法系国家把商法并入民法典中,作为民法典的一个组成部分,即采取民商合一的编制体例。如意大利就只有民法典,瑞士只有债务法典,这两个国家都没有制定商法典,而是把有关商法的内容编入各自的民法典或债务法典之中。这里需要注意的是,"民商分立"也好,"民商合一"也好,这只是大陆法系国家在法典编制体例上的区别,民法和商法在大陆法系国家仍是两个不同的法律部门。

在法律的历史渊源上,大陆法系是在罗马法的直接影响下发展起来的,大陆法系不仅继承了罗马法成文法典的传统,而且采纳了罗马法的体系、概念和术语。如《法国民法典》以《法学阶梯》为蓝本,《德国民法典》以《学说汇纂》为模式。

大陆法系国家是成文法国家,法律是大陆法的主要渊源。大陆法系国家的法律包括宪法、法典、法典以外的法律和条例等。判例在大陆法国家原则上不作为法的正式渊源。一个判决只对被判处的案件有效,对日后法院判决同类案件并无约束力,这是大陆法系和英美法系在法的渊源上的一个主要区别。但是,我们也应看到,近几十年来,判例实际上在大陆法系国家日益受到重视,尤其是最高法院对法律未作出规定的问题所作的判决,对下级法院具有非常重要的意义,而且下级法院的法官为避免所作判决被上级法院否定的风险,也往往愿意效仿上级法院的同类案件的判决,因此,尽管大陆法系国家是成文法国家,判例的作用也是不能忽视的。

在法律形式上,大陆法系国家一般不存在判例法,对重要的部门法制定了法典,并辅之以单行法规,构成较为完整的成文法体系。资产阶级启蒙思想家鼓吹的自然法思想和理性主义是大陆法系国家实行法典化的原因之一。1791年法国宪法中的"人权宣言"就明确宣布,每个人的自然权利只有成文法才能加以确定。以法国革命为代表的欧洲大陆国家的资产阶级革命的彻底性,在法律上的表现就是开展大规模的法典化运动。立法与司法的严格区分,要求法典必须完整、清晰、逻辑严密。法典一经颁行,法官必须忠实执行,同类问题的旧法即丧失效力。法典化的成文法体系包括:宪法、行政法、民法、商法、刑法、民事诉讼法、刑事诉讼法。

在法官的作用上,大陆法系要求法官遵从法律明文办理案件,没有立法权。大陆法系国家的立法和司法分工明确,强调制定法的权威。制定法的效力优先于其他法律渊源,而且将全部法律划分为公法和私法两类,法律体系完整,概念明确。法官只能严格执行法律规定,不得擅自创造法律、违背立法精神。

大陆法系一般采取法院系统的双轨制,重视实体法与程序法的区分。大陆法系一般采用普通法院与行政法院分离的双轨制。法官经考试合格后由政府任命。严格区分实体法与程序法,一般采用纠问式诉讼方式。

在法律推理形式和方法上,采取演绎法。由于司法权受到重大限制,法律只能由代议制的立法机关制定,法官只能运用既定的法律判案,因此,在大陆法系国家,法官的作用在于从现存的法律规定中找到适用的法律条款,将其与事实相联系,推论出必然的结果。

(二)英美法系(Common Law)

1. 英美法系概述

英美法系也称普通法系(Common Law),这一法系以英国和美国为代表(故称英美法系),在法的结构和法的渊源上都具有不同于大陆法系的特征。

英美法系是指以英国中世纪以来的法律,特别是以它的普通法为基础,发展起来的法律制度的体系。普通法是与衡平法、教会法、习惯法和制定法相对应的概念。由于普通法对整个法律制度的影响最大,所以,英美法系又称为普通法系。美国的法律源于英国传统,但从19世纪后期开始独立发展,已经对世界的法律产生了很大的影响。英美法系的分布范围主要包括英国(苏格兰除外)、美国(路易丝安那州除外)、加拿大(魁北克省除外)、澳大利亚、新西兰、印度、巴基斯坦、新加坡、南非等国和中国香港特别行政区。英国法传统的传播主要是通过殖民扩张实现的。

2. 英美法系的主要特点

(1) 在法律的思维方式和运作方式上,英美法系运用的是区别技术(distinguishing technique)。这一方法的模式可以归纳为:① 运用归纳方法对前例中的法律事实进行归纳;② 运用归纳方法对待判案例的法律事实进行归纳;③ 将两个案例中的法律事实划分为实质性事实和非实质性事实;④ 运用比较的方法分析两个案例中的实质性事实是否相同或相似;⑤ 找出前例中所包含的规则或原则;⑥ 如果两个案例中的实质性要件相同或相似,则根据遵循先例的原则,先例中包含的规则或原则可以适用于待判案例。因此,在对待先例的问题上有三种做法:① 遵循先例。一般来讲,下级法院应当遵循上级法院的判例,上诉法院还要遵循自己以前的判例。② 推翻先例。在美国的联邦最高法院和各州最高法院有权推翻自己以前的判决。③ 避开先例。主要适用于下级法院不愿适用某一先例但又不愿公开推翻它时,可以以前后两个案例在实质性事实上存在区别为由而避开这一先例。

(2) 在法律的渊源、形式上,判例法占据重要地位。从传统上讲,英美法系的判例法占主导地位。但从19世纪到现在,其制定法也不断增加。但是制定法仍然受判例法解释的制约。判例法一般是指高级法院的判决中所确立的法律原则或规则。这种原则或规则对以后的判决具有约束力或影响力。由于这些规则是法官在审理案件时创立的,因此,又称为法官法(judge made law)。

除了判例法之外,英美法系国家有一定数量的制定法,同时还有一些法典,如美国的《统一商法典》、美国《宪法》等,但和大陆法系比较起来,它的制定法和法典还是很少的,而且对法律制度的影响远没有判例法大。

判例法和制定法的关系是一种相互作用、相互制约的关系。制定法可以改变判例法,同时,制定法在适用的过程中,通过法官的解释,判例法又可以修正制定法。如果这种解释过分偏离了立法者的意图,又会被立法者以制定法的形式予以改变。

（3）在法律的分类方面,英美法系没有严格的部门法概念,即没有系统性、逻辑性很强的法律分类。英美法的法律分类比较偏重实用,其原因有以下几点：① 英美法系从一开始就十分重视令状和诉讼的形式。这种诉讼形式的划分本身就缺乏逻辑性和系统性,因此就阻碍了英国法学家对法律分类的科学研究。② 英美法系重判例法,而反对法典编纂。判例法偏重实践经验,而忽视抽象的概括和理论探讨。③ 英美法系在法院的设置上分为普通法院和衡平法院。普通法和衡平法的划分从政治的角度看,是国会和国王争夺权利的表现；从法律技术的角度看,是衡平法对普通法缺陷的修改和补充。衡平法是以普通法为基础的,它的说明价值在于指出了一般正义和个别正义的冲突和矛盾,而没有普通法院和行政法院的区分。因此,对涉及政治权力的案件和普通私人案件,在处理时没有明显的区分。这也阻碍了对法律的分类,尤其是难以形成公法和私法观念。④ 在英美法系的发展过程中,起主要推动作用的是法官和律师,而且其教育方式也是以学徒制为主,这就决定了他们更加关心具体案件,而轻视抽象理论意义上的法律分类。另外,像前面所提到的,英美法系具有悠久的划分普通法和衡平法的传统,尽管在他们那里目前已经没有普通法院和衡平法院的划分,但普通法和衡平法的区分仍然保留。

（4）在法学教育方面,英美法系主要是美国将法学教育定位于职业教育。学生入学前已取得一个学士学位,教学方法是判例教学法,重视培养学生的实际操作能力,毕业后授予法律博士学位(J. D),而且各学校有较大的自主权,不受教育行政机关的制约。在英国,大学的法学教育和大陆法系有些相似,也偏重于系统讲授,但大学毕业从事律师职业前要经过律师学院或律师协会的培训,而这时的教育主要是职业教育,仍然受学徒制教育传统的影响。

第三节 国际商法的历史发展和两大法系的发展趋势

一、国际商法的历史发展

（一）大陆法系

商法是随着商品经济的产生和发展而产生和发展起来的。有学者考证,公元前一千八百多年的《汉谟拉比法典》就有商事交易方面的法律规定。但通常说在古代罗马法中出现调整商事关系的法律应为国际商法的萌芽阶段,尽管当时还没有专门的商事法。在已经有《市民法》之后,公元前 242 年,罗马元老院颁布《万民法》,相当于我们现在所说的"涉外民事法",具有国际性。欧洲中世纪的"商人法"(law merchant)标志商法发展的第二阶段(商人习惯法阶段)。这种"商人法"最初出现在意大利,后来随世界贸易中心转移至大西洋沿岸而波及法国、西班牙、荷兰、德国及英国。其主要内容包括合同、两合公司、海上运输与保险、汇票、破产程序等,其典型特征是国际性(它不局限于在一国使用)和自治性(它是商人间的习惯约束规则,它的解释和运用不是由一般法院的专职法官来进行,而是由商人自己组成的法庭来执法)。17 世纪以后,随着欧洲中央集权国家的强大,欧洲各国便以立法的形式调整各种商事活动,从而使商法成为本国的国内法而失去其原有的国际性特征。法国在路易十四时期颁布了《商事条例》(1673 年)和《海商条例》(1681 年);德国当时的成文商事法有:《普鲁士海商法》(1727 年)、《普鲁士票据法》(1751 年)、《普鲁士保险法》(1776 年)等。此外,其他欧洲国家也制定了商事法,当然,这些国家最初的商事法也是通过认可商人习惯法的形式形成的,甚至有些国家法律中有关商业的规则沿袭了德、法两国的商事法。

19 世纪以后,随着欧洲资产阶级革命的成功,社会关系发生了根本的变革。为保护资本主义商品经济关系、推动商事活动,欧洲大陆国家相继开始了大规模的法典制定活动。1807 年,法国在其《陆上商事条例》和《海事条例》的基础上率先制定了统一的《法国商法典》,开创了大陆法系国家民商分立体例的先河。随后,《法国商法典》所创立的"民商分立"立法体例为欧洲许多国家所吸收。1861 年,德国仿效法国,于民法典之外制定了《德国普通商法典》(也称德国旧商法),1897 年,又在修订旧商法典的基础上颁布了《德国商法典》。这部新商法典对后来许多大陆法系国家的商事法也颇具影响。日本则在 1899 年制定了独立的商法典。应当指出的是,法、德、日等国虽采取民商分立原则,但是对商事活动而言,民法典和商法典是一般法与特别法的关系,商法典中没有规定的事项仍须适用民法典所确定的一般原则。此外,随着商事活动的发展,大陆法系国家也制定了不少单行的商事法规,作为对商法典的补充。这些大多具有近代资本主义法律特征的有关商事国内立法标志国际商法历史发展的第三阶段(民商法阶段)。

(二)英美法系

在英美法系国家,商法的历史发展有其不同于大陆法系的特色。英美法系国家在传统上采取判例法制度,19 世纪以后,才开始制定一些单行的商事法规,以补判例法之阙。因此这些国家的商法体系是以商事判例加单行商事法规为其特色的。在英美法系国家,没有大陆法系意义上的商法典。

从国际商法产生和发展过程可以看出,在 20 世纪以前,商法基本上局限于国内法,由此产生的法律分歧和冲突阻碍了国际商事活动的进一步发展,因此,自 19 世纪末 20 世纪初开始,一些政府或民间的国际组织便致力于商法的国际化和统一,而且取得了很大的成果。一些重要的国际商事公约和国际商事惯例相继问世,如《保护工业产权巴黎公约》(1883 年)、《关于解决国家与他国国民之间投资争端公约》、《联合国国际货物销售合同公约》、《国际贸易术语解释通则》(2000 年)等,商法的国际化和统一趋势在加强。我们把 19 世纪末 20 世纪初至今的阶段作为国际商法发展的第四个阶段(国际商法统一化阶段)。

应该看到,由于世界各国经济发展的不平衡以及历史、文化等方面的差异,国际商法的统一化进程也会碰到不少困难。

二、两大法系的发展趋势

如前所述,大陆法系和英美法系在法的结构和法的渊源上均具有不同的特征,但从发展的趋势来看,两者差别正逐渐缩小。正如前文所指出的那样,在大陆法系国家,判例法的作用日益受到重视,而在英美法系国家,成文法更是成为法的重要渊源,这无疑表明了两大法系有彼此靠近的趋势。其实这种趋势不仅体现在形式上,也体现在法的具体内容上。就实际而言,大陆法系商法和英美法系商法相互借鉴和吸收的例子就不少。例如,德国 1937 年的股份公司法就率先突破了大陆法系公司法固守的法定资本制,而吸收英美法系公司法授权资本制的经验。此后,日本、法国等一些大陆法系国家的公司法也采用了这一经验。另一方面,英美法系国家公司法也注重吸收大陆法系公司法的经验。例如,按照传统的英美法系公司法,公司行为不能超越公司章程所规定的经营范围,但法、德等一批大陆法系国家公司法并无严格的越权原则的规定。随着社会经济活动的日益发达,严格的越权原则已逐渐不适应商事活动的需要,也不利于对善意第三人的保护。于是,美国吸收大陆法系的经验,率先修改了其越权原则。随后,加拿大、英国等一些英美法系国家的公司法都对传统的越权原则作了修正。由此可见,尽管大陆法系和英美法系代表了两个不同的法系,但它们并不是毫不相干、互不影响的关系。相反,随着国际贸易和国际投资的发展,现代市场经济日益呈现出全球化、一体化的要求,两大法系在很多方面的分歧正逐步缩小。

当然,我们也应该看到,两大法系由于历史和传统的不同所形成的巨大分歧,尽管目前在缩小,但短期内并不会完全消除。两大法系并未统一,并未汇合成单一的西方法系。在法的渊源上,英美法系成文法的作用虽在提高,但目前判例法仍是法的重要渊源;大陆法系国家判例法虽日益受到重视,但其作用显然无法与成文法相提并论。在法的具体内容上,两大法系亦有诸多分歧(本书以后的章节会对两大法系在商法上的分歧作具体介绍)。因此,至少在未来较长时间内,西方法系仍要区分为大陆法系和英美法系。

第四节 中国涉外商事法律制度

一、中国涉外商事法律制度的形成和发展

涉外商事法律制度,是一国用以调整涉外商事交易中所发生的各种涉外商事关系的法律规范的总称。中华人民共和国成立以后,我国的涉外商事法律制度的建立经历了一个曲折而复杂的历史过程。在新中国成立后的近三十年间,由于历史的原因,我国实行的是较为封闭的经济模式。在国内计划经济体制下,对外贸易由国家垄断,个人、企业以及其他实体无独立的对外经营权。协调国际经济活动主要是依靠政策而非法律。在国际上,以美国为首的西方国家又对我国实行经济封锁,在国内,一段时间盛行"左"倾思潮和法律虚无主义。国际、国内诸种因素的限制使得我国在相当长一段时间内没有、也不可能有系统的涉外商事法律制度。

中共十一届三中全会以后,我国确立了改革开放的基本国策。随着对外开放政策的实施和外向型经济的发展,我国涉外商事交易活动空前活跃,调整涉外商事交易的各种法律、法规应运而生。1979年,我国颁布了新中国成立后第一部利用外资的法律——《中华人民共和国中外合资经营企业法》,之后又相继颁布了一系列有关进出口贸易、技术引进、金融保险、经济仲裁等方面的法律、法规。为了进一步扩大对外开放,积极促进外商投资,保护外商投资合法权益,规范外商投资管理,推动形成全面开放新格局,促进社会主义市场经济健康发展,2019年3月15日第十三届全国人民代表大会第二次会议通过《中华人民共和国外商投资法》。此外,我国还积极参与制订双边和多边国际条约,其中包括《联合国国际货物销售合同公约》《关于解决国家和他国国民之间投资争端公约》《保护工业产权巴黎公约》《承认及执行外国仲裁裁决公约》等一批重要的国际条约,使得我国涉外商事法律制度与国际商事法律制度的衔接日益紧密,对推动我国涉外商事交易的发展有重要作用。1995年世界贸易组织(WTO)的诞生,是当今世界经济贸易领域里的一件大事。世贸组织在国际商事方面的规则,不仅涉及货物贸易领域,还扩大到服务贸易领

域、知识产权领域以及与贸易有关的投资措施领域。我国于2001年12月11日正式加入WTO,WTO的各项规则已对我国发生效力。作为WTO的成员国,我国要承担各种相关的国际义务,这对我国的涉外商事法律制度已经而且必将继续发生重大影响。它要求我们进一步完善我国的涉外商事法律制度,为涉外商事交易的发展提供更好的法律环境。

二、中国涉外商事法律制度的基本原则

涉外商事法律制度的基本原则,是我国涉外商事立法、司法应当遵守的基本准则,也是我国自然人、法人及其他实体参与涉外商事交易所应当遵守的基本准则。它具体包括:

(一)尊重国家主权、维护国家利益原则

尊重国家主权,维护国家利益,是我国一切对外交往活动必须遵循的基本原则,这一原则当然也适用于涉外商事活动。尊重国家主权要求国与国在经济交往中,相互尊重对方的经济自主,不得以任何手段控制、操纵他国的经济命脉。尊重国家主权也要求从事国际经济活动的当事人要遵守所在国及其本国法律的管辖。维护国家利益,要求当事人在从事涉外商事交易时,应当维护本国的经济利益,不能以损害国家利益、民族利益为代价来满足自己的私利。

(二)平等互利原则

坚持平等互利要求国与国之间应在法律地位平等的基础上,进行互惠互利的经济往来与合作;坚持平等互利也要求自然人、法人及其他实体在从事涉外商事交易时,要体现彼此权利与义务的对等,要在充分尊重彼此意愿和切实保障各方合法利益的基础上开展业务活动。

(三)信守国际条约原则

国际社会缔结的各种双边、多边商事条约和公约是调整缔约国之间商事关系的基本法律规范,是缔约国的有关法人和自然人从事涉外商事活动必须遵循的基本原则。我国涉外商事法律坚持信守国际条约的原则。凡我国缔结或参加的国际条约同我国法律有不同规定的,适用国际条约的规定,但我国已声明保留的条款除外。

(四)尊重国际惯例原则

国际惯例是指从国际商事活动实践中衍生出来的、被普遍接受的规范,其在国际商事活动中的作用已被各国普遍承认。但我国的某些涉外商事立法与国际惯例尚有差距,从而成为引起中外当事人商事纠纷的一个重要原因。尊重国际惯例要

求我们进一步完善我国的涉外商事立法,使之尽可能地与国际惯例接轨;尊重国际惯例也要求我们在处理我国涉外商事立法没有明确规定的问题时,应按国际惯例来处理,以减少执法中的摩擦和冲突。

三、中国涉外商法的渊源

中国涉外商法的渊源,既包括国际法渊源,又包括国内法渊源。

（一）国际法渊源

我国缔结或参加的国际商事条约是我国涉外商法的重要渊源。如前所述,我国已参加了《联合国国际货物销售合同公约》《关于解决国家和他国国民之间投资争端公约》《保护工业产权巴黎公约》《承认及执行外国仲裁裁决公约》等一批重要的多边国际商事条约。此外,我国还与世界许多国家与地区签订了贸易协定、保护投资协定、避免双重征税协定等国际商事协定。这些多边或双边的国际商事条约、协定是我国当事人在参与涉外商事活动时所必须遵循的行为规范（我国已声明保留的条款除外）,是我国涉外商法的一个不可忽视的渊源。

（二）国内法渊源

受经济发展水平等多种因素的制约,我国目前还无法做到对涉外商事活动和国内商事活动完全同等对待,我国制定的有关涉外商事方面的法律、法规成为我国涉外商法的主要渊源,其内容主要涉及下列几个方面:① 有关对外贸易方面,主要有《对外贸易法》《进口货物许可证制度暂行条例》《进出口商品检验法》《反倾销条例》等。值得注意的是,自 1999 年 10 月 1 日起,我国原先的一部有关进出口贸易的重要法律——《涉外经济合同法》被废止,取而代之的是一部新的、统一的《合同法》,但《合同法》仍有一些关于涉外合同的特别条款;2021 年 1 月 1 日《中华人民共和国民法典》(以下简称《民法典》)正式施行,原先的《合同法》被废止。《民法典》关于涉外合同的规定,包括:涉外合同可参照《民法典》中有关合同或其他法律最相类似合同的规定;在中国境内履行的中外合资经营企业合同、中外合作经营企业合同与中外合作勘探开发自然资源合同,适用中国法律。② 有关利用外资方面,2019 年《中华人民共和国外商投资法》颁布前,主要有《中外合资经营企业法》《中外合作经营企业法》《外商独资企业法》等。随着《中华人民共和国外商投资法》的施行,原先的三部三资企业法律被废止;③ 有关知识产权保护方面,主要有《商标法》《专利法》《著作权法》《计算机软件保护条例》等;④ 有关涉外税收方面,主要有《进出口关税条例》《外商投资企业出口退税问题的通知》等;⑤ 有关海商方面,主要有《海商法》《海上交通安全法》等;⑥ 有关金融方面,主要有《中央银行法》《商业银行法》《外资金融机构管理条例》《外汇管理条例》《境内机构对外担保管理办法》等;⑦ 有关商事仲裁方面,主要有《仲裁法》《民事诉讼法》《中国国际经济贸易仲裁委员会仲裁规则》《中国海事仲裁委员会仲裁规则》等。

案例分析

[案情]

  2010 年 1 月 16 日,东方置业房地产有限公司(以下简称东方置业公司)作为开发方,与作为承包方的安徽省外经建设(集团)有限公司(以下简称外经集团公司)、作为施工方的安徽外经建设中美洲有限公司(以下简称外经中美洲公司)在哥斯达黎加共和国圣何塞市签订了《哥斯达黎加湖畔华府项目施工合同》(以下简称《施工合同》),约定承包方为三栋各十四层综合商住楼施工。外经集团公司于 2010 年 5 月 26 日向中国建设银行股份有限公司安徽省分行(以下简称建行安徽省分行)提出申请,并以哥斯达黎加银行作为转开行,向作为受益人的东方置业公司开立履约保函,保证事项为哥斯达黎加湖畔华府项目。2010 年 5 月 28 日,哥斯达黎加银行开立编号为 G051225 的履约保函,担保人为建行安徽省分行,委托人为外经集团公司,受益人为东方置业公司,担保金额为 2 008 000 美元,有效期至 2011 年 10 月 12 日,后延期至 2012 年 2 月 12 日。保函说明:无条件的、不可撤销的、必须的、见索即付的保函。执行此保函需要受益人给哥斯达黎加银行中央办公室外贸部提交一式两份的证明文件,指明执行此保函的理由,另外,由受益人出具公证过的声明指出通知外经中美洲公司因为违约而产生此请求的日期,并附上保函证明原件和已经出具过的修改件。建行安徽省分行同时向哥斯达黎加银行开具编号为 34147020000289 的反担保函,承诺自收到哥斯达黎加银行通知后二十日内支付保函项下的款项。反担保函是"无条件的、不可撤销的、随时要求支付的",并约定"遵守国际商会出版的 458 号《见索即付保函统一规则》"。《施工合同》履行过程中,2012 年 1 月 23 日,建筑师 Jose Brenes 和 Mauricio Mora 出具《项目工程检验报告》。该报告认定了施工项目存在"施工不良""品质低劣"且需要修改或修理的情形。2012 年 2 月 7 日,外经中美洲公司以东方置业公司为被申请人向哥斯达黎加建筑师和工程师联合协会争议解决中心提交仲裁请求,认为东方置业公司拖欠应支付之已完成施工量的工程款及相应利息,请求解除合同并裁决东方置业公司赔偿损失。2 月 8 日,东方置业公司向哥斯达黎加银行提交索赔声明、违约通知书、违约声明、《项目工程检验报告》等保函兑付文件,要求执行保函。2月10日,哥斯达黎加银行向建行安徽省分行发出电文,称东方置业公司提出索赔,要求支付G051225号银行保函项下2 008 000美元的款项,哥斯达黎加银行进而要求建行安徽省分行须于2012年2月16日前支付上述款项。2月12日,应外经中美洲公司申请,哥斯达黎加共和国行政诉讼法院第二法庭下达临时保护措施禁令,裁定哥斯达黎加银行暂停执行G051225号履约保函。

2月23日,外经集团公司向合肥市中级人民法院提起保函欺诈纠纷诉讼,同时申请中止支付G051225号保函、34147020000289号保函项下款项。一审法院于2月27日作出(2012)合民四初字第00005-1号裁定,裁定中止支付G051225号保函及34147020000289号保函项下款项,并于2月28日向建行安徽省分行送达了上述裁定。2月29日,建行安徽省分行向哥斯达黎加银行发送电文告知了一审法院已作出的裁定事由,并于当日向哥斯达黎加银行寄送了上述裁定书的复印件,哥斯达黎加银行于3月5日收到上述裁定书复印件。

3月6日,哥斯达黎加共和国行政诉讼法院第二法庭判决外经中美洲公司申请预防性措施败诉,解除了临时保护措施禁令。3月20日,应哥斯达黎加银行的要求,建行安徽省分行延长了34147020000289号保函的有效期。3月21日,哥斯达黎加银行向东方置业公司支付了G051225号保函项下款项。

2013年7月9日,哥斯达黎加建筑师和工程师联合协会作出仲裁裁决,该仲裁裁决认定东方置业公司在履行合同过程中严重违约,并裁决终止《施工合同》,东方置业公司向外经中美洲公司支付1号至18号工程进度款共计800 058.45美元及利息;第19号工程因未获得开发商验收,相关工程款请求未予支持;因G051225号保函项下款项已经支付,不支持外经中美洲公司退还保函的请求。

[问题]

独立保函欺诈案件的识别依据、管辖权以及法律适用问题。

[法律规定]

《中华人民共和国涉外民事关系法律适用法》第八条、第四十四条

[法律运用]

最高人民法院认为:

第一,关于本案涉及的独立保函欺诈案件的识别依据、管辖权以及法律适用问题。本案争议的当事方东方置业公司及哥斯达黎加银行的经常居所地位于我国领域外,本案系涉外商事纠纷。根据《中华人民共和国涉外民事关系法律适用法》第八条"涉外民事关系的定性,适用法院地法律"的规定,外经集团公司作为外经中美

洲公司在国内的母公司,是涉案保函的开立申请人,其申请建行安徽省分行向哥斯达黎加银行开立见索即付的反担保函,由哥斯达黎加银行向受益人东方置业公司转开履约保函。根据保函文本内容,哥斯达黎加银行与建行安徽省分行的付款义务均独立于基础交易关系及保函申请法律关系,因此,上述保函可以确定为见索即付独立保函,上述反担保函可以确定为见索即付独立反担保函。外经集团公司以保函欺诈为由向一审法院提起诉讼,本案性质为保函欺诈纠纷。被请求止付的独立反担保函由建行安徽省分行开具,该分行所在地应当认定为外经集团公司主张的侵权结果发生地。一审法院作为侵权行为地法院对本案具有管辖权。因涉案保函载明适用《见索即付保函统一规则》,应当认定上述规则的内容构成争议保函的组成部分。根据《中华人民共和国涉外民事关系法律适用法》第四十四条"侵权责任,适用侵权行为地法律"的规定,《见索即付保函统一规则》未予涉及的保函欺诈之认定标准应适用中华人民共和国法律。我国没有加入《联合国独立保证与备用信用证公约》,本案当事人亦未约定适用上述公约或将公约有关内容作为国际交易规则订入保函,依据意思自治原则,《联合国独立保证与备用信用证公约》不应适用。

第二,关于东方置业公司作为受益人是否具有基础合同项下的初步证据证明其索赔请求具有事实依据的问题。人民法院在审理独立保函及与独立保函相关的反担保函案件时,对基础交易的审查,应当坚持有限原则和必要原则。审查的范围应当限于受益人是否明知基础合同的相对人并不存在基础合同项下的违约事实或者不存在其他导致独立保函付款的事实。否则,对基础合同的审查将会动摇独立保函"见索即付"的制度价值。根据《最高人民法院关于贯彻执行〈中华人民共和国民法通则〉若干问题的意见(试行)》第六十八条的规定,欺诈主要表现为虚构事实与隐瞒真相。根据再审查明的事实,哥斯达黎加银行开立编号为 G051225 的履约保函,该履约保函明确规定了实现保函需要提交的文件为:说明执行保函理由的证明文件、通知外经中美洲公司执行保函请求的日期、保函证明原件和已经出具过的修改件。外经集团公司主张东方置业公司的行为构成独立保函项下的欺诈,应当提交证据证明东方置业公司在实现独立保函时具有下列行为之一:(1)为索赔提交内容虚假或者伪造的单据;(2)索赔请求完全没有事实基础和可信依据。本案中,保函担保的是"施工期间材料使用的质量和耐性,赔偿或补偿造成的损失,和/或承包方未履行义务的赔付",意即保函担保的是施工质量和其他违约行为。因此,受益人只需提交能够证明存在施工质量问题的初步证据,即可满足保函实现所要求的"说明执行保函理由的证明文件"。

本案基础合同履行过程中,东方置业公司的项目监理人员 Jose Brenes 和

Mauricio Mora 于 2012 年 1 月 23 日出具《项目工程检验报告》。该报告认定了施工项目存在"施工不良""品质低劣"且需要修改或修理的情形,该《项目工程检验报告》构成证明存在施工质量问题的初步证据。本案当事方在《施工合同》中以及在保函项下并未明确约定实现保函时应向哥斯达黎加银行提交《项目工程检验报告》,因此,东方置业公司有权自主选择向哥斯达黎加银行提交"证明执行保函理由"之证明文件的类型,其是否向哥斯达黎加银行提交该报告不影响其保函项下权利的实现。另外,《施工合同》以及保函亦未规定上述报告须由国际建筑师事务所 AAI 或者具有美国建筑师协会国际会员身份的人员出具,因此,Jose Brenes 和 Mauricio Mora 是否具有美国建筑师协会国际会员身份并不影响其作为发包方的项目监理人员出具《项目工程检验报告》。外经集团公司对 Jose Brenes 和 Mauricio Mora 均为发包方的项目监理人员身份是明知的,在其出具《项目工程检验报告》并领取工程款项时对他们的监理身份是认可的。其以自身认可的足以证明 Jose Brenes 和 Mauricio Mora 监理身份的证据反证 Jose Brenes 和 Mauricio Mora 出具的《项目工程检验报告》虚假,逻辑上无法自洽。因外经集团公司未能提供其他证据证明东方置业公司实现案涉保函完全没有事实基础或者提交虚假或伪造的文件,东方置业公司据此向哥斯达黎加银行申请实现保函权利具有事实依据。

综上,《项目工程检验报告》构成证明外经集团公司基础合同项下违约行为的初步证据,外经集团公司提供的证据不足以证明上述报告存在虚假或者伪造,亦不足以证明东方置业公司明知基础合同的相对人并不存在基础合同项下的违约事实或者不存在其他导致独立保函付款的事实而要求实现保函。东方置业公司基于外经集团公司基础合同项下的违约行为,依据合同的规定,提出实现独立保函项下的权利不构成保函欺诈。

第三,关于独立保函受益人基础合同项下的违约情形,是否必然构成独立保函项下的欺诈索款问题。外经集团公司认为,根据《最高人民法院关于审理独立保函纠纷案件若干问题的规定》(以下简称独立保函司法解释)第十二条第三项、第四项、第五项,应当认定东方置业公司构成独立保函欺诈。根据独立保函司法解释第二十五条的规定,经庭审释明,外经集团公司仍坚持认为本案处理不应违反独立保函司法解释的规定精神。结合外经集团公司的主张,最高人民法院对上述涉及独立保函司法解释的相关问题作出进一步阐释。独立保函独立于委托人和受益人之间的基础交易,出具独立保函的银行只负责审查受益人提交的单据是否符合保函条款的规定并有权自行决定是否付款,担保行的付款义务不受委托人与受益人之间基础交易项下抗辩权的影响。东方置业公司作为受益人,在提交证明存在工程质量问题的初步证据时,即使未启动任何诸如诉讼或者仲裁等争议解决程序并经上述程序确认对方违约,都不影响其保函权利的实现。即使基础合同存在正在进行的诉讼或者仲裁程序,只要相关争议解决程序尚未作出基础交易债务人没有付款或者赔偿责任的最终认定,亦不影响受益人保函权利的实现。进而言之,即使生效判决或者仲裁裁决认定受益人构成基础合同项下的违约,该违约事实的存在亦不必然成为构成保函欺诈的充分必要条件。本案中,保函担保的事项是施工质量和其他违约行为,而受益人未支付工程款项的违约事实与工程质量出现问题不存在逻辑上的因果关系,东方置业公司作为受益人,其自身在基础合同履行中存在的违约情形,并不必然构成独立保函项下的欺诈索款。独立保函司法解释第十二条第三项的规定内容,将独立保函欺诈认定的条件限定为"法院判决或仲裁裁决认定基础交易债务人没有付款或赔偿责任",因此,除非保函另有约定,对基础合同的审查应当限定在保函担保范围内的履约事项,在将受益人自身在基础合同中是否存在违约行为纳入保函欺诈的审查范围时应当十分审慎。虽然哥斯达黎加建筑师和工程师联合协会作出仲裁裁决,认定东方置业公司在履行合同过程中违约,但上述仲裁程序于2012年2月7日由外经集团公司发动,东方置业公司并未提出反请求,2013年7月9日作出的仲裁裁决仅针对外经集团公司的请求事项认定东方置业公司违约,但并未认定外经集团公司因对方违约行为的存在而免除付款或者赔偿责任。因此,不能依据上述仲裁裁决的内容认定东方置业公司构成独立保函司法解释第十二条第三项规定的保函欺诈。另外,双方对工程质量发生争议的事实以及哥斯达黎加建筑师和工程师联合协会争议解决中心作出的《仲裁裁决书》中涉及工程质量问题部分的表述能够佐证,外经中美洲公司在《施工合同》项下的义务尚未完全履行,本案并不存在东方置业公司确认基础交易债务已经完全履行或者付款到期事件并未发生的情形。现有证据亦不能证明东方置业公司明知其没有付款请求权仍滥用权利。东方置业公司作为受益人,其自身在基础合同履行中存在的违约情形,虽经仲裁裁决确认但并未因此免除外经集团公司的付款或者赔偿责任。综上,即使按照外经集团公司的主张适用独立保函司法解释,本案情形亦不构成保函欺诈。

第四,关于本案涉及的与独立保函有关的独立反担保函问题。基于独立保函的特点,担保人于债务人之外构成对受益人的直接支付责任,独立保函与主债务之间没有抗辩权上的从属性,即使债务人在某一争议解决程序中行使抗辩权,并不当然使独立担保人获得该抗辩利益。另外,即使存在受益人在独立保函项下的欺诈性索款情形,亦不能推定担保行在独立反担保函项下构成欺诈性索款。只有担保行明知受益人系欺诈性索款且违反诚实信用原则付款,并向反担保行主张独立反担保函项下款项时,才能认定担保行构成独立反担保函项下的欺诈性索款。外经集团公司以保函欺诈为由提起本案诉讼,其应当举证证明哥斯达黎加银行明知东方置业公司存在独立保函欺诈情形,仍然违反诚实信用原则予以付款,并进而以受益人身份在见索即付独立反担保函项下提出索款请求并构成反担保函项下的欺诈性索款。现外经集团公司不仅不能证明哥斯达黎加银行向东方置业公司支付独立保函项下款项存在欺诈,亦没有举证证明哥斯达黎加银行在独立反担保函项下存在欺诈性索款情形,其主张止付独立反担保函项下款项没有事实依据。

案例改编自:最高人民法院第 21 批指导性案例之指导案例 109 号:安徽省外经建设(集团)有限公司诉东方置业房地产有限公司保函欺诈纠纷案(最高人民法院审判委员会讨论通过 2019 年 2 月 25 日发布)

[案情]

原告:朝鲜豆满江船舶会社(Korea Tumangang Shipping Company) 被告:C. S. 海运株式会社(C. S. MARINE CO., LTD)

2015 年 9 月 21 日起,朝鲜籍船舶"秃鲁峰 3"("TU RU BONG 3")轮根据与案外人先锋事业所之间的租船合同,作为捕捞作业渔船的辅助船,在朝鲜半岛东部海域从事捕鱼加工作业。2015 年 10 月 1 日,"秃鲁峰 3"轮抛下了海锚,停泊于东经 131°31.26′,北纬 39°12.56′,在船艏船艉显示停泊灯和捕鱼信号灯,并为吸引鱿鱼,打开了 12 个工作灯。在大约北京时间 00:45 时,值班船员看到左舷的"海霓"("HIGHNY")轮正在靠近,并认为"海霓"轮可以发现他们的灯光并避开他们。但约 5 分钟后,"海霓"轮仍然没有改变航向,而是越来越靠近。随后"秃鲁峰 3"轮值班船员向船长报告,并拉响了警报。船长命令立刻启动主机,并且大声叫喊以警告甲板上捕鱼的渔民。几分钟后即 00:55 时,"海霓"轮撞向了"秃鲁峰 3"轮的左舷。碰撞发生后,"秃鲁峰 3"轮船长通过 VHF 呼叫"海霓"轮,告知了两船发生碰撞的情况,但未收到回应。根据碰撞后"秃鲁峰 3"轮船长签署的海事声明及原告庭审陈述,碰撞实际发生地点经纬度为东经 132°31.4′,北纬 39°12.9′。朝鲜理赔和通代部于 2015 年 10 月 8 日对"秃鲁峰 3"轮损害情况进行了检验,并出具初步检验报告。报告载明,"秃鲁峰 3"轮损害范围包括"由于受伤严重,5 名船员在医院接受治疗;20 米左舷船首舷板损坏;3 米左舷船尾舷墙板损坏;1.2 米船首弯曲;驾驶台左舷天花板、航行灯、作业灯以及航海设备天线完全损坏;20 米左舷船首消防管弯曲;船首缆机损坏"。由于人员受伤和船壳、装备及捕鱼设备的损坏,"秃鲁峰 3"轮在碰撞发生后与作业渔船一起返回了清津港。

2015年9月28日,韩国籍船舶"海霓"轮从俄罗斯霍尔木斯克港运输煤炭到中国台湾高雄港。被告陈述,2015年10月1日事发时,是二副值班,雷达处于开启状态,航速一直保持在10节左右。值班船员没有发现任何船舶,也没有意识到发生碰撞。2015年10月1日01:00时许,值班船员接到"秃鲁峰3"轮VHF联络通话,声称发生碰撞并要求与"海霓"轮船长通话。值班船员因未能确认发生碰撞,故决定继续航行。船舶到达高雄港后,船员发现本船右舷船首有新的油漆脱落痕迹。

2016年3月14日,韩国MBN新闻网站报道称:"根据海警调查查明,济州船籍的货船'海霓'号在去年10月1日上午于朝鲜侧的公海上(江原道江陵市正东津东北方190海里处)和捕鱼中的朝鲜船舶'秃鲁峰3'轮发生碰撞,并向着南方航行。海警还从船长处获知'事故是由于当值者二等航海士的职务过失导致的。事故当时,由于是半夜,因此船长没有在碰撞当时认识到发生了碰撞事故'。"

其后,原告与被告就涉案纠纷协商不成,于2017年3月20日达成管辖权协议,约定就涉案船舶碰撞事故所产生的或与该碰撞事故有关的一切纠纷交由上海海事法院管辖。原告诉称,"海霓"轮存在未使用安全航速、没有保持谨慎瞭望及对碰撞危险未及时采取避免碰撞的行为等一系列过错,应对碰撞事故的发生承担全部责任,请求判令被告赔偿因碰撞事故遭受的损失及费用共计382185美元及相应利息。被告辩称,原告船舶在即将碰撞时才发现对方船舶,只拉响了警报,没有采取合理措施避免船舶碰撞,违反了《1972年国际海上避碰规则》(以下简称《避碰规则》)关于瞭望和避免碰撞的行动的规定,所以应当承担70%的碰撞责任。原告船舶既不是锚泊船,也不是渔船,应属于在航机动船,因其抛的是海锚,且船舶类型是冷藏运输船。

[问题]

外籍船舶域外碰撞纠纷的协议选择法律适用问题。

[法律规定]

《中华人民共和国海事诉讼特别程序法》第八条,《中华人民共和国海商法》第一百六十九条,《最高人民法院关于审理船舶碰撞纠纷案件若干问题的规定》第五条,《最高人民法院关于审理船舶碰撞和触碰案件财产损害赔偿的规定》第一条、第三条第(二)、(三)项、第四条、第七条、第九条第(四)、(五)项、第十一条第一款、第十三条第二、三款、第十四条第一、二款等规定。

[法律运用和结果]

上海海事法院经审理认为,原、被告均系外国法人,本案具有涉外因素。双方当事人在诉前签订管辖权协议,合意选择上海海事法院行使涉案纠纷管辖权,审理过程中对此亦未持异议。根据《中华人民共和国海事诉讼特别程序法》第八条"海事纠纷的当事人都是外国人、无国籍人、外国企业或者组织,当事人书面协议选择中华人民共和国海事法院管辖的,即使与纠纷有实际联系的地点不在中华人民共和国领域内,中华人民共和国海事法院对该纠纷也具有管辖权"的规定,上海海事法院对双方当事人书面协议选择该院管辖予以确认。庭审中,双方当事人均选择适用中华人民共和国法律处理本案纠纷。上海海事法院确认适用中华人民共和国法律处理本案纠纷。《中华人民共和国海商法》及有关规定是调整船舶碰撞损害责任纠纷的特别法,应当优先适用。同时,本案应当依据《1972年国际海上避碰规则》的规定确定涉案双方船舶应当遵守的航行规则。根据事发当时情况和双方的过错程度,法院最终认定"海霓"轮应承担本起事故80%的责任,"秃鲁峰3"轮应承担20%的责任,并根据《中华人民共和国海商法》第一百六十九条,《最高人民法院关于审理船舶碰撞纠纷案件若干问题的规定》第五条,《最高人民法院关于审理船舶碰撞和触碰案件财产损害赔偿的规定》第一条、第三条第(二)、(三)项、第四条、第七条、第九条第(四)、(五)项、第十一条第一款、第十三条第二、三款、第十四条第一、二款等规定,判决被告C.S.海运株式会社向原告朝鲜豆满江船舶会社赔偿人民币1 300 971.07元及相应利息。判决后,原、被告双方提起上诉,上海市高级人民法院经审理,认为一审判决事实查明清楚,适用法律正确,应予维持,判决驳回上诉,维持原判。本案判决现已生效。

案例改编自:海事法院发布2020年十大精品案例之"外籍船舶域外碰撞纠纷的协议选择法律适用问题"。

【本章思考题】

1. 如何理解国际商法的概念?
2. 何谓国际商法的渊源?国际商法有哪些渊源?
3. 国际商法经历了哪些发展阶段?各阶段的主要特点是什么?
4. 大陆法系和英美法系在法的结构和法的渊源上有哪些区别?

第二章　国际商事组织法

教 学 要 求

通过本章的学习,要求从商事法的角度,掌握合伙、无限公司、两合公司以及有限公司等几种国际通行的商事组织的设立、内部关系、组织机构以及解散、清算等内容,以及代理的法律规定;了解各国不同的商事组织法的规定,以及各种不同国际商事组织之间的商事交易行为。

第一节　商事组织和商事组织法

一、商事组织的概念和种类

（一）商事组织的概念

商事组织,也称商事企业,是指能够以自己的名义从事经营,以营利为目的的经济组织。

人类社会的发展离不开生产活动,而人类的生产活动总是在一定的组织形式下进行的。商事组织是一定社会条件下人们从事生产活动的组织方式。商事组织的概念包括以下几个具体含义:

1. 商事组织是独立的经济组织

从法律上说,这里提到的商事组织,是以商事主体身份出现的、以自己的名义从事营业的团体或个人。商事组织必须从事营业,并且在从事营业时以自己的名义而不是以他人的名义,同时应该自己享有权利和承担义务,所以商事组织是独立的经济组织。

2. 商事组织是以营利为目的的

商事组织的目的是营利,营业则是达到营利目的的手段。所谓营利,是指商事组织以获取利润并将所获利润分给其成员(投资者)为目的。为此,商事组织必须从事营业活动,而不能以单纯的管理活动作为其主要的活动。

3. 商事组织是商人的组织表现

在西方资本主义国家有无业不商之说,凡是从事法律允许的商事行为的人即是商人。商事组织实际上是从组织的角度来看商人这一事物,是商人的组织表现。独资、合伙和公司这三种商事组织形式,是商自然人和商法人的具体反映。

(二)商事组织的种类

商事组织有各种组织形式,不同形式的商事组织在法律地位、设立程序、组织机构、投资者的利益与责任、业务执行权利的分配、资金的筹措以及税收等方面是不同的。了解并且选择适当的商事企业组织形式,对于投资者期望利益和实现投资事业的发展,具有重要的现实意义。

1. 个人企业

个人企业(individual proprietorship)即独资经营企业,是由一名出资者单独出资并从事经营管理的企业。从法律性质来说,个人企业不是法人,不具有独立的法人资格,它的财产与出资人的个人财产是相通的,出资人就是企业的所有人,他以个人的全部财产对企业的债务负责。出资人对企业的经营管理拥有控制权。尽管个人企业有时聘用经理或其他职员,但经营的最高决策权仍属于出资人。出资人有权决定企业的停业、关闭等事项。

2. 合伙

合伙(partnership)是两个或两个以上的合伙人为经营共同事业、共同投资、共享利润及共担风险而组成的企业。

3. 公司

公司(corporation)是依公司法的规定设立的,以营利为目的的商事组织。其中依据股东是否以股份为限承担有限责任,又可将公司分为有限公司和无限公司。以股份为限承担有限责任的公司又可分为有限责任公司和股份有限公司。

二、商事组织法的概念

商事组织法,是调整各类商事组织的设立和活动的法律规范的总称。在有商法的国家,商事组织法是商法的组成部分。我国虽然没有形式意义上的商法(《商法典》),但在现行立法中包含了丰富的商法内容,实质意义上的商法是存在的。鉴于我国目前的商事立法从体系到内容尚有许多不足,因此本书的叙述将以我国现行立法的范围,来介绍各国商事组织法的内容。

第二节 合伙企业法

一、合伙的定义及产生

合伙是一种古老的人类群体活动的表现形式。这种经营方式早在公元前二千三百年古巴比伦的《汉谟拉比法典》中就有记载。在古罗马时代,合伙已成为一种相当成熟的个人联合体由法律固定下来。16世纪末,合伙得到了英美法的认可。在1776年,随着美国的独立,合伙法律制度成为美国法律的一部分。19世纪初,合伙已经成为美国商事组织的重要形式。合伙制度之所以具有经久不衰的生命力,其根本原因在于它顺应了商品生产者由独资经营走向联合经营的必然趋势。即使在法人制度普遍推行的今天,合伙形式仍因其自身的优点而广泛存在,并在社会经济生活中发挥着不可替代的重要作用。现代各国法律大多有关于合伙的规定。例如,《法国民法典》第1832条规定:"合伙乃是两人或数人约定以其财产或技艺共集一处,以便分享由此产生的利益及自经营所得利益的契约。"《德国民法典》第705条规定:"根据合伙契约,各合伙人互相负有义务,以由契约规定的方式促进达成共同事业的目的,尤其是提供约定的出资。"《英国合伙法》第1条规定:合伙是"以营利为目的而从事业务活动的个人之间所建立的持续性的关系"。美国《统一合伙法》第6条规定:"合伙是两个或更多的人作为共有人为营利进行营业的团体。"在我国,《民法典》对合伙没有定义,合伙的定义由2007年6月1日起施行的《中华人民共和国合伙企业法》(以下简称《合伙企业法》)第二条作了阐述:"合伙企业,是指自然人、法人和其他组织依照本法在中国境内设立的普通合伙企业和有限合伙企业。"

二、合伙的特征

从以上概念看,合伙是一种有契约约束的组织形式,所以从契约和组织的角度,合伙具有以下特征:

(1) 合伙以合伙契约为基础,是通过合伙契约来建立合伙人之间的合作关系。

(2) 合伙契约的标的是共同经营。经营就是一切通过向社会提供物质产品或服务以获取利润的经营活动。

（3）合伙人之间共同出资、合伙经营、共享盈利、共担风险，相互之间承担连带无限责任。

（4）合伙人之间存在受托信任关系。每个合伙人都有权对内经营合伙事务，对外代表合伙进行交易。每个合伙人都是其他合伙人的代理人。合伙是建立在合伙人之间高度信任基础上的一种关系，一旦失去信任就意味着合伙的解体。

（5）合伙可以注册登记，可以起商号（字号），可以有自己固定的营业场所，并可以商号的名义对外进行交易活动。

（6）合伙可能长期存在下去，而不全是临时性的契约关系。

（7）合伙财产相对独立，通常认为合伙财产的性质是共同共有。在未经合伙清算之前，合伙人不能请求分割合伙财产。合伙人的债权人也不能代位行使合伙人的权利。

（8）合伙企业一般不具有法人资格（法国、荷兰、比利时除外），因此合伙企业的债权人可以起诉合伙企业，也可以起诉合伙人。

三、各国合伙企业法

16世纪开始，西欧各国相继建立了资本主义制度，经济得以迅速发展。但直到19世纪初，合伙仍是最常见的企业形式。其中在18、19世纪，合伙法律逐渐完善规范。1804年的《法国民法典》和1807年的《法国商法典》分别规定了民事合伙和商事合伙。德国也仿效法国在《德国民法典》和《德国商法典》中规定了民事合伙及其变体。英国合伙法是普通法的产物，其基本规则大部分形成于18世纪和19世纪。英国1865年制定《合伙法修正案》，1890年制定《英国合伙法》，1907年借鉴法国的无限公司制度制定《英国有限合伙法》。美国的合伙立法相对要晚一些。1914年美国全国州法统一委员会颁布了《统一合伙法》，1994年进行修订。1916年又通过了《统一有限合伙法》，该法在1985年进行了修订。上述两个法律文本颁布后，被除路易斯安那州以外的所有州采用。

我国《合伙企业法》由中华人民共和国第十届全国人民代表大会常务委员会第二十三次会议于2006年8月27日修订通过，自2007年6月1日起施行。《合伙企业法》是由国家立法机关或者其他有权机关依法制定的、调整合伙企业合伙关系的各种法律关系的总称。

四、普通合伙

（一）普通合伙的概念

普通合伙，是指由两个以上的人根据协议，互约出资，经营公共事业，并对合伙债务承担无限连带责任的社会组织。在美国,《统一合伙法》(RUPA,1994年)对普通合伙的定义是:"两个或两个以上的人以营利为目的、对合伙财产进行经营而形成的社团,如非为依公司法、独资企业法、非营利性企业法等设立,则视为在当事人之间形成合伙关系,无论当事人是否有此意向。"即凡未登记为其他企业的人合伙的、营利性组织便推定为合伙企业。无论当事人是否有设立合伙的意思表示,也无须履行任何特定的成立手续。我国的《合伙企业法》第二条第二款规定:"普通合伙企业由普通合伙人组成,合伙人对合伙企业债务承担无限连带责任。"普通合伙是常见的合伙形式。如果未加"有限"的限制词,通常说的合伙是指普通合伙,而且通常称"合伙"。普通合伙企业是属于营利性普通合伙。

(二)普通合伙的成立条件

1. 有两个以上合伙人

英美法系规定,合伙人可以是自然人、法人或其他社会团体,条件是必须有经营行为且必须以营利为目的,仅仅共同拥有财产或非营利性组织不视为合伙法律关系。在法国,普通合伙被视为是法人;在德国,合伙确实享有特定的自身权利和义务,法律赋予合伙法律上与法人相似的地位。而我国《合伙企业法》规定,合伙人为自然人的,应当具有完全民事行为能力。

2. 有合伙协议

美国《统一合伙法》(1994年)规定,合伙协议不一定要书面的,口头也可以。如果当事人之间约定按比例分配毛收入而非净利润,合伙关系不成立。

法德等国与我国《合伙企业法》第十八条规定类似,合伙协议应当是书面的,必须载明下列事项:① 合伙企业的名称和主要经营场所的地点;② 合伙目的和合伙经营范围;③ 合伙人的姓名或者名称、住所;④ 合伙人的出资方式、数额和缴付期限;⑤ 利润分配、亏损分担方式;⑥ 合伙事务的执行;⑦ 入伙与退伙;⑧ 争议解决办法;⑨ 合伙企业的解散与清算;⑩ 违约责任。

《英国合伙法》(1890年)规定,合伙协议是合伙人共同拟定的,所有合伙人应当受到约束。但是对于合伙协议没有覆盖到的范围,就按照《英国合伙法》(1890年)的规定去做。比如,合伙人之间没有就如何对合伙盈利和亏损的分配进行协议,那么就按照《英国合伙法》(1890年)的规定平等分享和承担。

3. 有合伙人认缴或者实际缴付的出资

《法国民法典》第1843条规定:"合伙人,如应以其技艺投资时,应将其因作为投资标的活动产生的一切利益,归于合伙。"《德国民法典》第706条规定:"合伙人的出资也可以是提供劳务。"我国《合伙企业法》第十六条规定:"合伙人可以用货币、实物、知识产权、土地使用权或者其他财产权利出资,也可以用劳务出资。合伙人以实物、知识产权、土地使用权或者其他财产权利出资,需要评估作价的,可以由全体合伙人协商确定,也可以由全体合伙人委托法定评估机构评估。合伙人以劳务出资的,其评估办法由全体合伙人协商确定,并在合伙协议中载明。"因为合伙人对合伙债务承担无限连带责任,所以法律对合伙成立没有最低资本的要求,对出资的时间也没有限制,而是由合伙人协商确定。

合伙人违反约定,迟延出资的应当承担迟延责任,因此给其他合伙人带来损失的,应当赔偿损失。

4. 有合伙企业的名称和生产经营场所

合伙企业的名称应当标明"普通合伙"字样,以便于与合伙企业交易的人,了解该合伙的类型及合伙人对合伙债务承担的责任。

(三) 普通合伙财产的性质和保全

1. 合伙财产的性质

合伙财产一般由三部分组成:① 合伙人的出资,包括货币、实物、知识产权、土地使用权或者其他财产权利出资,合伙人将其出资转移给合伙后,就与其个人的财产相分离,而成为合伙财产。② 合伙从事经营活动取得的财产。③ 依法从其他渠道取得的财产,例如接受赠与的财产。合伙财产的性质就是合伙财产归属问题,根据我国《合伙企业法》的有关规定,可以认为合伙企业的财产属于合伙人共同共有。共有是指两个或两个以上的人对同一物享有所有权。共有属于所有权概念中的概念,合伙财产不限于所有权,还有土地使用权、知识产权等。因此,说合伙的性质是共同共有,包括准共同共有。美国《统一合伙法》(1994 年)第 6 条规定,合伙财产为全体合伙人的共同共有财产。但是《英国合伙法》(1890 年)第 20 条第 3 款规定:合伙人共同共有不一定是合伙企业财产。例如:某商行的合伙人以其共同所有的房地产为抵押借贷款项,并在房地产上增建厂房,由于抵押地产仅为当事人共有,增建的厂房不属于合伙财产。德、法两国民法系大陆法系国家民法的典范,其关于合伙财产的规定有相似之处。如均规定合伙财产的支配权由合伙人自己行使;根据法律,合伙人投入合伙企业的财产以及由此产生的收益为合伙人共有,这种共有只是归合伙企业支配,并非重新形成一个新的所有权主体。

合伙财产一般也具有三个用途:① 合伙财产全部用于合伙企业的经营;② 当合伙企业进入清算阶段时,合伙企业的财产首先用于清偿合伙企业在经营过程中欠债权人的债务;③ 合伙企业的财产可以用于对合伙人分红。在清算后有多余的,可以按照合伙企业的协议或者法律的规定分配给合伙人。

2. 合伙财产的保全

合伙财产属于合伙人共同共有，不属于合伙人单独所有，在涉及合伙财产权与合伙人财产权关系上，需要对合伙人的财产权适当限制，保全合伙财产，以维护合伙事业。

(1) 分割合伙财产的限制。美国《统一合伙法》第 21 条规定，如果财产的取得是该合伙人在与合伙竞争、未经授权的情况下或者该合伙人负有为合伙的利益取得此项财产的义务的情况下，那么他就可以被推定为是以推定托管人的身份拥有此项财产。该条同时规定每一个合伙成员都具有受托人的身份。《英国合伙法》(1890 年)第 23 条第 1 款规定，除法院对合伙企业执行裁判外不得对合伙财产实施强制执行。在一般情况下，合伙财产用于合伙债务的清偿，不用于清偿合伙人个人的债务。《德国民法典》严格限定了合伙人对合伙企业财产的处分权。该法第 719 条规定："合伙人不得处分其合伙财产的份额；也不得处分属于合伙财产的个别物件的份额；合伙人无权请求分割合伙财产。"我国《合伙企业法》第二十一条规定，合伙人在合伙企业清算前，不得请求分割合伙企业的财产(不包括退伙的情况在内)。合伙人在合伙企业清算前私自转移或者处分合伙企业财产的，合伙企业不得以此对抗善意的第三人。

(2) 财产份额转让与财产出质的限制。美国《统一合伙法》第 25 条规定：合伙人仅在为合伙目的的情况下有权占有合伙的具体财产。而且合伙人在具体合伙财产上的权利通常是不可转让的。《德国民法典》规定，对于合伙企业的股权，如契约没有特殊规定，一方转让股份须经其他合伙人同意，同等条件下，其他合伙人享有优先权。我国《合伙企业法》第二十二条、第二十五条分别规定，除合伙协议另有约定外，合伙人向合伙人以外的人转让其在合伙企业中的全部或者部分财产份额时，须经其他合伙人一致同意。合伙人以其在合伙企业中的财产份额出质的，须经其他合伙人一致同意。

(3) 合伙债权抵销与合伙人的债权人代位权的限制。《德国民法典》规定，属于合伙财产的债权，其债务人不得以之与其对个别合伙人享有的债权抵销。我国《合伙企业法》第四十一条规定，合伙人发生与合伙企业无关的债务，相关债权人不得以其债权抵销其对合伙企业的债务。我国《民法典》第九百七十五条规定，合伙人的债权人不得代位行使合伙人依照本章规定和合伙合同享有的权利，但是合伙人享有的利益分配请求权除外。德国、英国和我国都有禁止合伙人的债权人扣押合伙企业财产的规定。《德国民法典》第 725 条规定：合伙人中的一人的债权人，就该合伙人在合伙财产中的份额实行扣押者，如果债务证书非单纯为临时执行时，该债权人可以不遵照先期通知期限对合伙人为声明退伙。英国法、意大利民法典对此亦有规定。我国《民法典》第九百七十五条规定:"合伙人的债权人不得代位行使合伙人依照本章规定和合伙合同享有的权利,但是合伙人享有的利益分配请求权除外。"从法律上限定了债权人的代位求偿权。

(四)普通合伙的内部关系

1. 合伙人的权利

合伙的内部关系,是指合伙成员之间的权利与义务的关系。总的来说,合伙人的权利有:

(1)分享利润的权利。每个合伙人均有根据合伙合同规定的比例取得利润的权利。若合伙合同未有规定,按英、美、德等国合伙法规定,合伙人应平均分配利润,而不考虑合伙人出资的多少。各国法律都规定应按合伙人的出资比例分享利润。

(2)参与经营管理的权利。除非合伙合同有相反的规定,每个合伙人在正常的业务范围内有权相互代理。

(3)获得补偿的权利。合伙人在处理合伙组织的正常业务中所作的支出有权从合伙组织中获得补偿,但除合同另有规定者外,任何合伙人不得为其在合伙组织中的劳务要求报酬。

(4)监督和检查账目的权利。每一合伙人都有权了解、查询有关合伙经营的各种情况,负责日常业务的合伙人不得拒绝。

2. 合伙人的义务

合伙人的义务主要有以下几项:

(1)缴纳出资义务。合伙人有义务按合同规定的时间、数额、方式缴纳出资。

(2)忠实义务。每个合伙人在处理合伙组织的义务时,须对其他合伙人负"绝对真实"之责,向其他合伙人提供合伙组织的真实账目和一切情况,不得私自以合伙组织的名义与自己订合同,也不得经营与合伙组织相竞争的事业;否则,由此所赚的利润须归合伙组织。

(3)谨慎和注意义务。参与经营管理的合伙人在执行合伙事务时,必须谨慎小心,如因其失职而给合伙企业造成损失,其他合伙人有权要求赔偿。

(4)不得随意转让出资的义务。合伙人未经其他合伙人同意不得将其在合伙中的出资及各项权利转给第三人。

(五)普通合伙的外部关系

合伙的外部关系,是指合伙组织与第三人的关系。各国一般规定,每个合伙人在企业所从事的业务范围内,都有权作为合伙企业与其他合伙人的代理人。这种合伙人间的相互代理规则决定了合伙企业同第三人的关系有以下特点:

(1) 每个合伙人有执行合伙企业通常业务中所作的行为,对合伙企业和其他合伙人都具有约束力。除非该合伙人无权处理该项事务,且与其进行交易的第三人也知道其未得到授权。

(2) 合伙人间若对某一合伙人的权利有所限制,不得用以对抗不知情的第三人。

(3) 合伙人在从事正常的合伙业务中所作的侵权行为,应由合伙企业承担责任。承担责任后,合伙企业有权要求由于故意或疏忽的有关合伙人赔偿企业由此遭受的损失。

(4) 新合伙人对参与合伙之前合伙组织所负的债务不承担任何责任。对已退出合伙组织的原合伙人而言,若日后发生的债务是在其退伙之前的交易结果,则他仍需对债权人负责,若该债务与其退伙之前的交易无关,且使第三人知道他已不是合伙人,则他对退伙后第三人的债务不承担任何责任。

(六) 普通合伙损益的分配与合伙债务的承担

1. 合伙损益的分配

英美法系和大陆法系对合伙利润的分配、亏损的分担有约定和法定两种办法。我国《民法典》第九百七十二条规定:"合伙的利润分配和亏损分担,按照合伙合同的约定办理;合伙合同没有约定或者约定不明确的,由合伙人协商决定;协商不成的,由合伙人按照实缴出资比例分配、分担;无法确定出资比例的,由合伙人平均分配、分担。"但是,合伙协议不得约定将全部利润分配给部分合伙人或者由部分合伙人承担全部亏损。

2. 合伙债务的承担与清偿

合伙人同时负担有合伙债务和合伙人个人债务时,如果合伙财产不足以清偿合伙债务,而合伙人个人财产也不足以清偿合伙人个人债务时,就存在是否优先清偿合伙债务或合伙人个人债务的冲突。英美法系采用双重优先权原则,是指合伙人个人的债权人优先于合伙的债权人从合伙人的个人财产中得到满足,合伙债权人优先于合伙人个人的债权人从合伙财产中得到满足。即合伙财产优先用于清偿合伙债务,个人财产优先用于清偿个人债务。双重优先权原则是英美合伙法中的一条著名的衡平法原则,它首创于1715年的英国。当时,英国衡平法院法官考伯勋爵在审理克劳德案时确立了该原则,该案判决认为:"由于共同财产或合伙财产优先用于清偿合伙的一切债务;并且,由于在所有共同债务清偿前,单独债权人不得涉足共同财产,那么同理,在单独债务清偿以前,合伙债权人也不能就其在合伙财产中未受清偿的部分,要求用单独财产清偿。"美国的《联邦破产法》和《统一合伙法》都规定了双重优先权原则,把合伙债务和合伙人个人债务置于平等的清偿顺序,同等地受到清偿。

如果优先清偿合伙债务,则合伙债权人可就合伙财产优先受偿,并可就合伙财产不足清偿部分,与合伙人个人的债权人就合伙人的其他个人财产共同受偿。这种立法体例的结果是,合伙的债权人得到最有利的保护,而合伙人个人的债权人得到的保护力度就相对要弱一些。如果优先清偿合伙人个人债务,则刚好反过来。当然,由于合伙人个人债务优先受偿不利于保护合伙的债权人,从而损害合伙的信誉,影响合伙制度的价值,实践中几乎没有哪个国家是采用合伙人个人债务优先受偿这种立法模式的,通常与合伙债务优先清偿相对立的是双重优先权原则。

我国《合伙企业法》规定,合伙企业对其债务,应先以其全部财产进行清偿。合伙企业财产不足清偿到期债务的,各合伙人应当承担无限连带责任。合伙人个人财产不足清偿其个人所负债务的,该合伙人只能以其从合伙企业中分得的收益用于清偿;债权人也可以依法请求人民法院强制执行该合伙人在合伙企业中的财产份额用于清偿。当然,这两个规定都是侧重于保护合伙的债权人利益,只明确了合伙财产优先用于清偿合伙债务,未明确合伙人个人财产优先用于清偿合伙人个人债务。考虑到债权的平等性及利益的平衡,采用双重优先权原则应当是更为明智的选择,我国的合伙立法还有待于进一步明确。

(七) 入伙、退伙

1. 入伙

(1) 入伙的概念和程序。入伙是指非合伙人加入已成立的合伙,而取得合伙人资格的行为。合伙企业接纳新合伙人,除合伙协议另有约定外,应当经全体合伙人一致同意,并依法订立书面入伙协议。订立入伙协议书时,原合伙人应当将合伙企业的经营状况和财务状况如实地告诉准备入伙的人,以便其决定是否入伙。

(2) 入伙的效力。入伙人与原合伙人依法签订入伙协议书后即取得合伙人的资格。入伙的新合伙人与原合伙人享有同等的权利,承担同样的责任。入伙协议另有约定的,从其约定。那么新入伙的合伙人对入伙前的合伙债务是否要承担无限连带责任?我国《合伙企业法》第四十四条第二款规定:"新合伙人对入伙前合伙企业的债务承担无限连带责任。"这是强制性规定。这样规定主要是为了保护债权人的利益,可以避免合伙人串通用推迟入伙日期的办法,逃避债务。但是英国《合伙法》(1890年)规定,新合伙人不对入伙前合伙的债务承担责任。

2. 退伙

(1) 退伙的概念和事由。退伙是合伙人在合伙存续期间退出合伙组织、消灭合伙人资格的行为。英国《合伙法》(1890 年)规定退伙的事由有：责令退伙和自愿退伙两种。关于责令退伙，除非合伙协议有明确约定，否则多数合伙人不能责令一个合伙人退伙。关于自愿退伙，如果合伙协议中没有约定合伙存续期间的，合伙人可以随时通知其他合伙人表示退伙；如何合伙没有书面协议属于事实合伙的，自愿退伙的合伙人书面签署退伙通知即可。我国《合伙企业法》根据退伙的原因不同，可将退伙的事由分为自愿退伙、除名退伙和法定退伙。自愿退伙指合伙人依约定或单方面向其他合伙人声明退伙。除名退伙是指当某合伙人出现除名事由时，经全体合伙人一致同意，将合伙人开除，而使其丧失合伙人资格。除名退伙又称强制退伙。法定退伙是指基于法律的事由而退伙。

(2) 退伙的效力。各国合伙法都规定，如果退伙，退伙人的合伙人资格丧失；对退伙人的财产份额，由合伙协议或者全体合伙人决定，可以退还货币，也可以退还实物；合伙人退伙时，合伙企业财产少于合伙企业债务的，退伙人应当依照其应分担的比例分担亏损。但是退伙人对基于退伙前的原因发生的合伙企业的债务，仍然承担无限责任。

五、有限合伙

(一) 有限合伙的概念与特征

1. 有限合伙的概念

有限合伙是由一人以上的无限责任的合伙人与一人以上的有限责任合伙人所组成，其无限责任合伙人对企业的债务承担无限连带责任，有限责任合伙人对合伙的债务以其出资额为限承担责任。

美国法上的有限合伙(limited partnership)是指由两名或两名以上的根据本州法律规定成立的，拥有一名或一名以上普通合伙人(general partner)和一名或一名以上的有限合伙人(limited partner)的合伙。

英国法上的有限合伙人是指不参加合伙业务经营管理，只对自己出资部分负有限责任的合伙人，其对合伙企业的债务，仅以出资额为限，负有限责任。

在德国，有限合伙也是一种为了从事商业活动而成立的合伙。它在一个共同的商号之下运作，它包括一名或者更多的有限合伙人，并且至少有一名普通合伙人。其中有限合伙人对合伙承担的责任，仅限于其出资的特定数额。而普通合伙人的责任是对合伙的债务承担全部个人责任。

2. 有限合伙的特征

(1) 有限合伙是由无限责任合伙人与有限责任合伙人所组成。它的股东系二元化,无限责任合伙人至少有一人,有限责任合伙人至少有一人,多则不加限制。如果只剩下一种类型的合伙人,有限合伙就宣告解散。

(2) 有限责任与无限责任相结合,以无限责任为主。有限合伙的主要特征是,在一个合伙企业中,普通合伙人对合伙的债务承担无限连带责任,有限合伙人对合伙的债务承担有限责任。这种合伙形式保留了普通合伙中合伙人责任的特点,借鉴了有限责任公司股东承担有限责任的优点。与有限责任公司相比,普通合伙人直接经营管理合伙事务,组织结构和组成简单,操作灵活。与普通合伙相比,有限合伙人对合伙债务承担有限责任,有利于吸引投资。通常有限合伙主要适用于从事高科技项目的风险投资,也适用于一般中小企业。有限合伙的有利之处在于,既有负无限责任的合伙人以取得外界的信任,又可吸收有限责任的合伙人扩大公司的资金。它是拥有信誉和能力的无限责任合伙人与拥有资金的有限责任合伙人的结合,比普通的合伙企业容易募集资本。而且企业的业务全由无限责任合伙人执行,仍可保持合伙企业经营效果较好的优势。但有限合伙的稳定性不如普通合伙企业,其有限责任合伙人虽责任较轻,却无权参与企业经营,企业的业务为无限责任合伙人所操纵,有限责任合伙人要转让其出资额受到较大限制。因此,这使得有些愿意出资的人宁可与无限责任合伙人订立利润分享契约,向其借贷资本,也不愿作为有限责任合伙人,冒可能承担无限责任的风险。

(3) 有限合伙人不参与合伙事务的处理。作为有限合伙人对合伙债务承担有限责任的对价,有限合伙人不具有管理合伙事务的权利。有限合伙事务的管理权应由普通合伙人行使,而且也只有普通合伙人有权代表全体合伙人约束合伙组织。有限合伙人只有对合伙事务的检查监督权。当有限合伙人参与合伙事务的经营管理时,就应对合伙债务承担无限责任。

(4) 有限合伙属非法人团体。除了美国以外,大多数国家的有限合伙的合伙人局限于自然人,承担有限责任的公司大陆法系概念中的"法人"不参与合伙。

(二) 有限合伙的设立

有限合伙的设立程序,大体上与普通合伙相同,区别在于:

1. 有限合伙的组成

有限合伙的合伙人由2个以上50个以下的合伙人组成。其中至少有1个普通合伙人。这样规定是为了防止有人利用有限合伙企业形式进行非法集资活动,体现合伙企业人合性的特性,并为今后的实践留有必要的空间。

2. 有限合伙的协议

有限合伙的协议中,应包括以下内容:

(1) 普通合伙人和有限合伙人的姓名或者名称、住所;

(2) 执行事务合伙人应具备的条件和选择程序;

(3) 执行事务合伙人权限与违约处理办法;

(4) 执行事务合伙人的除名条件和更换程序;

(5) 有限合伙人入伙、退伙的条件、程序以及相关责任;

(6) 有限合伙人和普通合伙人相互转变程序。

3. 有限合伙的名称

有限合伙名称中应当标明"有限合伙"字样。

4. 有限合伙人的出资

美国有限合伙人的出资必须是现款和财产,不得以劳务为出资;我国《合伙企业法》第六十四条、六十五条规定:"有限合伙人可以用货币、实物、知识产权、土地使用权或者其他财产权利作价出资。有限合伙人不得以劳务出资。""有限合伙人应当按照合伙协议的约定按期足额缴纳出资;未按期足额缴纳的,应当承担补缴义务,并对其他合伙人承担违约责任。"有限合伙人不得以劳务出资,这主要是因为有限合伙人对合伙的债务承担有限责任,如果以劳务出资,就会造成其出资和责任界限不易确定的状态,不利于保护债权人。在有限合伙中,普通合伙人的出资往往很少,如果有限合伙人不能按期足额缴纳出资,合伙事业就不能正常运营。

(三) 有限合伙的内部关系

1. 业务的执行

有限合伙由普通合伙人执行合伙事务,对外代表有限合伙。有限合伙由普通合伙人执行合伙事务时,应当遵循普通合伙的合伙人执行事务的规定,由普通合伙人协议决定。

为了激励合伙事务执行人的积极性,有限合伙协议可以确定给予合伙事务执行人一定的报酬及报酬提取方式。

有限合伙人对合伙的债务承担有限责任,无权执行合伙事务,这是权利与义务的对等。如果有限合伙人参与执行合伙事务,就要承担无限责任。

在有限合伙中有限合伙人享有相应的权利,行使其权利的行为不属于执行合伙事务。

2. 竞业的限制

普通合伙人,其竞业的限制适用合伙企业的规定。有限责任合伙人则不受此限制。有限责任合伙人对企业仅有监督权,对内既不能执行业务,对外又不能代表合伙企业,不存在利用职权为自己或为他人谋利益而损害合伙企业利益的可能。所以,有限责任合伙人可以为自己或为他人经营与合伙企业相同的业务,也可以成为其他公司的股东。我国《合伙企业法》第七十条、七十一条规定:"有限合伙人可以同本有限合伙企业进行交易;但是,合伙协议另有约定的除外。""有限合伙人可以自营或者同他人合作经营与本有限合伙企业相竞争的业务;但是,合伙协议另有约定的除外。"

3. 出资的转让

普通合伙人,其出资转让受到限制。有限合伙人可以按照合伙协议的约定向合伙人以外的人转让其在有限合伙企业中的财产份额,但各国都规定应当提前通知其他合伙人。

4. 盈余的分配

在美国,有限合伙人不参与有限合伙企业的经营管理,只是按照出资额分享利润,承担亏损。我国《合伙企业法》第七十九条规定:"作为有限合伙人的自然人在有限合伙企业存续期间丧失民事行为能力的,其他合伙人不得因此要求其退伙。"这是有限合伙的特点决定的。在有限合伙中,特别是在风险投资领域,普通合伙人往往是具有高水平和丰富经验的人,他们对合伙债务承担无限责任,而入伙的资金往往比较少。由于风险投资的回报期长,在较长的时期内没有收益,而普通合伙人可以依照合伙协议的约定取得执行事务的报酬。因此,在合伙协议中可以约定,当有利润可分配时,在若干年内,将利润全部分配给有限合伙人。这样做,可以平衡普通合伙人与有限合伙人之间的利益,调动双方的积极性。因此,我国《合伙企业法》规定合伙企业不得将全部利润分配给部分合伙人,当然合伙协议另有约定的除外。

(四)有限合伙的外部关系

1. 企业的代表

在有限合伙企业中,代表企业的权利只属于普通合伙人,即无限责任的合伙人。法国《商事公司法》第28条规定,有限责任股东不得从事任何对外的经营活动,即使根据一项委托,也不得从事此类活动。我国《合伙企业法》第七十六条规定:"第三人有理由相信有限合伙人为普通合伙人并与其交易的,该有限合伙人对该笔交易承担与普通合伙人同样的责任。有限合伙人未经授权以有限合伙企业名义与他人进行交易,给有限合伙企业或者其他合伙人造成损失的,该有限合伙人应当承担赔偿责任。"在学理上对此称为表见合伙。表见合伙主要为了保护合伙的债权人,第三人要求有限合伙人对合伙的债务承担无限连带责任是合理的。

2. 合伙人的责任

无限责任合伙人对有限合伙的债务负无限连带责任。有限责任合伙人对合伙的债务,仅以其出资额为限负责,对合伙的债权人并不直接负责。新入伙的有限合伙人对入伙前有限合伙企业的债务,以其认缴的出资额为限承担责任。

(五)有限合伙人的入伙和退伙

1. 有限合伙人的入伙

有限合伙人的入伙基本上与普通合伙一致,只是在对入伙前的债务承担的责任上有区别。

2. 有限合伙人的退伙

有限合伙退伙与普通合伙退伙的主要区别在:

(1)作为有限合伙人的自然人在有限合伙存续期间丧失民事行为能力的,其他合伙人不得因此要求其退伙。这是因为有限合伙人不执行合伙事务,有限合伙人丧失行为能力对合伙事业没有实质性影响。而且,有限合伙一般投资回报期很长,要求丧失行为能力者退伙,就不能取得合伙的收益,因而不够公平。如果合伙协议约定有限合伙人丧失行为能力为退伙事由,从其约定。

(2)作为有限合伙人的自然人死亡、被依法宣告死亡或者作为有限合伙人的法人及其他组织终止时,其继承人或者权利承受人可以依法取得该有限合伙人在有限合伙企业中的资格。这是因为有限合伙人不执行合伙事务,有限合伙人的出资转让给有限合伙以外的人,对有限合伙事务没有实质性影响。这样处理既可减少因退伙而进行结算的麻烦,又能维护有限合伙财产的稳定。

有限合伙人退伙后,对基于其退伙前的原因发生的有限合伙债务,以其退伙时从有限合伙中取回的财产承担责任。这与普通合伙的合伙人退伙不同,普通合伙的合伙人退伙对基于退伙前的原因发生的合伙债务承担无限连带责任。

六、合伙的解散与清算

合伙企业的解散可分为自愿解散和依法解散两种。

(一)自愿解散

自愿解散,是指合伙企业依合伙人之间的协议而解散。因其本身是基于协议而成立的,故法律允许当事人再以协议解散。

(二)依法解散

依法解散,是指合伙企业依法律的有关规定而宣告解散。这种类型的解散大体有以下几种情况：① 合伙人中的一人死亡、退出或破产；② 因发生某种情况，致使合伙企业所从事的业务成为非法，如发生了战争，合伙人之一成了敌国公民等；③ 某合伙人精神失常，长期不能履行其职责，或因行为失当使企业遭受重大损失，或因企业经营失败难以继续维持。

无论以哪种方式解散合伙企业，合伙人都应对合伙财产进行清算。如果合伙企业的财产不足以清偿合伙企业的债务时，合伙人须承担无限连带责任。但若清偿了所有债务之后仍有剩余，则所有合伙人都有权参与合伙企业财产分配。

案例分析

[案情1] 纽本诉玛斯本案（1984年）

原告（纽本）与克瑞金签订一份合同，购买约克车行制造的布德莱号汽车，原告付清全款后，克瑞金没有交货就失踪了。

原告（纽本）认为：克瑞金与被告（玛斯本）是合伙人，被告曾向约克车行无息投入 85 000 美元，并以给布德莱号汽车购买元件和其他设备的方式参与了经营，原告（纽本）到约克车行时，如逢克瑞金不在便总是与被告（玛斯本）打交道，被告（玛斯本）还从汽车销售中取得利润。

被告（玛斯本）辩称：其所投入的 85 000 美元属"贷款"，取得汽车销售款是"贷款"的偿还和购买部件等劳务的报酬。

[问题]

(1) 被告所投入的 85 000 美元属"贷款"还是合伙人的入股资金？

(2) 被告取得汽车销售款是"贷款"的偿还和购买部件等劳务的报酬还是合伙收入？

[法律依据]

美国《统一合伙法》（1994年）第 7 条："认定合伙存在的规则在认定一合伙是否存在时，下列规则应予以适用：除第 16 条的规定外，彼此不是合伙人的人对第三人而言，不是合伙人。同租赁、普通租赁、完全租赁、共同财产、普通财产或者部分所有本身不构成合伙，不论共有人是否分享使用该财产所产生的利益。分享毛利本身不构成合伙，不论分享该利润的人对产生该利润的财产是否享有共同或普通权利或利益。某人因获得某一商业利益的一份而开出的收条，构成他作为该商业的一个合伙人的初步证据，但是如果该利益以下列报酬的形式获得则不能得出上述推论：分期或其他方式的偿还债务，作为某一雇员的工资或支付给某一地主的租金，支付给某一已故合伙人的遗孀或代表的养老金，作为某一贷款的利息，即使其金额随该商业的盈利情况的变化而变化，因善意出售该商业或其他财产所得的以分期付款或其他方式表现的对价。"

[法律运用及处理结果]

（1）本案中被告投入的 85 000 美元如果是"贷款"的话，应当与克瑞金有一份协议，会规定还款的时间或者贷款的期限。在本案中，显然被告无法提供这样的证据；

（2）一般而言，劳务报酬是需要定时定量支付的，而不会在公司的盈利中取得利润作为报酬。而本案中法院查明的事实是，原告到约克车行时，如逢克瑞金不在便总是与被告打交道，被告还从汽车销售中取得利润。故被告认为取得汽车销售款是"贷款"的偿还和购买部件等劳务的报酬显然站不住脚。

基于以上两点，被告应被视为克瑞金的合伙人。因为合伙是两个或更多的人作为共有人为营利进行营业的团体，被告与克瑞金共同经营着这个车行，并从中赢利，故双方构成合伙关系。法院最后判决被告败诉。

案例改编自：纽本诉玛斯本案（1984 年）

[案情 2]

由于两名曾在原告凯肯理发店工作的理发师失业未获补偿，被告特拉华州就业保障委员会便对原告进行了罚款。原告不服，诉称：失业的两名理发师并非雇员而是其合伙人，他们所订合伙协议的第一段即明确要建立合伙组织，并且已登记为合伙企业，他们还按章缴纳联邦合伙税。

经查明：① 原告所称"合伙"协议第二段虽规定了原告提供理发桌椅、水电供给和技术，两名理发师提供理发工具，但同时规定在解散时这些东西各归提供者；② "合伙协议"第二段仅规定了原告与两名理发师的收入分配方式，未规定共负企业亏损；③ 该协议第四段规定合伙的一切政策皆由原告制定；④ 协议第五段规定了理发师的工作时间与节假日；⑤ 日常事务中总是由原告和所有的供给者打交道，如购买技术许可、办理保险，并只以自己的名义出租理发店中的财产。

[问题]

双方对原告与两名理发师签订的协议的性质是否属合伙协议发生争议。

[法律依据]

《统一合伙法》（1994 年）第 18 条规定，合伙财产于解散时只有全部清偿了债务后才可分配给各个合伙人；合伙人有经营决策权以及执行合伙事务的权利。

《统一合伙法》(1994年)第7条规定,领取工资的雇佣关系,不构成合伙关系。

[法律运用及处理结果]

由于法院查明的原告与两名理发师的协议中有五项(以上所列),均对原告不利,法院判决原告败诉。原因分析:

第①项违反了合伙法财产运用的规定:合伙财产于解散时只有全部清偿了债务后才可分配给各个合伙人;

第②项实属支付工资方式,不能构成合伙关系;

第③项表明理发师无经营决策权,非合伙人;

第④项违反合伙协议的通常做法;

第⑤项证明两名理发师无执行合伙事务的权利。

案例改编自:凯肯诉就业保障委员会案(1971年)

第三节 公　　司

一、公司和法人资格

(一) 公司的定义

公司一般是指依法设立的,全部资本由股东出资,以营利为目的的法人企业。公司的概念产生于19世纪中期,但在此之前,就已存在现代公司的前身。从17世纪起,英国就产生了特许公司。当时随着世界船舶贸易的发展,特许的股份公司产生了。股份公司是一个通过英国王室特许产生的,有着复杂形式的合伙企业。特许状通常授予其在特定贸易中的垄断权。这种公司虽然也具有独立的法律身份,但是除非特许状有特殊规定,这种企业的成员没有任何形式的有限责任。随着股份公司的发展,股票交易也日益增多。到18世纪前期,股票成为一些公司投机的手段。大量公司都是通过购买其他已消亡的公司的特许状成立的。许多有欺诈目的的公司被起诉,英国议会也开始试图控制公司形式的滥用。

随着公司作为商业媒介的衰落,19世纪兴起了大量依据议会的个体法产生的非公司企业。这些企业的成员以股份公司成员的方式向企业投资,并对其享有股份。但是企业的资本和财产不是由企业作为一个独立的法律实体持有的,而是由托管人持有的,他可以为企业的利益起诉或应诉。因此,非公司企业的成员不享有有限责任,其自由转让股份的权利也是有疑问的。英国1844年的股份公司法对股份公司作出严格的规定,并没有赋予公司有限责任。因为那时有限责任被视为小资产企业运用公司形式损害债权人和公众投资者的手段。

尽管对小企业有限责任的授予有严格的限制，英国 1855 年公布的《有限责任法》还是对一定条件的企业允许其享有有限责任。有限责任的产生，鼓励了公司的产生和成长，这对国家经济是极为重要的。

（二）法人资格

法人组织由若干人组成，其构成的目的是在于使它成为一个人为的法人，在任何特定的时间，都不同于和独立于作为其构成成员的自然人。它用自己的名称进行活动，有能证明其自主行为的公章，并可以用它自己的名义像一个普通人那样起诉应诉。但是，它与普通自然人不同的是，后者迟早会死亡，而法人团体则可以通过不断依序继承，永远存在。

一个法人组织既可以是一个单独的法人组织，也可以是一个集合体的法人组织。单独法人组织是指在任何特定时间只有单独一名成员的法人组织，该"组合"具有连续性。一个集合体的法人组织则由若干人同时联合组成，从法律上看，他们形成了一个独任的人。

关于公司的法人独立人格，在萨洛蒙诉萨洛蒙有限公司的案例中解释得很清楚。在该案中，萨洛蒙把他拥有的一家鞋店卖给了由他本人组成的公司，卖价为 3 万英镑。作为企业转让的部分对价，他的妻子、女儿和四个儿子每人认购了一份 1 英镑的股份，而萨洛蒙则认购了两万份 1 英镑的股份。与买价之间的差额则通过以公司的名义向萨洛蒙发行 1 万英镑的公司债券来补足，这就使他对公司的资产有抵押权。在出盘过程中并没有发现欺骗行为，然而由于制鞋行业历次罢工的影响，该公司终于歇业。那时公司的资产价值 6 000 英镑，而欠萨洛蒙以外的债权人的债务达 7 000 英镑。无担保的债权人声称，萨洛蒙和该公司是同一人，因此公司不可能欠他 1 万英镑债券，公司财产应用来清偿他们的债务。初级法院认为，该公司只是萨洛蒙的代理人，萨洛蒙应该代其赔偿损失。这一判决被上议院驳回。上议院认为，从法律角度上来看，该公司一经注册，就成了一个与萨洛蒙没有关系的和独立的萨洛蒙公司，而不是萨洛蒙公司的代理人。虽然萨洛蒙是公司几乎所有股份的持有者，但他也是一个有债券作为担保的债权人，作为这样的债权人他有权比无担保的债权人优先得到偿付。他取得了公司能付出的 6 000 英镑，其他债权人则分文未得。

因此，公司的法人资格应当被理解为，在法律上，公司是一个独立的人，完全不同于公司组织章程中的认股人。公司并不是认股人的代理人或他们的受托人，认股人也不是公司的负责成员，除了对公司法上所规定的范围和方式承担责任外，不以任何方式承担责任。

（三）公司的面纱的揭开

在很多情况下，由于公司独立法人人格地位的运用，使得公司和股东完全独立分开。这样可能会导致有些股东利用公司独立法人人格的性质，利用公司从事欺诈活动。在这样的情况下，就要揭开将公司和股东分开的那层面纱，不仅公司要承担责任，而且股东也要承担责任。

对于何时能够揭开公司的面纱问题，普通法中对此有特别的规定：

（1）除了有限责任公司或担保有限公司，其他公司如果在少于两名股东的情况下经营超过6个月，那么该公司在这段时间内的股东和知道公司在少于两名股东的情况下经营的其他人，应当在前述规定的时段内对公司的债务承担共同连带责任。

（2）当股份有限公司的董事在未获得公司登记机关的交易许可证即与他人从事交易时，该证书确认公司满足了注册条件，如果公司从对方要求的日期起，在21天内无法达到要求，相关的董事可能要对该交易负个人责任。

（3）如果公司的工作人员或其他人为公司的利益在任何交易单据、本票、签署文件、支票或货物、金钱的订单上签字或授权他人签字，而没有正确和完整地写明公司的名称，该工作人员或可能被授权的人应对文件上的内容负个人责任，除非公司同意免除其责任。该条款在司法中严格运用的结果是，当公司的工作人员在法律文书中没有正确地书写公司的名称时，他可能不能以该文书在任何程度上都没有造成其接受者对公司真实身份的混淆为理由，而试图免除法律规定对其施加的责任。

尽管法院在某些情况下会揭开公司面纱，但要对法院的这种权力行使的正当理由进行分类却相当困难。对此一种可能的解释是，法院试图通过运用衡平法则来揭开公司面纱，即法院会在这样做公正合理的时候才去揭开公司面纱。这种公平的标准可以分为以下几类：

一是在国家紧急情况下：当国家处于战争状态或政治经济的其他冲突较为严重时，法院可以揭开公司面纱以防止本国的公司付钱给敌国公司。

二是在欺诈或虚假案件中：当公司成立的潜在动机是为了让其股东否认与第三方已存在的债务，或促使了其他的欺诈行为，在这种情况下，法院可能会承认公司的存在，但可能揭开公司面纱以防止某些人利用欺诈和虚假行为逃避责任。

三是公司之间是一个经济实体：如果一群公司，分别看来好像都具有独立的法律地位，但实际上都是在一个控股公司的控制下运作的，那么附属公司的面纱会被揭开,从而导致这群公司成为一个经济实体的结果。为了确定一群公司实际上是一个经济实体,必须证明控股公司对附属公司实质和几乎绝对的控制,这种控制在某些情况下甚于对附属公司享有的多数表决权。控股公司必须至少能决定附属公司的整个经营决策,这样法院才能让其作为一个经济实体的理由正当化。

四是公司之间是代理关系:如果控股公司和附属公司之间存在代理关系,则附属公司被认为是这样一个实体:它明显地或可推定地被控股公司所控制,并被授权为了控股公司的商业利益进行经营。不同于单一经济实体的是,代理关系的确认不会导致公司面纱的揭开。控股公司和附属公司仍是独立的法律体,但控股公司应对附属公司的行为负责。

我们应当注意的是,法院在揭开公司面纱的时候所依据的上述情况实际上是依照衡平法的思想防止不公正地保留公司形式。许多法官认为,法院揭开公司面纱的权力应当被视为是自由裁量的权力,而不仅仅是在特定和专门情境下运用的工具。可见,衡平法的思想在法官的司法判决中占有很重要的地位,而法条的规定只是他们判决的参考。但是公平正义思想作为一种方法的运用依赖于法官对案件的个人主观判断,因此它使得法律具有不确定的一面。

我国《公司法》第二十条规定:"公司股东应当遵守法律、行政法规和公司章程,依法行使股东权利,不得滥用股东权利损害公司或者其他股东的利益;不得滥用公司法人独立地位和股东有限责任损害公司债权人的利益。公司股东滥用股东权利给公司或者其他股东造成损失的,应当依法承担赔偿责任。公司股东滥用公司法人独立地位和股东有限责任,逃避债务,严重损害公司债权人利益的,应当对公司债务承担连带责任。"这条规定了什么时候可以让股东承担责任。

二、公司的类型

公司按照有限责任和无限责任为标准,可以将公司划分为有限公司和无限公司。其中有限公司又可以分为以股份为限承担有限责任的有限公司和以保证的数额为限的有限责任公司。而以股份为限的有限责任公司又可分为有限责任公司和股份有限公司。

(一) 无限公司

1. 无限公司的概念

无限公司,又称无限责任公司,是指2人以上的股东出资组成,对公司的债务负无限连带清偿责任的公司。无限公司是一个独立的法律主体并具有公司的特征,但其成员不享有有限责任,因此在许多方面,它跟合伙企业有相似之处。但是与合伙企业不同,无限公司的债权人一般不能起诉其成员要求其偿还债务。要想迫使其成员对公司的债务负责,债权人就有必要提起公司终止之诉。在公司终止程序中,其成员按照公司章程或公司备忘录对公司的资产出资。如果章程或备忘录中没有关于出资的规定,则其成员应平摊出资份额;如果个别成员无法达到出资的要求,其他成员有义务替他出资。

2. 无限公司的特征

(1) 无限公司至少由2人以上的股东组成。无限公司成立后,如果股东仅剩1人时,公司就应解散,或成为独资企业。至于股东最多可达多少人数,各国公司法规定不同。英国公司法规定经营银行业务者,股东人数不得超过10人。在美国、德国、日本、瑞士及法国,对于股东人数,法律都不作最高额的限制。

(2) 股东必须是自然人,公司不能作为无限公司的股东。如果允许负有有限责任的公司充任无限公司的股东,无异免除其无限责任,与无限公司性质相违。此时必然出现法律关系的混乱,对第三人和社会经济正常运行不利。

(3) 无限公司股东对公司的债务负无限清偿责任。如果公司资金不足以清偿所有债务时,股东要以自己全部的个人财产来支付公司所欠的债务,对公司的债权人负责。

(4) 无限公司的全体股东对公司的债务负连带责任。这是指所有股东共同对公司债务负责,而且每个股东承担着偿付他们共同承担的全部债务的责任。当公司资产不足以清偿债务时,公司债权人可以对公司的所有股东、部分股东或一位股东请求偿还全部债务,而不管该股东出资多少。因此,任何一个股东都负有清偿公司全部债务的责任。

(5) 无限公司的性质具有纯粹人合性,是典型的"人合公司"。公司的信用主要构筑在股东本人身上,而不在公司的资本,在股东之间建立彼此信任、同舟共济的关系是公司存在与发展的重要条件。因此,股东姓名是登记的必要事项。

(6) 无限公司在许多国家都认为是营利的社团法人,如法国、意大利、比利时、日本等。但也有的国家不认其为法人。如英美法系等把无限公司作为合伙企业。

3. 无限公司的设立

无限公司的设立,由2人以上即将成为股东的人制定章程,进行登记而设立。这里包括三个条件:

(1) 有2人以上即将成为股东的人。

(2) 制定章程。章程必须记载无限公司名称、营业范围、股东姓名和住所、资本总额及各股东的出资额、盈亏分配的比例或标准。

(3) 进行登记。各国公司法都规定了无限公司的申请登记制度。登记是一种公示制度，目的在于使与公司往来交易的第三人能了解公司章程规定的事项。

上述条件必须同时具备，缺少其中任何一个条件，无限公司都不能成立。但无限公司的成立无须发起人，股东在公司成立时不必立即出资，登记手续不复杂，无限公司的成立比较容易。

4. 股东出资

无限公司的股东，都须履行出资的义务。其出资义务的范围，按照公司章程的规定，一般分为三类：

(1) 财产出资。以现金出资最为普遍，其他财产如厂房、土地、机器、设备、知识产权、商业秘密等也可出资。

(2) 劳务出资。股东以脑力上或体力上的劳动作为出资形式。例如，以专门技术为公司服务，用善于经营的人来管理公司。

(3) 信用出资。股东以其在社会上的名望供公司使用，如在某项交易中使用其姓名，或他为公司提供某种担保。这种信用可以吸引顾客，通融资金，为公司获得种种有形无形的利益。

无限公司各股东的出资，不向外募集发行。

5. 无限公司的业务执行

无限公司的股东都有执行业务的权利，而负其义务。全体股东制定章程时可明确由1名股东或数名股东执行业务，没有明确时即为所有股东执行业务。

无限公司的业务执行人就是公司执行业务的机关。业务执行人对外代表公司。如果业务执行人是全体股东，章程又没有另外规定，应按每名股东有同等的表决权计算，而不是按出资额比例确定表决权。这就是说，取决于全体股东的过半数。其他不执行业务的股东享有的监察权，有权询问公司的营业状况，查阅财务文件、账簿及各种报表。如发现经营不当或违法行为，他们可提出意见予以纠正。

无限公司的股东对于公司营业情况非常了解，为了防止股东利用公司的商业秘密，损害本公司利益，各国公司法都规定了股东的竞业禁止的服务。所谓竞业禁止，是指特定地位的人不得对其所服务的营业从事具有营业竞争性质的行为。例如：公司经营食品业，那么自己不得再经营食品业，或者不得为亲朋好友经营食品业，以免损害本公司其他股东的利益。但如果其他股东对他的竞争营业不表示异议，法律也不强行禁止。

如果无限公司的股东违反竞争禁止的规定，该股东应当赔偿公司因此所受的损失。公司也可以行使归入权，将该股东经营的业务视为公司所为，而把经营该业务的所得利益归入公司,公司还可以据此将该股东除名。

6. 无限公司的盈亏分配

无限公司一般每年年终结账,如果公司财产净额超过股东出资总额,其超过部分就是盈余,反之,不及部分就是亏损。只有在公司没有亏损的情况下才可以分配盈余。如果公司历年亏损,即使当年营业获得利益,但财产净额仍不及原有资本总额,还是不能分配盈余。这是为了充实公司的资本,防止虚假的分配,以保护债权人的利益,巩固公司的基础。

至于分配盈余的比例或标准,一般是在公司章程中作出规定。各国公司法对分配盈余的规定不尽相同。有的国家如法国、日本等规定,盈亏按各人出资的比例而定;有的国家如英国、美国、瑞士等规定,不论各人出资多少,盈亏平均分配;也有的国家如德国把这两种标准结合起来,先将盈余按各人出资比例,如有余额或亏损,再按人数平均分配。当然,一般只在公司章程未就分配比例或标准作出规定时,才施行法律规定的办法。

7. 无限公司的入股和退股

入股是指公司成立后,新加入的股本。入股行为是一种契约行为,公司需要增加新股东,而新股东有入股的愿望,双方意思表示一致,才能产生入股契约。入股与共同设立而取得股东权不同,共同设立取得股东权是在公司成立以前。

无限公司要增加新股东,必须经过全体股东同意和改变章程,这是因为增加新股东涉及每一名股东的切身利益,股东姓名和资本总额是无限公司章程必须记载的事项。新入股的股东对于他未加入公司之前的公司债务也要负责。

退股是指在公司存续期间,股东将其全部出资收回或转让,而与公司脱离关系,丧失其股东权的行为。有的公司法规定,除章程另有规定外,无限公司的股东可以在每营业年度结束时退股,但应在退股前6个月向公司提出书面申请,以便于公司能够有半年的时间从容地安排自己的营业,归还股东出资时也较容易计算。股东死亡,如果章程未规定由继承人继承股东权,则必须退股。

股东退股时要与公司析产,析产时应以退股时的公司财产状况为标准。退股股东对于退股前的公司债务,仍须在退股后一定时期内负无限连带责任,对于退股后的公司债务,则不负责。

8. 无限公司的解散

无限公司的解散是指消灭其法人人格的一种程序。解散的原因有下列几种:

(1) 因公司章程所规定的解散事由出现。例如:章程规定本公司自设立登记核准之日起满15年解散;

（2）公司所营事业已成就或不能成就。例如：石油公司，石油为其经营的事业，如所钻油田，石油已采掘净尽，就是事业已成就；或者毫无所得，就是事业不能成就；

（3）股东全体同意。股东全体是公司最高权力机构，只要不违反法律，全体股东同意就可解散公司；

（4）股东几经变更而不足法定最低人数。无限公司由股东2人以上而设立，如股东仅剩1人，当然解散；

（5）与其他公司合并；

（6）破产。公司被宣告破产，依据法律规定，不能继续营业，公司解散；

（7）由政府行政主管机关命令或法律根据股东之申请而为解散之裁定。

除上述合并原因外，无限公司解散后必须进行清算，并在一定时间内，如15天，向政府行政主管机关申请解散登记，经主管机关核准后，在该公司的所在地公告。

无限公司解散清算后并不立即结束其责任。一些国家法律还规定，股东的连带无限责任自解散登记后若干年内，才能消灭。这样可以确保债权人的合法利益。

9. 两合公司

两合公司由无限公司发展而来，虽然目前国际上存在数量很少，这里还是作一下介绍。

（1）两合公司的概念。两合公司是由1人以上的无限责任股东与1人以上的有限责任股东所组成，其无限责任股东对公司债务负无限连带责任，有限责任股东对公司债务以其出资额为限负责的公司。其特征如下：

第一，两合公司是由无限责任股东与有限责任股东组成的。它的股东系二元化，所以称为两合公司。无限责任股东至少有1人，有限责任股东至少有1人，多则不加限制。如果只剩下一种股东，两合公司即告解散或变更为另一种公司。

第二，两合公司兼有限公司和无限公司的特点，但以无限公司的特点为主。

第三，两合公司的法律地位与无限公司基本相同。

在法律规定上，除对有限责任股东有特别规定外，一般准用或适用无限公司的规定。承认无限公司是法人的国家，同样也承认两合公司是法人，而不承认无限公司是法人的国家，也不承认两合公司是法人。

（2）两合公司的利弊。两合公司的有利之处在于，有负无限责任的股东以取得外界的信任，又可吸收有限责任的股东扩大公司的资金。它是拥有信誉和能力的无限责任股东与拥有资金的有限责任股东的结合,比无限公司容易募集资本。而且公司业务全由无限责任股东执行,仍可保持无限公司经营效果较好的优势。

但两合公司的稳定性不如无限公司,其有限责任股东虽责任较轻,却无权参与公司经营,公司业务为无限责任股东所操纵,有限责任股东要转让其出资额受到较大限制。有的国家,例如:法国明文规定,有限责任股东不能经营管理公司的业务及对外代表公司,否则将承担无限责任。因此,这使得有些愿意出资的人宁可与无限责任股东订立利润分享契约,向其借贷资本,也不愿作为有限责任股东冒可能承担无限责任的风险。

(3) 两合公司的设立。两合公司的设立程序,大体上与无限公司相同,区别在于:

第一,两合公司的股东至少要有1人是无限责任股东,1人是有限责任股东。同时,无限责任股东只能是自然人,不能是其他公司,但有限责任股东可以是其他公司。

第二,两合公司章程的记载事项除与无限公司相同的部分外,还应包括以下内容:① 各股东所负责任的区别;② 有限责任股东的出资标的、数额及其估价标准;③ 两种股东关于盈余分配的比例。

第三,两合公司向政府行政主管机关申请设立登记,与无限公司不同的是,它不是由所有股东,而只是由其中的全体无限责任股东提出申请。

(4) 两合公司的内部关系。两合公司的内部关系大致与无限公司相同,这里仅就其与无限公司的不同之处,分述如下:

第一,股东的出资。无限责任股东的出资,可分为资金、劳务或信用。有限责任股东的出资,仅以资金为限,不得执行公司业务及对外代表公司,其劳务也不是公司所需要,所以,有限责任股东不得以信用或劳务抵作出资。

第二,业务的执行。两合公司的业务执行机关是无限责任股东,不选任董事,而有限责任股东不能执行业务。两合公司可委托经理人,有限责任股东可以被委任为经理人,以经理人的身份,在经理人的权限范围内执行业务。经理人的人选须由无限责任股东的多数同意才可委任。

全体无限责任股东都有执行业务的权利,但也可以由公司章程规定,由其中数人执行业务。有限责任股东虽无执行业务的权利,但对公司的业务活动有一定的监察权。在公司每一营业年度终结时,有权查阅公司的账目、业务及财产情况。

第三,竞业的限制。两合公司的无限责任股东,其竞业的限制适用无限公司的规定。有限责任股东则不受此限制。有限责任股东对公司仅有监督权,对内既不能执行业务,对外又不能代表公司,不存在利用职权为自己或为他人谋利益而损害公司利益的可能。所以,有限责任股东可以为自己或为他人经营与本公司相同的业务,也可以成为其他公司的股东。

第四,出资的转让。无限责任股东,其出资转让受到限制。有限责任股东,其出资转让也受到限制。这是由于有限责任股东对外虽不负责任,但对内与无限责任股东之间仍基于个人相互信赖关系,所以不能自由转让其出资,否则会使无限责任股东减少其对公司业务的兴趣,影响公司的发展。有的国家规定,无限责任股东转让其出资,应经其他所有股东(包括有限责任股东)的同意,有限责任股东转让其出资应经所有无限责任股东的同意。如日本就如是规定。有的国家规定更严,在法国无论是无限责任股东还是有限责任股东转让他们的出资,都须经全体股东同意,但允许公司章程作些例外规定。

第五,章程的变更。两合公司章程的变更,须经全体股东同意,包括无限责任股东和有限责任股东。因为章程变更关系到公司全体股东的利益。

第六,盈余的分配。两合公司的盈余分配也适用无限公司的规定,即公司在没有弥补亏损之前,不得分配盈余。至于盈余分配的比例或标准,可在公司章程中作出规定。

(5) 公司的外部关系。两合公司外部关系主要包含公司的代表和股东的责任。

第一,公司的代表。在两合公司,其代表公司的权利,只属于无限责任股东。公司的法定代表人只能由无限责任股东担任。无限责任股东都有代表公司的权力,但公司也可以章程特定代表公司的股东。代表公司股东对公司业务上的一切事务有代表的权力。公司对股东代表权所加的限制,对与之进行交易的善意第三人没有法律效力。代表公司的股东如为自己或他人与公司进行买卖、借贷或其他法律行为时,不得同时为公司的代表。但向公司清偿债务时,不在此限。

第二,股东的责任。无限责任股东对公司债务负无限连带责任。有限责任股东对公司债务,仅以其出资额为限负责,对公司债权人并不直接负责。如果有限责任股东的行为可能使第三人误其为公司的无限责任股东或公司代表人时,则须就其行为对善意第三人负无限责任股东的责任,以保护交易的安全。例如:出示名片、自称无限责任股东,代表公司向人借款,此种行为足以令人误信为无限责任股东。

(6) 两合公司的变更和解散。两合公司的有限责任股东全体退股时,如果无限责任股东在2人以上者,可以一致同意变更其组织为无限公司。但不得变更为有限公司，否则对公司的债权人不利。如果有限责任股东愿意变更为无限责任股东而又经全体股东一致同意，可将两合公司变更为无限公司。

两合公司的解散除与无限公司相同的解散原因外，两合公司解散的特殊原因是：全体无限责任股东或全体有限责任股东退股。但如果一种股东全部退出后马上吸收新的该种股东，那么公司仍可继续存在，只需要办理相应的组织变更手续，包括修改公司章程。

两合公司的清算，由全体无限责任股东担任，但无限责任股东也可以多数同意，另行选任和解任清算人，既可选任股东以外的人，也可选任有限责任股东。

除两合公司外，国外还有股份两合公司。股份两合公司是由无限责任股东和有限责任股东组成的，资本分为股份的公司。有限责任股东以认购股份的方式出资。由于这种公司实用性很小，现在已属于一种淘汰了的公司形式。日本已于1950年废除了这种公司。法国和德国虽在公司法中规定有股份两合公司，但实际上这种公司的数量很少。

（二）保证有限公司

保证有限公司是指公司的备忘录规定了公司的一部分成员在公司终止时有义务对公司债务负固定额度（保证数额）的清偿。公司成员的这种责任不能改变，而且会随着其成员关系的存在一直继续，甚至在某些情况下，如在成员离开公司一年之内公司发生清算，则公司成员仍要承担这种责任。最适合采用这种形式的是具有慈善公益目的的公司，因为其收益不会作为分红分配下去，也就是说公司正常情况下是没有股东的。其成员的资金被存储起来，在公司清算时可能被用于偿付债务。与股份公司不同的是，来自保证有限公司成员的保证金不是公司的财产，因此不能用于偿还保证有限公司任何债务。

（三）有限责任公司

这种形式的公司是很多中小企业选择的方式。这种公司是以股东的出资额和公司所有的资本为限承担有限责任。有限责任公司，在英国称为 limited liability company，在美国称为 close corporation，在西欧称为 private company，是西方企业家和我国企业家采用较多的一种公司形式。

关于有限责任公司的定义，各国的公司法大多有明确的规定，有些虽然不同，但基本含义无多大差别。如联邦德国《有限责任公司法》规定"有限责任公司可按本法规定的任何合法目的，由1人或数人设立"。日本《有限公司法》规定"本法所谓有限公司，系指依本法的，以商行或其他营利行为为业的社团"。我国台湾地区的"公司法"则规定，有限公司是指由5人以上，21人以下股东所组成，股东以其出资额为限对公司负责任的公司。我国《公司法》第三条规定"有限责任公司的股东以其认缴的出资额为限对公司承担有限责任",公司则是以其全部资产对其债务承担责任的企业法人。

对上述概念,可以从以下两个方面来理解有限责任公司的特征:

1. 有限责任公司由一定人数的股东组成

关于有限责任公司的股东人数,各国法律有不同的规定。有的国家规定了最低、最高人数限制,如法国、比利时规定一般为2—50人,我国《公司法》规定,有限责任公司由1人以上股东共同出资设立。有的国家规定了股东的最高人数限制,如日本、英国均规定不得超过50人。还有少数国家,如德国对股东的人数没有限制。

另外,我国有一种特殊的有限责任公司,就是国有独资公司。国有独资公司是指国家授权投资的机构或者国家授权的部门单独投资设立的有限责任公司。这种公司的股东只有1名。

2. 有限责任公司的股东负有限责任

有限责任公司股东仅以其出资额作为承担风险、履行义务的基础。一旦公司破产,公司的资产不足以抵偿公司的债务时,债权人无权向公司股东要求偿还债务的不足部分,我国《公司法》第三条对此有明确规定。少数国家有限责任公司股东在一些特殊情况下,还可能承担出资股份以外的财产责任,如德国有限责任公司股东的填补出资的义务等。

(四)股份有限公司

股份有限公司,是指由一定人数的股东组成,全部资本平均划分成若干股份,股东以其所认购的股份为限对公司承担责任,公司以其全部财产对公司承担责任的公司。这类公司在承担有限责任方面和有限责任公司一致。但是股份有限公司可以向公众发行债券和股票,并且可以在证券市场上买卖公司的股票和债券。因此,股份有限公司具有以下基本特征:

1. 股份有限公司由法律规定的一定人数的股东组成

公司都应由数名股东组成,这是由公司的社团法人属性决定的。股份有限公司因其可以面向社会公开募集股份的特点,公司法规定了股份有限公司的股东人数应有一定下限。也就是说,股东人数不足法定数目时,股份有限公司不得设立。所以,有符合法定人数的股东是股份有限公司设立的条件之一。各国公司法对股份有限公司股东最低人数的规定不尽相同,法国和日本为7人,意大利为2人,德国为5人,我国为2人。

2. 股份有限公司的全部资本划分为等额的股份

公司都必须有一定数额的资本,这也是由公司的社团法人属性决定的。这里所说的公司资本,是指由公司股东的出资所构成的公司资本之和。其他类型的公司如无限责任公司和有限责任公司等,其最初的公司资本也是由股东出资构成的,从某种意义上说,这类公司的资本分为若干股,但是各股之间通常并不等额,习惯上将每名股东的出资额称为一股。而股份有限公司的全部资本不仅要划分成股份形式,而且划分而成的股份所代表的金额必须相等,也就是将公司的全部资本划分为等额的股份。

3. 股东以其所持股份为限对公司承担责任

股份有限公司的股东不对公司债权人承担责任,只对公司承担责任,而且仅以其所持的股份对公司承担责任,称为"股份有限责任"。

4. 公司以其全部资产对公司的债务承担责任

股份有限公司承担债务清偿的责任是有限的,即以公司的全部资产为限。公司的全部资产是股份有限公司承担债务清偿责任的限度,若公司全部资产不足以清偿公司债务的,股东个人财产无须用以清偿。这是股份有限公司与无限责任公司的重要区别。

我国《公司法》第二条规定:"本法所称公司是指依照本法在中国境内设立的有限责任公司和股份有限公司。"这就是说,我国《公司法》只规定了两类公司:有限责任公司与股份有限公司。由于此条法律规定并没有禁止其他公司的形式,如无限责任公司、两合公司等其他的公司形态,只是除有限责任公司与股份有限公司外,其他公司形式并不适合用《公司法》调整。

至于股份有限公司的组织形式的优点在于:

(1) 公司的组织形式能使企业的所有者按其意愿出售其商誉;或者无须亲自管理企业,但同时却能保留股份的所有权和在企业中保留控制利益权。它能使雇员变成股东。

(2) 由于公司具有独立法人人格,因此:① 公司具有永恒的连续性,一般来说,只有歇业才能使它终止存在。② 公司的财产同股东的财产完全独立分开。股东的变化不会干扰公司的结构。③ 公司作为法人可以起诉和应诉。因此它可以对欠债的任何一名公司股东起诉。④ 公司可以用自己的名义订立合同,从而承担合同的责任。⑤ 一家公司的股份可以在公司条例限定的范围内自由转让。

(3) 股份有限公司股东的责任只以他持有股份的面额为限。

三、公司的成立

（一）公司成立的文件

公司股东的全部出资经法定的验资机构验资后，由全体股东指定的代表人向公司登记机关申请设立登记。申请时，须提交下列文件：① 登记申请书；② 公司章程；③ 验资证明；④ 公司的经营范围须经国家批准时，应附批准文件。

（二）公司的发起人

公司的发起人对一个新的公司实体的产生有重要意义。为了确定一个人作为公司的发起人的地位，一般是以这个人对公司的成立作出了基本的贡献为标准的。这种贡献可以是实质的，例如参与商用不动产购买的谈判，或者狭义一点的，这个人可能通过组织对公司董事的任命而被视人发起人。

发起人不能被看作公司的代理人或托管人，但是法院通常认为，发起人应对其滥用权利的行为负责，所以他应当遵守受信义务，并且在公司发起过程中的任何个人利益完整地披露，也就是将其是否因公司的发起而获利的信息披露出来。发起人对个人利益的披露必须是向公司作出的。如果发起人没有披露其因签订与发起公司有关的合同所获的利益，则该有效合同变为无效。对发起人施加的受信义务源于保护公众投资者的利益的考虑。

在公司成立前，发起人通常要为了设立中的公司的未来利益签订一些协议。但是公司在成立之前不存在独立的法律地位，因此公司不受以其名义或为其利益签订的合同的约束。即使公司成立后，它也不能以明示或默示的方式溯及既往地认可或采纳以其名义或为其利益订立的合同。公司要想从其设立中的合同获得利益的唯一方法就是，与设立中合同的另一方签订一个新的合同。

那么发起人为公司利益订立了合同，他是否可以以自己的名义就该合同起诉或应诉呢？对于公司成立前为了公司的利益签订的合同，由于公司还未成立，因此在公司获得独立法律人格之前，发起人以公司名义实施的行为，公司对此不负责任，行为人应对此承担共同连带责任，但公司同意承担责任除外。

对发起人的规定，股份有限公司还有特别的规定。

由于股份有限公司是一种开放性公司，其股东人数众多，因此，股份有限公司的设立不可能由全体股东来共同完成，而只能由其中的一些人来承担公司筹办事务，并对公司的设立负有责任，这些人就是发起人。发起人并被公司章程载明以及在公司章程上签名。

各国公司的发起人最低数额有一定的限制，一般是规定发起人不得低于多少人,或规定只能在多少人以上。如:英国、法国、日本、比利时为7人,德国为5人。美国各州规定不一,大多数州要求至少3人。此外,规定发起人必须有行为能力,自然人和法人、本国人和外国人,在当地居住的人和不在当地居住的人都可作为发起人。但有的国家公司法规定,发起人必须是本国人,如瑞典。

股份有限公司的设立方式按照首期发行的股份是否向社会公众公开募集而分为发起设立和募集设立两种。

1. 发起设立

发起设立是指由发起人自己把公司首期发行的股份全部认足,即行设立公司,而不再向社会公众招募股份。一般程序分为:

(1) 认足股份。发起人认足首期发行的全部股份或部分股份。

(2) 缴纳股款。由发起人按其认股额缴款,股款的缴纳,一般是现金,也可以公司所需的财产出资,如:实物、工业产权等,但不得以劳务或信用抵作股款。

(3) 选举董事会和监事会。发起人缴足股款后,选任董事和监事,组成董事会和监事会。

(4) 设立登记。董事会依照法定程序向政府主管机关申请设立登记,一经核准,取得执照,就标志着公司设立行为的结束和公司的成立。

2. 募集设立

募集是由发起人认足首期发行股份的一部分,其余的公开向社会公众募集。这有利于弥补因发起人资金有限而创立公司困难的不足。由于向社会募集股份不仅直接关系到股东的利益,而且对资金流向、产业结构等会产生一定的影响,因此,法律对公司的募集设立规定了严格的审批程序。

(1) 发起人先认足部分股份。为了防止发起人自己没有经济能力或经济能力太弱,只有利用他人资本办公司,各国公司法一般都规定了发起人必须认购的最低股份比例,例如:规定不得低于股份总数的1/4。

(2) 制定招股说明书。这是说明公司股份发行的有关事宜指导公众购买公司股份的规范性文件。发起人须在公开募集之前制定招股说明书,以使社会公众了解发起人和将要设立的公司的情况。

(3) 报主管机关审核。发起人在向社会公众公开募集股份前,一般须向国家主管机关报送有关文件,例如:公司章程、招股说明书、发起人姓名或者名称、发起人认购的股份数及其验资证明等。在国家主管机关审核批准之后,方能募集股份。

(4) 公告、认股与缴款。发起人向社会公开募集股份,必须公告招股说明书,邀约公众认购股份。同时,要制作好认股书,认股人要在认股书上填写所认股数、金额、住所,并签名、盖章。认股人按照所认股数缴纳股款。收款方式一般是由公司委托银行或其他机构代为办理。

各国公司法对发起设立和募集设立的采用有所不同,有的国家,如德国只规定了发起设立这一种方式;大多数国家,如法国、意大利、瑞士、荷兰等,都规定采用两种方式。

股份有限公司首期发行的股份全部认缴完毕,即可开始建立公司的管理机关,如:选举董事、监事等。募集设立时管理机关的建立是通过创立大会进行的,创立大会是公司设立过程中由认股人所组成的决议机关。创立大会由发起人召集,通知全体认股人参加。创立大会除选举董事、监事外,还审议筹办情况的报告,通过公司章程,对公司的设立费用进行审核,对发起人用于抵作股份款的财产的作价进行审核,如果发生不可抗力或者经营条件发生重大变化直接影响公司设立的,可以作出不设立公司的决议。

(三)公司的名称

公司名称也是公司设立过程中涉及的内容之一。公司名称应当在公司的备忘录中载明,该名称在注册时不能同注册公司索引中的名称相同或相似。当一新设立的公司的名称同已成立的公司的名称相同或相似时,会被要求重新设定公司名称,否则会被认为构成侵权中的假冒行为。

公司的营业执照一旦颁发,公司在法律上就成立了。已经获得营业执照的公司被允许从执照上记载的日期起作为注册公司开始营业,并进行公告。

(四)公司的注册资本

为了防止滥设有限责任公司,公司法对有限责任公司注册资本总额有最低限制。如法国公司法规定,不得少于2万法郎,澳大利亚公司法规定不得少于10万澳元,日本规定不得少于10万日元。我国目前采用的是认缴制,没有最低限制。对公司设立时股东是否应缴足出资的问题,各国法律规定不尽相同。如意大利规定股东可仅缴纳其出资额的30%,德国是25%,以后分期缴纳,直至缴清。根据我国最新《公司法》第二十六条规定,我国有限责任公司的注册资本从实缴制变为认缴制。有限责任公司的注册资本为在公司登记机关登记的全体股东认缴的出资额。而日本、法国等国家则规定,公司设立时,股东应缴足出资,不得分期缴纳。这样的规定是为了保证公司有足够的资本进行正常营业,也是为了保证整个国民经济的健康发展。有限责任公司股东出资的标的一般以财产为限,不得以劳务和信用出资。但英美法系国家允许用劳务出资。一般财产出资的方式,以货币现金为主,还可以是土地、厂房、机器、设备、工业产权和商业秘密等。公司章程应规定这些非现金的财产的种类、数量、价格和估价标准。股东缴足出资后,公司应发给股东证明其出资的证书,即股单。股单必须载明下列事项:① 公司名称;② 公司成立的时间;③ 股东的姓名和名称;④ 股东出资方式及出资额;⑤ 发给股单的年月日;⑥ 股单由全体董事签名,公司盖章。有限责任公司的股单不像股份有限公司发行的股票,股票可以自由转让,而股单的转让受到公司法的严格限制。有限责任公司经公司登记机关核准登记后,正式成立,并取得法人资格。

四、公司章程

公司章程是公司的根本大法。它规定了公司的性质、宗旨、经营范围等重大事项。设立股份有限公司首先要制定公司章程,为公司的设立和活动提供一个基本的行为规范。公司章程的基本内容包含了公司的各种重要事项,以利于国家主管机关的审批,也利于其他公司和企业对该公司的了解。以股份有限公司为例,公司法对股份有限公司的章程所记载的重要事项都有明确具体的要求。这些重要事项通常可分为绝对必要记载事项、相对必要记载事项和任意记载事项。

(一)绝对必要记载事项

绝对必要记载事项是公司法规定章程必须予以记载的事项,否则就不发生章程效力,也不能登记。绝对必要记载事项主要有以下几项:

(1) 公司的名称,名称可以自由选用,但必须标明"股份有限公司"字样。

(2) 公司的目的与经营范围,以表明所要从事的各项业务。

(3) 公司股份总数、每股金额和注册资本。股份总数与每股金额的乘积为股份资本总额。

(4) 发行溢额股份时,其股份总数及其溢价额。

(5) 公司所在地,即办理注册登记的机构所在地,以确定公司法人的国籍。

(6) 发起人的姓名、住所。

(7) 公司的通知和公告办法。

(8) 董事的人数及其任期;董事会的职权和议事规则。

(9) 监事的人数及其任期;监事会的职权和议事规则。

(10) 公司存在期限。公司可以是永久性的,也可以是有期限的。

(11) 订立章程的年、月、日。

(二)相对必要记载事项

相对必要记载事项须记载于章程才具有法律效力,如不记载,则不发生法律效力,也不影响章程本身的法律效力。各国公司法规定的相对必要记载事项主要有:

(1) 分公司的设立。
(2) 股东的权利和义务。
(3) 董事会的召集。
(4) 股份的种类与各种特别股的权利义务。
(5) 分次发行股份者,规定于公司设立时发行的数额。
(6) 发起人所受的特别利益及受益者的姓名。
(7) 解散的事由。
(8) 分派股息红利的方法。

(三) 任意记载事项

除上述两种事项外,有必要的,也可以在章程中记载其他事项,是为任意记载事项。任意记载事项,虽无限制,但不得违反法律、法令和社会公共秩序及善良风俗。任意事项一旦记载,即具有法律效力,如予以变更,还须履行变更章程的程序,方为合法。

任意记载事项通常为关于股款缴纳的方法,股东会召集的时间与地点,股份的过户转让手续等事项。

五、公司的组织机构

(一) 股份有限公司的组织机构

股份有限公司是一种具有权利能力和行为能力的社团法人组织,其自身不能活动,其意思表示和行为的实行,必须通过自然人组成的机构去做,并由机构形成法律的意志,对公司实行内部管理和对外代表公司,这个机构就是公司的机关。

股份有限公司的机关由股东会、董事会、监事会三部分组成。股东会作为最高权力机关,董事会作为行政机关,监事会作为监察机关,这一机构调协的意图在于使三个机关相互制约,相互促进。但是,实际情况表明,立法者的意图并未完全实现。最突出的一个问题是,股东对公司经营日益淡漠,与公司联系也越来越松散,在这种状况下,股东会的作用远远没有达到预期效果。而监事会,由于受选任方法及人才的限制,其监察也不免流于形式。对于这种情况,各国的立法者采取了疏而不阻的方针,从20世纪50年代起,各国商事立法就大大加强董事会的权限,缩小股东会和监事会的权限,加速公司所有权与经营权的分离,让有丰富知识与经验的专家来管理公司,这对发展公司业务起了积极作用。

1. 股东大会

股东大会是由公司全体股东所组成的公司最高权力机关。股东大会处于这样的法律地位,是因为公司本身由股东出资而组成的,股东是公司实质上的所有者,是公司权力最终的来源。由于股东不可能直接参与公司事务管理,需要由股东会来表达股东的意愿,体现股权,因此股东会在公司的诸机关中处于最基础的地位,其他机关都直接来自股东会。

股东大会的性质是公司权力机关,不仅表现在它有权决定公司最重要的事项,还表现在它只是依照全体股东的决议形成一种意见,因而它只是公司的议事机关而不是执行机关,对内不执行业务,对外不代表公司。公司法规定的这种议行分立的制度,保证了公司所有权与经营管理权的分离,有利于董事会有效地经营管理公司业务。

(1) 股东大会的形式。股东会行使权力只能通过会议形式进行。股东大会会议分为股东常会和股东临时会两种：① 股东常会。股东常会,又称普通股东会,是指股份有限公司每年必须召开一次的股东会。各国公司法对此规定相同,旨在保证股东会能切实有效地履行其职责,保护股东合法权益,监督公司的各项活动。但股东会也不能召开过频,否则要耗费大量人力、物力和财力。考虑到公司经营的短期计划一般以一年为期,因此,每年举行一次股东会是合适的。我国《公司法》第一百条规定:"股东大会应当每年召开一次年会。"一般应在每年会计年度终结后 6 个月或更短的日期内召开。② 股东临时会。股东临时会,又称特别股东会,是指在必要时召开的股东会。所谓必要,由股东会的召集人根据公司事务的需要而认定,或由公司有明文规定。召集股东临时会的目的,是为了在两次股东常会之间讨论决定公司的一些重大决策问题。我国《公司法》第一百条规定:"有下列情形之一的,应当在两个月内召开临时股东大会：(一)董事人数不足本法规定人数或者公司章程规定的人数的三分之二时；(二)公司未弥补的亏损达实收股本总额的三分之一时；(三)单独或者合计持有公司百分之十以上股份的股东请求时；(四)董事会认为必要时；(五)监事会提议召开时；(六)公司章程规定的其他情形。"

(2) 股东大会的职权。股东大会作为公司的最高权力机关,它行使一些根本性、对公司有着全局性影响的权力。根据各国公司法的规定,它行使的主要职权有：① 批准公司年度报告、资产负债表、损益表以及其他会计表；② 选任和解任董事；③ 决定股息分配方案；④ 增减公司的资本；⑤ 修改公司的章程；⑥ 决定公司的合并或解散。⑦ 作出公司转让、受让重大资产或者对外提供担保等事项的决议。

(3) 股东大会的召开。股东大会召开以前,公司必须向全体股东发出通知,以便全体股东能及时地参加股东会行使自己的权利,对无记名股份的股东,采用在有关报刊上发布公告的方式通知。对记名股份的股东,除公告外,还应发书面通知。

股东行使权力、表达意愿的主要方式,是在股东大会上进行表决,通过决议。股东会决议时每一股有一票表决权。一股一票是公司股权平等的体现。公司是经济组织,公司股东以其投资额对公司负责,投资额越多,责任越大,与之相适应,也应当享有更多的权利。一股一票制,是相对于一人一票制的,如果在公司中实行一人一票制,就会损害大股东的利益,使大股东承担风险大,享有的权利小,这显然是不合理的。但是,为了防止拥有大量股份的股东操纵表决,压制小股东,有的国家公司在一股一票上的原则基础上,还对股东的表决权作了例外的限制,如规定拥有股份数额超过5%以上时,其超额部分以八折或五折计算;又如受托代理他人表决时,此种代理的表决权,亦不得超过股份总数表决权的一定比例。

股东会一般要在达到法定人数时才能开会。如:美国规定须有全体股东的50%出席,法国规定只要有代表股本总值25%的股东出席即可。而也有的国家没有对召开股东会的法定人数提出要求,只要股东会合法召集和按规定程序召开就属有效,如我国。股东会的决议必须由出席会议的股东所持表决权的半数以上通过,这是各国惯例。如果所作的决议涉及公司全局性的问题,与股东的利益有密切联系,如公司合并、分立或解散等特别决议,则必须经出席会议的股东所持表决权的三分之二以上通过。

2. 董事会

董事会是股份有限公司的执行机关,对外代表公司,对内负责公司的整个生产经营活动和行政管理。公司的所有内外事务和业务都在董事会的领导下进行。各国公司法对董事会的一些最基本规定如下。

(1) 董事会的产生。董事会是由数个董事所组成,董事是由股东在股东会上选举产生。董事可以是自然人,也可以是法人,法人充当公司董事,必须指定一名有行为能力的自然人作为代理人。

各国公司法对董事的人数有不同的规定。一般来讲,董事会人数太少,容易独裁,危害广大股东有利益。人数太多,机构臃肿,办事效率较低。因此,各国公司法对董事人数的规定弹性较大,一般只规定最高和最低人数,具体人数由各公司根据自己的具体情况在章程中自行决定,但董事人数必须是奇数,以免董事会对决议形成僵局。如:我国股份有限公司董事会的组成人数为5—19人,法国为3—12人。

对董事的资格,一般要求董事有经营管理才能,能公正、诚实地履行自己的职责。至于董事是否必须为公司股东,各国公司法有不同规定。一些国家规定董事必须是公司股东,这样使董事处于与公司利益休戚与共的地位,自然就能一心一意为公司尽力。但这样规定也有缺点,主要是使公司无法广揽人才,影响公司的经营与发展。因此,另一些国家,特别是在大陆法系国家中,公司法对董事是否必须由股东担任的问题不作硬性规定,即非股东也可以担任公司董事。我国公司法也是如此规定。

董事的任期都有限制,各国规定的期限不一,长的有五六年,短的有一两年。董事随时可以辞职,也可以连选连任。董事有不称职或其他违反法律或章程的时,如:严重玩忽职守,失去管理能力等,可以由股东会予以罢免。

(2) 董事会的职权。董事会职权除公司法和章程规定应由股东会行使的权利外,其他事项均可由董事会决定。一般来说,主要有以下几项:① 负责召集股东会,并向股东会报告工作;② 执行股东会的决议;③ 决定公司经营计划;④ 董事长、常务董事的选任;⑤ 公司经理的任免;⑥ 决定公司内部管理机构的设置;⑦ 制定公司的基本管理制度。⑧ 制定公司的年度财务预算方案、决算方案;⑨ 制定公司的利润分配方案和弥补亏损方案;⑩ 制定公司增减注册资本以及发行公司债券方案;制定公司合并、分立、解散、变更公司形式的方案。

(3) 董事会的决议。董事会作为股份有限公司的常设机关以及股东会的执行机关,负责公司经营活动的指挥和管理,代表公司对各种业务事项作出意思表示或决策,以及组织实施和执行这些决策。因此,董事会必须定期或不定期地召开董事会会议,以作出决策并予以组织实施和执行。

董事会会议的举行,大多数国家的公司法都规定须有半数以上的董事出席,董事会会议方为有效。董事会作出决议,必须经出席董事的过半数通过。有的国家的公司法还规定,对于某些特别决议事项,必须由三分之二以上的董事出席,甚至有的国家规定,与决议有特别利害关系的董事不能参加表决。

3. 监事会

监事会是对公司的经营管理实施监督的机关。其性质因国家的不同而不尽相同,大致有三种不同情况:

(1) 对公司业务管理活动实施监督的机关。公司的业务管理主要是由董事会和经理等管理人员来执行的。因此,监事会监督的对象主要是董事会和经理的业务活动,也包括对财会事务的监督。监事会不参与公司业务决策和具体管理,对外也不能代表公司。日本公司法规定的监察人属于这种性质。

(2) 对公司财务会计业务方面进行监督的机关。英国股份有限公司设立的查账员即为这种。由于股东不管理公司业务,对公司的账簿也很少接触,为了保护他们的利益,设立专职的公司查账员对公司的资产负债表、损益表等进行审核,然后向股东会报告。严格来说,这种"查账员"只是一种类似于监事会的机关。

(3) 监督公司业务管理活动并可以参与决策管理的机关。德国设立的监察委员会即为这种性质。这种监事会可以任命董事会成员,召开股东会,决定公司的决策,检查公司的财务报表等。

监事会成员一般由股东会选任。监事一般须为股东,但也可以有一定比例的公司职工担任。对监事会人数,各国规定不一,一般为3人以上。监事可以连选连任,可以辞职,也可以被股东会以多数票表决罢免。

监事会负责对董事、经理、副经理及财务负责人的业务活动进行监督,董事、经理、副经理及财务负责人不得兼任监事。否则,监事会的监察职能就会落空,监事会形同虚设。

(二) 有限责任公司的组织机构

1. 股东会

(1) 有限责任公司的股东。有限责任公司的股东,即认缴有限公司股本、承担公司亏损责任,并享有相应权利的人。多数国家法律都规定,有限责任公司的股东可以是法人,也可以是自然人。

① 股东的权利。有限责任公司股东在公司中享有权利的大小,取决于其投资额,即其拥有的出资比例的大小。有限责任公司股东的权利可分为自益权和共益权两种。

自益权即股东因出资而享有从公司得到经济利益的权利。自益权主要包括获取红利的权利和公司解散时分配剩余财产的权利。自益权是股东投资的主要目的,它是股东的主要权利。

共益权即股东因出资而享有的参与公司经营管理与监督的权利。其表现为:

第一,有限责任公司的股东享有经营管理公司的权利。有限责任公司股东经营管理权介于无限责任公司和股份有限公司股东的经营管理权之间。无限责任公司股东的经营管理权是当然的,这既是一种权利,也是一种义务。股份有限公司股东享受经营管理权的可能性却很小,尤其无记名股票持有者,更不可享有经营管理权。而有限责任公司股东的经营管理权则既是可能的,又是可享受,也可不享受的。股东有权了解公司经营状况和财务状况,可以参加或推选代表参加股东会,也可选举或被选举为董事会成员。股东就是通过参加股东会和董事会,对公司重大事务进行表决,从而参与公司经营管理的。

第二,有限责任公司的股东享有监督权。股东可选举和被选举为公司监事会的成员,可以通过监事会列席董事会议,对董事会的决议和董事长、公司经理的决定提出质询并要求答复。有限责任公司的账簿一般是不对外公开的,但对公司的股东却不能保密与封锁,股东可以查阅公司的账簿,检查公司的经营与财务状况。股东还可以通过股东会罢免不称职的董事等。

第三,有限责任公司的股东享有表决权。这种表决权一般是指股东会上对股东会决议事项参与表决的权利。股东会是公司最高权力机构,决议的事项比较多,也比较重要。因此,表决权是股东共益权的中心内容。至于表决权如何享受,则要根据股东的出资情况来定。一般来说,表决权是"一股一权"制,即每一等额出资为一表决权。我国《公司法》第四十二条规定股东会成员按其出资比例行使表决权。

第四,有限责任公司的股东享有股东会议的召集权。一般来说,股东会议是由董事召集或按公司规定定期召开的。但如果股东认为有必要,可以邀集一定数量股东来召集股东会。

此外,股东还有转让出资的权利,有些国家(包含我国)还规定股东有优先购买其他股东转让的出资的权利和优先认购公司新增的注册资本的权利。股东还有权享受公司章程规定的其他权利。

② 股东的义务有四项:

第一,有限责任公司股东有缴纳所认缴的出资的义务。缴纳出资,这是股东最起码的义务。由于各国经济制度的区别,各国对于如何履行出资的法律规定也是不同的。

在缴纳期限问题上,日本、法国《公司法》和我国的台湾地区的"公司法"都要求一次全额缴纳。以保证公司资本的充实。其他有些国家则允许分期缴纳,但第一次缴纳的出资不得低于总额的一定比例,其余应同此规定在一定期限内(一般不超过一年)缴清。我国公司法采用认缴制,股东在其认缴的范围内承担责任。股东不按照规定缴纳出资的,应当向已足额缴纳出资的股东承担违约责任。

关于股东的出资方式,不能像无限公司那样以信用作为出资,但也不以货币为限,可以用货币,也可以用实物等。我国《公司法》第二十七条规定,股东可以用货币出资,也可以用实物、知识产权、土地使用权等作价出资。另外,股东出资的实物、知识产权或者土地使用权,应当委托具有资格的资产评估机构进行资产评估,数额不大的,可以由股东各方按照国家有关规定确定它们的作价。对于用固定资产出资的,国有资产的评估结果应当由国有资产管理部门核资、确认。

股东出资以后,公司应当签发证明股东已缴纳出资额的出资证明书,这种证明书称为股单。在证明股东对公司享有股权上,股单与股份有限公司的股票具有同样的性质,但股单是一种不能自由流通的证券,它转让的程序比股票转让复杂,出资证明书应当载明公司的名称;公司登记的日期;公司注册资本总额;股东名称或姓名及其认缴的出资额;有关机构的验资情况;该股东已缴纳的出资额和出资日期;出资证明书核发日期以及公司的签章。

第二,有限责任公司的股东有填补出资的义务。这是西方有些国家的公司法的规定。填补出资往往发生在一些比较特殊的情况下,如公司设立时实物出资作价过多,股东应负缴纳不足额的责任;股东因某种原因不能缴纳出资,其他股东对该股东不能缴纳负连带填补责任等。

第三,有限责任公司股东有承担公司债务的义务。股东承担债务仅以其出资额为限,如其出资不足以抵偿债务,债权人无权要求股东进一步偿还公司债务。

第四,股东还应履行公司章程所规定的其他义务。

(2)有限责任公司的股东会。有限责任公司可以设立股东会,也可以不设立股东会。我国国有独资公司和中外合资合作的有限责任公司,都不设立股东会,但除此之外的有限责任公司一般应设股东会。公司设立股东会的,股东会由全体股东组成,是公司的权力机构。从理论上讲,有限责任公司的股东会与股份有限公司的股东会的性质、权限、作用差不多。但是由于股份有限公司的股东很多,而且分布面很广,因此召集股东大会很困难,也不便于它行使职权;而有限责任公司的股东较少,召开会议较容易,行使职权也较方便,因此有限责任公司的股东会比股份有限公司的股东大会重要。在不设股东会有限责任公司里,董事会是企业的最高权力机构。

股东会的职权。我国《公司法》第三十七条规定股东会行使下列职权:① 决定公司的经营方针和投资计划;② 选举和更换非由职工代表担任的董事、监事,决定有关董事、监事的报酬事项;③ 审议批准董事会的报告;④ 审议批准监事会或监事的报告;⑤ 审议批准公司的年度财务预算方案、决算方案;⑥ 审议批准公司的利润分配方案和弥补亏损方案;⑦ 对公司增加或减少注册资本作出决议;⑧ 对公司债券发行作出决议;⑨ 对公司合并、分立、解散、清算或者变更公司形式作出决议;⑩ 修改公司章程;⑪ 公司章程规定的其他职权。

股东会的会议。股东会是股东行使权利的机关。但它对外并不代表公司,对内并不执行业务,因此不是公司的常设机关。股东行使权利通过股东会议的形式,有限责任公司股东会可召开定期会议或临时会议。定期会议是按照公司章程的规定召开的。西方各国有限责任公司一般一年召开一次股东会,决定股息方案,审查批准公司年度报告、资产负债表、损益表、任免公司董事、审计员等。定期股东会的召集人,有的国家规定为董事,有的国家规定为管理董事,也有的国家规定为董事长。召集人应于会议召开前一周或前半月通知各股东。股东会的临时会议则可由一定数量的董事、股东或监事提议召开。为了避免少数人将不成熟的意见提出来作为召开股东会议的理由,西方各国规定临时股东会召开可有三种办法:一是董事会集体通过决议或董事会签署书面同意书后由董事会召开;二是由法定的持有一定数目股权的股东召开;三是法院根据自己的决议或任何一个董事、股东的申请,视情况要求公司召开股东会。我国《公司法》第三十九条规定,代表十分之一以上表决权的股东,三分之一以上的董事,监事会或者不设监事会的公司监事提议召开临时会议的,应当召开临时股东会。临时股东会由董事长或其他董事主持。西方国家公司法还规定参加股东会的股东必须达到一定的法定人数,通过的决议才能生效。

股东会的决议。股东会的决议分为普通决议和特别决议两种。普通决议成立的条件比较简单,有的国家规定只代表资本过半数的股东同意即可,有的国家规定要资本和股本均过半数才可成立。特别决议成立的条件就较严格,有的国家规定要资本四分之三以上的股东同意或全体股东四分之三以上同意才能通过。我国《公司法》第四十三条规定,关于修改公司章程,公司增加或减少注册资本,公司合并、分立、解散或者变更公司形式的决议,必须经代表三分之二以上表决权以上的股东通过。其他决议的表决程序,则由公司章程规定。我国的国有独资公司,不设立股东会。由国有资产监督管理机构行使股东会职权,或者授权公司董事会行使股东会的部分职权,决定公司的重大事项。但是,公司的合并、分立、解散、增加或减少资本和发行公司债券,必须由国有资产监督管理机构决定。

2. 董事会和经理

(1) 有限责任公司的董事会。如前所述,股东会是有限责任公司的权力机构。但由于股东会涉及人较多,难以直接行使管理权,因此还需要相应的机构对公司进行直接的领导和管理。这一机构就是董事会。在设立股东会的公司,董事会是股东会的执行机构,在不设股东会的公司,董事会则是权力机构。随着经济发展,越来越要求公司机构集中、高效,董事会的作用持续增强,而股东会的职能则在逐渐削弱。

① 董事会的产生、人数和任期。在设立股东会的公司,董事由股东会选举和罢免;在不设股东会的公司,董事由股东委派。有的国家公司法规定董事由公司章程规定。我国《公司法》第四十四条规定:"两个以上的国有企业或者两个以上的其他国有投资主体投资设立的有限责任公司,其董事会成员中应当有公司职工代表;其他有限责任公司董事会成员中可以有公司职工代表。董事会中的职工代表由公

司职工通过职工代表大会、职工大会或者其他形式民主选举产生。"国有独资公司的董事会成员,由国有资产监督管理机构按照董事会的任期委派或者更换。国有独资公司董事会中也应有职工代表,也由公司职工代表大会选举产生。

董事会成员的人数,是关系到董事会办事效率的大事,人数太少,容易独裁,于股东利益不利;人数太多,形成决议较困难,办事效率太低。因此,各国公司法一般只规定董事会的最高和最低人数。西方有些国家规定,资本额较小的有限责任公司,只要董事1人,不设董事会;资本额较大的公司则设有3名以上的董事组成董事会。我国《公司法》第四十四条规定有限责任公司董事会的成员为3—13人,那些股东人数较少和规模较小的有限责任公司,可以只设1名执行董事,不设董事会。

关于董事的任期,各国法规规定不一样,一般为3—5年,也有的国家不作具体规定,可以终身担任。我国《公司法》第四十五条规定有限责任公司董事的任期由公司章程规定,但每届任期不得超过3年,可以连任。

② 董事会的职权。我国《公司法》第四十六条规定:"董事会对股东会负责,行使下列职权:(一)召集股东会会议,并向股东会报告工作;(二)执行股东会的决议;(三)决定公司的经营计划和投资方案;(四)制订公司的年度财务预算方案、决算方案;(五)制订公司的利润分配方案和弥补亏损方案;(六)制订公司增加或者减少注册资本的方案以及发行公司债券的方案;(七)制订公司合并、分立、解散或者变更公司形式的方案;(八)决定公司内部管理机构的设置;(九)决定聘任或者解聘公司经理及其报酬事项,并根据经理提名决定聘任或者解聘公司副经理、财务负责人及其报酬事项;(十)制定公司的基本管理制度;(十一)公司章程规定的其他职权。"

③ 董事会议。董事会对公司的领导权和决策权是通过董事会议实现的。董事会议也分为定期会议和临时会议两种。定期会议一般半年或一年召开一次,由法律或公司章程规定。临时会议则由经理或一定数量的董事提议召开。我国《公司法》第三十九条规定有三分之一的董事提议,可召开临时董事会议。

董事会议由董事长主持,董事长因特殊原因不能履行该项职责时,可委托其他董事主持。

董事会的决议要生效必须符合一定的条件。西方各国往往规定:第一,参加会议的董事一定要达到法定人数,如董事总数的三分之一。第二,出席会议的董事多数通过决议。我国《公司法》规定,有限责任公司董事会的议事方式和表决程序,主要由公司章程规定。

④ 董事长。董事长是有限责任公司的法定代表人,在不设董事会的有限责任公司,执行董事为法定代表人。

董事长由董事会选举和罢免。有限责任公司在董事长之下可设副董事长,副董事长协助董事长工作,当董事长不能履行职务时,可代行董事长职权。副董事长也是由董事会选举产生。我国《公司法》第六十七条规定,国有独资公司的董事长、副董事长,都是由国有资产监督管理机构从董事会成员中指定。

董事长的职权主要有召集和主持股东会、董事会议;检查股东会、董事会决议的实施情况;在董事会闭会期间对公司主要业务活动给予指导以及公司章程规定的其他职权。

(2) 有限责任公司的经理。有限责任公司聘任经理负责公司的日常经营管理工作,经理主要行使下列职权:组织实施股东会、董事会决议;组织实施公司的发展规划、生产经营计划;提出公司年度财务预决算方案和利润分配方案;决定公司副经理以下职工的奖励和处分;列席董事会议;公司章程规定的其他职权。

公司经理的产生和任免一般由股东会和董事会认定,也有由公司章程直接规定的。我国《公司法》第四十九条规定,有限责任公司的经理由董事会聘任或解聘。由于经理从事的工作专业化程度较高,非一般人能胜任,故各国公司法一般都规定可以不从股东中产生。有限责任公司的经理也可由董事长兼任。

经理下设副经理,副经理协助经理工作,在决定公司日常经营管理工作时,经理应当同副经理协商。公司下设分支机构或业务部门的,还可设置分支机构和部门经理。这时公司经理即为总经理。

(3) 董事和经理的任职资格。董事和经理都必须是具有行为能力的自然人,有的国家还规定了董事必须是股东。我国《公司法》第一百四十六条规定有下列情形之一的,不能担任有限责任公司的董事和经理:无民事行为能力或者限制民事行为能力的;因犯有贪污、贿赂、侵占财产、挪用财产罪或者破坏社会主义市场经济秩序罪,被判处刑罚,执行期满未逾 5 年的,或者因犯罪被剥夺政治权利,执行期未满 5 年的;担任破产清算的公司、企业的董事或者厂长、经理,并对该公司、企业破产负有个人责任的,自该公司、企业破产清算完结之日起未逾 3 年的;担任因违法被吊销营业执照、责令关闭的公司、企业的法定代表人,并负有个人责任的,自该公司、企业被吊销营业执照之日起未逾 3 年的;个人所负数额较大的债务到期未清偿的。

董事和经理应该遵守公司章程,认真执行业务,维护公司利益,不得利用在公司的地位和职权为自己谋取私利。董事和经理也不得在公司外从事与本公司竞争或者损害公司利益的活动。我国《公司法》在这方面规定很具体,如董事和经理不得利用职权收受贿赂或者其他非法收入;不得侵占公司的财产;不得挪用公司资金;不得将公司资金以其个人名义或者以其他个人名义开立账户存储;除公司章程规定或者股东会、董事会同意,不得将公司资金借贷给他人或者以公司财产为他人提供担保;除公司章程规定或者股东会同意,不得与本公司订立合同或者进行交易;除股东会同意,不得利用职务便利为自己或者他人谋取属于公司的商业机会,自营或者为他人经营与所任职公司同类的业务;不得接受他人与公司交易的佣金归为己有;不得擅自披露公司秘密;不得有违反公司忠实义务的其他行为。董事和经理违反前款规定,所得收入归公司所有。董事和经理执行公司职务时违反法律、行政法规或者公司章程的规定,给公司造成损失的,应当承担赔偿责任。

3. 监事会

(1) 监事会的产生。监事会是公司经营活动的监察机构。西方各国对公司监察机构的称呼有所不同,有的称为监察人或会计监察人,有的称为监察委员会。各国对监察机构设置与否大致有三种意见。第一,监察机构为有限责任公司必设机构。如日本《公司法》第33条规定:"有限责任公司得依章程设置监察人一人或数人。"第二,监察机构为有限责任公司的任意设置机构,即可设置,也可不设置,法律不作强制性规定。第三,监察机构在一般的中小有限责任公司为可以任意设置,但在具有一定规模的有限责任公司则必须设立。如德国规定,小型或中等有限责任公司可以但并非必须设立监事会;雇员超过500人的有限责任公司必须有监事会。奥地利公司法规定,小型或中型的有限责任公司可以设立监事会,凡符合下列条件之一的有限公司必须设立监事会:股份资本超过20万奥地利先令,公司成员在50人以上;雇员在300人以上;有限责任公司本身是控股公司,或者公司雇员300人以上并在一个公司集团中处于支配地位。

我国《公司法》第五十一条规定,有限责任公司设立监事会,其成员不得少于3人;股东人数较少或者规模较小的,可以设1—2名监事。

关于监察机构的人选,西方各国多数规定由公司章程指定或由股东会选任。还有的国家规定必须由股东担任。我国规定监事会成员不得少于3人(含3人),监事会由股东代表和适当比例的公司职工代表组成,职工代表的比例不得低于三分之一,具体比例由公司章程规定。监事会中的职工代表由公司职工民主选举产生。我国《公司法》还规定监事的任职资格同于董事、经理的资格,公司的董事、高级管理人员不得兼任监事。

(2) 监事会的职权。

监事会作为监察机构,其职权是广泛的。我国《公司法》第五十三条规定监事会或监事的职权有:检查公司财务;对董事、高级管理人员执行公司职务时违反法律、行政法规、公司章程的或者股东会决议行为进行监督,提出罢免建议;当董事和高级管理人员损害公司的利益时,要求董事和高级管理人员予以纠正;提议召开临时股东会,在董事会不履行《公司法》规定的召集和主持股东会会议职责时召集和主持股东会会议;向股东会会议提出提案;依照《公司法》规定,对董事、高级管理人员提起诉讼;公司章程规定的其他职权。监事还能列席董事会议。

监事会行使职权,主要也是通过作出决议的方式来体现的。因此,监事会应定期或不定期的召开监事会议。监事会议的决议必须经多数监事同意才能作出。监事不履行监督义务,致使公司遭受重大经济损失的,选举他们的机构有权罢免其职务。

六、公司的股本和债券

(一) 资本

公司的资本,指公司成立时,由章程所确定,由股东投资构成的财产总额。它是公司开展业务的物质基础、是公司对债权人的最低信用担保,也是衡量公司信用的标准。

对于资本的概念,必须弄清楚三个专用名称:注册资本、发行资本、实收资本。

1. 注册资本

又称核定资本或名义资本。这是指公司登记成立时章程中所确定的,并由公司登记机关登记注册的财产总额。注册资本不得随意改变,如需增减,必须严格依照法律的规定进行。注册资本通常被称为公司资本。

2. 发行资本

这是指公司实际上已向股东发行的股份总额。由于注册资本限制了发行资本范围,因此,发行资本不会超过注册资本。

3. 实收资本

这是指公司通过发行股份实际收到财产总额。由于每一股东并不一次缴清全部股款,因此,实收资本又不会超过发行资本。

(二) 股份

1. 股份的特点

股份是公司资本的构成单位,是股东权利义务的表现。它具有以下几个特征:

(1) 平等性。股份有限责任的股份每一股的金额都是相等的，每一股份所包含的权利义务也是相等的。股东对公司的权利义务的大小与其拥有公司股份的多少成正比关系。

(2) 有限责任性。股东对公司所负的责任仅以其拥有的股份为限。

(3) 证券性。股份以股票作为载体。股票是股份的外在表现形式，是股东享有股权的凭证和依据。股票存在的意义是股份财产的证券化，即股份有限公司资本的实物形态和价值形态发生分离，并具有了各自独立存在和运行的性质。股份采取股票这种证券形式既表示股东的权利义务，又便于股份的流通。

(4) 转让性。股份可以自由流通是与股票的有价证券性分不开的。由于股票可以在证券市场上自由流通，股份的转让也就无须征得公司机关以及公司其他股东的同意。

(5) 稳定性。股份一经认定，除公司最终没有成立的情况下可以撤回外，认股人不得要求退股。股份投资是不能抽回的，股东只能通过收取股利或转让股份来收回投资。而当股份发行转让时，只是更换股东而已，并不影响公司的资本。因此，股份是一种稳定的投资。

由上可见，股份有限公司的股份不仅是作为公司资本的构成要素而存在，而且也构成股份有限公司的特征和运行机制的核心内容。离开了股份，股份有限公司的功能和意义便无从谈起。

2. 股份发行

股份的发行，是指股份有限公司或设立中的股份有限公司为了筹集公司资本，出售和分配股份的法律行为。根据发行的不同阶段，股份发行可为两种：一是设立发行，在设立公司的过程中为筹集组建公司所需资本而发行股份的行为；二是新股发行，在公司成立后之后再向社会募集股份的发行。就设立中的公司而言，发行股份是为了达到其设立公司所要求的法定资本，就已成立的公司而言，则是为了扩充其资本。

股份发行是一个股份出售与分配的过程。出售是对社会公众而言的，任何人要想成为公司的股东，就必须购买该公司发行的股份。分配是对于公司原有的股东而言的，公司成立后为扩大资本而发行股份时，原有股东有优先购买权。因此，公司为增资发行股份除了可以向社会公众进行出售外，还可以分配的形式向股东配股，扩大公司股东所持的股份。

3. 股票及其种类

股票是股份有限公司签发的证明股东所持股份的凭证，表现了股东法律地位或股东的要式有价证券。

股票与股份是密切联系的。股份是股票的实质内容,股票是股份的证券形式。如果没有股份的存在,股票就成为毫无价值和意义的东西。但是,由于股票具有证券性质,因而它不仅仅是股份的表现形式,还在于它代表着股份运动的一种方式,即价值运动方式。因此,股票具有相对独立性。

股票相对独立的性质主要是通过它的有价证券的运动方式体现出来:第一,股票对应的实物具有不特定性。每一股票并不是直接指向公司的某一特定财产,从而股票的转让并不影响公司实物财产的整体性;第二,股票的价格具有不确定性。股票在市场上交易时,其交易价格往往不等于它的票面值。股票价格的涨落,不仅取决于公司的经营状况,而且还要受到国内外形势、自然环境、人们的心理等因素的影响,有时这些因素甚至在价格上起着决定作用。这反映了作为股份价值运动方式的股票越来越远离公司实物财产的发展趋向。

股票作为一种要式有价证券,须具备一定的形式要件才能产生法律效力。各国公司法对于股票上应当记载的事项,有严格规定。如果股票记载的事项不真实或不符合法律规定,股票就无效,股份有限公司或者其主要负责人员将承担相应的法律责任。票据应当载明的主要事项有:① 公司名称;② 公司成立的时间;③ 股票种类、票面金额及代表的股份数;④ 股票的编号;⑤ 股票发行的时间;⑥ 股票由董事长签名,公司盖章。

公司可以发行不同种类的股票,不同种类的股票上的法律权利也是不同的。股票上的法律权利可以分为:股息分配权(rights as to dividend payments)、表决权、在公司减少资本或清算时请求返还资本的权利。

股票主要分为下列几种:

(1) 延期付息股(deferred management/founders shares),是配售给公司创设人的股息要延期支付的股票,即股息的支付要在其他股东之后。这种股票现在已经很少有了。

(2) 雇员股(employee shares),是公司配售给公司的雇员以鼓励对公司持股的股票。公司通过施行雇员持股计划(employees share scheme),促进对公司忠诚的现有员工、前任员工或这些员工的亲属的利益,从而提高员工的忠诚度和积极性。

(3) 普通股(ordinary shares/equity shares),是指那些没有特殊权利的股票。公司在章程授权的情况下,可以发行不同类型的普通股,包括无表决权股(non voting shares)、限制表决权股(shares with limited voting rights)和提高表决权股

(shares with enhanced voting shares)。

(4) 优先股(preference shares)，是指具有特定优先权利的股票。优先股最普遍的特征是比其他股东享有优先分配股息的权利。但是除此之外,公司还可以发行可转换优先股,公司股东可以选择将这种股票转换为普通股。优先股股东的表决权通常受到限制,因此股东只能在以下情况才有权行使表决权：股息未按期支付或预定的对优先股的法律权利的变更提前。优先分配股息权(preferential right to dividend payment)是优先股的股东可能有权获得固定利率的股息,或者有权在获得固定利率股息的同时参与对公司的利润的分配。后者被称为"参与优先股"(participating preference share)。优先请求返还股本权(preferential rights to capital assets)：在公司清算或资本减少时,公司的优先股股东按照公司章程可能有权要求公司返还其出资,或有权参与公司剩余资产的分配。

公司可以变更特定种类股票上附加的权利。什么是股票权利的变更？即变更公司章程对某一阶层的股东权利的规定,或加入新的类似规定,可以被视作是股权的变更。如果这些权利的消灭也视为是权利的变更。但股权的消灭不总能被看作是权利的变更。一般来说,以下两种情况都属于股权的变更：① 将一种股票转换为另一种不同的股票,如公司将普通股转换为优先股的提议；② 公司变更特定种类股票上的表决权、分红权或资本返还请求权。

如果公司要变更特定股票上的权利(class right),一般公司会召开变更股权的会议必须有符合法定人数的股东(或其代理人)出席。在决定是否要变更特定阶层的股权时,这一阶层的股东应当为了本阶层的整体利益以善意的(bona fide)方式表决。当这一阶层的股东召开单独会议决定了变更股权时,该阶层的少数股东如果反对这一决定,可以由持股的少数股东向法院提出异议,最终由法院来决定是支持还是否决。

公司股票的发行可分为以下几种方式：① 股票增发(rights issue)。公司发行新股必须要遵循优先购买权的规定,即新股应当先出售给公司现有的成员而不是非公司成员。如果公司的员工被授权或允许故意违反这一规则,那么这些员工应当对那些享有优先购买权的成员承担共同连带赔偿责任。② 折价发行(issue at a discount)。除了某些特殊情况外,公司不得以低于股票面额的价格发行股票；购买者也不能折价买入股票,否则还须向公司支付差价的部分。③ 溢价发行(issue at a premium)。公司可以以高于股票面额的价格发行股票,溢价的部分列入特定的账户,这种账户被称为"溢价股账户"(share premium account)。④ 红利股(a bonus issue)。公司用准备金(reserve fund)支付红利股的价格,而将红利股分配给公司的现有股东。⑤ 赎回股(redeemable shares)。公司现在发行的股票,在未来的某个赎回日将由公司从股东手中赎回。公司发行这种股票通常是为了增加短期的资本金。公司发行赎回股应当依照公司章程的有关规定。虽然公司或股东可以选择在规定的赎回日之前就赎回股票,但公司不得超过赎回日赎回。

(三) 公司债

1. 公司债的特征

公司债是公司依照法定条件和程序,通过发行有价证券的方式,向社会公众募集资金所产生的债务。它的表现形式就是公司债券,即公司为筹集资金而公开举债的一种债务契约证书。

公司债与股份,虽然都表现为有价证券,可流通转让,都是筹集资金的手段,但公司债纯属债权,而股份则表现为股东的权利义务,两者性质不同。

2. 公司债的种类

公司债根据不同的标准,可以有不同的分类:

(1) 根据公司债券上是否记载债权姓名为标准,可分为记名公司债和无记名公司债。

(2) 根据公司债的还本付息是否有担保为标准,可分为有抵押公司债和无抵押公司债。

(3) 根据公司债是否可兑换为公司的股份为标准,可分为转换公司债和非转换公司债。

(4) 根据公司债是否按原定利率支付利息,可分为普通公司债和参加公司债。

七、公司的盈余分配

公司盈余是公司当年的税后利润,即当年盈利中扣除一切税额之后剩余的部分。公司盈余不能随意分配,只是在弥补历年的亏损,保持公司资本充实的基础上,才能提取公积金和支付股利。

各国一般将公积金分为法定公积金和任意公积金。

(一) 法定公积金

它是指依据法律规定而强制提取的公积金。依其来源不同,还可将其分为:

1. 资本公积金

资本公积金指直接由资本或资产以及其他原因所形成的公积金。它一般是投资一部分或具有其他资本的性质,主要来源于股票溢价发行的溢价款,资产估价增值所获得的估价溢额,接收赠予财产的所得额等。

2. 法定盈余公积金

法定盈余公积金指公司在弥补亏损后,分配股息前,按法定比例由税后利润中提取的公积金。各国对此规定的比例不一致。例如,德国、法国、瑞士规定提取率为盈余的 5%,直至达到资本总额的 10% 为止。

法定公积金的主要用途是弥补亏损和转增股本。由于法定盈余公积金是经常性的,而资本公积金是非经常性的,故应先使用法定盈余公积金弥补亏损。在转增资本时,应经股东会决议,按股东原有股份比例发给新股或增加每股面值且要有一定的留存。

(二)任意公积金

它是指自由提取的公积金。它不受公司法强制性规定的限制,用途一经确定,即转为专用资金,非股东会决议,不得挪作他用。

八、股份有限公司的合并、分立、解散和清算

(一)合并

公司的合并是指两个以上的公司依公司法所规定的程序,通过订立合同的形式合并成一个公司的行为。

公司合并一般分为两种形式:

第一种形式是两个以上的公司中,一个公司存续,其他公司解散,存续的公司吸收解散的公司,这种合并称为吸收合并,在美国又叫兼并(take over)。

第二种形式是两个以上的公司中,各个公司都解散,另外组建一个新公司,这种合并称为新设合并,在美国又叫联合(consolidation)。

公司合并不仅涉及公司的主体资格变化,更重要的是公司权利义务、债权债务的清理。因为公司的合并必然引起公司资产负债的变化,从而影响公司对其债务的清偿,所以公司合并时必须通知债权人,并取得债权人的承认,债权人要求清偿债务或提供担保的,公司必须满足其要求。

公司合并后,因合并而未经清算即解散的公司、因合并而消灭的公司,其资产包括所有动产、不动产、工业产权和其债权债务,全部由存续公司或新设公司承继,变为存续公司或新设公司的资产、债权和债务,由其行使这些资产的所有权,享有这些债权,并负责清偿这些债务。

公司的合并,不仅对公司的债权人产生重大影响,也会对公司的股东、经营管理人员及雇员产生重大影响,属于公司重大事项的变更。因此,有权作出该重大事项变更决定的机构只能是公司的最高权力机关——股东会。

公司合并的程序,一般先由同意合并的各个公司的董事就合并的条件进行磋商,达成合并合同,再经各公司股东会议表决批准。合并公司一经各公司股东会批准,应在限定时间内到政府主管部门登记。同时,存续公司应进行变更登记注册,新设公司应当进行设立登记注册,被解散的公司应进行解散登记。只有在有关政府主管部门登记注册后,公司合并才正式生效。

(二) 分立

公司分立,其财产作相应的分割,所欠的债务按协议由分立后的公司承担。

公司合并和分立,都应通知债权人。我国《公司法》第一百七十三、一百七十五条规定,公司不论合并还是分立,都应在作出合并或分立决议之日起10日内通知债权人,并于30日内在报纸上公告。债权人自接到通知书之日起30日内,未接到通知书的自公告之日起45日内,有权要求公司清偿债务或者提供相应的担保。不清偿债务或者不提供相应的担保的,公司不得合并或分立。

原经批准成立的有限责任公司,分立也应经主管部门批准。分立出来的新公司应进行设立登记。

(三) 解散

公司的解散是使公司法人资格消灭的法律行为。各国公司法对公司解散的原因都有具体规定。根据公司解散是否为公司自主决定,可将解散的原因分为任意解散原因和强制解散原因。

任意解散原因是指由公司自主决定解散的各种原因,强制解散原因是使公司不得不解散的原因。下列六种原因中,前四种为任意解散原因,后两项为强制解散原因:

(1) 公司章程规定的营业期限届满,或者公司章程规定的其他解散事由出现;
(2) 公司据以设立的宗旨业已完成,或根本无法实现;
(3) 股东大会决议解散;
(4) 因公司合并或者分立需要解散;
(5) 公司破产;
(6) 政府主管部门下令解散。

(四) 清算

清算是指公司在解散过程中,了结公司债务,并在股东间分配公司剩余资产,最终消灭公司法人资格的一种法律行为。

一般来说,公司解散应成立清算组进行清算,但并非所有的公司解散都要进行清算。因公司合并或分立导致公司解散的,可以不进行清算。因为公司合并或分立虽然导致公司的解散,但解散公司的权利义务被存续公司或新设公司承继,这与其他情况下解散后无人承担其权利义务有别。

清算组由股东会确定其人选,可由董事、股东担任清算人,也可根据债权人的要求,由法院指派清算人。由上述清算人组成清算组,在清算期间行使下列职权:

(1) 清理公司财产,分别编制资产负债表和财产清单,并送交各股东查阅;
(2) 通知、公告债权人;
(3) 处理与清算有关的公司未了结的业务;
(4) 收回公司债权;
(5) 偿还公司债务;
(6) 处理公司清偿债务后的剩余财产;
(7) 代表公司参与民事诉讼活动。

清算人在清算期间依法行使上述职权,同时也履行相应的义务,以便清算工作能顺利地进行。清算人应当忠于职守,依法履行清算义务,不得利用职权收受贿赂或者其他非法收入,不得侵占公司财产。如果清算人因故意或重大过失而给公司或债权人造成损失的,公司的股东和债权人有权要求清算人承担赔偿责任。

清算人在清算期间的报酬以及业务工作中的一切费用,优先从公司的剩余财产中取得。清算结束后,应尽快制成清算报告书,提交股东会请求承认。股东大会承认后,清算人即可解除责任,清算程序也宣告终结。

九、外国公司

各国公司法最后一般都有关于外国公司的规定,应该说这一新的内容是整个公司法不可缺少的组成部分。

(一) 外国公司的概述

对于什么是外国公司,各国由于确定公司国籍的依据不同,自有不同的理解。各国法律采用不同的确定公司国籍的依据,对外国公司自然就规定了不同的定义。各国法律所采用的确定公司国籍的依据主要有:股东国籍说;主要营业所在地说;股份认购说;公司所在地说;注册登记所在地说等。上述依据以注册登记所在地说最为通行。这不仅在美国、英国、日本的公司法有明确的规定,而且见诸许多国家的著名案例中,并逐渐在国际商事法律领域内得到确立。

所谓注册登记所在地说,是指把公司依何国的法律登记设立作为判断公司国籍的标准。因此,凡根据外国公司法,在外国注册登记而设立的公司即为外国公司。

实际上,在本国境内设立的所谓"外国公司"只是该外国公司在本公司设立的分支机构。这种分支机构对其国外的总公司来说,称为国外分公司,对其业务活动所在地国家来说,则简称为外国公司。

一般来说,各国对外国公司在其境内开办分支机构进行有关的业务活动都持许可的态度。但外国公司设立分支机构必须得到所在国的批准,并办理必要的登记注册手续。经批准设立的外国公司的分支机构在办理了登记注册手续后,方可营业。例如:美国特拉华州公司法规定,一个外国公司只有在向该州的州务卿递交50美元的申请费并在州务卿办公室备案,该公司的任何分支机构和代理人才能在该州从事任何商事交易活动。

(二)外国公司的进入

外国公司进入本国进行商事活动,必须完成一定的法律手续。一般来说,必须在本国设立办事处或分公司,以便取得营业执照。在这方面,虽然总的原则都是一致的,但各国的具体规定是有一定差别的。

按照我国《公司法》的规定,外国公司要获准在我国从事商事活动,必须是具有下述要素:

(1) 外国公司在中国境内设立分支机构,必须向中国主管机关提出申请,并提交其公司章程、所属国的公司登记证书等有关文件,经批准后,向公司登记机关依法办理登记,领取营业执照。

(2) 外国公司在中国境内设立分支机构,必须在中国境内指定负责该分支机构的代表人或者代理人,并向该分支机构拨付与其所从事经营活动相适应的资金。

(3) 外国公司的分支机构应当在其名称中标明该外国公司的国籍及责任形式。

(4) 外国公司属于外国法人,其在中国境内设立的分支机构不具有中国法人资格。外国公司对其分支机构在中国境内进行经营活动承担民事责任。

(5) 外国公司分支机构在中国境内从事业务活动,必须遵守中国的法律,不得损害中国的社会公共利益,其合法权益受中国法律保护。

(三)外国公司的撤销和清算

1. 外国公司的撤销

各国公司法对外国公司撤销的规定,一般分为两种情况:第一种情况是由于被强制吊销营业执照而被迫撤销;第二种情况是外国公司主动撤销其在外国的分支机构。

本国政府主管机关或法院强令外国公司撤销其在本国的分支机构,一般都是由于外国公司严重违反东道国的法律和社会公共利益。如:日本商法规定,设置营业所以违法为目的进行营业者,或外国公司的代表人及其他在营业所执行业务的人,有超越法令所定的公司权限或滥用职权的行为,虽经法务大臣以书面警告,仍不改正等情况,法院可根据法务大臣、股东、债权人及其他利害关系人的请求,命令关闭外国公司的营业所。

外国公司无意在东道国国内继续营业,或者业已完成了在东道国从事营业活动的预定目标,需要转移营业地,应当向东道国主管机关申请撤销其在东道国设立的分支机构,撤销营业执照和有关文件、证件,停止一切经营活动,并进行债权债务的清理。

2. 外国公司的清算

外国公司一经准许撤销,应将其在东道国境内的分支机构所生之债权债务,清算了结,所有清算未了的债务,仍由该外国公司清偿。

根据我国《公司法》的规定,外国公司撤销其在中国境内的分支机构时,必须依法清偿债务,按照《公司法》有关公司清算程序的规定进行清算。未清偿债务之前,不得将其分支机构的财产移至中国境外。

如果外国公司不履行清算程序,不清偿其债务擅自移出或处分财产,除采取必要的财产冻结、查封和扣押等财产保全措施外,还要追究其总公司的连带责任,以充分保障债权人的利益。

案例分析

[案情]

上诉人展讯通信(上海)有限公司(简称展讯公司)因与被上诉人虹软科技股份有限公司(简称虹软公司)计算机软件著作权许可使用合同纠纷管辖权异议一案,不服浙江省杭州市中级人民法院于2020年12月3日作出的(2020)浙01知民初406号民事裁定,向本院提起上诉。本院于2021年3月31日立案后,依法组成合议庭对本案进行了审理。展讯公司上诉请求:撤销原审裁定;确认原审法院对本案不享有主管权,并裁定驳回虹软公司的起诉或者裁定将案件移送至上海知识产权法院。事实和理由：原审裁定存在程序违法、事实认定和法律适用错误，应当予以撤销，原因如下：一、原审法院程序违法。1. 本案虹软公司未向原审法院提出确认仲裁协议无效请求，原审法院无权就仲裁协议效力问题直接进行裁判。2. 原审法院未经询问、未经审理、未经调查、未经举证质证直接认定双方之间的法律关系不具有涉外因素，导致认定事实错误。3. 原审法院在受理立案过程管辖权裁定中认定双方仲裁协议无效，未经专门业务部门处理、未按照法定程序组成合议庭并询问当事人，且未报请上级审批，违反了最高人民法院的相关规定。二、原审裁定认定事实错误。本案民事法律关系的当事人、合同标的物、合同履行以及法律关系设立、变更、终止法律事实均具有涉外因素，且存在认定为涉外因素的其他情形。1. 合同主体。案涉合同的一方订立主体明确载明被许可人为展讯公司及其附属公司，展讯公司的附属公司中包括境外公司。此外，虹软公司与展讯公司均系中外合资企业，且展讯公司系在自贸区注册设立，其情形相比《最高人民法院关于西门子国际贸易(上海)有限公司申请承认与执行外国仲裁裁决一案的请示的复函》的情形具有更明显的涉外特征。2. 合同标的物。案涉协议项下许可的知识产权系虹软公司在美国的关联公司开发并享有版权，虹软公司也在案涉协议第11条(1)(b)明确规定并要求展讯公司如此标准。原审裁定对此认定错误。3. 合同约定的履行地为全球范围。案涉协议附件1中明确规定许可协议的地域为全球。这意味着协议的履行地可能不仅限于中国。原审法院未考虑该事实。4. 其他可以认定为涉外因素的情形。案涉协议系虹软公司提供的模板许可协议文本，协议模本以英文书写并签署。虹软公司在案涉协议中规定的管辖法律为美国法律，并且在文中多个条款中均提及依照美国法律。且与案涉协议关联的《相互保密协议》《评估许可协议》分别由展讯香港公司、展讯公司与虹软美国公司签署，展讯香港公司和虹软美国公司都是境外注册公司，具有涉外因素。而上述两个协议均构成案涉协议的附属协议。三、原审裁定对其享有管辖权的认定错误。案涉合同并未实际履行，本案也非单纯的给付货币之诉，因此即使法院对本案有主管权，原审法院也不享有本案管辖权，而应将本案移送至上海知识产权法院审理。

[问题]

1. 当事人是否具有涉外因素？涉案协议的仲裁条款能否排除人民法院的管辖权？2. 原审法院对本案是否具有管辖权？

[法律规定]

《中华人民共和国仲裁法》第二十六条，《最高人民法院关于适用〈中华人民共和国民事诉讼法〉的解释》第二百一十五条，《中华人民共和国民事诉讼法》第二百七十八条,《中华人民共和国仲裁法》第六十五条,《中华人民共和国合同法》第一百二十八条(现为《民法典》第一百八十六条),《最高人民法院关于适用〈中华人民共和国民事诉讼法〉的解释》第五百二十二条,《中华人民共和国民事诉讼法》第二十四条,《最高人民法院关于适用〈中华人民共和国民事诉讼法〉的解释》第十八条第二款

[法律运用和结果]

原审法院认为,本案系计算机软件著作权许可使用合同纠纷。因双方当事人在案涉《软件许可协议》中约定了仲裁条款,故首先要判断案涉仲裁条款的效力,在确定法院对本案具有主管权之后,才进一步涉及对本案的管辖权问题。一、关于案涉仲裁条款的效力问题。虹软公司与展讯公司在案涉《软件许可协议》17.2(b)中约定,若任何纠纷未在规定期限内得到解决,该纠纷应通过位于新加坡的新加坡国际仲裁中心(SIAC)根据届时有效的新加坡国际仲裁中心仲裁规则仲裁解决。上述条款中,双方约定将案涉争议提交域外机构进行仲裁的意思表示明确。根据我国《民事诉讼法》第二百七十一条及《合同法》第一百二十八条的规定,具有涉外因素的争议可以提交域外仲裁。关于涉外民事关系的认定,《最高人民法院关于适用〈中华人民共和国民事诉讼法〉的解释》第五百二十二条规定:(一)当事人一方或者双方是外国人、无国籍人、外国企业或者组织的;(二)当事人一方或者双方的经常居所地在中华人民共和国领域外的;(三)标的物在中华人民共和国领域外的;(四)产生、变更或者消灭民事关系的法律事实发生在中华人民共和国领域外的;(五)可以认定为涉外民事案件的其他情形。本案中,案涉《软件许可协议》的订立主体均为我国境内企业法人,合同标的物即许可软件的著作权的研发在国内,著作权为虹软公司享有,案涉《软件许可协议》亦系在中国境内订立和履行。鉴于案涉协议的双方当事人,合同标的物,法律关系设立、变更、终止的法律事实均不具有涉外因素,故该协议不属于涉外民事关系。而我国法律没有规定当事人可以将其不具有涉外因素的争议提交境外仲裁机构进行仲裁,故本案当事人约定将案涉争议提交位于新加坡的新加坡国际仲裁中心进行域外仲裁,缺乏法律依据,案涉仲裁条款应属无效,本案应按照普通国内民事案件确定管辖。展讯公司认为,虹软公司、展讯公司均系中外合资企业,虹软公司签订合同时系外商独资企业,展讯公司系在自贸区注册成立,案涉《软件许可协议》的主体还包括展讯公司的外国关联企业,因此案涉协议的当事人具有涉外因素。对此,原审法院认为,无论中外合资企业、外商独资企业均是中国境内注册的企业法人,不属于《最高人民法院关于适用〈中华人民共和国民事诉讼法〉的解释》第五百二十二条中规定的"外国企业或组

织"。虽然《最高人民法院关于为自由贸易试验区建设提供司法保障的意见》(法发[2016]34号)第九条规定"在自贸试验区内注册的外商独资企业相互之间约定商事争议提交域外仲裁的,不应仅以其争议不具有涉外因素为由认定相关仲裁协议无效",但该规定关于外商独资企业的争议可例外认定为涉外民事关系是有严格适用条件的,需要满足双方注册地都在自贸试验区内,且均为外商独资企业的情形,而本案显然不符合该情形。至于《最高人民法院关于明确第一审涉外民商事案件级别管辖标准以及归口办理有关问题的通知》的相关内容,只是为调整法院内部审判庭的分工,并不能据此认定外商独资企业具有涉外因素,就当事人法律地位而言,本案争议双方均属中国法人。展讯公司认为,案涉《软件许可协议》的签订主体并不仅限于虹软公司及展讯公司,还包括展讯公司的外国关联企业,因此案涉协议的当事人具有涉外因素。对此,原审法院认为,案涉《软件许可协议》的签订主体为虹软公司与展讯公司双方,本案虹软公司和展讯公司才是案涉《软件许可协议》权利义务的直接承受人,至于与展讯公司有关联控制关系的境外企业,并非案涉《软件许可协议》的当事人及实际履行人,案涉《软件许可协议》并不直接约束展讯公司的境外关联企业,展讯公司与其关联企业之间充其量只是展讯公司方的内部关系,并不影响案涉协议当事人的境内主体身份,展讯公司以此主张案涉协议具有涉外因素,理据不足,原审法院不予支持。另外,展讯公司认为其2018—2019年生产的手机主要销往海外,案涉《软件许可协议》涉及虹软公司在境外享有的知识产权,故案涉协议属于涉外合同。对此,原审法院认为,案涉《软件许可协议》的主要内容是双方当事人就虹软公司拥有的计算机软件许可展讯公司进行使用,展讯公司为此支付许可使用费,而案涉计算机软件由虹软公司在境内开发完成,知识产权为境内主体所享有,故虹软公司与展讯公司之间的合同标的物不具有涉外性。至于展讯公司称2018—2019年其生产的使用案涉软件的手机产品主要系在海外销售,即便展讯公司所述属实,该销售行为也并未改变双方当事人之间的基础法律关系,不足以据此认定本案纠纷具有涉外因素。二、关于本案纠纷的管辖权问题。《中华人民共和国民事诉讼法》第二十四条规定:因合同纠纷提起的诉讼,由被告住所地或者合同履行地人民法院管辖。《最高人民法院关于适用〈中华人民共和国民事诉讼法〉的解释》第十八条进一步规定:合同约定履行地点的,以约定的履行地点为合同履行地。合同对履行地点没有约定或者约定不明确,争议标的为给付货币的,接收货币一方所在地为合同履行地。因虹软公司与展讯公司双方在案涉《软件许可协议》中未明确约定合同履行地,故本案适用法定管辖。本案中,虹软公司的主要诉求为请求展讯公司支付案涉《软件许可协议》项下的欠款,属于争议标的为给付货币的情形,而虹软公司为接收货币一方,故应当以虹软公司的所在地为合同履行地。因虹软公司的住所地位于杭州市,属原审法院辖区,原审法院作为辖区内有权审理计算机软件纠纷案件的法院,依法对本案具有管辖权。展讯公司认为本案由展讯公司所在地法院管辖更为方便合理,缺乏事实和法律依据,原审法院不予支持。原审法院裁定:驳回展讯通信(上海)有限公司对本案主管及管辖权提出的异议。案件受理费 100 元,由展讯通信(上海)有限公司负担。本院经审查查明:2001 年 7 月 18 日,展讯公司在中国(上海)自由贸易实验区注册成立,类型为台港澳与境内合资有限责任公司。2003 年 2 月 25 日,虹软公司在浙江省注册成立,公司类型为中外合资、上市股份有限公司。虹软公司与展讯公司签订《软件许可协议》,该协议自 2017 年 9 月 1 日起生效。协议约定虹软公司授权许可展讯公司使用 ArcSoft 软件,展讯公司向虹软公司支付授权使用许可费。该协议第 17.2(b)仲裁条款载明:若任何纠纷未能在上述规定的期限内得以解决,在一方书面通知后,此纠纷应最终由双方均赞同并熟悉软件行业的单个仲裁员根据届时有效的新加坡国际仲裁中心仲裁规则通过新加坡国际仲裁中心处理的仲裁解决。

上诉法院认为当事人是否具有涉外因素,案涉协议的仲裁条款能否排除人民法院的管辖权是本案争议的焦点之一。

本案展讯公司对原审法院管辖权提出异议时,其中一个理由为涉案协议有仲裁条款,人民法院对本案不具有管辖权。本院认为,根据《中华人民共和国仲裁法》第二十六条规定:"当事人达成仲裁协议,一方向人民法院起诉未声明有仲裁协议,人民法院受理后,另一方在首次开庭前提交仲裁协议的,人民法院应当驳回起诉,但仲裁协议无效的除外;另一方在首次开庭前未对人民法院受理该案提出异议的,视为放弃仲裁协议,人民法院应当继续审理。"《最高人民法院关于适用〈中华人民共和国民事诉讼法〉的解释》第二百一十五条规定:"依照民事诉讼法第一百二十七条第(二)项的规定,当事人在书面合同中订有仲裁条款,或者在发生纠纷后达成书面仲裁协议,一方向人民法院起诉的,人民法院应当告知原告向仲裁机构申请仲裁,其坚持起诉的,裁定不予受理,但仲裁条款或者仲裁协议不成立、无效、失效、内容不明确无法执行的除外。"因此,人民法院对于受理后的案件,在另一方当事人首次开庭前提出仲裁协议的,人民法院有权对仲裁协议效力进行审查。原审程序中,展讯公司因管辖权异议在答辩期间提出涉案协议有仲裁条款。因此要审查人民法院对本案是否具有管辖权的前提是对涉案协议中仲裁条款的效力进行审查。本案中,涉案协议的仲裁条款对争议提交域外仲裁机构进行仲裁的意思表示明确,且仲裁机构约定明确具体。但根据《中华人民共和国民事诉讼法》第二百七十八条规定:"涉外经济贸易、运输和海事中发生的纠纷,当事人在合同中订有仲裁条款或者事后达成书面仲裁协议,提交中华人民共和国涉外仲裁机构或者其他仲裁机构仲裁的,当事人不得向人民法院起诉。当事人在合同中没有订有仲裁条款或者事后没有达成书面仲裁协议的,可以向人民法院起诉。"《中华人民共和国仲裁法》第六十五条规定:"涉外经济贸易、运输和海事中发生的纠纷的仲裁,适用本章规定。本章没有规定的,适用本法其他有关规定。"原审裁定作出时施行的《中华人民共和国合同法》第一百二十八条规定,涉外合同的当事人可以根据仲裁协议向中国仲裁机构或者其他仲裁机构申请仲裁。我国法律并未允许国内当事人将不具有涉外因素的争议提请外国仲裁。据此,本案当事人均为国内当事人,在审查涉案协议的仲裁条款的效力时还应审查涉案协议是否具有涉外因素。参照《最高人民法院关于适用〈中华人民共和国民事诉讼法〉的解释》第五百二十条有关认定涉外民事案件的规定。经审查,本案当事人均为中国法人,涉案协议的订立及标的物均在中国境内,当事人之间法律关系的产生、变更、消灭的法律事实也不具有涉外因素。因此涉案协议中的仲裁条款系国内当事人对不具有涉外因素的争议达成的域外仲裁条款,属无效的仲裁条款。人民法院对本案具有管辖权。

第二个争议焦点是原审法院对本案是否具有管辖权?

本案系计算机软件著作权许可使用合同纠纷,且双方当事人未明确约定合同履行地点。依据《中华人民共和国民事诉讼法》第二十四条的规定:"因合同纠纷提起的诉讼,由被告住所地或者合同履行地人民法院管辖。"《最高人民法院关于适用〈中华人民共和国民事诉讼法〉的解释》第十八条第二款规定,合同对履行地点没有约定或者约定不明确,争议标的为给付货币的,接收货币一方所在地为合同履行地;交付不动产的,不动产所在地为合同履行地;其他标的,履行义务一方所在地为合同履行地。本案中,虹软公司的主要合同义务为授权许可展讯公司使用案涉软件,展讯公司的主要合同义务为向虹软公司支付授权使用许可费。虹软公司作为案涉软件的授权许可方和接收授权许可使用费的一方,其住所地,即浙江省杭州市为合同履行地。原审法院作为浙江省杭州市辖区内有权审理计算机软件纠纷案件的法院,依法对本案享有管辖权。虹软公司向原审法院提起诉讼,符合法律规定,展讯公司的上诉请求不能成立,应予驳回。综上,依照《中华人民共和国民事诉讼法》第一百七十七条第一款第一项、第一百七十八条之规定,裁定如下:驳回上诉,维持原裁定。本裁定为终审裁定。

案例改编自【最高院·裁判文书】"不具有涉外因素的案件当事人达成的域外仲裁条款系属无效仲裁条款",案号:(2021)最高法知民辖终90号。

第四节　其他商事组织

在现代社会,随着社会分工的不断深入和专业化程度的不断提高,代理人的角色在国际商事活动中起到了越来越重要的作用,因此代理制度也得到了很大的发展,国际商事代理法也因而成为国际商法的重要组成部分。

一、代理的概念与形式

代理,是商品经济发展的产物。在现代社会,随着社会分工的不断深入和专业化程度的不断提高,代理制度得到了很大的发展并且日趋重要。就经济生活而言,无论是在国内经济生活还是在国际经济生活中,代理制度都得到了普遍的应用。例如,在国际贸易中,许多业务都是通过各类代理人来完成的,如普通代理人、保险代理人、运输代理人、经纪人等,离开了这些代理人,国际贸易就无法顺利进行。另一方面,就法律制度而言,各国有关代理的立法也日趋发达和完善。但是由于各国社会制度、经济发展的速度以及历史条件的不同,各国对代理的法律制度的规定也有所不同。

（一）代理的概念

不同国家对代理概念的理解是不同的,因此对代理的概念,我们分别就大陆法系、英美法系和我国的规定分别加以阐述。

1. 大陆法系中的代理

大陆法系的代理制度是建立在区别论的理论基础之上的,所谓区别论,其最主要的特征是把委任与授权区别开来。委任是指委托人与代理人之间的合同,它调整的是本人(principal)(委托人、被代理人)与代理人(agent)之间的内部关系;授权则是指代理人代表委托人与第三人签订合同的权利,它调整的是本人和代理人与第三人之间的外部关系。与此相适应,大陆法系中代理概念的一个重要特征就是十分强调代理人在实施代理行为时必须以本人的名义行事,即强调代理人在对外进行民事活动时必须表明自己的代理人身份。尽管大陆法系各国对代理概念的表述有所不同,但在对代理人须以本人的名义实施法律行为这一特征的强调上,则是基本一致的。例如,《德国民法典》第184条第1款规定:"代理人于代理权限内,以被代理人名义所为的意思表示,直接为被代理人和对被代理人发生效力。"《日本民法典》第99条第1款规定:"代理人于其权限内明示为本人而进行的意思表示,直接对本人发生效力。"

2. 英美法系中的代理

代理是指代理人（agent）按照被代理人（principal）的授权，代表被代理人同第三人订立合同或作其他的法律行为，由此而产生的权利与义务直接对被代理人发生效力。

当一个人被委托代表另一个人与第三者进行交易时，便可能由此产生代理。委以任务的人，或者是明示委托的，或者是默示委托的，叫作委托人。被委托的人叫作代理人。在委托人和代理人之间，通过一个代理协议，由代理人代表委托人与第三人订立的一个合同，合同的法律后果是委托人和第三人之间成立合同关系，而代理人完全退出局外。因此代理人使委托人和第三人之间建立了合同的相互关系，设定了权利和义务，如同委托人本人签订了合同一样。普通法中的代理是建立在把本人与代理人等同的基础之上，不论代理人是以委托人的名义还是以自己的名义行为，在英美法系中均可被视作代理。美国《法律重述·代理（第二次）》第1条第1款的规定："代理是当事人明示同意由一方当事人遵照他方当事人的指示，并代表他为一定行为的信托性关系。"这一概念并不像德国法那样强调代理人须以本人的名义行事。

普通法中典型的代理人包括合伙人以及公司的董事经理。

3. 我国《民法典》中的代理

《民法典》第一百六十一条规定："民事主体可以通过代理人实施民事法律行为。"第一百六十二条规定："代理人在代理权限内，以被代理人名义实施的民事法律行为，对被代理人发生效力。"从而以立法的形式界定了代理的概念。这一概念表明，我国民法上所说的代理，代理人必须以被代理人的名义实施民事法律行为。换言之，如果代理人以自己的名义实施民事法律行为，则按《民法典》就不能被视作代理，因而行为的后果只能由行为人自己承担。这样，我国民法上所说的代理仅指直接代理，而不包括大陆法系中所说的间接代理或英美法系中所说的不公开本人身份的代理。代理人必须在代理权限内以独立意思表示实施民事行为，其行为必须是具有法律意义的行为，所产生的法律后果直接由被代理人承担。

（二）代理的形式

1. 雇佣关系

在雇佣关系中，雇主是被代理人，可以控制被雇佣者在履行代理时的行动，被雇佣者不仅指体力雇佣者，也包括技术工作人员以及行政人员。雇主不仅要对被雇佣者代理中所产生的合同义务负责，而且在很多情况下还要对被雇佣者在代理中的侵权行为负责。

多年来,雇佣关系中的替代责任的有关法律不得不适应情况以求解决日益复杂的雇佣类型。起初,这不过是一个控制问题,即雇主要对被雇佣者所犯的侵权行为负责,因为雇主不仅可指使被雇佣者应该做什么,而且还可以命令他应该按什么样的方式去做。

在存在雇佣关系的过程中,受雇人不管是否得到授权,或者甚至被明示禁止,其发生的侵权行为,雇主都应对之负责。"存在雇佣关系的过程"包括为了实现其受雇的职能的一系列工作中一切行为在内。

2. 被代理人—独立合同人关系

在这种关系中,被代理人无权控制独立合同人履行代理时的行动,只对独立合同人在代理中所产生的合同义务负责,不对其在代理中的侵权行为负责。独立合同人主要指运输代理人、广告代理人以及银行等。

检验到底是雇佣关系还是被代理人—独立合同人关系的检验标准主要是:雇主对其受雇人的控制范围,受雇人在雇主的组织机构中所起的作用;以及受雇人在业务中自己负责的程度。如果受雇人的工作牵涉专门技术,或专门的知识或业务专长,而雇主可能对之一无所知,因此,他不可能对其具体做法进行控制。例如:某公司雇了 A 为接待员,A 就是被雇佣者,他们之间的关系是雇佣关系;在另一方面,若某公司雇了 A 为独立的非雇员式的销售代理人,专卖公司的产品,此时 A 就是独立合同人。

雇主对独立承包人所犯的侵权行为不负责任的法则,也有几种例外情况:

(1) 在本人雇佣下,独立承包人去做本身不合法的事情时,雇主不仅要为行为的后果负责,而且要为承包人在做这件事的过程中的过失负责。

(2) 如本人负有做不得委托他人代做之事的责任时(普通法的、成文法的或合同性的),而他却雇佣独立承包人来做这件事,那么,如果该承包人未能做或者做得不适当,本人都得为之负责。

(3) 如果承包人被雇来执行一项异常危险的工作,应需采取预防措施时,雇主就有责任保证采取这些预防措施,以保护在预见范围内的那些人,不能把这一自己所应负的责任推到独立承包人身上。

二、代理权的产生

关于代理权产生的原因,大陆法系、英美法系和我国的法律对此都有不同的规定,现分别介绍如下:

（一）大陆法系的法律规定

根据大陆法系国家法律的规定，代理人以被代理人名义实施法律行为的资格和权限即代理权一般可以通过两个途径获得：

1. 委托代理权

委托代理权是基于被代理人的授权而获得代理权，因是本人的意思表示而发生的，故又称为意定代理权。本人对代理人授予代理权限的法律行为称为授权行为。根据《德国民法典》的规定，被代理人是通过其无形式限制但需有相对人的意思表示而赋予代理人以委托代理权的，被代理人的授权意思表示具有以下特征：① 该意思表示必须是一种有相对人的意思表示，这种相对人可以是被授权人，即代理人，也可以是代理关系中的第三人。② 授予委托代理权的意思表示原则上无形式上的要求，但在一些特殊情况下，法律规定赋予委托代理权的意思表示必须采取特定的形式。《德国民法典》第 1945 条第三款规定，代理人代理进行拒绝继承的意思表示时，需提交经过鉴证的代理权证书。

2. 法定代理权

法定代理权是指当被代理人在事实上或法律上不能实施法律行为时，由法律直接规定赋予他人代为实施法律行为的代理权。法定代理权的产生主要有以下几种原因：① 由于特定当事人之间的身份关系而由法律直接规定而享有代理权，如父母对未成年子女的法定代理权；② 根据法院的指定而取得代理权，如法院指定的法人清算人的代理权；③ 因私人的选任而取得代理权，如亲属选任的未成年人的监护人的代理权；④ 法人董事的代理人资格。公司法人本身不能进行活动，它必须通过代理人来处理各种业务。公司的董事是公司的代理人，而且是公司法人的第一位的代理人，因为他还有权指定另外的代理人。在德国公司法中，公司董事的这种第一位代理人的权利是由法律来加以规定的。

（二）英美法系的法律规定

在英美法系国家，代理人和本人之间的代理关系可以基于以下几种原因产生：

1. 明示代理

明示代理，即被代理人以明示的方式指定某人为代理人的代理。代理协议的成立并不要求特定形式，既可以采用口头方式，也可以采用书面方式，即使代理人需要以书面方式同第三人订立合同，但被代理人仍然可以采用口头方式授予代理权，除非被代理人要求代理人用签字蜡封的方式替他同第三人订立合同，例如委托代理人购置不动产，才需要采用签字蜡封的形式授予代理权。这种要式的授权文书叫作"授权书"。英国 1971 年《授权法》（*The Power of Attorney Act*）对此有专门的规定。

2. 默示代理

默示代理,是指从当事人在某一特定场合的行为或从当事人之间的某种关系中,可以推定当事人之间存在真实有效的代理关系。明示代理是涉及雇佣关系的正常业务及被代理人—独立合同人关系中的明示部分,那么暗示代理就是指除明示代理以外的因双方存在的关系或特别的行为而产生的代理,例如:A 与 B 是夫妻关系,B 在外面用 A 的信用卡买东西,A 就应付款,除非 A 告诉店主不要以信用卡形式卖东西给 B。一般情况下,法律可以推定有夫妻关系的妻子通常有处理家务的责任,妻子有权把家务必需品的欠账算在丈夫名下,这种必需品的定义与适用于未成年的合同相同。

例如:在里奥德诉葛内斯·斯密斯公司案(1912 年)中,被告指派一公司职员从事了几项业务外事项,即帮助客户转让财产,后来这个职员使客户蒙受重大损失,这一客户告了被告,法院认为,这个职员受被告指派从事非业务事项,这就是从被告的指派行动中获得了默示代理权,故被告应对客户负责。

根据英美等国关于合伙的规定,合伙人之间实行相互代理原则,任一合伙人依合伙经营方式订立的合同对其他合伙人均有默示代理效力。

3. 无可否定的代理

即使没有明示的委任,但如果委托人的行为显然表明代理人是被授权可代表他行事的,那么委托人同样将由于代理人签订的合同而受到约束。这叫作"无可否定的代理"。1863 年,在波尔诉利斯克一案中,克兰沃思高等法官曾说过:"……如果一个人的行动使另一个人相信他已委任某人为他的代理人,而且他本人也知道,此某人准备凭借这个信念去行事的话,除非他即时提出异议,否则,以后一般地,他就不容争辩地应被认为由于自己的放任不得再否认其代理权,虽然事实上确不存在代理的关系。"

例如:在宾劳诺玛发展公司诉法妮新织造有限公司案(1971 年)中,被告公司一秘书,以公司名义租了辆车子,但用于办私事,被告认为秘书租车私用,非公司业务,拒绝付款。法院认为,公司秘书有默示的合理权限为公司目的订车,原告只认秘书为被告的代理人,故公司应付款,至于私用问题,只能由公司内部处理。

如果被代理人虽限制了代理人的权限,但未能通知第三人,且表面上代理人的权利若是合理的,被代理人仍然要受合同的约束。

例如:在伍特诉弗兰戚克案(1893 年)中,A 是被告酒吧的经理,被告已禁止 A 用信用卡买香烟,但 A 仍然在原告处用信用卡买了香烟,被告想以已禁止 A 用信用卡买香烟为由拒绝付款。法院认为：A作为被告酒吧的经理,按常规有权以被告的信用卡买香烟,原告只认A为被告的代理人,至于禁止之事,原告并不知晓,故被告应付款。

4. 客观必需的代理

客观必需的代理权是在一个人受委托照管、托运另一个人的财产,为了保存这种财产而必须采取某种行动时产生的。在这种情况下,虽然受委托管理、托运财产的人并没有得到采取这种行动的明示的授权,但由于客观情况的需要得视为具有此种授权。这种情况发生于承运货物处于紧急状态中,或发生意外事故后,承运人为这些货物订立了合同的场合。这种合同对货主是有效的,虽然运货人是在未经货主明示授权下行事的,只要他这样做是出于善意并对货主来说是最为有利的,法律就应认为他具有客观必需的代理权,但承运人应能证明订立这个合同确属需要,而且实际上当时不可能与货主取得联系。

行使这种代理权必须具备以下三个条件：

(1) 行使这种代理权是实际上和商业上所必需的；

(2) 代理人在行使这种权力前无法同委托人取得联系以得到委托人的指示；

(3) 代理人所采取的措施必须是善意的,并且必须考虑到所有有关各方当事人的利益。

例如：在斯佩内葛诉戚斯特铁路公司案(1921年)中,铁路公司替原告运一批西红柿到A地,由于铁路工人罢工,西红柿被堵在半路上,眼看西红柿将腐烂,铁路公司于是就地卖掉了。法院认为：虽然铁路公司是出于善意的、保护原告的利益,但当时是可以通知原告的,在可以联系而未联系的情况下私自处理他人货物,不能算是具有客观必需的代理权,被告败诉。

5. 追认的代理

委托人可以追认一个合同,假如这个合同是由一个代理人代表他签订的,而在签订时,该代理人并无明示或默示的代理权。追认意味着追溯到原来合同成立之时,委托人将受整个合同的拘束,不能只选择其中对他有利的那一部分。

要使委托人在这种情况下负担责任,必须确定以下各点：

(1) 代理人宣称合同不是为他自己,而是代表他的委托人签订的。这通常意味着委托人的名字必须曾被提及。但如果实际上可以辨别出委托人,也就可以了。如果代理人在表面上是为他自己签订合同,而实际上也未经委托人授权为之代理时,那么委托人以后不得追认这个合同。

(2) 合同本身有效,并是可以被追认的。一个订立时即是无效的合同,则不得予以追认。

（3）合同只能由订立该合同时已经指出姓名的被代理人或可以确定姓名的被代理人来追认。

（4）追认该合同的被代理人必须是在代理人订立合同时已经取得法律人格的人，这项条件主要是针对法人而言的，因为根据英美法判例，如代理人替尚未成立的公司订立合同，日后即使该公司经过注册成为法人，但该公司不能追认这个合同。

（5）被代理人在追认该合同时必须了解其主要内容。

(三) 中国的法律规定

我国《民法典》将代理产生的原因分为两种：

1. 委托代理

委托代理是基于被代理人的授权行为而产生的。所谓授权行为，是指被代理人对代理人授予代理权的行为。在实践中，授权行为常常与某种基础法律关系相结合，包括委托合同关系、合伙合同关系、劳动合同关系以及企业内部组织关系等。

2. 法定代理

法定代理是基于法律规定而产生的。根据《民法典》第二十七条的规定，未成年人的父母因具有监护人身份而成为未成年人的代理人，其监护人的身份是依据法律规定产生代理权的根据。

三、无权代理

(一) 无权代理的概述

无权代理是指代理人在不享有代理权的情况下进行的代理行为，其产生主要有以下几种情形：

（1）未得到本人的授权；

（2）超出授权范围行事的代理；

（3）代理权消灭后的代理；

（4）授权行为无效。

(二) 无权代理的种类

无权代理可分为不发生本人责任的无权代理和发生本人责任的无权代理。在前一种情况下，本人无须对无权代理人的行为承担责任，这通常被称为狭义的无权代理。但这种无权代理行为，也不是绝对地不能对本人发生效力，因为本人可以对它加以追认。如果本人没有追认，则这种狭义的无权代理行为对本人是没有约束力的。而在后一种情况下,本人就无权代理人的代理行为应负授权人的责任,这通常被称为表见代理。

1. 狭义的无权代理

狭义的无权代理是指行为人完全没有代理权而以他人名义实施法律行为。这里行为人既没有代理权,也没有令人相信其有代理权的事实和理由,完全无根据地以他人名义实施法律行为。依各国法的规定,这种狭义的无权代理行为,非经本人追认,对本人没有任何约束力。如果善意的第三人由于无权代理人的行为而遭损失,该无权代理人应对善意的第三人负责。这里所谓"善意"是指第三人不知道该代理人是无权代理而言。如果第三人明知代理人没有代理权而与之订立合同,则属于咎由自取,法律不予保护。

大陆法系认为狭义的无权代理行为在经本人追认以前,其效力处于不确定的状态。在这种情况下,大陆法系有两种处理办法:① 由第三人向本人发出催告,要求本人在一定时间内答复是否予以追认;② 允许第三人在本人追认以前,撤回他与无权代理人所订立的合同。

关于无权代理人的责任内容,大陆法系各国有不同的规定:① 赔偿责任说。即主张狭义的无权代理人应对善意第三人负赔偿责任,如《法国民法典》和《瑞士债务法典》即采用此说。② 选择权说。即主张当狭义的无权代理人以他人名义订立合同时,如本人拒绝追认,则善意的第三人既可以要求无权代理人赔偿损失,也可以要求其履行合同,由第三人在两者当中选择其一,如《德国民法典》即采用此说。

英美法系把大陆法系的狭义无权代理称为违反有代理权的默示担保(breach of implied warranty of authority)。依英美法系的解释,当代理人同第三人订立合同时,代理人对第三人有一项默示的担保,即保证他是有代理权的。如果某人声称自己是别人的代理人,但实际上并没有得到本人的授权,或者是超出了他的授权范围行事,则与其订立合同的第三人就可以以其违反有代理权的默示担保为由对其提起诉讼,而该无权代理人必须对第三人承担责任。

2. 表见代理

(1) 表见代理的含义。表见代理,是指代理人并不具有本人的明示或默示授权,但因本人的言行使第三人有合理根据认为存在授权,则该代理人有关行为的法律后果仍由本人承担的代理。表见代理既然属于无权代理,本来是不应对本人发生效力的。但是,如果本人的言行造成善意第三人的信赖;换言之,如果由于本人的作为或不作为制造了代理权存在的表象,并引起善意第三人的信赖,那么,本人就须对代理人的行为负责。由此可见,在一定条件下使本人承担无权代理的后果,其目的是为了保护善意第三人的利益,从而促进社会的交易安全。

表见代理不同于明示授权产生的代理,后者是本人明确(口头或书面)委托代理人实施某一行为,而前者则是指本人的言行使第三人有理由相信存在代理关系,但这种代理关系事实上是不存在的。表见代理也不同于默示授权产生的代理。表见代理的概念关心的是第三人有无合理的根据相信存在代理权;默示授权则不是对第三人而是对代理人而言的。表见代理与追认的代理也有区别,追认是本人事后对无权代理的一种认可,它是基于本人的意思表示而产生的,是本人行使权利的表现;表见代理的产生则不取决于本人的选择,它是法律为保护善意第三人所创立的一种制度。

(2) 表见代理的成立要件包括以下两种:

第一,客观上必须存在使第三人相信行为人有代理权的事实依据。在萨默斯诉索蒙(Summers V Solomon)案中,被告曾雇佣一名经理经营一家珠宝商店,并定期为该经理从原告处订购的用在该商店转卖的珠宝付款。该经理辞职后,继续以被告的名义从原告处订购珠宝,并携珠宝潜逃。法院判决认为被告应对该经理拿走的珠宝承担付款责任,理由是他通过自己过去的行为使原告相信该经理享有利用其信用的权利,而且他没有通知原告该权利已经终止。

第二,相对第三人必须是善意且无过失的。所谓"善意且无过失"是指第三人不知道与之交往的代理人实际上是无权代理,而且对于这种不知,第三人并无过错。因此,如果第三人明知代理人是无权代理却仍与之实施法律行为,显然不能要求本人负表见代理之责。不仅如此,即使第三人非故意但因过失应当知道而不知,与无权代理人实施法律行为,亦同样不能要求本人负表见代理之责。例如,第三人以往从未掌握代理人有代理权的事实,现仅凭无权代理人伪造的授权委托书就相信其有代理权,则不能使本人负表见代理的责任。

(3) 表见代理的效力。表见代理对本人的效力表现为本人须对无权代理人的有关行为承担法律后果,而不能以代理人是无权代理为由对抗善意第三人。在本人向第三人承担责任后,本人可以向无权代理人行使追偿权,以弥补自己的损失。但如果本人也有一定的过失,如授权不明、明知他人以其名义为代理行为而不否认等,则应根据双方过失程度来分担责任。

四、代理的终止

如同所有的合同一样,代理关系得根据双方协议而终止,或为其中一方所撤销。采用什么方式终止,要根据代理关系的环境而定。如果代理人是受委托订立一个特定的交易合同,那么代理关系在交易合同成立之时即自动终止。但如果代理关系产生连续的有约束力的义务时,那么要求终止代理关系的一方需要发出合理的先期的通知。

代理关系可由于法律的作用而终止,如因发生某些情况而使它成为非法,或因合同当事人一方死亡、精神失常或者破产而终止。

(一)代理关系终止的原因

1. 根据法律终止代理关系

(1)本人死亡、破产或丧失行为能力。根据某些大陆法系国家民商法的规定,此情况只适用于民法上的代理权,至于商法上的代理权,则不因本人的死亡或丧失行为能力而消灭。

(2)代理人死亡、破产或丧失行为能力。根据各国的法律,代理人死亡、破产或丧失行为能力,不论其民事上的代理权还是商事上的代理权均终止。如代理人在其委托人死亡以后与他人订立合同,依默示的应保证有代理权的原则,他应承担法律责任。虽然精神失常的情况可以使代理合同无效,但如果是在委托人神志清醒的情况下授权的,而代理人与第三者签订合同时尚未知悉他的委托人有了精神病,那么委托人对合同可能要负法律责任。如果委托人有破产行为,只要在发生破产行为后三个月内申请破产并被宣告破产,代理关系即行终止。但是如果代理人和第三者在订立合同时不知有破产行为,那么,他们的权益是不受影响的。

(3)履行不可能或嗣后违法。根据各国法律规定,当代理标的物毁损或消灭时,因代理目的无法实现,代理关系因这种不可能事故而终止。此外,如果法律的改变使代理行为成为非法,代理关系便告终止。

2. 根据当事人的行为终止代理关系

(1)代理目的实现是指代理任务被全面完成。

(2)代理期限届满。如本人和代理人约定了代理期限,且一方或双方当事人不愿意再延长的,则代理期限届满代理关系即告终止。

(3)本人和代理人协议终止他们之间的代理关系。按照合同法的基本原则,合同是可以通过双方当事人之间的协议而加以解除的。因此,不论代理合同有没有规定代理目的或代理期限,也不论代理目的是否实现、代理期限是否届满,本人和代理人均可以通过协议方式终止他们之间的代理关系。

(4)代理人或本人单方终止代理关系。各国法律原则上都允许代理人辞去代理权或本人撤回代理权,但无论大陆法系国家还是英美法系国家,对本人单方面撤回代理权都有一定的限制。如有些大陆法系国家(如法国、德国等)为了保护商业代理人的利益,在法律上规定,本人在终止代理合同时,必须在相当长的时间以前通知代理人。而根据英美法系的判例,如果代理权的授予是与代理人的佣金以外的利益结合在一起的,本人就不能单方面撤回代理权。如甲为清偿对乙的欠款,便指定乙为代理人代其收取房租,在这种情况下,乙的代理权是与其对甲的债款利益结合在一起的,在该债款清偿完毕之前,甲不能单方面终止乙的代理权。

(二) 代理关系终止的法律后果

1. 本人和代理人之间的法律后果

一方面,代理关系终止以后,代理人就没有代理权,如该代理人仍继续从事代理活动,即属于无权代理,应按无权代理的法律规定处理;另一方面,如果代理关系的终止是由于本人不恰当地撤回代理权,则本人应承担违约责任,赔偿代理人因此遭受的损失。

2. 对于第三人的法律后果

本人撤回代理权或终止代理合同,对第三人是否有效,主要取决于第三人是否知情。如果第三人不知且不应知代理权被终止,两大法系国家皆规定,第三人仍可合理地认为代理权的存在,有关的交易对本人仍有拘束力。

五、代理的法律关系

(一) 本人与代理人之间的法律关系

本人与代理人之间的法律关系,主要体现在法律对本人和代理人的权利和义务的原则性规定上。

1. 代理人的义务

(1) 代理人应亲自行使代理权。在通常情况下,代理人应亲自行使代理权,不得任意转托他人代理。在法定代理中,代理人与被代理人之间多为亲属关系或者监护关系,应亲自行使代理权,不得任意转托他人;在指定代理中,代理人更加应当亲自行使代理权。

(2) 合适注意的义务。代理人应该对被代理人委托的财产和事务给予合适注意,若代理人对应合适注意的义务没注意而使被代理人的利益受到了损失,他应对被代理人负赔偿责任。

(3) 服从的义务。代理人应服从被代理人合法的指令,若代理人未服从被代理人合法指令而使被代理人利益受到了损失,他应对被代理人负赔偿责任。

(4) 忠实的义务在受托信任义务中是一种较为复杂的义务,它涉及三个方面的责任：

第一，不与被代理人竞争。如果某公司生产计算机，雇了 A 为销售代理人，A 就不能同时成立计算机公司销售计算机以和雇用他的公司竞争。

马里兰钢铁有限公司诉明特纳案(1978年)中，原告雇了被告从事废旧钢铁的买卖交易，当生意兴隆时，被告与公司另一职员准备也成立一家类似的钢铁公司并在业余时间积极准备，后两人辞职，并于 1 年后正式成立了一家钢铁公司。原告认为被告在任职期间不忠实，所以应赔偿损失，并要求法院禁止被告开业。法院认为：被告在任期内并未开类似的公司与被代理人竞争，业务时间的准备是合理的，辞职 1 年后才开业，也不违反商业信誉原则，故不涉及不忠实的问题，原告败诉。

第二，不密谋私利。代理人不得谋取超出其被代理人付给他的佣金或酬金以外的任何私利。如果代理人接受了贿赂，被代理人有权向代理人索还，并有权不经事先通知而解除代理关系，或撤销该代理人同第三人订立的合同，或拒绝付代理人在受贿交易上的佣金，被代理人还可以对受贿的代理人和行贿的第三人起诉，要求他们赔偿由于行贿受贿订立合同而使他遭受的损失，即使代理人在接受贿赂或图谋私利时，并未因此而影响他们所作的判断，也没有使被代理人遭受损失，但被代理人仍然可以行使上述权利。

第三，不泄露商业机密。代理人不得泄露他在代理业务中所获得的保密情报和资料，代理人在代理协议有效期间或代理协议终止之后，都不得把代理过程中所获的保密情报或资料向第三者泄露。否则，本人有权要求代理人赔偿损失。

(5) 申报账目的义务。代理人有义务对一切代理交易保持正确的账目，并应根据代理合同的规定或在被代理人提出要求时向被代理人申报账目，代理人为被代理人收取的一切款项须全部交给被代理人。

(6) 通知的义务。代理人应把代理过程中的一切真实重要的事实通知被代理人，以便被代理人作出进一步判断。

2. 本人的义务

(1) 支付佣金的义务。此为本人最主要的一项义务。但具体而言，本人究竟在何种情况下应当支付佣金，在何种情况下可以不付佣金，则是一个相当复杂的问题，代理合同应尽量对此作出详细的约定。因为有时法律对此并无规定，或者，各国法在具体规定上存在分歧。下列问题是当事人在商订佣金条款时，需要特别加以注意的：

第一，本人不经代理人的介绍，直接同代理人代理地区的第三人订立买卖合同时，本人是否应对代理人照付佣金。对此，大陆法系中不少国家规定：如果代理合同无相反约定，则代理人对其代理地区内的客户与本人达成的一切交易，无论其是否经由代理人之手，代理人都有权要求支付佣金。而根据英美法系的判例，则需区分代理人在本人与第三人交易中的作用来决定代理人应否得到佣金。如果本人与第三人达成的交易是代理人努力的结果，代理人就有权得到佣金；反之，则无权索取佣金。但这些法律规则可以根据双方的协议或行业习惯而改变，特别是在指定地区的独家代理协议中，时常约定代理人对所有来自代理地区的订货单都可以获得佣金。

第二，代理人介绍的买主再次向本人订货时，本人是否应支付佣金。这主要取决于代理合同的约定。关于代理合同被终止以后，代理人介绍的买主再次向本人订货，本人是否应支付佣金的问题，大陆法系和英美法系的处理有所不同。根据《德国商法典》的规定，代理商对于代理合同终止后所达成的交易，在下列情况下享有佣金请求权：① 代理商曾参与该项交易的洽谈与准备工作；② 该项交易主要是归因于代理商的活动而达成的；③ 该项交易是在代理合同终止后的合理期间内达成的。而根据英美法系的判例，如果代理合同没有规定期限，只要本人在合同终止后接到买方的再次订货，仍须向代理人支付佣金；但如果代理合同规定了期限，则在期限届满合同终止后，本人就无须就代理人介绍的客户同自己达成的交易向代理人支付佣金。进一步说，即使是在代理人对再次订货有权要求佣金的情况下，代理人也只能要求对再次订货的佣金损失给予金钱补偿，而不能要求取得未来每次订货的佣金。

(2) 偿还代理人因履行代理义务而产生的费用的义务。代理人因履行代理义务而产生的各种费用，有些是属于代理人的正常业务支出，对这些费用，除合同另有规定外，代理人一般不能要求本人偿还。但有些费用是代理人因执行本人指示的任务而额外支出的，对此代理人有权请求本人补偿。

(3) 让代理人检查核对账目的义务。有些大陆法系国家的法律规定，代理人有权查对本人的账目，以便核对本人付给他的佣金是否正确。

(二) 本人、代理人同第三人的法律关系

按照代理关系的一般原则，代理人是代表本人同第三人为法律行为的，代理行为一旦完成，其法律后果直接归属于本人，应由本人和第三人之间相互主张权利和承担义务，代理人和第三人之间不产生实质上的权利和义务关系。但是，当代理人未以本人的名义与第三人订约，代理人是否仍然与第三人不产生法律关系，抑或代理人是否应当对第三人有一种特别的责任呢？

1. 代理人未以本人名义订约时，本人及代理人与第三人的关系

对这一问题的处理，大陆法系、英美法系和我国的法律有不同的标准和做法。

（1）大陆法系的标准和做法。大陆法系依代理人是以代表的身份还是以他自己个人的身份同第三人订立合同为标准，将代理分为直接代理和间接代理。

直接代理是指代理人以代表的身份，即以本人的名义同第三人订立合同，合同的权利和义务直接归属于本人，代理人一般不对合同承担个人责任。间接代理则是指代理人尽管是为了本人的利益，但却是以代理人自己的名义同第三人订立合同，该合同的法律后果不能直接及于本人，而必须先由代理人承担，然后通过另外一个合同转移给本人。换言之，根据大陆法系，如果代理人未以本人名义订约，则本人和第三人没有直接的合同关系，本人不能直接对第三人主张权利，只有当代理人把他在合同中的权利和义务转让给本人之后，本人才能对第三人主张权利。

（2）英美法系的标准和做法。英美法系没有直接代理与间接代理的概念，而是将代理分为代表"公开的本人"（disclosed principal）和代表"不公开的本人"（undisclosed principal）两种情况。

第一种，公开的本人。代理人代表公开的本人为法律行为的情况同大陆法系所称的直接代理基本相同。它既包括代理人在订约时已指出本人的姓名或名称，也包括虽未指出本人的姓名，但代理人在订约时已公开表明自己代理人身份的代理。对此，英美法系的原则是：代理人所订合同被认为是本人与第三人之间的合同，本人应对合同负责，而代理人原则上对该合同不承担个人责任。在1923年宇宙汽轮航行公司诉杰姆斯公司案中，原告船主与被告公司订有一项租船合同。根据该合同，被告公司为承租人，但在合同签名处则注明，该公司仅作为代理人订约。此后原告船主因还船延迟而提起滞期费求偿。法庭判决，尽管被告公司在合同中被规定为承租人，但由于该公司是作为代理人订立合同，故对该合同不承担个人责任。

第二种，不公开的本人。如果代理人虽然得到本人的授权，但他在同第三人订约时根本不披露有代理关系一事，即既不披露有本人的存在，更不指出本人是谁，这种本人即为不公开的本人。当代理人为不公开的本人与第三人订约时首先代理人应对所订合同承担法律上的责任，因为他在交易时根本没有披露代理关系的存在，这样他实际上就把自己置于当事人的地位，所以他应对所订合同负责。在这一点上，英美法系和大陆法系并无分歧，但在不公开的本人是否能就代理人所订合同直接取得权利和承担义务这一问题上，英美法系则采取了与大陆法系截然不同的做法。如前所述，当代理人以自己的名义与第三人订约时（大陆法系称之为间接代

理),本人不能直接向第三人主张合同权利,而必须经过两个合同关系(即代理人与第三人的合同以及代理人与本人间转让权利和义务的合同),才能使间接代理关系中的本人向第三人主张权利。与此相反,英美法系中未公开的本人原则上仅凭代理人与第三人间的一个合同就可以直接与第三人发生法律关系,具体的方式可以有:① 不公开的本人有权介入合同并直接对第三人行使请求权或在必要时对第三人起诉。如果本人行使了介入权,他就必须对第三人承担合同的义务。② 第三人在发现了不公开的本人之后,即享有选择权。他可以选择代理人或本人履行合同,也可以在该合同的基础上对其中任何一方起诉。但这种选择是不可改变的,一旦作出选择,该第三人便不能再改变主意而起诉另一方。

总之,无论是本人行使介入权还是第三人行使选择权,在英美法系中通过代理人与第三人间的一个合同,便可以使本人与第三人间发生直接的法律关系,而不像大陆法系那样需要有两个合同。这是英美法系同大陆法系的一个重要区别,也是英美法系代理制度的一个重要特点。它简化了交易手续,对交易的各方当事人均有利,也许正因为如此,我国现行《民法典》也吸收了英美法系的这一做法。

(3) 我国的法律规定的标准和做法主要可以分为三种:

第一种,自动介入权。《民法典》第九百二十五条规定:"受托人以自己的名义,在委托人的授权范围内与第三人订立的合同,第三人在订立合同时知道受托人与委托人之间的代理关系的,该合同直接约束委托人和第三人,但是,有确切证据证明该合同只约束受托人和第三人的除外。"

第二种,委托人的介入权。根据《民法典》九百二十六条第一款的规定,当受托人以自己的名义与第三人订立合同时,如果第三人不知道受托人与委托人之间的代理关系,委托人可以行使介入权。即如果受托人因第三人的原因对委托人不履行义务,受托人应当向委托人披露第三人,委托人因此可以行使受托人对第三人的权利。但委托人的介入权也有一定的限制,即第三人与受托人订立合同时知道该委托人就不会订立合同的情况下,委托人就不能行使介入权。

第三种,第三人的选择权。根据《民法典》九百二十六条第二款的规定:"受托人因委托人的原因对第三人不履行义务,受托人应当向第三人披露委托人,第三人因此可以选择受托人或者委托人作为相对人主张其权利,但是第三人不得变更选定的相对人。"

2. 承担特别责任的代理人与第三人的关系

如前所述,在通常情况下,代理人在授权范围内以本人名义同第三人订立合同后,即退居合同之外,代理人对第三人不负个人责任;如果第三人不履行合同,代理人对本人也不承担个人责任,这是各国代理制度的一般原则。但是在国际贸易实践中,本人和第三人分处两国,他们对于彼此的资信能力和经营作风都不太了解,而对与他们常有往来的代理人则往往比较熟悉,从而双方对于代理人的信任往往多于对交易对方的信任,因此,他们有时会要求代理人对他们承担个人责任,以确保交易的安全,这种代理人就成为承担特别责任的代理人。

承担特别责任的代理人可以分为对本人承担特别责任的代理人和对第三人承担特别责任的代理人两大类。如信用担保代理人就是一种对本人承担特别责任的代理人,其特别责任在于:如果他所介绍的买方(第三人)不付货款,则他要赔偿本人由此遭受的损失。不过,由于许多国家现已设立了由政府经营的出口信贷保险机构,专门办理承担国外买主无清偿能力的保险业务,这种信用担保代理人的作用已逐步被取代。与对本人承担特别责任的代理人相比,对第三人承担特别责任的代理人种类更多,在国际贸易中的作用也更大,现简要介绍其中主要的几种。

(1) 保付代理人。保付代理人(confirming agent)的业务主要是代表国外买方(本人),向本国卖方(第三人)订货,并在国外买方的订单上加上保付代理人自己的保证,由他担保国外的买方将履行合同。如果国外买方不履行合同或拒付货款,保付代理人对本国卖方(第三人)承担支付货款的特别责任。如果在合同履行前,国外买方(本人)无正当理由取消订单,保付代理人仍须对本国卖方(第三人)支付货款,但它付清货款后,有权要求国外买方(本人)偿还其所付款项,有时还可要求损害赔偿。例如:原告系英国一家制造商,于1957年5月收到澳大利亚代理人交来澳大利亚进口商订购衬衣材料的订单。订单的条件是由被告——伦敦的一家保付商行——"保付并付款"。保付商行随即向制造商(原告)订了衬衣材料。在交货日期前,澳大利亚进口商因经济衰退取消了订单,伦敦的保付商行拒绝收货,于是引起诉讼。法院判决是造成的一切损失均应由保付商行承担。

(2) 保兑银行。保兑银行(confirming bank)是应开证行的请求,对开证行开出的不可撤销信用证再加保兑的银行。在国际贸易中,当事人普遍采用商业信用证的方式来支付货款,但有时卖方对国外某些开立信用证的中小银行也不太放心,于是便要求该开证行对其开立的信用证取得其他银行的保兑。该信用证一经保兑,在开证行、保兑行和卖方之间便产生这样一种法律关系:开证行是委托人(本人),保兑行是代理人,卖方是受益人(第三人)。由于保兑行作为代理人在开证行的不可撤销的信用证上加上了他自己的保证,他就必须据此对受益的第三人承担付款或议付的特别责任,而且这种责任是第一位的。即受益的第三人不必向开证行要求付款,等开证行拒付后再找保兑行,而是可以首先向保兑行要求付款或议付。保兑行作出议付后,即使开证行无理拒付或倒闭,它也不能向受益的第三人追索。

(3) 运输代理人。运输代理人(forwarding agent)的业务种类繁多,涉及的法律关系也很复杂,在此无意作详细分析,只想指出:根据有些国家运输行业的惯例,如果运输代理人受客户(本人)的委托,向轮船公司预订舱位,他们自己须向轮船公司(第三人)负责。如果客户(本人)届时未装运货物,使轮船空舱航行,则代理人必须对第三人(轮船公司)承担责任,即向后者支付空舱费。

(4) 保险经纪人。按照保险行业的惯例,国际贸易中进口人或出口人在投保货运保险时,一般不直接同保险人(如保险公司)订立保险合同,而是委托保险经纪人(insurance broker)代为办理。根据有些国家如《英国海上保险法》的规定,凡海上保险合同由经纪人替被保险人(即本人)签订时,经纪人须对保险人(第三人)就保险费直接负责。换言之,保险经纪人对保险人即第三人要承担不同于一般保险人的特别责任,即如果被保险人(本人)不交纳保险费,保险经纪人就必须直接向保险人交纳该保险费。

上述各种对第三人承担特别责任的代理人,既不同于传统意义上的直接代理人,也不同于间接代理人。与传统意义的直接代理人相比,后者对第三人一般不承担个人责任。但是它也不同于间接代理人。尽管两者在代理人对第三人承担个人责任方面具有相似之处,但间接代理人是以自己的名义来进行代理活动的,而承担特别责任的代理人在实施代理行为时是以代表的身份出现的,而且一般代表着公开姓名的本人。由此可见,承担特别责任的代理人与传统概念上的代理人有很大不同,它的出现表明传统的代理理论应随着经济实践的需要而不断调整和发展。

案例分析

[案情]
原告:韩进海运有限公司(HANJIN SHIPPING COMPANY LTD.)(以下简称韩进海运)。

被告:山东中粮国际仓储运输公司(以下简称山东中粮)。

被告:亚洲货运有限公司(AT CONTAINER LINE LTD.)(以下简称亚洲货运)。

被告：连云港市化工医药保健品进出口公司（以下简称连云港医保）。

1998年5月21日,"韩进不来梅"轮（以下简称"韩"轮）船东LACEY NAVIGATION OF LIBERIA（以下简称韩轮船东）与韩进海运签订了"韩"轮的定期租船合同,合同约定,韩进海运租用韩轮船东的"韩"轮为期五年,韩进海运有超期使用60天的选择权。承租人有权装运最多4 000吨的《国际海事组织危险品运输规则》第1、2、3、4、5、6、7、8、9项所列的危险货物,但装运第1、1.2、1.3项下的货物需先取得韩轮船东的同意,并保证这些货物根据《国际海事组织危险品运输规则》的规定、建议以及停靠港相关的规定进行标签、包装、装卸、积载。

1999年9月17日,韩进海运与胜利班轮公司签订了舱位分租协议,并于1999年11月30日签署了备忘录,确定由韩进海运根据本协议的条款提供和维护船舶,而不论该船是归其所有或租用,胜利班轮公司使用本协议中约定的舱位；韩进海运应根据本协议赔偿胜利班轮公司的货物和集装箱在韩进海运占有和保管期间发生的灭失或损坏,但胜利班轮公司对韩进海运的索赔应根据《海牙—维斯比规则》来确定。

2000年3月7日,韩进海运与中外运集装箱公司签订了舱位分租协议,确定由韩进海运根据本协议的条款提供和维护船舶,不论该船是归其所有或租用,中外运集装箱公司使用本协议中约定的舱位。韩进海运应按1924年8月25日通过的布鲁塞尔海牙国际规则,包括1968年布鲁塞尔议定书（《海牙—维斯比规则》）的规定,对船舶的适航负责,并根据上述规则的规定享有权利和免责；韩进海运应赔偿中外运集装箱公司因韩轮船东和船员故意或疏忽造成的责任和费用,但中外运集装箱公司因货物灭失或损坏向韩进海运的索赔应按照纽约土产格式协会协议的规定来确定。

2000年5月,连云港医保就出口漂白粉事向福星船务公司连云港代表处（以下简称福星连办）出具了海运出口委托书,表明发货人连云港医保,收货人DONAUCHEM KFT,通知方 VINYL LTD,800袋漂白粉,英文名称为Lime chlorinated,1×20′半危。

福星连办将此事转委托给天津轻丰货运有限公司青岛分公司（以下简称青岛轻丰）,青岛轻丰又转委托给山东长恒国际货运代理公司（以下简称山东长恒）,山东长恒又转委托给山东中粮。

2000年5月8日,山东中粮致山东韩进（系韩进海运在青岛的代理）函中称:我司所配青岛—布达佩斯1×20′HJ BREMEN 第49航次 B/L NO. CTAO2TS5R596因货物特殊,请置水线以下,并远离一切热源。在另一份函中,山东中粮要求订5

月 10 日韩进船,将此货放于隔离舱内,并保证温度不高于 50℃。山东中粮告知山东韩进山东中粮是代理实际发货人(货主)订舱的,山东韩进接受了山东中粮代理货主的订舱。

随后,山东中粮通知韩进海运将韩进不来梅 00490 B/L NO. CTAO2TS5R596 的出单内容进行更改,具体如下:发货人更改为 ASTG CONTAINER LINE LIMITED (亚洲货运) 收货人更改为 TO THE ORDER OF HOLDER OF B/L NO. ASTGLY200502 ISSUED BY ASTG CONTAINER LINE LIMITED AND HANJIN OB/L。韩进海运签发了 5 月 10 日已装船提单,单号为 CTAO2TS5R596,记明:货名 Lime chlorinated,托运人亚洲货运,收货人 TO THE ORDER OF HOLDER OF B/L NO. ASTGLY200502 ISSUED BY ASTG CONTAINER LINE LIMITED AND HANJIN OB/L,通知方 VINYL LTD,箱号 HJCU8701653,由托运人装箱计数,据说 800 袋 LIME CHLDRINATED 装在 1×20′集装箱内,目的港代理 HANJIN SHIPPING KFT,装货港青岛,卸货港汉堡,交货地布达佩斯。

5 月 11 日,连云港医保给福星连办出具了保函:我司因业务需要,倒签提单 8 天,倒签至 5 月 2 日,我司对倒签提单产生的后果负全部责任。

福星连办的经办人员利用持有亚洲货运空白提单的便利,在未征得亚洲货运同意的情况下,签发了亚洲货运的 5 月 2 日已装船提单,该提单上的托运人是连云港医保。

5 月 30 日,山东韩进出具收到 17 408.84 元运费的发票。

5 月 31 日,青岛轻丰出具发票给福星连办,表明海运费、杂费 21 581 元。

"韩"轮驶离青岛后,先后在上海、香港、新加坡等挂港,该轮在甲板上面和下面装载了 20′和 40′集装箱,其中包括根据国际危险品运输规则属于危险品的货物,根据装货港船舶管理方得到的相关资料,编制了危险品清单,并将上述危险品进行了特殊存放。由于被告托运的漂白粉没有告知是危险品,因此韩进海运在装载该货物时未将其作为危险品进行装载,也没有任何特殊标志。

在新加坡港,"韩"轮装载了燃油,其中一部分存放于 4 号货舱下面和旁边的 4 号燃油舱。轮机长告知,燃油的温度为 35℃,该航次中一直保持该温度。

2000 年 5 月 24 日 02:50 时,"韩"轮在北纬 07°22′,东经 074°40′处,夜班值班船员发现甲板某处起火或冒烟,立即通知了船长。在船长指挥下,调查发现船舶 4 舱前部很热,但自动烟感应警报器没有发出警报。在当时的情况下,船长命令拉响火警,警示所有船员。因为 4 舱内及其舱盖板和舱口围板的温度很高,消防队员不能进入 4 舱,对火源及其具体位置的调查不能进一步开展。船长经过与韩轮船东应急小组商议后,命令向4舱内释放二氧化碳,同时用海水冷却舱盖及舱口围板和保护积载在甲板上的集装箱。03:30时,开始注入二氧化碳,随后封闭该舱的所有开口。二氧化碳很快发生效力,4舱的温度迅速降低。08:00时,开始对该舱进行通风。消防队员接受了必要的告诫后进入了货舱,但他们除了浓烟外,没有看到任何明火。11:30时,4舱的通风道被打开。在得到韩轮船东同意后,消防队员继续入舱查找火源,发现在船前部右舷23排07列14层处,一集装箱温度很高,内部可能起火。船方决定在集装箱的顶部开一个洞,以便向箱内洒水,彻底扑灭箱内的火势。14:30时,在集装箱上开洞,发现箱内货物已烧焦,16:35时,通过2根消防水龙带将海水泵入箱内。大约4小时后,位于23/07/14位置的集装箱内的火势被完全扑灭。4舱内的情况明显得到了控制。船长命令对4舱继续观察并开始从压载舱向外泵出消防时注入的海水……

6月7日23:30时,"韩"轮抵汉堡港。6月8日06:30时,"韩"轮停靠汉堡港码头,07:00时开始卸货。

在开始从4舱内21排和23排卸箱时发现,在右舷07列,顶层的集装箱明显被烧过,21排往下到底层的集装箱后部明显被烧过,部分底部和箱门被烧严重受损,箱内货物灭失,特别是一个装红色氧化铁的集装箱和21/07/02位置的集装箱内的货物被烧光,只留下底垫板和漂白粉残留物。4舱内的所有其他集装箱都被烟熏变色并且集装箱和舱内留有浓烈刺鼻的气味。

很明显21/07/02位置的集装箱是火源,因为该箱被彻底烧掉,该箱被存放在右舷底部箱堆顶层,邻近4号燃油舱和双层底。经检查得知该箱内装的货物是漂白粉,属于国际危规5.1级危险品,编号1748,易自热自燃物。红色氧化铁也污染了4舱和其他集装箱,4舱内目的港是汉堡、鹿特丹和弗里克斯托的所有货物都受到烟、蒸汽、湿气、热和水的损害,特别是底层集装箱。此外21排、23排在07列的集装箱受到水湿和污染。

位于21/07/02的被烧毁的集装箱目的港为汉堡,该箱被严重烧毁,无法辨认,根据船舶代理人提供的积载计划和船图得知,该箱的箱号为HJCU8701653,装运的货物为800袋漂白粉。另外,装氧化铁的集装箱箱号为SPKU2106234和SPKU2107650,分别装有2 240袋氧化铁。

6月11日,韩进海运委托有关方清洗4舱和集装箱。13日04:10时,158个集装箱重新装船完毕,10:30时,"韩"轮离开汉堡,23:30时,抵达弗里克斯托。14日,汉堡的清洗工作结束。5个底部受损的集装箱被存放在一艘驳船上,另一个集装箱因注水太重,无法吊卸,只能在驳船上扒箱。

经化学检查,白色残留物为次氯酸钙,国际危规中的英文名称为 Calcium Hypochlorite,5.1 级氧化剂,编号 1748,红褐色残留物为三氧化二铁。

根据火灾专家的进一步调查的结果,表明 4 舱内的火灾是由装于右舷、底部箱堆、双层底(内装有温度较高的重燃油)上的集装箱内所装的袋子包装的次氯酸钙引起,在船员无法察觉危险的情况下,次氯酸钙进入了立即反应的状态。根据最新的研究结果,此种物质装入集装箱后,应严格保证温度在 30℃ 以下。红色和黄色氧化铁造成的污染是在 4 舱火灾发生后,因融化和冲坏包装带造成的,虽然上述货物可以造成污染,但并不自燃。当水淹没到底层集装箱顶部时,装在集装箱中的次氯酸钙的反应停止了。

目的港为弗里克斯托的集装箱被卸下。4 舱内的 12 个受损集装箱被当地消防队和海关打开。

6 月 15 日 02:00 时,"韩"轮离开弗里克斯托港驶往鹿特丹港,并于 06:30 时到达,4 个因火灾措施而受损的集装箱受到了检验。16 日 02:30 时,"韩"轮离开鹿特丹港。

韩进海运以托运人山东中粮、亚洲货运及实际承运人连云港医保在向原告托运货物时,未明确说明货物是危险品,也未提出严格运输要求;连云港医保作为实际托运人,明知货物为危险品,但未按国际危规及中国的相关法律的要求,使用安全可靠的危险品包装,致使货物自燃起火,发生严重火灾事故,造成火灾和用水灭火引起的货损、雇佣拖轮、救助船、进避难港、聘请检验人、律师及共同海损理算等,使原告遭受了 955 645.32 美元的损失、责任和费用,而以原告的损失、责任和费用为由,于 2001 年 5 月 24 日向青岛海事法院提起诉讼,请求被告连带赔偿 1 512 582.46 美元及利息。

在庭审中,原告委托代理人称,之所以其以本人的名义将本次事故引起的所有损失(包括共同海损和单独海损)向被告请求,是因为,相对韩轮船东来讲,原告是承租人,也是本航次的经营人,本次事故是由于经营所引起,因此韩轮船东的损失应由原告承担;相对中外运集装箱运输公司、胜利班轮公司及各货主而言,原告未尽到适航义务,由此造成的损失其理应承担赔偿责任。

被告山东中粮辩称,山东中粮是一货运代理公司,在本案中只是代理他人向承运人订舱,山东中粮在向韩进海运订舱时,韩进海运明知山东中粮的代理人身份,根据民法通则的规定,代理人代理被代理人进行代理活动,所产生的法律后果应由被代理人承担。故本案韩进海运将山东中粮列为被告属诉讼主体错误,应依法予以驳回。

被告亚洲货运辩称,亚洲货运与福星连办有业务关系,福星连办是亚洲货运为了连云港口岸国外代理指定货单证操作方便而委托的专门负责该业务的代理人,没有要求福星连办的揽货业务,与亚洲货运没有关系,与亚洲货运所赋予代理人的代理权不相符。为了方便指定代理人在装船后能及时拿到提单,亚洲货运将少量空白提单置于福星连办处,以便必要时经亚洲货运授权后及时签发给上述指定货托运人。

2000年5月上旬,本案所涉货物的实际发货人连云港医保,委托福星连办作货运代理,福星连办转委托青岛轻丰代理,并在该公司订舱。订舱时在托运单上明确的写明1×20′半危,货名是漂白粉(LIME CHLORINATED)。

青岛轻丰在确认福星连办订舱的传真件上也明确写明,青岛至布达佩斯1×20′半危,并确认了这票货已订舱的船名航次、提单号、船期,以及海运费等各项费用。同时福星连办在订舱时将货名漂白粉是5.1类危险品的情况、国际危规号等全部提供给了青岛轻丰。

货上船后,连云港医保要求倒签提单8天,青岛轻丰通知说船公司不同意倒签提单。为了发货人能按信用证要求按期结汇,青岛轻丰提示用代理提单做倒签,船公司提单做电放。在发货人连云港医保给福星连办出具了倒签保函这种情况下,福星连办借用了亚洲货运的提单做倒签,使发货人顺利地结汇。

船开后二十天左右,船公司的提单迟迟未给电放,在这种情况下,福星连办和发货人带现金向青岛轻丰支付了海运费,将韩进海运提单取回,交给了发货人连云港医保,青岛轻丰也是按已确认的半危品的海运费及港口各项费用收款的。

福星连办在接受发货人连云港医保的委托时,发货人告知这一票货的中文名称是漂白粉,英文名称是 LIME CHLORINATED。根据发货人连云港医保提供的证据说明英文 BEACHING POWDER 和 LIME CHLORINATED 都叫漂白粉。

时隔一个月左右,青岛方面告知福星连办,承运这票货的船到荷兰鹿特丹附近时该票货自燃,船员消防自救向大舱里喷水,同时其他箱货也受损失。事后了解到山东中粮、中化天津向韩进海运订舱时未说明本票货物系半危品,原告未按半危品受载、照料货物,而发生燃烧。

根据以上事实证明,福星连办已经向青岛轻丰明确说明漂白粉是危险品,同时也说明了本案与亚洲货运出借倒签提单的行为之间并无因果关系。但是本案中所指亚洲货运提单是福星连办在没有经过答辩人同意的情况下,擅自使用亚洲货运提单随便签发予托运人,亚洲货运根本不知道案中所指货运订舱的任何消息及资料,而且也没有听到福星连办为了上述需求而借用亚洲货运提单的口头或书面申请,很显然所签这种提单,亚洲货运不予认可,是无效的。更何况所签提单不符合亚洲货运的签发提单的规范,即必须盖签单专用章。而案中所指提单没有盖此专用章,而使用校对章代替,还有,亚洲货运规定必须各口岸实际提单签发人签名,而不是代理人可以替亚洲货运的人员签字,这种未经允许的顶替,显然亚洲货运也不能接受和认可。

虽然韩进海运提单上最终显示 ASTG CONTAINER LTD(亚洲货运)作为托运人,可是纵观案件的整个流程,就会清楚地知道,亚洲货运的名字是在货物已装船后数日,在签发提单时,才仅仅为了倒签的特殊需要,被人别有用心地加以利用,很显然的一个事实和道理,造成事故的原因是肇事者的不负责任的行为,与提单上的托运人由连云港医保改为亚洲货运没有因果关系。

被告连云港医保未提供答辩状,当庭辩称,货物包装完全符合国际危规及国内有关危货的规定,在将业务委托给福星连办的时候,已说明危险品,并已付相关费用。事故发生的原因,是韩进海运未按危险品要求进行运输、照料货物,因此,原告应负一定责任,或其他当事人应对此承担责任。

[问题]

本案各当事人的地位及相互关系以及各被告应承担什么责任,韩进海运以其自己的名义所享有的针对被告的索赔权包括哪些。

[法律依据]

《中华人民共和国海商法》第四十二条,《中华人民共和国海商法》第六十八条。

[法律运用及处理结果]

经青岛海事法院审理认为,本案是海上货物运输合同纠纷,本案所涉货物是在青岛港装运,原告在本院起诉,根据《中华人民共和国民事诉讼法》和《中华人民共和国海事诉讼特别程序法》的规定,该院对本案有管辖权。

本案涉及的海上货物运输的起运港是青岛,运输关系的形成也在青岛,庭审中各方当事人未对本案的准据法提出自己的主张,也未提出相关的准据法文本,并且原告在起诉书中引用了《中华人民共和国海商法》的有关条款,参照国际惯例,本案应适用中华人民共和国法律。

综观本案事实和当事人在庭审中的辩解,争议焦点如下:各当事人的地位及相互关系,韩进海运是否未尽适航义务,韩进海运是否有过失,各被告应承担什么责任,韩进海运以其自己的名义所享有的针对被告的索赔权包括哪些。

关于当事人的地位及相互关系,法院认为,韩进海运与韩轮船东之间是期租合同关系,韩轮船东是定期租船合同的出租人,韩进海运是定期租船合同的承租人,双方之间的权利义务依照双方签订的定期租船合同的约定处理。韩进海运是本案所涉航次海上货物运输的经营人，相对其签发提单的货方包括被告连云港医保而言，是承运人。山东中粮是货运代理，其职责和义务是代理货主订舱，虽与韩进海运直接发生订舱关系，但不是运输合同的当事方，其代理行为的法律结果由其委托人承担。《中华人民共和国海商法》第四十二条关于"托运人"的规定：即"本人或者委托他人以本人名义或者委托他人为本人与承运人订立海上货物运输合同的人"。连云港医保是实际货主，也是实际托运人，符合《中华人民共和国海商法》规定的有关托运人的特征，因而是法律意义上的托运人，其权利义务受法律关于托运人权利义务的调整。亚洲货运在本航次运输中，是在不知情的情况下，被有关实际操作人员将其名字填在托运人栏内，但其并不符合《中华人民共和国海商法》关于托运人的构成要件，所以，就本案而言，亚洲货运不是托运人，亚洲货运与韩进海运之间不存在权利义务关系。由于福星连办、青岛轻丰、山东长恒均不是本案的当事人，又未出庭，因此相互之间的委托内容及实际履行过程得不到证实。

关于韩进海运是否未尽适航义务。《中华人民共和国海商法》第六十八条的规定，"托运人托运危险货物，应当依照有关海上危险货物运输的规定，妥善包装，作出危险品标志和标签，并将其正式名称和性质以及应当采取的预防危害措施书面通知承运人；……托运人对承运人因运输此类货物所受到的损害，应当负赔偿责任。"韩进海运在接受订舱时获得的货物名称是 Lime Chlorinated，而该名称未列入国际违规的危险品的正式名称中，韩进海运不知道该货物是危险品，不能作为韩进海运未恪尽职责使船舶适航的理由，而且在货物积载时，考虑了货方的要求，尽管靠近油舱，但满足了水线以下温度不高于50℃的条件，所以相对各货方韩进海运已尽到了适航义务。

关于韩进海运在灭火过程中是否有过失，根据检验报告中检验人对灭火过程的叙述，法院认为，就当时的情况来看，船员采取的措施是得当的，是行之有效的，而且也没有证据表明韩进海运采取了不适当的措施，因此相对货方韩进海运在本次事故中没有过失。

综上所述，山东中粮对本案没有责任，驳回韩进海运对山东中粮的诉讼请求；亚洲货运与本案无关，驳回韩进海运对亚洲货运的诉讼请求。

[值得注意的问题]

本案有一定的复杂性，除确定承运人是否应对货物损失承担责任外，还涉及海洋运输保险，共同海损等问题的处理，本节主要涉及运输当事人法律责任的认定。

（案例来源：http://www.110.com/ziliao/article 38591.html）

【本章思考题】

1. 简述合伙的特征。
2. 简述合伙人的权利和义务。
3. 简述英美法系双重优先权原则。
4. 简述两合公司与合伙的区别。
5. 简述股份有限公司的组织机构。
6. 简述有限责任公司的组织机构。
7. 简述股份有限公司与有限责任公司的区别。
8. 何为外国公司?
9. 什么是表见代理?其成立条件是什么?如何理解表见代理制度的意义?
10. 如何理解代理关系终止的法律后果?
11. 代理人对本人负有哪些义务?

第三章 国际商事合同法律制度

教 学 要 求

通过对本章内容的学习,理解合同的概念、法律性质,合同法的基本原则,合同的订立、变更、履行、违约救济等方面的基本法律原理及各国法律对相关内容的不同规定等;同时注意到国际商事合同的法律适用及对具体实践中法律的选择问题。

第一节 国际商事合同法概述

一、国际商事合同的概念

合同是指当事人之间设立、变更、终止民事权利义务关系的协议。当然,世界各国对合同所下的定义并不完全相同。我国《民法典》第四百六十四条规定:"合同是民事主体之间设立、变更、终止民事法律关系的协议。"德国法把合同作为一种法律行为,"依法律行为设定债务关系或变更法律关系的内容者,除法律另有规定外,应依当事人之间的合同。"法国法则把合同视为一种合意,"合同是一人或数人对另一人或数人承担给付某物、作或不作某事的义务的一种合意。"英美法系国家对合同所下定义时更多强调合同的实质在于当事人所作出的许诺(promise),而不是达成协议的事实。合同是许诺的交换。例如,美国《第二次合同法重述》认为:"合同是一个许诺或一系列许诺,对于违反这种许诺,法律给予救济,或者法律以某种方式承认履行这种许诺乃是一项义务。"

尽管各国对合同所作的定义有所差异,但一般都认同合同是当事人就私法问题达成一致意见这一实质。合同是当事人之间进行的民事法律行为,在这个意义

上,我们从以下法律特征对合同加以理解:

(一)合同属于法律行为

民法上,凡是能引起民事法律关系发生、变更或消灭的客观事实,称为法律事实。而法律事实依其与人的意志是否有关,分为自然事件和行为。合同是具有行为能力的人在自己意识的支配下的活动,因而属于一种法律行为。

(二)合同属于合法行为

人的行为依其是否符合法律规定,分为合法行为和非法行为。非法行为和合法行为均能引起民事法律关系的发生。但只有合法行为引起民事法律关系的发生,才受法律的保护。合同是由当事人依照法律的规定进行的行为,其法律后果符合行为人的意愿,因而属于合法行为。违法订立的合同在法律上不被承认。

(三)合同属于双方民事法律行为

民事法律行为,是依其意思表示的内容发生法律效果的行为,其实质在于它是以意思表示为要素的行为。合同是民事主体旨在设立、变更或终止民事权利义务关系的行为,以当事人的意思表示为基础,属于民事法律行为。而民事法律行为依其意思表示的多少,分为单方行为、双方行为和多方行为。合同属于双方法律行为,通常双方当事人的意思表示达成一致即合意,合同即告成立。这是合同的基本法律特征。

商事合同是合同的一种,指当事人因商事关系通过协商就其相互之间的民事权利义务达成的一致协议。那么,什么是"商事"性质关系?对于"商事"的含义,联合国于 1985 年通过的《国际商事仲裁示范法》的解释是:"商事这个术语应给予广义的解释,它包括所有商事性质关系所发生的争议,不问是否为契约性质。商事关系包括但不仅仅限于下述交易事项:任何提供或交换商品或服务的交易;销售协议;商业代理;租赁;建筑工程;咨询、许可投资和金融;银行;保险代理;勘探协议或特许;合资企业或其他形式的工业商业合作;空中、海上、铁路或公路的货运或客运。"商事合同具有上述一般合同的基本法律特征。

相应地,国际商事合同是指含有"国际性"因素的商事合同。对于国际商事合同这一概念中的"国际"这一含义,借鉴联合国《国际商事仲裁示范法》有关国际商事仲裁关于"国际性"的解释,商事合同如有下列情况即为国际性的:① 商事合同的当事各方在缔结协议时,他们的营业地点位于不同的国家;② 商事关系义务的主要部分要在当事一方营业地点所在国之外履行;③ 双方当事人已明确约定商事协议的标的与一个以上的国家有联系。由此可见,确定仲裁的"国际"性,不仅可以根据当事人的国籍是否不同,当事人的营业的、住所处于不同的国家、仲裁地的涉外性等,都可以用于确定商事合同的"国际"性。

二、商事合同法的渊源

法学理论上所称的法的渊源指法律规范的表现形式。合同法是有关合同的法律规范的总称。商事合同法的渊源主要包括各国国内合同立法及判例、涉及国际商事合同的国际条约、有关国际惯例。以下对此作简要阐述:

(一)各国国内合同立法、判例

1. 资本主义国家合同法体例

资本主义国家法律体系最主要的代表为两大法系,即大陆法系和英美法系。这两大法系在合同法的形成、编制体例以及某些具体的法律原则方面,有其不同的特点。

大陆法系国家的合同法是以成文法的形式出现的,它们的合同法包含在民法典或债务法典中。大陆法系国家将合同视为债的一种。《法国民法典》把合同有关的规范编入该法典的第三卷第三编,称为"合同或合意之债的一般规定",该卷再在其后各编中进一步对各种具体合同加以规定。《德国民法典》第二编是"债务关系法",对因合同而产生的债关系、债的消灭、债权让与、债务承担等作了规定,在债务关系一章中具体规定了各种合同,如买卖、互易、赠与、租赁、借贷、承揽、委托、合伙、保证等18种。

英美法系国家,有关合同的法律原则包含在以法院判例形式发展起来的普通法(common law)中,一般没有一套系统的、成文的合同法。但是,英美法系国家也有一些有关合同的单行法规,如英国的《货物买卖法》,美国的《统一商法典》等,但它们只是对货物买卖合同及其他一些有关的商事交易合同当事人的权利义务作具体规定,至于合同法的许多基本原则,仍须按照判例法所确定的规则来处理。需要加以说明的是,1932年,美国法学会完成了《对合同法的重新表述》(简称《合同法重述》)(The Restatement of The Law of Contracts)。它按照撰写人的共同意见阐述了合同法的基本原则。虽然《合同法重述》本身并不构成合同法的一部分,但由于其重要地位,许多法官与律师在合同纠纷案中经常将其引以为指导。

2. 中国的合同法

我国从20世纪80年代起,先后颁布了一些有关合同的法律,包括1981年颁布的《经济合同法》(1993年修订)、1985年《涉外经济合同法》、1986年《民法通则》,以上三项法律构成我国合同法的重要框架。此外,我国还颁布了一些专门对某种特定类型的合同作出规定的单行法规,如《中外合资经营企业法》《技术合同法》《引进技术合同管理条例》《保险法》等,分别对中外合资经营企业合同、技术引进合同、技术合同、保险合同等作出某些具体的规定。

1999年,我国颁布实施一部统一的《中华人民共和国合同法》,可称为我国的合同法典。根据该法附则规定,自《合同法》1999年10月1日施行起,原《经济合同法》《涉外经济合同法》《技术合同法》同时废止。2021年1月1日我国《民法典》正式施行,《合同法》被废止。《民法典》合同编是规定我国合同的基本立法,将在我国社会和经济生活中有着重大的作用和影响。它也将成为国际商事合同法中的重要组成部分。

(二) 有关国际商事合同的国际条约与惯例

有关商事合同的国际条约,主要有1964年《关于国际货物销售合同成立的统一法公约》、1970年《关于旅游合同国际公约》、1980年《联合国国际货物销售合同公约》等。

其中以1980年《联合国国际货物销售合同公约》最为著名,该公约虽然只适用于国际货物买卖合同,但它所确立的合同的有关规则,对其他类型的合同也有示范作用。我们将在第四章介绍。

有关商事合同的国际惯例中,最著名应是《国际商事合同通则》,由罗马国际统一私法协会于1994年完成。该《国际商事合同通则》的目标是要制定一套可以在世界范围内作用的均衡的规则体系,而不论在它们被适用国家的法律传统和政治经济条件如何。在正式的文本中,《国际商事合同通则》有意避免使用任何现存法律体系的特定术语。而对每一条款所作的系统注释也避免参照各个国家法律来解释所采纳的解决办法,这一事实本身也体现出《国际商事合同通则》的国际性。

《国际商事合同通则》的前言(通则的目的)表明:《国际商事合同通则》旨在为国际商事合同制定一般规则。在当事人一致同意其合同受《国际商事合同通则》管辖时,适用《国际商事合同通则》。如果当事人同意其合同受"法律的一般原则""商事规则"或类似的措辞所指定的规则管辖时,亦可适用《国际商事合同通则》。《国际商事合同通则》可用于解释或补充国际统一法的文件。也可作为国内和国际立法的范本。

三、国际商事合同的法律适用

(一) 国际商事合同法律适用的一般规则

因国际商事合同所具有的国际性,国际商事合同可能涉及不同国家的法律或有关国际公约、国际惯例的适用。根据国际私法的基本原理,国际商事合同法律适用所要解决的是该类合同的准据法（applicable law）问题，即用来确定国际商事合同当事人权利义务关系的具体实体法规范问题。对于如何确定国际商事合同所应适用的法律，国际上一般采用的规则是：

（1）作为契约自由原则的体现，由国际商事合同的双方当事人协商选择合同所应适用的国家的法律。当事人可以通过在合同中制定"法律选择条款"（choice of law clause），来确定其合同所应适用的法律，以此作为确定他们之间权利义务的法律依据。当事人的这种自行选择权亦称为"意思自治"原则。

（2）如果当事人没有制定"法律选择条款"来确定其合同所应适用的法律的，则在当事人履行合同义务发生纠纷时，由审理纠纷的有关法院或仲裁机构依据"冲突规范"来确定合同所应适用的国家的法律。所谓"冲突规范"（conflict rules）是指由国内法或国际条约规定的，指明某一涉外民事法律关系应适用何种法律的规范，因此，它又叫法律适用规范（rules of application of law）或法律选择规范（choice of law rules）。如"合同之成立依合同之签订地法"就是一条冲突规范，这意味着，如果合同当事人在合同是否有效成立问题上发生争议，而当事人又没有制定"法律选择条款"，无法根据某个确定的法律规范确定该合同是否有效成立，那么，受理纠纷的有关法院或仲裁机构可依据上述冲突规范，依合同的签订地国家的法律来判断该合同是否有效成立。

（二）中国关于涉外商事合同法律适用问题的规定

我国有关法律、法规及司法解释对于涉外合同法律适用问题的规定实行的基本原则是以"意思自治"原则为主、以"最密切联系原则"为补充。我国《民法典》对涉外合同法律的适用问题作出了相应的规定。其主要内容为：

（1）当事人可以选择涉外合同所应适用的法律。涉外合同的当事人能选择处理合同争议的法律。但如果属于在中华人民共和国境内履行的中外合资经营企业合同、中外合作经营企业合同、中外合作勘探开发自然资源合同，或其他法律规定适用中国法律的，当事人不能选择处理合同争议的法律。《民法典》第四百六十七条规定，本法或者其他法律没有明文规定的合同，适用本编通则的规定，并可以参照适用本编或者其他法律最相类似合同的规定。对于法律选择的方式，《中华人民共和国涉外民事关系法律适用法》第三条规定，当事人依照法律规定可以明示选择涉外民事关系适用的法律。明确规定必须是明示的方式选择，从而排除了默示选择的方式。但该法第四条规定，中华人民共和国法律对涉外民事关系有强制性规定的，直接适用该强制性规定。

（2）我国法律的规定同我国参加的国际公约的规定不一致的，适用国际公约的规定,但我国声明保留的除外。如果根据涉外合同当事人的选择或者根据最密切联系原则确定,某涉外合同本来应适用我国的法律,但是,我国法律的有关规定同我国参加的国际公约的规定不一致的,则适用国际公约的规定。这表明我国对所参加的国际公约的尊重。但如果我国参加的国际公约的相关规定属于我国参加该国际公约时明确提出保留的,则仍适用我国法律的有关规定。如,我国是《联合国国际货物销售合同公约》的成员国。但我国在参加该《公约》时对《公约》第11条的内容作了保留。《公约》第11条规定"买卖合同无须以书面订立或书面证明,在形式方面也不受任何其他条件的限制。买卖合同可以用包括人证在内的任何方法证明"。也就是说根据《公约》规定,国际货物买卖合同无论采用口头方式、书面方式或其他形式都是有效的。我国在核准加入《公约》时,对此条提出了保留,即我国有关当事人在订立国际货物买卖合同时,必须采用书面形式,该书面形式是指"合同书、信件和数据电文(包括电报、电传、传真、电子数据和电子邮件)等可以有形地表现所记载内容的形式"。

四、国际商事合同的一般法律原则

国际商事合同形成民事法律关系,属于私法关系,自然要遵循私法的一般原则。有关国家的国内立法、判例、国际条约及国际惯例大多确定了合同的一般法律原则,以下作简要阐述:

(一)契约自由原则

契约自由原则是资产阶级民法的一个极其重要的支柱。契约自由原则也叫契约自治,意思自治。这个原则典型地表现在《法国民法典》第1134条:"依法成立的契约,在缔结契约的当事人间有相当于法律的效力。"《意大利民法典》第1322条规定:"双方当事人得在法律规定和行为规范的范围内自由地确定契约的内容。"《国际商事合同通则》第1.1条规定:"当事人有权自由订立合同并确定合同的内容。"第3.2条规定:"合同仅由双方的协议订立、修改或终止,除此之外别无其他要求。"

我国《民法典》第四条规定:"民事主体在民事活动中的法律地位一律平等。"该法第五条规定:"民事主体从事民事活动,应当遵循自愿原则,按照自己的意思设立、变更、终止民事法律关系。"

由此我们可以确认,契约自由原则应包含以下几个方面的含义:一是意思自治,当事人在不妨碍他人行使权利的基础上,有权利根据自己的自愿决定是否订立合同或者变更终止合同。二是有权根据自己的意愿选择相对人订立合同。三是有权在法律许可范围内选择采用何种合同形式订立合同。对于当事人订立合同的自由,任何人都不得非法干预,即不能强迫当事人订立、变更或终止合同。

从法理上讲,法律规范分为强制性规范和任意性规范,强制性规范是不允许当事人通过约定排除其适用的规范,而任意性规范则允许当事人约定排除其适用,即只有当事人对有关问题未加以特别约定时,任意性规定才得以适用,这就是说,有关合同的立法规定,除个别的外,应当是任意性的规范。当事人可以遵从,也可以不遵从。例如《联合国国际货物销售合同公约》的大多数条款都是任意性条款,如果当事人在合同中的约定与公约的规定不一致,就应依据合同约定处理合同中的有关问题,而不是依公约的规定。我国《民法典》也一般尊重当事人的约定。这也是契约自由原则的体现。

当然,契约自由原则仍然受到一定的限制。我国《民法典》规定,民事主体在民事活动中,应当遵守法律、行政法规,尊重社会公德,不得扰乱社会经济秩序,损害社会公共利益。《意大利民法典》第1322条规定:双方当事人亦得缔结未纳入特别规范规定类型的契约,但是以后在实现法律保护的利益为限。《日本民法典》第1条规定:私权应服从公共福利,不得滥用权力。由上述法律规定可知,契约自由原则首先要受合法性、社会公共利益原则的限制。此外,随着社会经济生活的发展,以规范化为特征的标准合同的大量存在,使契约自由原则无论形式上还是本质上都受到一定程度的限制。

(二)诚实信用原则

诚实信用既是道德规范,也是法律原则。它是指合同当事人在订立合同、行使权利和履行合同义务时,应当为对方当事人承担善意、诚实、信用的责任,保证不向对方做欺诈、蒙骗、损害对方利益的行为。有关国家的法律都对此加以确认。《法国民法典》第1134条规定,契约应以诚信方式履行;《意大利民法典》第1175条规定,债务人与债权人应当依诚实信用原则进行活动;《日本民法典》第1条亦规定:行使权利及履行义务时,应恪守信义,诚实进行。我国《民法典》第七条规定:"民事主体从事民事活动,应当遵循诚信原则,秉持诚实,恪守承诺。"

由于调整国际商事合同的制定法相对较少,诚实信用原则更受到特别重视,如《国际商事合同通则》第1条即规定:"每一个当事人在国际贸易交易中依诚实信用原则和公平交易原则行事。当事人各方不得排除或限制此项义务。"

诚实信用作为一项法律原则,具有对合同法律规定予以补充的特性。具体来说,司法机关在适用法律时,如果没有相应具体法律规定时,可以根据这一原则作出司法解释,从而解决法律适用问题。

(三) 公平交易原则

公平是在一定社会的经济、政治、文化和思想意识形态基础上形成的社会道德行为准则、价值观念。法律虽然和道德属于不同的行为规范,但法律一般都以道德价值准则为自己的内容。在合同法中,规范人们交易行为时仍然包含道德规范,其中最重要的交易道德规范就是公平,并且作为合同法的基本原则。该原则要求合同双方当事人应平等互利,不能在另一方当事人不同意的情况下获得不合理的利益,或者履行不合理的义务。它要求人们在设定权利和义务时应按照公平原则,不能将权利集中于一方当事人,而将主要义务集中于另一方当事人。双方当事人在合同发生纠纷时,有权按照公平原则请求司法机关给予法律保护,司法机关也应按照公平原则处理合同纠纷。对于显失公平的合同,当事人有权请求法院予以撤销。对于当事人约定不明确的合同纠纷,法院应当根据公平原则进行裁判。因此,公平原则可以在没有法律规定时补充法律之不足。

我国《民法典》第六条规定:"民事主体从事民事活动,应当遵循公平原则,合理确定各方的权利和义务。"

英美法系国家为补救普通法对当事人利益救济的不足,建立有衡平法制度,以实现法律的公平正义。美国法庭发展了衡平法的对"极为不公正的合同"(unconscionable contracts)的处理原则。这一原则是以公共政策为基础的。在这一原则下,美国法庭可以拒绝对"极不公正的合同"的强制实施。《第二次合同法重述》也规定,法庭可以拒绝对"极为不公正的合同"或对其中的某些条款加以强制实施。

《国际商事合同通则》第1条第7款将公平交易原则与前述的诚实信用原则并列为该通则的最基本的原则,在该《通则》的不同章节有大量的规定都直接或间接地适用公平交易原则,并强调"当事人各方不得排除或限制此项义务",也即要求每一当事人必须遵循这一原则行事。例如:在一份关于供应和安装某一特殊生产线的合同中有这样一条规定:卖方A就该生产线的技术所作的任何改进,A均有义务告知买方B。一年后,B了解到有一项重要的技术改进未得到A的通知。对此A不能以这种事实为自己开脱,即:A不再负责这种特定型号生产线的生产,生产已转由A的全资附属公司C承担。A这样做违背了公平交易的原则,因为A为了规避对于B的合同义务,特定设立一个独立的实体C,由C来承担这种生产,此举有违诚实信用原则。

(四) 合同必须信守原则

合同必须信守原则意在依法成立的合同对当事人具有法律约束力,当事人必须按照合同的约定履行义务,否则将承担违约责任。任何一方当事人不得擅自变更或解除合同。

合同必须信守原则各国立法都加以强调。《法国民法典》第 1134 条规定:"依法订立的契约,对于缔约当事人双方具有相当于法律的效力。……仅得由双方事人相互的同意,或者根据法律许可的原因,始得取消。"《意大利民法典》第 1372 条对此更作强调:"契约在当事人之间具有法律强制力。该效力只有因相互同意或者法律认可的原因而解除。"

英美法系国家对合同必须信守原则亦明确肯定,"对于本法范围内的任何合同或义务,当事人均须以善意作出履行或寻求强制执行"。(美国《统一商法典》第 1—203 条)

《国际商事合同通则》也将这一原则作为合同的基本原则,该《通则》第 1 条第 3 款规定:有效订立的合同对当事人均有约束力。当事人仅能根据合同条款或通过协议或根据通则的规定修改或终止合同。

我国《民法典》第四百六十五条规定:"依法成立的合同,受法律保护。依法成立的合同,仅对当事人具有法律约束力,但是法律另有规定的除外。"强调了这一原则的重要性。

可以说,商业活动经常是一个制定合同、履行合同的过程。因此对信守合同的强调无论如何也不为过。如果对依法成立的合同可以随意改变或废除,对社会经济秩序的打击何其之大。对这一原则的进一步适用及阐释,本书其后有关合同履行、违约责任部分将继续强调。

案例分析

[案情]

国内某公司甲与国外某公司乙之间的签订《采购合同》,甲与乙约定由甲向乙供应采油设备及配件。甲向乙发货,但乙最终欠付甲一百余万美元货款。甲遂依约向北仲提请仲裁,除要求乙支付所欠货款及其他一些请求外,还要求乙向甲支付扣减一定数额违约金后的逾期付款损失。

[问题]

采购合同纠纷仲裁案涉及采购合同纠纷适用法的选择和《联合国国际货物销售合同公约》(以下称《公约》)的适用问题。

[法律规定]

《中华人民共和国民法通则》第一百四十二条(注意:《中华人民共和国民法通则》已废除,《民法典》目前没有对应的法条,意思相近的为《民法典》第四百六十七条和《中华人民共和国涉外民事关系法律适用法》第三条、第四条的规定),《公约》第1条。

[法律运用和结果]

由于本案是一起国际商事合同纠纷,故仲裁庭须首先确定案涉合同的适用法。而《采购合同》首部约定:"根据《中华人民共和国合同法》(注意:2021年该法已被废除)及相关法律法规,本着平等互利的原则,经双方协商一致,订立本合同。"对此,甲认为该约定即为适用法律的依据。但乙则认为,中国和乙营业地所在的国家均为《公约》缔约国,故本案应自动适用《公约》,对于《公约》中未作规定的事项,根据最密切联系原则应当适用其所在国的法律。

仲裁庭认为,依案涉合同上述约定,双方当事人具有将中国法作为《采购合同》的适用法的意思表示。而根据该案法律行为发生时有效的《中华人民共和国民法通则》第一百四十二条的规定,中国缔结或者参加的国际条约同中国的民事法律有不同规定的,适用国际条约的规定,但中国声明保留的条款除外。由于本案为国际货物买卖合同纠纷,双方当事人营业地所在国均为《公约》缔约国,且双方在案涉合同中并未明确排除适用《公约》,因此本案应当优先适用《公约》,《公约》中未规定的问题应当适用中国法。

不同于国内商事合同纠纷,国际商事合同因具有涉外性,其所应适用的法律未必是中国法。为此,仲裁庭首先依当事人意思自治原则或最密切联系原则确定案涉合同的适用法律。前者即要求国际商事合同受当事人所选择的法律调整。而所谓"选择",以明示选择为主,默示选择为补充。明示选择的认定一般较少滋生歧见。默示选择的认定则相对不易。而依后者则适用最能体现合同特征的义务履行方经常居所地法律或者其他与该合同有最密切联系的法律。

案例改编自北京仲裁委员会2022年9月14日发布的"案例解读国际商事仲裁中国际商事合同的法律适用"。

第二节 合同的成立及合同的效力

合同的成立,是指合同各方当事人基于合意,协商一致,达成对双方都有法律约束力的协议。广义的"合同成立"既包括当事人达成协议的过程，还包括协议有效构成这一实质内容。狭义的"合同成立"则仅指当事人达成协议的过程（即指合同的"订立"）。各国的立法对合同的有效成立，都要求具备一定的条件，即合同有效成立的要件，包括：① 当事人必须具有订立合同的能力（即订约能力）；② 当事人之间通过要约与承诺达成协议，承诺与要约相一致；③ 合同必须有对价（consideration）或合法的约因（cause）；④ 合同内容合法；⑤ 合同符合法律规定的形式要求；⑥ 当事人的意思表示其实。本节以下对这些要件作分别介绍。

一、当事人的订约能力

合同是双方当事人的民事法律行为。民事法律行为具有法律效力的一个前提是行为人具有相应的民事权利能力和行为能力，就订立合同而言，即当事人必须具有订立合同的权利能力和行为能力，也称订约能力。我国《民法典》规定，当事人订立合同，应当具有相应的民事权利能力和民事行为能力。

所谓民事权利能力，是法律赋予民事主体从事民事活动，享受民事权利和承担民事义务的资格，民事权利能力是民事主体取得具体民事权利和承担具体民事义务的前提或可能性。就合同而言，民事权利能力就是指法律赋予当事人可以订立合同的资格。要订合同，必须首先法律认可当事人有订合同的资格。自然人的民事权利能力是广泛的，一般不加限制，而法人订立合同，则往往会受权利能力上的限制，比如某法人注册登记时被授予的经营范围不包括房地产开发经营，则该法人就不能与其他人订立有关房地产开发经营方面的合同，即法律上不认可它具有房地产开发经营方面的资格（权利能力）。

即便法律确定当事人具有民事权利能力，但这只是一种能性，当事人必须具有通过一定的行为，使其变为现实的资格，即具体地享受民事权利，承担民事义务。这就是民事行为能力。所谓民事行为能力，即指当事人通过自己的行为取得民事权利和设定并承担义务的能力。这种能力也是由法律确认的。当事人是否具有独立从事民事活动的能力，是由法律确认的，而不是按当事人的意愿确定的。

对自然人，其民事行为能力与自然人的年龄和智力状态相联系，因为民事行为能力以意思能力为基础，而这又是在智力发育正常情况下，须达到一定年龄后才完全具备的。法理上讲，民事行为意味着要承担相应的义务、责任，而是否要求行为人承担相应的义务、责任，要看行为人对自己的行为的意义、后果是否有清醒的认识，即是否具有行为能力。

按照我国法律分类，民事行为能力分为三种：

（一）完全民事行为能力

法律赋予当事人可以独立进行民事法律行为，是完全民事行为能力人。根据我国《民法典》规定，在我国，年满18周岁，智力正常的人是完全民事行为能力人。而16周岁以上不满18周岁的人，如果能够以自己的劳动取得收入，并能维持当地群众一般生活水平的，法律推定其为完全民事行为能力人。具有完全民事行为能力的人，所订立的合同，具有法律效力。

（二）限制民事行为能力

限制民事行为能力是指法律赋予自然人享有的不完全的民事行为能力。根据《民法典》规定，8周岁以上的未成年人以及不能完全辨认自己行为的精神病人是限制民事行为能力人。8周岁以上的未成年人进行的民事活动要与其年龄、智力状况相适应，可以从行为与本人生活相关联的程度、本人的智力能否理解其行为，并预见相应的行为后果，以及行为标的数额等方面认定。一般说，为满足其日常生活需要且数额不大的行为（如购买日常学习用具、公园门票等）和接受以自己的行为所取得的人身权利和财产权利（如参加儿童画展并获奖励等）及只享受权利而不承担义务的行为（如接受赠与等）是与这部分人的年龄和智力相适应的行为。限制民事行为能力人签订数额较大的经济合同行为则被认为不具效力。

（三）无民事行为能力

指当事人不具有以自己的行为取得民事权利，承担民事义务的能力。无民事行为能力的人称为无民事行为能力人。在我国有两种无民事行为能力人：一是不满8周岁的未成年人；二是不能辨认自己行为的精神病人。这两种人或者由于年龄太小，还没有民法上的意思能力，不能正确判断其行为性质和后果，或者缺乏对事物的判断能力和自我保护能力，法律不赋予其行为能力，禁止他们独立从事民事活动（如签订商事合同），其所需要进行的民事活动由其法定代理人代为进行。

法人和其他社会组织的民事行为能力与其民事权利能力在范围上具有一致性，根据其组织的章程和国家法律以及行政法规的规定取得民事行为能力。

根据我国《民法典》的规定，如果公民、法人或其他组织不具有相应的民事权利能力和民事行为能力，即他们就不具有签订合同的主体资格，其签订的合同也不具有法律约束力。

当然，具有民事权利能力和民事行为能力的当事人，有权利依法律规定将自己拥有的签订合同的权利，通过委托方式由代理人行使。

世界其他国家的法律对于当事人的订约能力也有规定。依据《德国民法典》第104条规定，凡有下列情况之一者，即属于无民事行为能力人：① 未满7岁的儿童;② 处于精神错乱状态,不能自由决定意志,而且按其性质此种状态并非暂时者;③ 因患精神病被宣布为禁治产者。上列无民事行为能力人所作的意思表示无效。他们不能订立有法律效力的合同。而 7 岁以上的未成年人作为限制民事行为能力人,未经其法定代理人的同意所订立的合同,必须经法定代理人追认才能生效。

法国法把订约当事人的民事行为能力作为合同有效成立的必要条件,如果当事人没有订立合同的能力,其所签订的合同即不产生法律效力。据《法国民法典》第 1124 条规定,无订立合同能力的人包括:① 未解除亲权的未成年人;② 受法律保护的成年人,包括官能衰退者和因挥霍浪费、游手好闲以致陷入贫困者。

根据英美法,未成年人、精神病患者、酗酒者,都属于缺乏订约能力的人,对于他们所订合同,根据不同情况,可能产生三种不同结果:具有拘束力,可以撤销及无效。

二、要约与承诺

具有订约能力的当事人订立合同是通过意思表示,通过协商达成一致意见进行的,这种意思表示的过程,法律上称为要约与承诺的过程。一般来说一方承诺与对方的要约相一致,即可构成有法律效力的合同。我国《民法典》第四百七十一条规定:"当事人订立合同,可以采取要约、承诺方式或者其他方式。"《国际商事合同通则》第 2 条第 1 款的表达为:合同可通过对要约的承诺或通过当事人的能力充分表明其合意的行为而成立。

(一)要约

1. 要约的概念

要约(offer)是一方当事人以订立合同为目的而发出的意思表示,发出要约的人称要约人(offeror)。要约的相对人(受领人)称为受要约人(offeree)。我国《民法典》第四百七十二条规定:"要约是希望和他人订立合同的意思表示,该意思表示应当符合下列规定:(一)内容具体确定;(二)表明经受要约人承诺,要约人即受该意思表示约束。"

《德国民法典》第 145 条规定:向他方要约订立契约者,因要约而受拘束,但预先声明不受拘束者不在此限。

《国际商事合同通则》第 2 条第 2 款的要约定义为:一项订立合同的建议,如果十分确定,并且表明要约人在得到承诺时受其约束的意旨,即构成要约。

2. 要约的构成要件

构成一项有效要约,要具备一定的要件,包括:

(1)要约应当是由特定的要约人发出的意思表示。一般来说,向他人发出要约的要约人是特定的,因为要约人的目的是希望他人同自己订立合同,如果要约人不特定,受要约人就无法回复要约人,合同的订立就无法实现。特定的要约人可以是自然人,也可以是法人和法律规定的其他组织;可以是本人,也可以是代理人。

(2) 要约是向一个或一个以上特定或不特定受要约人发出的意思表示。我们认为,受要约人可以是特定的,也可以是不特定的,如某一制药厂向其多个客户发出的请求客户购买其新产品的意思表示,是要约;而在某无人售票车上,公交公司在车上作出乘车人投币一元方能乘车,并保证将投币人送到目的地的规定,同样算是要约。这一要约实际上是对不特定的乘车人发出的。任何不特定的乘车人只要投币一元,即是承诺,无人售票车就有义务将乘客送往目的地。

对于受要约人是否必须是特定的这一点,各国法律规定是有差异的。如在北欧国家,法律明确规定不是向特定人发出的不是要约;而英美法的一些判例认为,向不特定的人发出广告,如果其文字表达的意思明确、肯定,表明广告人愿受其内容的约束,只可以构成一项"允诺",就可以视为要约。例如:在英国的卡利尔诉卡布利克公司案中,被告是一种新发明的名叫"喷气球"药(Smoking ball)的制药公司。被告通过广告大力宣扬该新药对治疗流行性感冒有奇效,并宣称愿意向任何根据该新药的使用说明书使用"喷气球"后又患上流行性感冒的人支付 100 英镑的赔款。为证明其诚意,被告还声称,他曾在某开户银行存入 1 000 英镑,准备支付可能的赔款。本案原告按照说明使用该新药,但又得了流行性感冒,为此,她诉求得到 100 英镑的赔款。被告在法庭上辩称其原先的允诺是向不特定的社会公众发布的广告,不是一项要约,因而拒绝支付赔款。被告的要求最终被法庭拒绝,法庭随即判令被告必须支付赔款。这项判决表明,特定的广告,可视为一项要约。"悬赏广告"(reward)被普遍认为属于要约。

(3) 表明要约人愿意按照要约中所提出的条件同对方订约的意旨。如果意思表示的目的不是订立合同,则不构成要约。例如:某 A 和某 B 分别是甲厂和乙厂的法定代表人,一日,A 写信给 B,谈到甲厂将在半年后上一个新项目,届时将用 30 万元向乙厂订购一套设备,并希望到时乙厂能够送货上门,帮助调试设备。B 接信后立即回信,表示完全没有问题,一切均按 A 的意思办。半年后,A 调走,甲厂的新项目未获批准。但是,乙厂却将设备送货上门,甲厂拒收,其理由是该厂从未与乙厂签订过购买该设备的合同。乙厂认为,A 的来信是要约,B 的回信是承诺,故合同已经成立。法院判决乙厂败诉。该案的关键是看 A 的信是否是一项要约。A 给 B 去信的目的并不是为了与乙厂订立合同,而是向 B 通报信息,准备在半年后上新项目后向乙厂订购设备;同时,A 的信也没有明确作出如果乙厂接受要约后,甲厂将受要约约束的意思表示。因此，A 的去信还不具有要约的性质。

关于要约要件，法律上要区别要约和要约的邀请（invitation for offer）。要约邀请是旨在引诱对方向自己发出要约的意思表示。我国《民法典》第四百七十三条规定："要约邀请是希望他人向自己发出要约的表示。拍卖公告、招标公告、招股说明书、债券募集办法、基金招募说明书、商业广告和宣传、寄送的价目表等为要约邀请。商业广告和宣传的内容符合要约条件的，构成要约。"要约邀请与要约的根本区别在于：要约人发出要约后，受要约人只要承诺，合同即告成立，要约人就要受自己要约的约束。故要约是一种能导致合同关系产生的法律行为。而要约邀请则不同，当事人向他人发出要约邀请后，如果他人愿意接受要约邀请，按当事人在要约邀请中提出的要求作出具体而明确的意思表示，这种意思表示只能是要约邀请接受者向要约邀请发出者发出的正式要约。因此，要约邀请是一种事实行为，它不能导致合同关系的产生，而只能诱导他人向自己发出要约。

（4）内容明确、肯定。所谓要约内容明确、肯定，即意思表示不应抽象笼统、模糊不清。而应具体确定，只要受要约人接受该意思表示后就能够导致合同成立。一般理解是，作为要约的意思表示应包括拟将签订的合同的主要条件。对于要约的内容明确、肯定性的要求，有关规定往往是宽容的，关键是看当事人是否有意达成一个有约束力的协议。罗马国际统一私法协会的注释是："一项要约是否合乎要求不能以一般性条款来确定。即使重要条款，诸如对所交付的商品或所提供的服务的准确描述、价格、履约时间或地点等，在要约中可能尚未确定，也不判定该要约是不确定的。所有这些取决于要约人是否发出要约；受要约人是否承诺；当事人是否有意达成一个有约束力的协议。"如果情况表明当事人有意达成协议，则空缺的主要条款可根据合同的性质、目的和当事人间存在的习惯以及诚实信用、公平合理原则加以确定。例如：A 已连续多年续展与 B 的合同，由 B 为 A 的计算机提供技术服务。A 又设立了一个办公室，用的是同一型号的计算机，且要求 B 为其新计算机也提供同样的服务。B 承诺了。尽管 A 的要约没有规定协议的所有条款，但因为空缺的条款可以从已经成为该当事人之间习惯做法的先前合同中沿用，因此该合同成立。

按照美国《统一商法典》第 2—204 条的规定，即使在买卖合同中对某一项或某几项条款没有作出规定，但是，只要当事人间确有订约意思，并有合理的确定依据给予相应的补救，则合同仍然可以成立。

3. 要约的法律效力

要约的法律效力，也称要约的拘束力，包含两个方面：其一是要约对要约人的效力。法学理论上称其为"要约的形式拘束力",是指要约生效后,在其存续期间不得变更或撤回的效力。其目的在于保护相对人的利益,维护交易的安全。其二是对受要约人的效力。理论上称其为"要约的实质拘束力",是指要约经受要约人承诺,合同即告成立的效力。要约生效后,受要约人即获得承诺的权利。受要约人一旦承诺,合同即成立,要约人与受要约人共同成为合同的当事人。

实务上,要约的法律效力首先涉及的是要约的生效问题,也即要约在什么情况下产生约束力,主要是要约到达受要约人后,受要约人作出承诺之前要约对人的约束力,这一约束力主要表现为要约人无权撤回自己的要约,无权撤销法律规定不能撤销的要约。

要约生效一般应包括三个方面:要约的生效时间,要约的生效地点,要约约束的对象。其中,要约的生效时间最为关键。《国际商事合同通则》第 2 条第 3 款规定:要约于送达受要约人时生效。我国《民法典》第一百三十七条规定:"以对话方式作出的意思表示,相对人知道其内容时生效。以非对话方式作出的意思表示,到达相对人时生效。以非对话方式作出的采用数据电文形式的意思表示,相对人指定特定系统接收数据电文的,该数据电文进入该特定系统时生效;未指定特定系统的,相对人知道或者应当知道该数据电文进入其系统时生效。当事人对采用数据电文形式的意思表示的生效时间另有约定的,按照其约定。"

由上述规定可知:要约到达受要约人,一是要约人或其代理人的送达。二是要约人通过邮政邮件的方式送达;三是要约人通过数据电文的方式(电传、电报、电子邮件等)送达。在法律意义上,只要要约一到达受要约人,受要约人承诺期限开始计算。如果受要约人在承诺期限内作出承诺,要约人应当受自己要约的约束;如果受要约人在承诺期限之外对要约作出承诺,要约失效,合同不能成立。

这就说明要约的拘束力有其存续期间(即前述的承诺期限)。要约于到达受要约人时生效,其存续期间有约定期间和法定期间两种。前者依意思自治原则,要约的存续期间由要约人自定(如要约中规定"请于××日前回复"),要约在约定的期限内生效。后者是依法律规定确定的期间。法定期间因要约发出的方式不同而不同:以对话方式进行的要约,受要约人须及时承诺;以非对话方式进行的要约,应以可期待承诺到达的合理期间为其存续期间。该合同期间通常包括要约到达受要约人的必要期间、受要约人考虑承诺与否的必要期间及承诺到达要约人所需的必要期间。

要约的法律效力有关的另一个问题是要约的撤回与撤销问题。

要约的撤回(withdrawal of offer),是指要约人所作出的收回自己要约的行为。要约的撤回要具有法律效力,其撤回要约的通知必须在要约人发出的要约到达受要约人之前到达受要约人,或者同时到达受要约人,否则,不发生撤回要约效果。

我国《民法典》第四百七十五条规定,要约可以撤回。《民法典》第一百四十一条规定:"行为人可以撤回意思表示。撤回意思表示的通知应当在意思表示到达相对人前或者与意思表示同时到达相对人。"也就是说,撤回要约的通知应当在要约到达受要约人之前或者与要约同时到达受要约人。《国际商事合同通则》第2条第4款也规定:一项要约即使是不可撤销的,也可以撤回,如果撤回通知在要约送达受要约人之前或与要约同时送达受要约人。

国际统一私法协会对此的说明是:在要约生效前,要约人可以自由地改变想法,可以根本不打算达成协议,或是以一个新的要约代替原来的要约,而不论原来的要约是否为不可撤销的。但唯一的前提是,要约人已改变的想法必须于要约送达受要约人之前或同时通到受要约人。我们认为,这也正是契约自由原则的体现。

至于要约送达受要约人之后,要约人可否取消要约的法律效力,各国的规定则有一定的分歧。这就是要约的撤销(revocation of offer)问题。要约的撤销是指要约生效后,受要约人承诺前,要约人向受要约人做出的取消要约效力的行为。它与要约的撤回的区别在于:首先,从行为发生的时间看,要约的撤回是要约发出之后、生效之前的民事行为;要约的撤销是要约生效之后、承诺作出之前的民事行为。其次,从行为对象的性质来看,撤回的要约是没有生效的要约,而撤销的要约是已经生效的要约。再者,从行为的目的来看,撤回要约是阻止要约效力的发生,而撤销要约是使生效的要约失去效力。

英美普通法认为,不论要约是否已经送达受要约人,要约人在受要约人作出承诺前任何时候都可以撤销要约或变更要约的内容,即使他在要约中已规定了有效期限亦如此,他可不受这项期限的约束,随时将其要约撤销。因此要约原则上对要约人没有拘束力。这基于英美法的一个理论:要约只是一项允诺,要使允诺人受其约束,必须或者允诺人得到相对人给予的某种"对价"(Consideration),或者允诺采取了法律要求的签字蜡封(Signed and Sealed)的特殊形式作成。英美法的这一规则原理与现代商业活动已不相适应。因为这种做法对受要约人是缺乏应有保障的。为此,美国《统一商法典》对上述规则已作了改变:"商人以经签署的、书面形式做出的货物买卖要约,若有保证维持其效力条款,在言明的期限内,即使无对价也不得撤销;若未言明期限,在合理时间内不得撤销;但是无论如何,不得撤销的期限都不超过3个月。"

大陆法系国家虽不完全否定要约人对要约的撤销行为,但在立法上的特点在于对要约的撤销加以严格的限制。如《意大利民法典》第 1329 条规定:如果要约人在确定期间内为要约所约束,则要约的撤销没有效力。如果撤销通知之前,承诺人已善意地开始履行,则要约人要补偿承诺人因开始履行所支出的费用和遭受的损失。《日本民法典》第 521 条规定:定有承诺期间而进行的契约要约,不得撤销。第 524 条规定:未定承诺期间而向隔地人进行的要约,要约人于接受承诺通知的相当期间内,不得撤销其要约。

国际条约、惯例鉴于两大法系的分歧,对要约是否可撤销,确定一项规则(撤销条件)、两项例外(不得撤销的情形):① 规则:在合同成立之前,要约得予撤销,但撤销通知须于受要约人发出承诺之前送达受要约人(《联合国国际货物销售合同公约》第 16 条第 1 款,《国际商事合同通则》第 2 条第 4 款第 1 项)。② 两项例外,在下列情况下,要约不得撤销:一是要约写明承诺的期限,或者以其他方式表明要约是不可撤销的;二是受要约人有理由信赖该项要约是不可撤销的,而且受要约人已依赖该要约行事(《联合国国际货物销售合同公约》第 16 条第 2 款,《国际商事合同通则》第 2 条第 4 款第 2 项)。对上述例外说明如下:如果要约人在要约中表示"我们坚持我们的要约直到收到贵方的回复"这就可以表明该要约是不可撤销的默示表示。第二项例外源于前面提到的合同的"诚实信用和公平交易"原则。例如:为合作参与一个指定项目的投标,A 让 B 在规定期限内提出要约。B 提出了一个要约,对此要约,A 在计算投标价格时予以了信赖。在要约期限届满前,A 已投标,但 B 却通知 A,声称不愿意再遵守其要约。因为 A 在投标时信赖了 B 的要约,因此该要约在期限届满前不可以撤销。

4. 要约的消灭

要约的消灭,指要约丧失其法律效力,要约人和受要约人均不再受其拘束。要约因下列情形而消灭:

(1) 要约因要约人撤销失效。

(2) 承诺期限届满,受要约人未作出承诺,要约消灭。

(3) 要约因某种法律事实的出现而失效。如当事人发出要约后即死亡,或失去行为能力,企业、公司破产等。

(4) 要约因受要约人拒绝而失效。拒绝要约是指受要约人把拒绝交易的意思表示通知要约人的行为。《国际商事合同通则》第 2 条第 5 款规定:一项要约于拒绝通知送达要约人时终止。

(5) 受要约人对要约的内容作出实质性的改变,则要约也失效。《国际商事合同通则》把这种情况也视作拒绝，默示的拒绝。受要约人虽然对要约作出一个答复，但却对要约作了某些添加、限制或其他的修改，实质上即拒绝了要约人的要约，法律上等于是受要约人向要约人发出的一项反要约（counter offer），此时原要约消灭。

所谓实质性改变，我国《民法典》第四百八十八条给予明确的解释："有关合同标的、数量、质量、价款或者报酬、履行期限、履行地点和方式、违约责任和解决争议方法等的变更，是对要约内容的实质性变更。"

应加以注意的是，按国际统一私法协会对《国际商事合同通则》的说明，如果受要约人的答复仅仅是询问要约的条款是否有选择余地（如"价格有没有降低的可能？"或"能否提前几天交货？"），在正常情况下，该答复不足以证明受要约人拒绝承诺。

（二）承诺

1. 承诺的概念

承诺（acceptance）是指受要约人为成立合同而同意接受要约的意思表示。要约一经承诺，合同即告成立。

《国际商事合同通则》对承诺的定义为：受要约人作出声明或以其他行为表示同意一项要约，即构成承诺。可见，承诺必须是明示的行为或声明，缄默或不行为本身不构成承诺。例如：在美国爱达荷州最高法院审理的柯蒂兹公司诉梅森案中，梅森打电话给柯蒂兹公司，了解该公司在当地的一家报纸上所作的广告的内容。在电话中，梅森与受雇于这家公司的谷物经销商鲍勃进行交谈，鲍勃把当时的小麦市场价格和与柯蒂兹公司订立合同的程序告诉了梅森。梅森表示可能会与柯蒂兹公司签订合同。在询问了梅森种的小麦的面积之后，鲍勃起草了一个合同。几周以后，梅森收到一份经鲍勃签字的合同确认书。当发现交货数量是9 000蒲式耳时，他认为自己交不出这么多小麦，于是决定不与柯蒂兹公司签合同。此后，他就把这事儿扔到脑后了。后来，当柯蒂兹公司派人来要求他履行合同时，遭到梅森的拒绝，他回答说，他从没有认为自己与该公司订立了一个合同。

柯蒂兹公司寄来的合同确认书的结尾部分有一个条款规定，对该确认书予以保留，而不就其中的不妥之处提出异议，等于承认和接受了这个合同。柯蒂兹公司据此认为，梅森默示地确认了这个合同，因而要求梅森支付4 140美元，作为违反合同的损害赔偿。法院没有支持柯蒂兹公司的诉讼请求。

由该案的判决可知，受要约人在收到要约之后保持缄默，等于对要约的拒绝，即使要约中加入了要求受要约人对要约作出回答的条款也不例外。缄默不构成承诺。

2. 承诺的构成要件

一项有效的承诺应该符合一定的条件,包括:

(1) 承诺必须由受要约人或其代理人作出。除此以外的第三人,即使知道要约的内容,也不能作出承诺。承诺的意思表示应以通知的方式作出,但当事人约定或交易习惯允许通过行为作出承诺的除外。我国《民法典》第四百八十四条规定,以通知方式作出的承诺,到达相对人时生效。承诺不需要通知的,根据交易习惯或者要约的要求作出承诺的行为时生效。

(2) 承诺须于承诺期间内作出。这里的承诺期间也称承诺期限,即受要约人作出承诺的有效期限内,与后面论及的承诺的生效时间是不同的概念。在有效期内作出的承诺,该承诺有效。有效期限的承诺一般有两种:有承诺期限的承诺和合理期限的承诺,前者指要约人在要约中规定的允许或要求受要约人答复的期限内的承诺,后者通常指要约中没有明确规定情况下的"合理期间"内的承诺。《国际商事合同通则》规定:"要约必须在要约人规定的时间内承诺;或者如果未规定时间,应在考虑了交易的具体情况,包括要约人所使用的通信方法的快捷程度的一段合理的时间内作出承诺。对口头要约必须立即作出承诺,除非情况另有表明。"

要约人可以规定受要约人承诺的限期。只要规定了准确的日期,就不会发生特别的问题。如规定"如你方愿意交易,请不要迟于3月1日作出承诺",受要约人的承诺哪怕的确在3月1日当天到达要约人处,承诺就算有效,合同成立。但如果要约人仅规定了期限(例如"你方须在10天内承诺本要约"),那么,期限何时起计算,其间节假日如何计算,或者期限何时届满,这些方面都可能发生问题。对这些问题的解决,《国际商事合同通则》的规定是:① 要约人在电报或信件内规定的期间,应从电报被交发的时刻或从信件中载明的发信日期起算。如信上未载明发信日期,则从信封上所载日期起算。要约人以快速通信方法规定的承诺期间,从要约送达受要约人时起算。② 在计算承诺期间时,此期间内正式假日或非营业日应计算在内。但是,如果承诺通知在承诺期间的最后一天未能送达要约人地址,因为该天在要约人营业地是正式假日或非营业日,则承诺期间应顺延至下一个营业日。我国《民法典》合同编与上述《通则》相类同的规定。

如果要约人没有规定承诺期限,受要约人须在"依照常情可期待得到承诺的期间内"或"合理的时间内"承诺这种情况下衡量受要约人是否在有效期限内承诺,要考虑"交易的具体情况,包括要约人所使用的通信方法的快捷程度"或者"根据事务的性质或根据惯例在通常所需的必要时间内"(《意大利民法典》第1326条)等因素。

应注意的是一，如果受要约人不是通过声明，而是通过做出某一行为来表示同意（承诺），该行为必须在规定的期限内完成。

如果受要约人未在要约规定的时间内（或合理时间内）作出承诺，即构成法律上的"逾期承诺"（late acceptance）。逾期的承诺无效，要约人可不予理会。依《德国民法典》规定：逾期的承诺，视为新要约。我国《民法典》第四百八十六条也规定，受要约人超过承诺期限发出承诺的，为新要约，但要约人及时通知受要约人该承诺有效的除外。可见作为一个通则，受要约人逾期作出的承诺不再具有法律效力。

不过，如前所述，合同规则大多属任意性规范，而非强制性规范，当事人的意愿可得到最大限度的尊重。如果要约人认可，逾期的承诺也可有效，前提是要约人"及时通知"受要约人。《国际商事合同通则》也规定："逾期承诺仍应具有承诺的效力，如果要约人毫不延迟地告知受要约人该承诺具有效力或就该承诺的效力发出通知。"

如果要约人接受逾期承诺，则在一项逾期的承诺送达要约人时，而不是在要约人通知受要约人其认为该逾期承诺有效时，合同视为成立。例如：甲指定3月31日为承诺其要约的最后期限。乙的承诺于4月3日送达甲。甲仍然对该合同有兴趣，愿意接受乙的逾期承诺，并且立即通知了乙。虽然该通知是在4月5日才送达乙，但合同于4月3日成立。

另有一种情况，按有关规则，受要约人的承诺虽然逾期，但仍属有效的承诺，除非要约人立即表示异议。这种情况即：受要约人在承诺期限内发出承诺，按照通常情形能够及时到达要约人，但因其他原因承诺到达要约人时超过承诺期限。这种情况下"除要约人及时通知受要约人因承诺超过期限不接受该承诺的以外，该承诺有效"（我国《民法典》第四百八十七条）。

这一规则的理由是：如受要约人已及时答复，只是因为不可预料的传递延迟导致承诺逾期送达，则受要约人对能够及时送达承诺的信赖应该得到保护，其结果是逾期承诺视为有效，除非要约人毫不延迟地拒绝。例如：A指定3月31日为承诺其要约的最后期限。B知道信件经由航空传递A需3天时间，B于3月25日发出了载有承诺的信件。由于A的国家邮政部门罢工，信封上盖有邮寄日期的信件4月3日才到。B的承诺虽然逾期了，但仍有效，除非A毫不延迟地拒绝。

适用上述规则应当具备以下几个条件：首先，受要约人发出的承诺应当是在承诺期限内。如果超过承诺期限才发出承诺，当然地属于无效承诺，除非要约人立即认可。其次，受要约人发出的承诺到达要约人时已经超过承诺期限。如果仍在期限内,则该承诺毫无疑问是有效承诺。再次,受要约人发出的承诺按通常情形是能够按期到达要约人的,没有按时到达是其他非因其主观过错的原因造成的,如邮路中断等。

如果符合上述三个条件,要约人可用两种方法进行处理。一种是消极方式,也就是不通知受要约人拒受逾期承诺,此时承诺为有效;另一种是积极方式,即及时通知受要约人,因承诺逾期而不接受该承诺,则该承诺无效。要约人如要拒绝承诺,一定要履行该及时通知的义务。如要约人不通知或怠于通知,承诺便自然生效,合同成立。《德国民法典》第149条第2款规定:"要约人怠于为前项通知后,其承诺视为未曾迟到。"也就是说,对于受要约人及时发出的承诺,因其他情况没有及时送达的,要约人对这一事实没有及时通知受要约人的,法律推定其没有逾期。

(3) 承诺与要约的内容一致。合同是当事人之间协商一致达成的协议。因此,承诺应当与要约的内容相一致。如果受要约人在承诺中将要约的内容加以添加、限制或者其他变更,即为对要约的拒绝,是一项反要约,不能发生承诺的效力。例如:1978年2月20日,被告寄给原告一份报价单,其中写道:印第安纳石灰公司愿向路德特克工程公司提供70 000吨石灰石,每吨价格为10.15美元,本价格包括运费。货物将在1978年到1979年间发运。1978年6月1日,原告(路德特克公司)向被告发出一份购买70 000吨石灰石的订单。原告在这份订单中要求被告从1978年6月24日开始发货,每天发1 500吨。按这一要求,货物应在1978年8月运完。由于种种原因,被告未能在这一期限内发运完这批货。实际上,原告收到最后一批货的时间是1979年。

原告向法院起诉,称被告未能在合同规定的期限内履行合同义务,要求被告赔偿由于延误了原告从事的工程建设而导致的797 700美元的损失。

法院判决,被告在2月20日寄出的报价的信件是一个向原告出售石灰的要约,原告发出的订单是对该要约的承诺。原告向被告提出的在特定期限内完成交运的要求"实质性地改变了"该要约。因此,双方并没有就交运进度达成协议。被告是在合理的期限内交运这批货物的,因而并没有违反合同。

法院的判决表明,原告6月1日的发函,不是有效的承诺,因为它改变了货物的交运期限。

根据有关规则,受要约人的承诺不具承诺的效力,必须受要约人对要约内容作出"实质性的改变"。如前述我国《民法典》第四百八十八条对此有准确的解释:"有关合同标的、数量、质量、价款或者报酬、履行期限、履行地点和方式、违约责任和解决争议方法等的变更,是对要约内容的实质性变更。"这一解释规定与《联合国国际货物销售合同公约》第 19 条第 3 款的规定是一致的,不过后者针对的仅是国际货物买卖合同罢了。

不过,承诺对要约内容作出非实质性变更的,除要约人及时反对或者要约表明承诺不得对要约的内容作出任何变更的以外,该承诺有效,合同内容以承诺的内容为准。如《国际商事合同通则》第 2 章第 2.11 条规定:"对要约意在表示承诺但载有添加或不同条件的答复,如果所载的添加或不同条件没有实质性地改变要约的条件,那么,除非要约人毫不迟延地表示拒绝这些不符,则此答复仍构成承诺。如果要约人不作出拒绝,则合同的条款应以该项要约的条款以及承诺通知中所载的变更为准。"

英美法对承诺实施"镜像原则"(mirror image rule),即承诺必须是要约的折射,不得与要约有任何偏差,否则,不能构成有效的承诺。但是后来的美国《统一商法典》有了改变。该法典第 2—207 条规定:在合理时间内寄送的承诺表示或确认书,只要确定并及时,即使与原要约或原同意的条款有所不同或对其有所补充,仍具有承诺的效力,除非承诺中明确规定,以要约人同意这些不同的条款为承诺的生效条件。

实务上,对于承诺是否对原要约进行"实质性"改变,除法有明文规定,须视每一交易的具体情况而定。对此问题应予考虑的一个重要因素是,变更条款或差异条款在有关的贸易领域须是常用的,而不能出乎要约人的意料之外。例如:A 向 B 订购一台机器,准备在其房屋基地上调试。在接受订单时,B 声明接受要约的条款,但增加了 B 希望参加调试机器的条款。该添加条款不是对要约的"实质性"变更,因此它将作为合同内容的一部分,除非 A 毫不延迟地拒绝。

(4) 承诺方式必须符合要约规定的要求。如前所述,承诺的方式一般是通知,但也可以通过行为进行承诺(如果根据交易习惯或要约许可的话)。如果要约对承诺方式有规定的,则以不符合要约规定的方式进行的承诺无效。

如《意大利民法典》第 1326 条规定:"当要约人对承诺要求特定形式时,如果承诺以不同于要求的形式发出,则该承诺无效。"这表明,要约如要求允诺,单以履约行为作出的接受,不能构成承诺;要约如要求作出履约行为,仅允诺即将履约,也不足以构成承诺。要约人要求的承诺方式如果是履约行为,履约行为已经开始的事实,通常无须传递给要约人。

例如:在水门休伦机械公司诉沃勒案中,被告向原告订购一台农用机械,要约要求立即供货。原告收到订单两天后将机器交运,但未将此事通知被告。机器交运两天后,原告收到了被告撤销要约的电报。被告辩称,要约意在要求原告作出允诺,发运机器这一事实本身不能构成对要约的承诺。鉴于上述理由,被告在原告作出承诺之前即已撤销了要约。法院认为,要约人要求的是以履约行为作出承诺,而不是要求允诺履约。机器一经交运,要约即被承诺。

如果要约没有对承诺方式作出特定要求,则受要约人可以采用任何合理的方式作出承诺。这一规则摒弃了过去机械的承诺规则。比如,过去要求传递承诺必须使用与要约完全相同的方式,用电报传递的要约,一定要用电报传递承诺。

对于要约没有特别要求,受要约人只要采用合理方式接受即构成有效承诺这一新规则,已为当今大多数立法所认可。《国际商事合同通则》第2.6条第3项规定:如果根据要约本身,或依照当事人之间建立的习惯做法或依照惯例,受要约人可以通过做出某些行为来表示同意,而无须向要约人发出通知,则承诺于做出行为时生效。

美国《统一商法典》第2—206条第1款第1项也灵活规定受要约人接受要约的方式:"要求订立合同的要约,应解释为邀请以当时情况下任何合理的方式和通过任何媒介作出承诺。"

不过,上述情况下,为对要约人体现公平,受要约人以履行行为进行承诺,应该在履约行为开始之后的合理时间内,明确无误地将其承诺通知要约人。否则,要约人可将其要约视为被承诺之前已经失效"即使受要约人已依要约要求开始履约,且此行为也系构成承诺的合理方式,但要约人在合理时间内如果未收到承诺通知,要约人可将其要约视为被承诺前已经失效"(美国《统一商法典》第2—206条第2款)。

例如:为建立一个数据库,A要求B拟出一份专门计划。在未给A发出承诺通知的情况下,B开始草拟计划,并在完成后要求A根据要约中所开列的条件付款。此时,B无权要求付款,因为B从未通知A,他对要约的所谓"承诺"没有生效。

3. 承诺的生效

承诺何时起生效,是一个重大问题。因为按各国法律承诺一旦生效,合同即告成立,当事人即要承担合同的权利义务。在这个问题上,有关国家的法律规定存在明显的分歧,主要分歧在于有的实行"投邮生效原则"(postal rule),有的实行"到达生效原则"(received the letter of acceptance)。分述如下:

英美法一般认为,凡以信件、电报作出承诺时,承诺的函电一经投邮、拍发立即生效,合同即告成立。只要受要约人把载有承诺内容的信件投入邮筒或把电报交到电报局发出,承诺即于此生效。这即所谓的"投邮生效原则"。按这一原则,即使承诺的函电在传递过程中遗失或延误,但只要受要约人能证明他已在函电上写明了收件人的姓名、地址,付足了邮资并交到了邮电局,合同仍可有效成立。这一规则的理论依据在于,英美法认为,如果要约人是通过邮电局向受要约人发出要约,他就等于默示地指定了邮电局作为他接收承诺通知的代理人。所以,一旦受要约人把承诺的函电交到了邮电局,就如同到达要约人一样,承诺当即发生效力,合同视在当时成立。

大陆法系国家多采用"到达生效原则",即受要约人的承诺通知到达要约人时,承诺始生效,合同告成立。如《意大利民法典》第1326条规定:"当发出要约的人接到另一方的承诺时,契约成立。"

《国际商事合同通则》同样采用"到达生效原则":"对一项要约的承诺于同意的表示送达要约人时生效。"(第2.6条第2款)

确定"到达生效原则"的理由在于:由受要约人承担传递的风险比由要约人承担更合理,因为是由前者选择通信方式,他知道该方式是否容易出现特别的风险或延误,他应该能采取最有效的措施以确保承诺送达目的地。

此外,如果受要约人采用通知以外的其他合理方式如通过行为进行承诺的,则在该行为作出时承诺即生效。如《国际商事合同通则》第2.6条第3款,"如果根据要约本身,或依照当事人之间建立的习惯做法或依照惯例,受要约人可以通过做出某行为来表示同意,而无须向要约人发出通知,则承诺于做出该行为时生效"。

4. 承诺的撤回

承诺撤回,指受要约人阻止承诺发生法律效力的意思表示。承诺一旦被受要约人撤回,该承诺就丧失导致合同成立的法律效力。

按英美法系"投邮生效原则",由于承诺的函电一经投邮就立即生效,因此,受要约人发出承诺通知后,就不能撤回承诺。

但是大多数大陆法系国家法则,以及有关国际公约、惯例是允许受要约人撤回承诺的。例如,《意大利民法典》第1328条规定:"承诺得被撤回,但撤回的通知要在承诺之前送达要约人。"

承诺撤回的基本条件是:受要约人应当在承诺生效之前将撤回的通知送达要约人,或者使该通知与承诺同时到达要约人。

应加以注意的是,如果受要约人是以履行行为的方式进行承诺的,则行为一经作出,承诺效力产生,是不能撤回的。

三、对价与约因

(一) 对价的概念

在英美法系国家,作为一般原则,对价(consideration)是合同成立的必备条件之一。甚至有这样的说法:在大陆法中合同成立的要素是要约和承诺,而在英美法中合同成立的要素有三个：要约、承诺和对价。英美普通法把合同分为两类：一类是签字蜡封的合同，这种合同是由当事人签字、加盖印鉴并把它交给对方而做成，其有效性完全是由于它的形式，而不要求任何对价。另一类是简式合同，包括口头合同和非以签字蜡封形式做成的一般书面合同，这类合同必须要有对价，否则就没有拘束力。

那么，什么是"对价"呢？其含义往往显得抽象难懂。按英国高等法院的解释，对价指"合同一方得到的权利、利益、利润或好处，或者是他方当事人克制自己不行使某项权利或遭受某项损失或承担某项义务"。稍通俗地讲，对价是受允诺人(promisee)为使允诺人(promisor)的诺言(promise)对允诺人产生法律的约束力而向允诺人提供的，与诺言相对应的报偿。或者说，"对价"是一方用以换取对方兑现其允诺的"代价"。根据英美法理论，合同从本质上说是一种交易，是允诺(promise)的交换。一般情况下，仅仅由一方当事人履行义务的协议因缺乏对价，在法律上没有约束力。当今，这一理论已经在很大程度上被修改。

（二）对价的法律规则

根据英美法系规则，一项有效的对价应符合以下要求：

1. 对价必须来自受允诺人

这是指只有某项允诺付出了对价的人，才能要求强制执行此项允诺。因此，在前述案例中，A 对 B 许诺，如果 B 肯出 100 元钱，他将会把自己的手表交给 C，如果 B 支付了 100 元，A 却拒绝把手表交给 C，则 C 不能起诉 A 要求法院强令履行向 C 交付手表的许诺。因为作为对 A 的许诺的对价来自 B 而不是来自 C，C 并没有提供任何对价。

2. 对价必须是合法的

凡以法律所禁止、不予认可的东西作为对价则无效。由于作为对价的标的，如贩卖海洛因的合同，是违法的，因此这种合同无效。

3. 对价须是待履行的对价或已履行的对价，而不能是过去的对价

所谓待履行的对价(executory consideration)，是指双方当事人允诺在将来履行的对价，双方作出允诺时，履约行为均未实施。例如：甲乙某年 5 月签订一项协议，如甲在第三季度为乙提供一项服务，乙将支付款项若干，该协议中，甲提供服务和乙支付服务费均在将来实施，都属于待履行的对价，是有效的对价。

所谓已履行的对价(executed consideration)，是指当事人中的一方以其作为要约或承诺的行为，已经全部完成了他依据合同所承担的义务，只待对方履行其义务。例如，卖方主动向买方发货，当买方接收货物时，买卖合同告成立，买方有支付

合理价金的义务。

所谓过去的对价（past consideration），指一方在对方作出允诺之前已履行了某行为，这不能作为对方后来作出允诺的对价，即过去做过的事不能作为现在允诺的对价，这种允诺是没有强制拘束力的，因为它是受允诺人自愿提供的，而不是允诺人的要求而提供的。在这种情况下，允诺人可以收回其诺言。

例如：甲是乙公司的高级职员。某年5月份，甲获得为期三周的带薪休假。甲计划将这段休假时间用于去欧洲旅游。在法国巴黎观光期间，甲结识一新客户，经他的促成，该客户与乙公司达成一笔交易。甲结束休假回公司后，这项交易已完成，且使公司获利10万美元。甲回公司上班的第一天，乙公司董事长丙对甲大为激赏，许诺要给甲一笔1万美元的奖赏，但过后甲去支领这1万美元奖金时遭到拒绝。甲起诉公司，要求公司履行支付1万美元奖金的许诺。法院没有支持要求判令公司支付这1万美元的诉求，理由是当丙许诺奖励时，甲为公司促成获利交易的行为已在公司董事长许诺给予奖励之前已经完成，属过去的对价。"过去的对价不是对价"（past consideration is no consideration）。这种对价不能构成以后获取报酬的依据。

但是，允诺人在对价为过去的对价时取消其诺言要受到一项限制：当允诺人对受允诺人负有道德上的义务时，他不能以对价是过去的对价为理由，收回其诺言。

例如：1925年，原告受雇于一家木材公司。一天，原告在公司的锯木厂清理木材。当他把楼上摆放的一堆圆木一根根掀落到楼下时，突然发现麦克戈文从楼下经过，他已搬动的一根圆木如果落下去，将恰好砸在麦克戈文的身上，使其受到致命的伤害。为了救麦克戈文，原告紧紧抱住圆木的一端，使其下落的方向改变。结果麦克戈文得救了，原告却跌到楼下，造成终身残疾，丧失劳动能力。为了报答原告，麦克戈文答应每两周付给原告15美元直到原告去世为止，以维持其生活。这笔钱从1925年9月付到1934年1月麦克戈文去世。以后，麦克戈文的继承人拒绝付这笔钱。于是，原告当即对该继承人提起诉讼。被告辩称，麦克戈文关于按期支付给原告抚恤金的诺言没有对价，或至多也是过去的对价。原告反驳说，他挽救了麦克戈文的生命，或至少使其免受严重伤害。这对于麦克戈文是一种实质性的利益，比任何经济上的帮助都更有价值。由于得到这样的利益，麦克戈文在道德上负有对原告进行赔偿的义务。法院判决，一项确定的原则是：当允诺人收到一项实质性的利益时，一种道德上的义务就成为使一个事后作出的给付金钱的许诺产生约束力的充分的对价。

4. 法律或职责上的义务不能作为对价

凡属履行法律上的义务，不能作为受益的对价。例如：某甲店铺失火，他紧急声明，如果谁扑火抢救出店内价值 10 万美元的数十台电脑，愿赏金 1 万美元。某消防队员乙奋勇扑救搬出电脑。法院认为，这是乙法律上的责任，不足以作为受赏的对价。

另外，如果行为属于工作的职责，也不能作为有效对价。例如：一艘货轮在航行途中遭遇狂风恶浪，四处无任何救援船只。轮船有倾覆危险，经一番努力仍未摆脱危险，这时船长宣布：如果最终能使船货运抵目的地，将给每个水手加薪 500 美元，随后，水手们再作拼死抢救，终于保住船货并运抵目的港。水手要求兑现加薪诺言，遭船主拒绝，遂起诉到法院。法院判决，船长的允诺无效。船员加薪要求缺乏有效对价，因为水手竭尽全力完成航运任务，是在履行他们工作职责。他们本已获得劳动报酬，抢救船货这一职责义务不构成额外加薪的对价。

5. 对价必须有价值，但不必等值

合同必须有对价，但无须等价。当事人付出的对价，是否与允诺人允诺等值，法律并不强求。英国一则判决表明："凡属对价是否充分问题，应由双方当事人在订约时自行考虑决定，而不应在谋求强制执行时由法院来决定。如果法院在审理有关合同的案件时，对于对价是否充分的问题，都一一都进行查究，法院将不胜其烦。"

一个典型案例说明了这个规则：一个独居老太，拥有一处庄园。因年老体弱，生活自理不便，而她的晚辈亲戚不愿照料她。老太通过报纸广告招聘一乡村姑娘为女佣。该女佣服侍老太十分周到。老太甚为感激，便有意在自己去世后将庄园送给女佣，但又担心届时亲戚找女佣麻烦。律师建议老太将庄园卖给女佣，最后双方立下买卖庄园契约：女佣继续服侍老太，并每年支付 1 英镑购买款，直至老太去世止。五年后老太去世，女佣支付了最后一期款项（总共 5 英镑）。老太的继承人为剥夺女佣对庄园拥有产权，起诉到法院，认为这笔买卖无效。法院判定这笔买卖合同有效。女佣支付 5 英镑便是对价，因而合同成立。

当然，如果对价的不充分，是因为一方的欺诈或错误造成的，另一方当事人可以请求给予衡平法上的救济，撤销合同。

英美法关于对价的上述规则有些已与现代资本主义社会经济生活需要不相适应，因此，在英国，其"法律修订委员会"自 1934 年以来也着手开始对对价学说进行修改工作。美国《统一商法典》《合同法重述》也已经制定了一些新的规则，如规定：某些合同，即使缺乏对价，也有法律约束力。

(三) 约因

大陆法系国家通常将法律行为分为有因行为和无因行为。债权契约通常都是有因行为。合同(契约)是法律行为的一种,且归类为债的一种,即合同而形成的权利义务作为债权债务看待。契约中的原因即约因(cause)是罗马法的概念,《法国民法典》继续使用了这一概念,第1131条规定:"无原因的债,基于错误原因或不法原因的债,不发生任何效力。"

按某些大陆法国家规则,合同的有效成立,应考察成立合同的约因。按法国著名学者贾毕当在他的名著《债务原因论》的定义:"原因是契约当事人负担义务所希望达到的目的"因此可以理解合同的约因即合同当事人产生合同债务所追求的直接的目的。

法理上,约因与动机(motives)有所不同。动机是每个人订立合同时的具体目的,依每个人而不同;约因则是法律上的目的,一定的契约,原因常是相同的。如货物买卖合同,买主订立合同的约因就是要获得标的物,而其动机可能是为了自用,也可能是为了赠送他人。法律声明追究的是约因。

根据上述《法国民法典》第1131条、第1133条规定,任何债(当然包括合同)的产生都必须有约因,否则就不发生效力。如果约因为法律所禁止,或约因违反善良风俗或公共秩序,此种约因即属不法约因,也不发生任何效力。

意大利法同样强调合同有效成立必须约因合法。按《意大利民法典》第1343、1344条规定,如约因为法律所禁止,或违反善良风俗或公共秩序,或构成规避适用强制性规范的手段时,系不法约因,合同无效。

与法国法有所不同的是,《意大利民法典》在契约约因的规定方面还涉及当事人的订约动机。该法典第1345条规定:"当双方当事人确定缔结契约仅是为了双方共同的不法动机,则该契约是不法的。"例如,合同的双方当事人通过订立合作协议,达到少交税的目的,这其实就是不法动机的合同,因而是无效的。

不过,德国、瑞士、日本等大陆法系国家的民法典中,在有关合同成立的章目里都不再采用约因这个概念。它们不以约因作为合同成立的必备条件。

四、合同的形式

(一) 合同的形式的概念

合同的形式(formality)指的是当事人达成协议的方式,也即订立合同的方式。

(二) 合同的分类

合同可以分为要式合同和不要式合同。要式合同是指必须按照法定的形式或手续订立的合同,通常是书面协议。不要式合同是法律上不要求按特定的形式订立的合同,通常指口头或为一定的行为达成协议。在合各国的立法和司法实践中,要式合同的作用有两种:

(1) 要素原则,也就是成立要件原则。按这种原则,没有法律规定的书面形式,契约就不能成立,因而也就无效。例如,《法国民法典》第931条规定:"一切生前赠与行为应以通常契约的方式,在公证人前作成;且应在公证人处留存契约的原本,否则赠与契约无效。"

(2) 证据原则,也就是没有书面形式就不能证明契约的存在,但不引起契约无效的后果。没有书面形式时,不能以证人为证,但不排除可以用其他书面证据等来证明契约的存在。英美法系大多数采取这项原则,但这项原则也只适用于简单契约,而不是正式契约。如美国《统一商法典》规定:契约金额在500美元以上的,需用书面形式,如没有书面形式时,仍然有效。但正式契约如果不按法律规定的形式订立时就是无效契约(见以后的详述)。

(三) 有关合同形式的规定

现代各国在合同形式问题上,大多采取"不要式原则"(principle of informality),只对少数合同才要求必须按照法律规定的特定形式来订立。关于各国有关合同形式的规定分述如下:

1. 法国法规定

按《法国民法典》的规定:赠与合同、夫妻财产制合同、设立抵押权合同等个数几种合同,须以公证人的文书作为合同有效成立的形式要件。

对于其他合同,法定形式只起证据作用,用于证明合同的存在及其内容,除了法律规定的形式以外,法院不接受其他形式的证据。如根据《法国民法典》第1341条的规定,如果价额在50新法郎以上的合同没有采用公证人证书或私证书的形式,合同并非无效,但不能以证人作为证据。缺乏证书证据,法院将不予强制执行。

商事合同则是一个例外。依法国法,商事合同为不要式合同,口头与书面形式均有效,且任何证据方式都可以使用,以此适应现代商事活动的需要。

2. 德国法规定

《德国民法典》在总则中规定:不依法律规定方式的法律行为无效。如法律规定须用书面方式时,必须由书面作成人亲自签名,或用指印而由法院或公证人认证。如合同没有按照法定形式办理,说明当事人缺乏严肃认真的订约意思,合同即归于无效,而不问当事人能否提出证据证明合同的存在,这是德国法与法国法的不同之处。

德国法对不同类型的合同所应采取的形式分别作出具体规定,如赠与合同,应作公证文书;转移土地所有权合同,除书面订约外,还要求在土地登记部门登记才能生效等。

3. 英美法系的规定

英美法系通常把合同分为正式合同(contract under seal)与简式合同(simple contract)两类。有关法律对这两类合同形式要求有所不同:

(1) 正式合同。这种合同有效的唯一根据是符合形式要求。对这种合同提出争议的理由只能是形式上的缺陷、伪造或暴力胁迫,而不是当事人一方的同意或没有对价。法律对这种合同的书面形式有特殊的要求:必须由有关当事人一方亲自笔书并签字,然后加盖本人印章,并交付对方保存,也可以交付第三人等待规定的条件到来时交给对方当事人。之所以作这样严格的形式规定,"这是英国法传统的保守主义影响的结果,也是由于英国法中没有大陆法的民事证书公开登记的制度,正式契约正是为了弥补此种不足"(江平:《西方国家民商法概要》,法律出版社1984年版,第95页)。按英国法,下列合同应依正式合同形式订立:① 一切给予对方利益,但没有因此而得到对价的法律行为,因为普通法准则只给予有对价的契约以保护;② 一切有关转让土地或其他不动产、转让土地或不动产物权的行为;③ 一切转让英国船只或轮船公司股份的行为;④ 非实行经济活动的公司所订立的契约;⑤ 如果章程有规定,某些公司转让股份的行为。

美国大多数州已经废止了签字蜡封的合同(正式合同)。按这些州的法律,即使合同采用了签字蜡封的形式,但是如果没有对价,合同仍然无效。《合同法重述》(1932年)第366条也规定:蜡封作为唯一的理由并不能使一个合同产生约束力,除非当事人之间的交易是公平的。尽管《合同法重述》主要反映了学者的观点,并无强制的约束力,不过其对美国的司法实践有着重大的影响。

(2) 简式合同。简式合同是指必须要有对价支持的合同,但不等于完全是不要式的合同。这种合同可以用口头订立,也可以用书面订立,任何当事人自由选择合同所使用的形式。但也有一些简式合同依法必须以书面形式订立,其作用有的是作为合同有效成立的条件,有的作为证据上的要求,这视合同的性质而定。

按英国法判例,以下几种简式合同是必须以书面形式做成的,否则合同无效或者不能强制执行:① 汇票与本票;② 海上保险合同;③ 债务承认;④ 卖方继续保持占有的动产权益转让合同。

有的合同则要求以书面文件或备忘录作为证据。根据英国的《诈欺法》(Statute of Frauds)的规定,有五种合同必须以书面形式作成,并由承担义务一方当事人签字才能作为证据,否则不得向法院起诉(但不是该合同无效,如当事人自愿执行，合同仍有效）。

《诈欺法》的主要目的是防止欺诈，该法通过的当时（1677年），英国法则采纳了把相互之间的承诺作为产生合同义务的基础这一原则，而当时法院的诉讼程序以及关于证据的各项法则还未充分发展到能操纵合同法的完善的程度。后来随着证据法和法院诉讼程序都日趋完善、合理了，同时《诈欺法》本身可导致一些漏洞（比如有的被告借口没有书面形式为由，逃避其依口头协议所承担的义务）。因此，有关合同书面形式要求的法律已作了大大的修改。现在，《诈欺法》规定有效保留的只剩下第四章中的一部分，即规定担保合同必须用书面证明。1925年的《财产法》规定，地产买卖仍要有书面证明；1929年的《债权人法》要求债务人与债权人签署载有贷款合同所有条款的记录或备忘录，若与法规不符，则该合同便不可履行。

其后的1965年《分期付款买卖法》仍要求信贷买卖合同或价值不足2 000英镑的分期付款买卖合同应以书面形式订立，并载有合同的最重要的条款，并由双方当事人签字。

美国几乎所有的州都制定了自己的《诈欺法》，且一般要求下列合同必须以书面形式作为证据：不动产买卖合同、从订约时起不能在一年之内履行的合同、为他人担保债务的合同、价金超过500美元的货物买卖合同。

美国《统一商法典》第2—201条也规定：价款达到或超过500美元的货物买卖合同，如果没有充分的书面材料足以证明当事人之间订有销售合同，且这些书面材料未被申请强制实施一方或其授权代理人、经纪人签署，不得通过诉讼或抗辩而强制实施。不能因为书面材料对商定条款的记载有所疏漏或偏差而失去合同效力。但强制实施的货物数量，不得超出书面材料载明的范围。

但美国《统一商法典》第2—201条第3款规定，下列情况下合同虽缺乏书面材料证明，仍具有强制实施效力：① 货物系为买方专门制造，卖方在正常业务中不宜将这些货物销售给他人，在收到毁约通知前有合理情况表明这些货物确系为买方准备，并且已经开始实质性的生产或已承担了履约义务；或者② 被申请强制实施一方在其诉讼文书、证词或在法庭上以其他形式承认销售合同确已订立。这种情况下，可以强制实施的有关货物数量不得超出承认的范围；或者③ 有关货物的价款已支付并收讫，或者货物已交付并接受（美国《统一商法典》第2—206条）。

4. 中国法律关于合同形式的规定

我国《民法典》第一百三十五条规定："民事法律行为可以采用书面形式、口头形式或者其他形式；法律、行政法规规定或者当事人约定采用特定形式的，应当采用特定形式。"这一规定显示，对民事法律行为的口头的、书面的、公证的、鉴证的、公告的和默示的种种形式，只要法律没有特别的要求，是完全允许当事人来协商决定的。我国《民法典》合同编对于合同形式，适应国际惯例，没有采纳"要素原则"，即对合同的有效成立，没有再强制性要求必须以书面形式达成协议为要件，允许当事人自行决定法律行为（包括订约）的形式。但按照法律、行政法规规定或者当事人约定采用特定形式的，应当采用特定形式。当事人未采用特定形式的，合同未必不成立，其成立只需具备两个条件：一是一方当事人已经履行主要义务，二是对方接受当事人履行义务。上述两个条件如同时具备，合同成立。在此种情况下，接受履行的一方，应当按照已履行义务一方当事人要求，履行本方应当履行的义务，不能采用书面形式为由提出抗辩。否则，要承担违约责任。

上述规定是对应当采用书面合同形式的灵活处理。当事人既然已经选择了不采用书面合同的形式，又履行了自己应当履行的义务，对方又承认这种履行，那法律应当尊重当事人的选择。同时，法律、行政法规之所以规定某些合同应当采取书面合同形式，是因为书面合同具有较高的证明力。当出现合同纠纷时，当事人容易举证，并使裁判机关能查明事实，分清是非，及时解决纠纷。如果当事人以自己的履行行为明确表示自己愿意及时履行合同义务，那么，过分强调合同的书面形式是没有必要的。

五、合同的效力

我们在以前有关合同法原则中专门提到契约自由原则，但随着近代各国政府对社会经济生活的干预、介入的增多，如用行政手段规定契约的订立和条件；有些物资供应受到国家限制，国家对对外贸易、外汇、投资证券交易、价格、工资及劳动关系等许多方面都有强制性规定，这些都使契约自由原则受到一定限制。几乎所有国家对当事人订立合同都确立了合法性要求，规定凡是违反法律、违反善良风俗与公共秩序的合同一律无效。分述如下：

（一）英美法系的规定

英美法系认为契约就是适格的双方因契约的对价而订立的约定，一方负有履行或不履行一定行为的义务，以实现有价值而合法的目的。因此契约的有效要件中除前述的当事人有订约能力、有对价等外，还要求契约的目的与效力必须合法。合同（契约）的合法性包括：

1. **不违反公共政策**

违反公共政策的合同是无效的。违反公共政策是指损害公众利益、违背某些成文法所规定的政策或目标，或旨在妨碍公众健康、安全、道德以及一般社会福利的情况。违反公共政策的合同,通常包括限制贸易的合同、限制竞争的合同、限制价格的合同、妨碍司法的合同、规避法院管辖权的合同等。对这些合同违法性的判定根据普通法、某些成文法确立的规则加以判定。例如:原告是被告公司的一个房客。一天晚上,当她顺着通往她租的公寓的楼梯往下走时,由于那里没装电灯,她从楼梯摔下,受了伤。她向法院起诉,要求被告就其疏忽承担赔偿责任。被告辩称,原告签署的租赁合同中包括了一个免责条款:"无论是出租人还是其他代理人,都不应对承租人、他的家庭、客人、雇员或进入该住房或该住房所属的建筑物的任何其他人所受到的任何伤害承担责任。"

该案的判决表明:在一个居住用房租约中加入的在因房屋及辅助设施的维修或管理不善而造成房客人身伤害的情况下免除房主责任的条款是无效的,因为该条款与判例法的原则所体现的公共政策相抵触。

由于公共政策概念具有宽泛、灵活的特点,因此在解释、适用上往往产生分歧。在1892年英吉尔一案中,几个航运公司联合起来,表示要对他们的中国茶叶贸易的运费打折扣收取,其着眼点是阻止原告(一个与之竞争的航运公司)在该项贸易中获得立足之地。各被告之间达成的协议很清楚是限制贸易竞争的合同。依美国《谢尔曼反托拉斯法》被告将败诉,但审理该案的英国法院所作的判决却是原告败诉。法院判决的理由是:在贸易竞争中不可能规定,什么是可以容许的行为的标准。本案各被告的联合折扣收费协议,尚不足以构成非法协议。

2. 不违反社会公认的道德标准

有违社会公认的道德标准的合同即属不道德合同,如法院予以承认将会引起正常人的愤慨。如父母作出的对孩子放弃管理权利的协议是无效的。

但是,由于人们对道德标准的解释会有所不同,因而对于某合同是否因其不道德而无效,各国也会有不同的看法。例如:在英国,尽管婚姻关系实际上已经破裂,但夫妇之间达成的在将来分居的协议仍是无效的。而这种协议在其他国家则会有不同的对待。

3. 不违反法律、行政法规的强制性规定

目的在于犯罪的协议是非法协议,例如以谋杀、抢劫、纵火、盗窃、暴行和斗殴为目的的协议。同样,以侵犯第三人构成民事违法为目的的欺诈、诬陷、侵占的协议。另外,赌博合同、放高利贷合同、对敌贸易合同等,因其违反法律的强制性规定而无效。

(二)大陆法系的规定

大陆法系国家通常在民法典中以明文规定,对合同的合法性加以确定。依大陆法系国家法律,构成合同非法的情况大体有两种:一是交易的标的物是法律不允许进行交易的物品,如《德国民法典》第306条规定:"以不能的给付为标的契约,无效。"违法标的有毒品和其他违禁品等。另一种是合同的约因不合法,如《法国民法典》第1131条规定:"无原因的债,基于错误原因或不清原因的债,不发生效力。"又在其1133条解释:"如原因为法律所禁止,或原因违反善良风俗或公共秩序时,此种原因为不清原因。"《意大利民法典》第1343条的解释是:"当与强制性规定,公序良俗相抵触时即是不清原因。"不法原因即约因不合法,由此达成的合同无效。

上述的善良风俗、公共秩序或公序良俗都属于伦理道德或政治范畴,要由法院根据每一个案例的具体情形作判定,法官有很大的自由裁量权。

(三)中国法律的规定

我国《民法典》第一百五十三条第一款规定:"违反法律、行政法规的强制性规定的民事法律行为无效。"第八条规定"民事主体从事民事活动,不得违反法律,不得违背公序良俗。"第一百三十二条规定:"民事主体不得滥用民事权利损害国家利益、社会公共利益或者他人合法权益。"第一百四十三条第(三)项规定,违反法律、行政法规的强制性规定,违背公序良俗的民事法律行为无效。

需要说明的是,出现上述规定情形的是无效合同,即因不符合或者违反法律要求,不能发生当事人预期的法律后果,不能得到法律的承认和保护,不能对当事人产生法律约束力的合同,它与不成立的合同是有区别的。不成立的合同指的是当事人没有按规定进行要约和承诺,或者未在合同书上签字或盖章,也没有履行合同主要义务的合同。

六、当事人意思表示的真实性

有效成立的合同应是当事人意思表示一致的产物,必须是当事人真实意愿的合意情形下达成协议。凡是需要表现意思的行为都要具备两个有效条件:一是要有意思表示能力,也就是正常的推理及判断能力,否则表现出来的意思就无效;二是所表现出来的意思与真实意思一致,否则,表现出的意思也可能无效。意思与意思表示不一致的,称意思表示瑕疵(insufficiency of will),也即意思表示不真实,当事人可以提出要求撤销,从而使合同无效。法律上要求合同必须意思表示真实正是前述的契约自由原则的体现。以下,对不能反映、体现当事人真实意思的情形说明如下:

(一)错误(error or mistake)

错误指合同当事人对于构成他们之间交易基础的事实在认识上发生的不一致

性。各国法律都承认,在一定条件下,这种错误可以使受到不利影响的一方获得使合同归于无效的权利。

1. 大陆法系的规定

《意大利民法典》第 1427 条规定:"因错误、被胁迫或者被诈欺而同意缔结的当事人,根据下列规定得主张契约的撤销。"其中因"错误"得撤销合同的条件是"当错误是本质性的并为缔约另一方可识别时"(《意大利民法典》第 1428 条)。那么,什么样的错误是"本质性"的呢? 本质性错误包括:① 涉及契约性质或者标的物时。如将借贷关系当成赠与关系,就是契约性质上的错误。② 涉及交付标的物的同一性或者根据一般标准或有关情况应当由合同确认的同一标的物的质量时。这是指交易标的物的种类、质量认定方面的错误。③ 涉及由缔约方确认他方缔约人的身份或基本情况时。这是指对缔约当事人认定的错误。如误将 B 当成意欲缔约的 A。④ 涉及构成唯一或主要原因的法律错误时。这是缔约目的方面发生差错。

《法国民法典》第 1109 条规定:"如同意系因错误、胁迫或诈欺的结果,不得认为同意已有效成立。"关于错误,该法典第 1110 条规定:错误,仅在涉及契约标的物的本质时,始构成无效的原因。导致合同不成立的错误有两类:① 涉及标的物本质(性质)的错误。所谓"本质"的错误,法国学者和法官理解为"基本品质""决定性的考虑"或"买方非此不买的品质"等。例如:买方以为他所买的是路易十四时代的家具,但后来发现并非路易十四的古物,他可以主张撤销合同。② 对订约对方当事人认定的错误。如果一方当事人把订约对象当成订约的主要目的,而订约时恰恰在对象上发生错误,那么可以主张合同无效。这样的情况仅限于对方当事人本身具有特别重要意义的合同,如承包合同、雇佣合同或借贷合同等,因为这些合同对方当事人的身份、能力、技能和品格对当事人决定是否同其订约具有重大意义。

《德国民法典》第 119 条规定:"表意人所做的意思表示的内容有错误时,或表意人根本无意为此种内容的意思表示者,如可以认为,表意人若知其情事并合理地考虑其情况而不会做此项意思表示时,表意人得撤销其意思表示。"德国法所强调的是意思表示本身(表意)是否错误。《德国民法典》规定有三种错误,可以使表意人有权要求撤销契约:① 传达的错误(如错打电报);② 内容的错误;③ 对人和物的性质的错误。

2. 英美法系的规定

英美法系关于错误对合同效力的影响的基本规则是:单方的错误一般不能导致宣告合同无效。如果无错误的一方不知道也没有理由知道另一方的错误,该合同对错误方仍具有约束力;但当事人双方在某些重大问题上存在共同的错误,使当事人间根本没有达成真正的协议,合同没有实现双方共同的真实意图,则一方可以主张合同无效。

美国《第二次合同法重述》第152条规定:如果当事人双方在合同订立时的错误就是合同赖以订立的基本假定而发生的,该错误对双方同意的对于履行的互换有重大影响,那么受到不利影响的一方便可以使该合同归于无效,除非他已经根据第154条陈述的规则承担了发生这种错误的风险。例如:原告是一个硬币零售商,向被告——一个业余的硬币交易人购买了一枚原以为是1916年在丹佛铸造的面值1角的硬币(事实上此枚硬币并非真品)。原告要求撤销交易合同,被告退还支付的500美元。原告的主张是,双方对于该硬币的真实性认识发生共同错误。原告提供的证据是,硬币上刻有表明丹佛制造的"D"字是伪造的,但被告并没有对此表示过怀疑。该案"合同赖以订立的基本假定"是:该硬币是1916年在丹佛制造的。但事实并非如此,且双方交易时都深信不疑是真品。原告没有在法律上承担这一认识错误导致的风险的理由。因此,原告有权主张解除合同。

3. 中国法律的规定

我国《民法典》对民事行为(缔约)的"错误"以"重大误解"加以表述。《民法典》第一百四十七条规定,基于重大误解实施的民事法律行为,行为人有权请求人民法院或者仲裁机构予以撤销。行为人因为对行为的性质、对方当事人、标的物的品种、质量、规格和数量等的错误认识,使行为的后果与自己的意思相悖,并造成较大损失的,可以认定为重大误解。因该误解直接影响到当事人所应享有的权利和承担的义务,使当事人的行为与自己的真实意思相悖。该误解使得当事人有权请求变更或撤销。如果当事人请求人民法院或仲裁机构变更或撤销,但是人民法院或者仲裁机构尚未作出变更或撤销的裁决之前,或者经过审理未变更或撤销该合同,该合同仍然有效。

4. 《国际商事合同通则》的规定

《国际商事合同通则》对于缔约"错误"的规定富有特色,故引介如下:

《国际商事合同通则》对"错误"的定义是:"错误是指在合同订立时已存在的事实或法律所做的不正确的假设。"该定义突出特点是提出了"法律错误",针对的是现代法律体系日益复杂,在跨国贸易中,当事人可能受不熟悉的外国法律体系的影响,而产生"错误",作出有悖自己真实意愿的订约行为。这样的定义,体现出《国际商事合同通则》作为一个国际惯例与各国国内立法在立足上的有所不同。

对于出现"错误"的后果,《国际商事合同通则》第3.5条第1款规定:一方当事人可因错误而宣告合同无效,此错误在订立合同时如此之重大,以至于一个通情达理的人处在与犯错误之当事人相同情况之下,如果知道事实真相,就会按实质不同的条款订立合同,或根本不会订立合同,并且(a) 另一方当事人犯了相同的错误或造成此错误,或者另一方当事人知道或理应知道错误,但却有悖于公平交易的合理商业标准,使错误方一直处于错误状态之中;或者,(b) 在宣告合同无效时,另一方当事人尚未依其对合同的信赖行事。

根据以上规定,《国际商事合同通则》确立了一方当事人因错误宣告合同无效的基本条件:

(1) 必须是严重错误。错误的严重与否要参照主客观两方面的标准进行衡量,即在合同在订立时"一个通情达理的人处在与错误方相同的情况下"如果他已知道了事实真相时,将根本不可能订立这个合同,或者合同的重要条款(如合同标的的规格、质量、价款等)将与原订条款明显不同,这种情况下,可以认为错误是严重的。当然,对一个具体的合同,是否存在这样的严重错误,在考察当事人的意图和交易具体情况时,应考虑一般的商事标准和有关的惯例,《国际商事合同通则》第四章有关合同的解释所确立的规则也颇具指导意义了。

某些交易中出现的错误,通常并不视为"严重错误",如关于商品价值、服务、对交易的期望值以及动机方面的错误。甚至有关对方当事人身份或个人品质方面的认识也如此,除非合同的订立本身将此作为追求目标,如所提供的服务要求具备特定的个人资格,或贷款是基于借款人的良好信用,而事实上服务提供者不具有这样的资格,或借款人信用方面有瑕疵,则错误就是严重的了。

(2) 必须另一方(非错误方)与错误方的错误有关联。按《国际商事合同通则》,仅一方对某些合同条款的认识有严重错误本身还不足以构成其主张合同无效的权利。而必须考虑该错误与另一方(非错误方)的关联性:① 应该是另一方也犯了相同的错误,他作为一个"通情达理的人"如处在同样情况下也不会订立合同,即必须是双方都犯了相同的错误,或存在共同的错误。例如:当 A 和 B 正在订立一辆赛车的买卖合同时,他们没有也不可能注意到该车已同时被盗。即双方对标的物存在与否都存在错误。这种情况下,合同无效。② 错误方的错误是由另一方当事人造成的。如果错误方的错误订约是由于另一方明示或默示或行为构成的具体意思表示造成的,哪怕是无过失或疏忽而为之,也构成错误方宣告合同无效的权利。例如:一个连续供货交易买方根据传言或猜测,认为所购之物在功能和前景方面五年内不会损坏或遭淘汰,并向卖方咨询,卖方对此不置可否,或认可买方的推测,而事实上这样品质推测难以成立。错误方可以宣告合同无效。不过,如果仅仅是广告或谈判中的"言过其实",只是表达意见而不是对事实的陈述,则不构成"严重错误"。例如:房产代理商的铅板上刻着"非常称心如意的住所",客户据此购房,事后觉得并不"称心如意",则并不能因此撤销购房合同。③ 另一方当事人知道或理应知道错误方的错误,但却有悖于公共交易的合理商业标准,使错误方一直处在错误状态之中。这种情况下,错误方宣告合同无效必须证实另一方当事人负有告知错误的义务。④ 在宣告合同无效时,另一方当事人尚未依其对合同的信赖行事。

(二) 诈欺

诈欺,是指一方当事人故意实施某种欺骗他人的行为,并使他人陷入错误而订立合同。因欺诈而订立的合同无效。下面对各国法律有关诈欺的规定作简要介绍:

1. 大陆法系的规定

《法国民法典》第1116条规定:"如当事人一方不实行欺诈手段,他方当事人决不缔结契约者,此种欺诈构成契约无效的原因。诈欺不得推定,而应加以证明。"据此可以判定,依法国法,一方欺诈导致的结果是另一方宣告合同无效,而这种权利的拥有,必须是受欺诈的另一方因欺诈方的欺诈而订立(违背其真实意愿的)合同。受欺诈方宣告合同无效,有义务证明欺诈方有故意欺诈的行为事实。

意大利法规定的欺诈后果是受欺诈方有权宣告撤销合同。这和法国的规定有所差异。《意大利民法典》第1439条的规定是:"在缔约一方实施欺骗致使另一方缔结了在未受欺骗时不会缔结的契约的情况下,诈欺是契约得被撤销的原因。"

如果诈欺并未导致合意的形成,则合同仍有效。但欺诈方仍应承担"恶意缔约"的损害赔偿责任。因为这种缔约的恶意行为会给另一方造成精力、精神及费用上的干扰及损失。《意大利民法典》第1440条规定:"如果诈欺不是能够导致合意形成的欺诈,则尽管没有诈欺该契约会根据不同的条件缔结,但是契约有效;不过恶意的缔约人要承担损害赔偿责任。"

意大利法还有一个特点,如诈欺来自第三人而非缔约对方,被欺骗一方仍有权撤销合同:"当诈欺是第三人所为时,如果涉及缔约人的利益,则契约被撤销。"(《意大利民法典》第1439条第2款)

这样规定的合理性在于,毕竟因为第三人的诈欺,使当事人的意思表示不真实,合同的内容并不是其真实意愿的体现。不过,这种情况下一方撤销合同是否对另一方利益产生不利影响?为此,同属大陆法系国家的日本法律要求:这种情形下的一方撤销合同,以合同另一方也认知存在第三人的诈欺事实为条件,否则不能撤销合同:"就某人之意思表示,第三人行欺诈时,以相对人知其事实情形为限,得

撤销该意思表示。"(《日本民法典》第96条第2款)

《日本民法典》还进一步规定：因欺诈而进行意思表示之撤销，不得以之对抗善意第三人。

2. 英美法系的规定

英美法系将诈欺称为"不正确表述"，简称"误表"。英国《不正确表述法》把不正确表述分为两种：一种叫非故意的不正确表述(innocent misrepresentation)，如果作出不正确表述的人是诚实地相信真有其事而作的表述，即属此种；另一种叫作欺骗性的不正确表述(fraudulent misrepresentation)，如果作出不正确表述的人并非出于诚实地相信真有其事而作的，则属于欺骗性的不正确表述。按英国法的解释，这后一种的不正确表述才构成欺诈。而美国法院常常把不正确表述当成欺诈的同义语。

对于欺骗性的不正确表述，英国法律在处理上相当严厉：蒙受欺骗的一方可以要求赔偿损失，并可撤销合同或拒绝履行其合同义务。对于非故意的不正确表述，英国法区别两种情况，一种是非故意但有疏忽(negligence)的不正确表述，另一种是非故意而且没有疏忽的不正确表述。两者的区别主要是：在后一种情况下，蒙受欺骗的一方无权主动要求损害赔偿，而只能由法官或仲裁员根据具体情况酌定是否可以以损害赔偿代替撤销合同。而在前一种情况下，蒙受欺骗的一方有权请求损害赔偿，并可撤销合同，但法官或仲裁员裁定以损害赔偿代替撤销合同的除外。

美国法院的判例表明，以不正确表述(欺诈)起诉的前提是：① 被告对事实作了虚假的说明；② 原告基于对该陈述的信赖而采取了行动；③ 此种虚假说明使原告蒙受了损害。有的州法院对构成诈欺还要求欺诈方有非法获取另一方的合法权益的动机这一要件。

根据美国《合同法重述》(1932年)第477条，当一方通过欺骗另一方而订立合同时，双方之间没有真正的合意存在，因此，受到欺骗的一方可以撤销合同。例如：当事人双方订立了一个汽车买卖合同。买方收货后发现这辆车曾经碰撞过，因而把汽车送还给卖方，并单方解除了合同。

双方订立的合同中包含这样的表述："有关这笔买卖的任何其他协议、许诺和理解都不应得到确认"。该合同还使用了"as is"的措辞(中文意思为"依现状")，即汽车的质量以交付的货物为准。买方声称，他原以为他买了一辆从未碰撞过的车，但卖方否认他的代理商曾作过这种保证。卖方还辩称，当事人在合同中使用的放弃其权利要求的措辞，使买方没有理由再主张，他对所谓的欺诈性的不正确说明发生了依赖。买方应受到合同条款约束。

在案件的审理过程中,陪审团对事实的认定是:卖方曾对买方表示过这辆车从来未碰撞过,从而有意地作了不正确表述。法庭认为,如果合同由于事前发生的欺诈而无效,合同中放弃权利主张的条款也就因此而无效,因为从法律上说,当事人之间根本没有合同关系。

还有一个问题,如果当事人仅对某种事实保持缄默,是否构成诈欺?英国普通法认为,单纯缄默原则上不构成诈欺。因为一般来说,合同当事人没有义务把各项事实向对方披露,即使他知道对方忽略了某种事实,或对方可能有某种误会,他也没有义务向对方说明。除非:① 如果在磋商交易中,一方当事人对某种事实所作的说明原来是真的,但后来在签订合同之前发现此项事实已经发生变化,在这种情况下,即使对方没有提出询问,但该当事人也有义务向对方改正其先前所作出的说明。② 对那些属于最大诚信合同(utmost good faith),如保险合同、公司分派股票的合同等,由于通常只有一方当事人了解全部事实真相,故该当事人有义务向对方履行如实披露义务。否则可构成不正确表述的欺诈。

3. 中国法律的规定

我国《民法典》第一百四十八条规定:"一方以欺诈手段,使对方在违背真实意思的情况下实施的民事法律行为,受欺诈方有权请求人民法院或者仲裁机构予以撤销。"第一百四十九条规定:"第三人实施欺诈行为,使一方在违背真实意思的情况下实施的民事法律行为,对方知道或者应当知道该欺诈行为的,受欺诈方有权请求人民法院或者仲裁机构予以撤销。"

构成欺诈的要件是:① 欺诈方有欺诈故意。即明知自己告知对方的情况是虚假的且会使对方陷入错误认识,而希望或放任这种结果的发生,即主观上具有恶意。② 欺诈方实施了欺诈行为。即在故意指导下作出的试图使对方相信自己的虚伪陈述的行为。③ 对方因欺诈方的欺诈而陷入对合同内容的错误理解。如果对方因欺诈方提供虚假情况而对合同内容发生错误认识,则欺诈行为实施完毕且产生危害后果。④ 被欺诈方因错误而作出了订立合同的意思表示。只有同时符合这四个要件,才构成因欺诈而订立的合同。

4.《国际商事合同通则》的规定

《国际商事合同通则》第3.8条规定:"一方当事人可宣告合同无效,如果其合同的订立是基于对方当事人欺诈性的陈述,包括欺诈性的语言、做法或依据公平交易的合理商业标准,该对方当事人对应予披露的情况欺诈性地未予披露。"

国际统一私法协会对《国际商事合同通则》上述规定作了进一步的诠释:欺诈

既可以是对虚假事实的陈述,不论是明示还是默示,也可以是对事实真相的不披露。欺诈与错误的明显区别在于欺诈方陈述或不披露行为本身的性质和目的。在目的上,欺诈行为具有故意性,一方意欲诱导对方犯错误,并因此从对方的损失中获益。基于欺诈行为性质的严重性,他足以构成合同无效的条件。受欺诈方仅受欺诈这一事实本身可以宣告合同无效,不像前述"错误"情况下,当事人宣告合同无效要具备有关前提条件(见前面有关"错误"部分的叙述)。

(三)胁迫

胁迫一般是指当事人一方以暴力、暴力威胁或其他威胁手段使对方当事人产生恐惧并因此而订立合同的行为。当一方使用胁迫手段迫使另一方接受合同条件时,当事人双方的合意是不真实的。因此,各国法律都认为,在这种情况下订立的合同,受胁迫方可以主张无效或撤销。

1. 大陆法系的规定

《法国民法典》第1112条确定了构成胁迫的衡量标准:"如行为的性质足使正常人产生印象并使其担心自己的身体或财产面临重大且现实的危害者,即为胁迫。"胁迫的确定因受胁迫人的性别、年龄及个人的具体情况而不同。

胁迫不仅指针对当事人本身,还包括对其配偶、直系亲属这些利害相关人的威胁:"不仅对于缔约当事人一方进行胁迫,而且对于缔约人的配偶、直系亲属进行胁迫时,胁迫均为契约无效的原因。"(《法国民法典》第1113条)

胁迫不仅来自缔约一方,还可以是来自第三人:"对订立契约承担义务的人进行胁迫构成无效的原因,即使胁迫由为其利益订立契约人以外的第三人所为时,亦同。"(《法国民法典》第1111条)

不过,单纯的敬畏,不致产生威胁恐怕者不构成胁迫,"对父母或其他直系亲属仅心怀敬畏,而未进行胁迫时,不足以撤销契约"(《法国民法典》第1114条)。

意大利法专门提及一种胁迫,即,为取得非法利益,以对受胁迫人或其亲属进行司法指控的威胁。"仅在涉及取得不法利益时,以起诉进行的威胁得是契约撤销的原因。"(《意大利民法典》第1438条)例如:在一个案例中,被告作出了保证支付某些汇票款项的承诺,这个承诺是在被告的儿子可能被控告伪造汇票上的背书这种暗示的威胁下作出来的。法院判决被告的承诺无效。

2. 英美法系的规定

英美法系认为,胁迫是以征服缔约人心理为目的而使用暴力或恐吓的行为。对这种行为的检验是看行为是否事实上促使缔约人违反其自由意志而缔约。美国《合同法重述》(1932年)第491—495条规定的胁迫一词的含义是:为使一方同意合同条件而采取人身强制、暴力胁迫或其他非法的威胁手段。美国法院在司法实践中经常将胁迫与压制同时或相互替代使用。

暴力行为可以是人身的伤害,如殴打、监禁、剥夺人身自由或非法地扣留财产。欲对个人、对他的财产或他所心爱之物加以伤害的任何恐吓,且上述恐吓置该人于畏惧而行不由己,即构成胁迫。此种情况下订立的合同是不具效力的。

但是,正如P·S·阿蒂亚所指出的:在现代社会中胁迫案件是很少见的,今天人们所发现的是比较阴险和狡诈地施加压力的方式。"施加经济上或商业上的压力几乎完全被普通法忽视了。"在美国,甚至"经济胁迫"这一概念也运用得并不多。"在对案情可作变通解释的情况下,主张合同无效的一方多以显失公平作为依据。"因此,我们将对"显失公平"问题加以更多的说明。

3. 中国法律的规定

我国《民法典》第一百五十条规定:"一方或者第三人以胁迫手段,使对方在违背真实意思的情况下实施的民事法律行为,受胁迫方有权请求人民法院或者仲裁机构予以撤销。"胁迫行为包括:以将要发生的损害相威胁,可涉及对生命、身体、财产、名誉、自由、健康及信用等方面的损害。胁迫行为还可能是胁迫者以直接面临的损害相威胁,胁迫者通过实施某种不法行为,形成对对方当事人及其亲友的伤害和财产损害的可能,从而迫使对方订立合同。

4.《国际商事合同通则》的规定

《国际商事合同通则》第3条第9款对胁迫所作的规定为:"一方当事人可宣告合同无效,如果其合同的订立是因另一方当事人的不正当之胁迫,而且在考虑到在各种情况下。该胁迫如此急迫、严重到足以使该方当事人无其他合理选择。尤其是当使一方当事人受到胁迫的行为或不行为本身属非法,或者以其作为手段来获取合同的订立属非法时,均为不正当的胁迫。"

《国际商事合同通则》使用的术语是"不正当的胁迫"表明,《国际商事合同通则》强调当事人得以宣告合同无效的胁迫的"正当性"与否是衡量标准。人们对促使合同订立的因素是否胁迫的结果有时是有争议的,但是如果某行为较为明显是违法的,或按公平合理原则它属明显的不正当行为,则有关当事人足以因此主张合同无效。如使合同当事人受到的胁迫行为或不作为本身是错误的(如人身攻击),或使合同当事人受到的胁迫行为本身是合法的但所要达到的目的却是不正当的。上述二种形式的胁迫即属"非法"或"不正当"。例如:A未偿还B的借款。B威胁要提起返还之诉,而其真实目的却是要想以特别优惠的条件租用A的仓库。A被迫签订了租赁合同。B要提起返还欠款诉讼本身是合法的,但其要达到的目的(特优价租用仓库)却并不正当(不地道!)。这种情况下,A 有权以受到不正当胁迫为由宣告租赁合同为无效。

《国际商事合同通则》还同时确立了宣告合同无效的另一个条件,即,当事人受到的胁迫必须是急迫的和严重的。胁迫具有如此的急迫性和严重性,以至于受胁迫人除了按对方所提出的条款签合同外,再无其他合理的选择。例如:上述案例中,B 威胁 A 除非当场签订仓库租赁合同,否则马上递交诉状! A 则既无足够的资金偿还欠款,又无任何限期设法筹集资金,只得签下合同。这与下述中国法律中有关"乘人之危"的规定相近。

(四) 显失公平与不当影响(grossly unfair or undue influence)

除前述的错误、欺诈、胁迫外,不能体现当事人真实订约意愿的情形,还有一种称为显失公平,也有称不当影响的。基于这种情形所签订的合同,各国法律、判例一般都准许遭受不利的一方可以要求撤销合同或变更合同。

1. 大陆法系的规定

《德国民法典》第 138 条规定,显失公平的法律行为就是"甲方乘乙方的穷迫、轻率或无经验"而实施的法律行为,基于这种情形订立契约,不利方得主张撤销契约。

《意大利民法典》第 1447 条规定:一方当事人出于使自己或者他人摆脱会造成人身严重损害的现实危险的需要且在对方当事人知道的情况下订立的附有不公平条件的契约,得根据承担义务一方的被废除。

我国台湾地区"民法典"在这个问题上并存使用"乘人之危"和"显失公平"两个概念。台湾地区"民法典"第 74 条规定:法律行为,系乘他人之急迫、轻率或无经验,使其为财产上之给付,或为给付之约定,依当时情形显失公平者,法院得因利害关系人之申请,撤销其法律行为,或减轻其给付。

2. 英美法系的规定

英美衡平法早有"不当影响"这一概念。所谓不当影响,指"一方利用其优越地位、意志、思想或品格,以左右他方意志",具体表现为:① 利用家庭或朋友的关系;② 利用受害人的心神缺陷;③ 利用经济上的急迫需要。如果如此订立的合同有不公正的地方,即可推定为不当影响,蒙受不利的一方可以撤销合同。

现代美国法更多使用"显失公平"这一概念。美国《统一商法典》第 2—302 条第 1 款规定:如果法院作为法律问题发现合同或合同的任何条款在制定时显失公平,法院可以拒绝强制执行,或仅执行显失公平部分之外的其他条款,或限制显失公平条款的适用以避免显失公平的后果。

当事人对显失公平合同有举证义务："当事人主张或法院认为合同或合同的任何条款有可能为显失公平时,当事方应被给予合理机会来证明订立合同的商业背景及合同的目的和效果,以帮助法院作出决定。"(美国《统一商法典》第2—302条第2款)例如:1968年,帕特森太太从沃克——托马斯家具公司购买了数件商品。其中包括电视机、吃饭间里用的小型家具等。全部商品的总价值为597.25美元。在以分期付款的方式向该店支付了248.40美元之后,帕特森没有继续付款。于是,该家具公司向法院起诉。帕特森太太在其答辩状中声称,她所支付的款项已经超过了她从该店购买的商品的公平价值,这些商品的定价实在太高,以致这些合同的条件显失公平;因此,这些合同不应得到强制执行。法院坚持认为,决定一个合同是否显失公平要有两个要件:其一,当事人在订立合同时是否作了有意义的选择,包括双方的交易地位是否平等,当事人是否有合理机会理解合同的条件。在案中,帕特森太太与家具店交易地位不存在不平等情况,且她有合理机会理解合同的条件,家具明码标价,她在决定购买前有充分的选择考虑机会。其二,合同条件是否极不公平,是否极不合理地有利于另一方,检验的标准应当是,合同的条件是否"如此的过分,以至于按照当时当地的习俗和商业惯例显得极不公平",价格过高仅是证明显失公平的一个考虑因素,而应同时考虑当事人在签订合同时是否作了有意义的选择。本司法管辖区从未确定过单纯以价格过高为理由主张显失公平的辩护。因此,初审法院和上诉法院均判定帕特森太太败诉。

但是,另有一个案例,同样是价格过高,法院则作了显失公平的判定:

琼斯是一个社会福利金领取人,他以900美元的价格从一家商店订购一件家用制冷设备。买卖是通过第三方贷款,再由买方分期向第三方偿还贷款进行的。买方需要另行支付计时信贷费、人寿保险及财产保险信贷费,还支付销售税,加上商品本身,买方共要支付1 234.80美元。到发生诉讼时,琼斯共支付了619.88美元。经查,该制冷设备的最高零售价为300美元。法院认为,把一台300美元的商品按900美元价格出售,可以肯定是显失公平了。300美元本身已经包括了合理的利润。而信贷费用一项就比零售价高出100美元以上。对于一个社会福利金领取人,是明显不平等的该价格的受害者,因为贫困,无法一次性支付300美元购买,而分期信贷购买要付1 234.80美元!基于上述诸因素判断,该合同显失公平。法院根据美国《统一商法典》第2—302条的规定,作出对该合同的支付条款加以限制的判决:琼斯已付619.88美元足够了,余额不必再付。

3. 中国法律的规定

我国《民法典》第一百五十一条规定:"一方利用对方处于危困状态、缺乏判断能力等情形,致使民事法律行为成立时显失公平的,受损害方有权请求人民法院或者仲裁机构予以撤销。"

所谓显失公平,是指一方在紧迫或者缺乏经验的情况下所作出的明显对自己有重大不利的订约行为。其特征在于:此种合同对一方当事人明显不公,另一方获得的利益超过了法律所允许的限度,且受损方是在缺乏经验和紧迫的情况下实施的订约行为。

显失公平情形与我国法律规定的另一种有违当事人意愿的乘人之危情形有所不同。"乘人之危"指一方当事人利用另一方当事人的某种紧迫需要或处于某种危难的状态,迫使另一方当事人在违背自己真实意思的情况下签订合同的行为,订立合同的结果同样对危难方的利益存在严重的不利。明显的区别在于,乘人之危合同遭受不利的一方对合同的性质后果通常有较清醒的认识,只是迫于危难状态不得已而订约,而不像显失公平合同的订约当事人时常是由于缺乏经验而订约。某种意义上讲,乘人之危合同,获益人主观上有"胁迫"之嫌,而显失公平合同则显然不存在"胁迫"情形。

4.《国际商事合同通则》的规定

《国际商事合同通则》第 3.10 条第 1 项规定了显失公平的后果和确定标准:

如果在订立合同时,合同或其个别条款不合理地对另一方当事人过分有利,则一方当事人宣告该合同或该个别条款无效。

确定显失公平时应考虑的因素包括:

(1) 不公平的谈判地位。指一方当事人不公平地利用了另一方当事人的依赖、经济困境或紧急需要,或是不公平地利用了另一方当事人缺乏远见、无知、无经验或缺乏谈判技巧。

(2) 合同的性质和目的。一个合同的条款对提供的货物或服务存在瑕疵而给予通知规定了一个很短的期限,这时卖方既可能是过分有利也可能不是,主要取决于所涉及的货物或服务的性质。

(3) 其他因素。如商业或贸易中一般的道德标准。《国际商事合同通则》规定了对显失公平合同的处理原则:① 依有权宣告无效一方当事人的请求,法庭可修改该合同或其条款,以使其符合公平交易的合理的商业标准;② 依收到宣告合同无效通知的一方当事人的请求,法庭亦可修改该合同或该个别条款,条件是该方当事人在收到此项通知之后,并在对方当事人依赖该停止行事之前,立即将其请求通知对方当事人。

七、合同的解释

如前所述,法律行为以意思表示的自愿真实为构成要素。意思表示是否自愿真实,决定着法律行为的效力。合同订立时当事人所使用的语言和文字是意思表示可能与其真实意思不一致。出现这种情况,对其真实意思的判定,直接关系着法律行为的效力,影响到了当事人的利益,当事人在履行合同义务时也因此可能发生争执,这就涉及合同的解释问题。对此问题,各国法律大多制定有关解释原则、规则。

(一) 解释合同的原则和规则

在如何解释合同的问题上,合同法学理论上存在两种不同的原则。一种称为"意思主义"(principle of will)。该理论认为,法律之所以赋予意思表示以法律上的效力,毫无疑问是完全建立在反映当事人内在意思的基础上,说到底,外在表示无非是表达内在意思的形式。因此,如果内在意识(intention or will)在外在表示(expression or declaration)有了距离的时候,那就只能以内在意思为准,而不拘泥于其外在表现形式(合同的言辞)。罗马法中的契约制度,就突出体现着这种意思主义的倾向。另一种称为"表示主义"(principle of expression)。这种理论认为,内在意思如果不通过外在表示为人所知,就谈不上法律行为的实施问题。内在意思看不见,摸不着,只能以一般人所能够了解的外在表示所体现出来的内容来作为判定行为人内在意思的客观标准,否则,如果行为人可能随便主张自己的外在表示与内在意思不一致,进而否认自己表达出来的意思的内容,相对人的利益和社会交易的安全就无法保障。法律行为应仅以外在表示的内容而发生法律的效力。因此,只有表示出来的意思才能为解释合同的依据。

后来出现了折衷主义的观点,这种观点认为,如果完全按意思主义的观点来处理问题,无法充分保护相对人的利益,不利于社会交易的安全;而如果完全按表示主义,一旦发生了内在意思与外在表示不一致的情况时,又无法保障表意人的合法权益。所以兼顾表意人的利益和社会交易安全的需要,体现民事法律行为制度的设立宗旨,近代各国已大多采用折衷主义的立法体制;或者以意思主义为原则而以表示主义为例外;或者以表示主义为原则,而以意思主义为例外。以尽可能公平地认定和判别内在意思与外在表示不一致的情形。

1. 大陆法系的规定

法国法律在解释合同方面以意思主义为原则,而以表示主义为例外。《法国民法典》1156条规定:"解释契约时,应探究缔约当事人的意思,而不拘泥于文字的字面意思。"并规定,如果一项条款可以作两种解释时,应作有效的解释"如一项条款可能有两种意思时,宁可以该条款可能产生某种效果的意思理解该条款,而不该以该条款不能产生任何效果的意思理解该条款"(《法国民法典》第 1157 条);文字可能有两种解释时,应采取适合于合同目的的解释;有歧义的文字,应按合同订立地的习惯进行解释;合同的全部条款可以相互解释,以确定某一条款在整体合同中的含义;合同有疑义时,应作不利于债权人而有利于债务人的解释等。除以强调探求当事人真实意愿为原则外,法国法有时也以表示主义为补充,"所订立契约的文字不问如何笼统,契约之标的仅为可推知当事人有意订定的事项"(《法国民法典》第 1163 条)。

德国法采用的也是折衷主义,但有学者认为,德国法系以表示主义为原则,以意思主义为例外。《德国民法典》第 157 条规定,对合同的解释,应当遵循诚实信用原则,并考虑交易上的习惯。德为最高法院认为,当合同有漏洞需要补充时,法官并不是补充当事人的意思,而是补充合同,但《德国民法典》第 133 条又规定,解释意思表示,应探求其真意,不得拘泥于文字。

2. 英美法系的规定

一般认为,英美法系在合同解释问题上强调的是合同的文辞,而不是当事人的主观意思,坚持的是表示主义原则。美国《统一商法典》遵从合同解释的一般原则,另一方面在确定合同双方的最初意图时,允许更多地使用外部证据。该法典规定可以从下述三个角度来确定合同的含义:

(1) 交易过程(course of dealing)。指合同双方在此交易之前的先前交往,在一定程度上为解释他们的文字表达方式及行为提供了共同基础;

(2) 履约过程(course of performance)指合同一方一直有机会采取某种行为而且知道这种行为的性质,此外,该方还知道对方一直有机会对此提出抗议(但没有这样做),如此可以推断对方没有反对之意;

(3) 行业惯例(usage of trade)。指的是在某一地方、某一行业、某一贸易活动中常见的行为或做法,由于这种行为或做法的经常性,有理由预期在有争议的这个合同中也看到这种做法或行为。例如:原告是一个建筑工程承包商和建筑商。当一所由原告建造的房屋接近完工时,原告与被告订立了合同,将该房屋出售给被告。根据合同的约定,该房屋的售价为 36000 美元,其中 3 000 美元应由一个第三人持有,待该工程令人满意地完成时,再把这 3 000 美元付给原告。工程完成之后,被告通知原告说,被告对工程的某些项目仍感到不满意,因而拒绝向原告支付这 3 000 美元。此后,原告按被告的要求对这些项目进行了重新施工。然而,被告对于完成的工作仍然不满意,要求原告对这些项目再作改进。在这一要求被原告拒绝之后被告表示,除非原告的工作能完全地满足被告的要求,否则,被告不会向原告付这笔余款。原告向法院提起诉讼。

法院审理认为,依被告的观点,"令人满意地完成工作"(合同文字约定)这是一个由被告进行选择的问题。除非被告已经感到满意,并且把这种感觉向原告宣布,否则原告无权得到这笔余款。依原告主张,这一措辞仅仅意味着,该工作必须符合在特定的情况下可以被认为是合理的标准。法庭认为,对于本案合同"令人满意"这一措辞作纯主观的理解可能会造成显失公平的结果。受益的一方可能基于某种古怪的念头或反复无常的秉性毫无理由地拒绝承认对另一方的工作已"感到满意",从而逃脱其应尽的合同义务。显然,为实现公正,应当采用这样一种客观标准,即只要求按照在当地得到承认的标准以一种具有合理的技巧和熟练程度的方式完成工作。按这种标准,对合同的履行只要能得到通情达理和谨慎从事的人认可,也就足够了。原告已经以一种令人满意的方式完成了该合同规定的项目,仅造成相当于 261 美元的瑕疵。这一数额可以由被告那 3 000 美元中扣留。因此,法院判决被告败诉。应支付未付的余款。

这个案件涉及法院如何对合同条款中"令人满意地"完成工作的解释,法院采用的是依行业惯例,以客观标准加以解释的规则。该判决所阐述的规则在《第二次合同法重述》第 228 条得到了完整的表述:"如果债务方履行其义务的条件是,他对债权方的履行感到满意,同时,要决定一个通情达理的人处在该债务人的地位是否会感到满意是行得通的,那么,一种被优先采用的解释就是,如果一个通情达理的人处于债务方的地位会感到满意,该条件就发生了。"

3. 中国法律的规定

我国《民法典》第一百四十二条规定:"有相对人的意思表示的解释,应当按照所使用的词句,结合相关条款、行为的性质和目的、习惯以及诚信原则,确定意思表示的含义。无相对人的意思表示的解释,不能完全拘泥于所使用的词句,而应当结合相关条款、行为的性质和目的、习惯以及诚信原则,确定行为人的真实意思。"这条规定了解释合同的基本规则:当事人对合同条款的理解有争议的,应当按照合同所使用的词句,合同的有关条款、合同的目的,交易习惯以及诚实信用原则,确定该条款的真实意思。如果合同文本是采用两种文字订立并约定具有同等效力时,两个合同文本使用的词句在法律上被推定为具有相同含义。各文本使用的词不一致的,应根据合同的目的予以解释。现以国内的一个案例说明。甲、乙、丙三人共同出资办一商店,三人共同签订一合伙协议。协议规定甲出资 15 万元,乙以房屋作为出资,折价15万元,丙亦出资15万元。协议书写人将乙以房屋"出资"写成"出租"。后来,由于经营困难,乙怕自己的赔进去,便以自己是"出租房屋"为由,要求甲和丙另找房屋经营,并欲收回房屋。甲与丙不同意,认为协议规定风险共担,利益共享,现商店经营遇到困难,乙应同舟共济。至于协议上写成"出租"系笔误。那么,乙提供房屋到底是"出租"还是"出资"? 根据以下分析不难认定:其一,合同规定乙有权分得红利1/3,如果乙方是出租则通常不应参与分红;其二,如果甲和丙是向乙承租房屋,没有必要对房屋进行折价,因为折价除对出资具有意义外,对出租房屋是没有多在意义的;其三,合同中没有任何关于租金的约定。故根据对合同的目的,对合同其他相关条款的印证分析,乙应是以房屋出资,"出租"实系笔误。

4.《国际商事合同通则》的规定

按《国际商事合同通则》第4.1条规定,在解释合同条款的意思时,应首先考虑当事人的共同意图。但是,一旦发生争议,要证明一方当事人所主张的某一特定意思确定是订立合同时双方当事人的共同意图极为困难,在这种情况下,《国际商事合同通则》确立的规则是,在当事人的共同意图如不能确立,合同"应依一个与各方当事人具有同等资格的,通情达理的人处在相同情况下时,对该合同所应有的理解来解释。"这里所参照的是与当事人具有相同语言知识、技能或商务经验的人的合理理解。

如何确定当事人是否有共同意愿? 其共同意愿是什么? 通情达理的人的理解如何确定?《国际商事合同通则》第403条提出了必须考虑的相关情况:

(1) 当事人之间的初期谈判;

(2) 当事人之间已确立的习惯做法。例如:A和B就向B交付光学镜头订立了一批合同,合同一直是以加拿大元计价。现A向B发出一新要约,提示以"元"计价,但未做进一步的说明,但其意图还是想继续使用加拿大元计价。后B认为A应付款美元若干,双方就计价货币种类发生争议。在没有任何相反的表明时,A的意图应优先予以考虑。因为A和B之间过去的交易习惯一直是以加拿大元计价的;

(3) 合同订立后当事人的行为;

(4) 合同的性质与目的;

(5) 在所涉及交易中,通常赋予合同条款和表述的含义;

(6) 惯例。

例如:A和B订立一份销售一船石油的合同,每桶油价20.5美元。后来,双方当事人未能就所欲使用的油桶型号达成一致,A希望每桶42标准加仑,B则希望每桶36英国法定标准加仑。如果没有任何相反的指定,A 的理解优先,因为在国际石油贸易中,以标准加仑计量是惯例。

《国际商事合同通则》第4.4条和第4.5条规定,合同的条款和表述应根据其所属的整个合同或全部陈述予以解释。对合同各项条款的解释应以使它们全部有效为宗旨,而不是排除其中一些条款的效力。例如:A是一家商业电视网,B是一家电影公司。A和B达成一项协议,协议规定B定期提供一定数量的影片,由A在其电视网下午时间进行播放,但那些影片必须是准予向所有观众播放的。根据合同规定,所提交的影片必须已经通过主管审查委员会的许可审查。A和B对这一条款的意思产生了争议,B坚持认为该条款仅表示影片必须是已经发行放映的,即使是三级片也没关系;而A坚持影片必须是经过分级而准予所有人观看的。按4.5条规则,A的理解是正确的,因为B的解释将导致该规定失去效力。

《国际商事合同通则》第4.6条确立了对条款提议人不利的规则:"如果一方当事人所提出的合同条款含义不清,则应作出对该方当事人不利的解释。"例如:承包商A为承揽建筑工程与B订立一份合同,合同中有一条规定是由A起草的,双方并没有经过深入讨论,该条款规定"对由于承包商或其雇员和代理人的疏忽所造成的所有损失和费用,以及买方由此提出的对于物质财产损失或损害(不指工程)、死亡或人身伤害的赔偿请求,承包商均应承担责任并予以赔偿。"A的一个雇员在下班后操作B的设备并使之毁损。A否认其负有责任,认为上述规定仅适用于其雇员在受雇范围内所有的行为。按《国际商事合同通则》的上述规则,对该合同条款应以不利于A的方式解释,A的雇员在受雇范围之外(下班后)所做的行为造成损害后果,A也应该承担赔偿责任。

《国际商事合同通则》对合同使用文本确立的解释规则是:如果合同是以两种或两种以上具有相同效力的文字起草的,若这些文本之间存在差异,则应优先根据合同最初起草的文字予以解释。

(二)合同标准条款或格式条款的解释问题

随着现社会经济生活的发展变化,与传统的要约、承诺、再要约、再承诺反复磋商的订约过程不同,标准合同日益成为常见的交易形式。所谓标准合同指一方当事人对另一方当事人(合同条款提供人)事先拟定的合同条款(格式条款或标准条款)只能表示全部同意或不同意的合同,简言之,一方当事人要么从整体上接受合同条件,要么不订立合同。格式合同依格式条款而订,所谓"格式条款"是指当事人为了重复使用而事先拟定,并在订立合同时未与对方协商的条款,它具有以下几个特点:其一,它是一方当事人在未与对方当事人协商的情况下拟定的;其二,格式条款被一方当事人拟定出后,是为了重复使用,因此,这条款不是针对某一特定的当事人,而是针对不特定的相对人,尽管格式条款是作为要约向对方当事人提出的;其三,格式条款提供人往往在经济上居于强大的优势地位,这使得其可以将预定的合同条款强加于对方,相对人对合同条款只能概括地予以接受或不接受。从某种意义上讲,相对人的意志服从于条款提供人的意志,正因如此,各国法例对这种具有附从性合同的条款提供人作义务性规定或限制,以更好地保护相对弱小的对方的合法权益,以维护法律的公正。同时对格式合同(条款)的解释也规定特别的规则。

1. 大陆法系的规定

大陆法国家对诸如标准合同条款的认定、解释等方面也确立了一些规则,简述如下:

德国法对标准条款或格式条款使用的术语为"一般交易条款"(general condition)。德国《一般交易条款法》第 9 条第 1 款规定:"一般交易条款中的约定,违背诚实信用原则,而不合理地不利于条款使用人的合同相对人的,无效。"该规定在于对含有一般交易条款的标准合同的效力,要以诚实信用等原则加以检验。依该法第 9 条第 2 款,认定不合理的"不利"的标准有:① 一般交易条款约定与其所排除的法规的基本原则不相符合者;② 一般交易条款的约定限制基于合同的本质而发生的权利、义务,致合同的目的难以达成者。该法第 10 条列举了 8 种定型化合同条款就是要受合理性检验的条款(灰色条款)。该法第 11 条则列举了 10 种绝对无效的定型化合同条款(黑色条款)。对于一般交易条款的解释方面,德国法院采用"含糊条款解释规则",即对意义含糊的条款,作不利于条款制定方当事人的解释:"一般交易条款的内容有疑义时,条款利用者承受的利益。"(德国《一般交易条款法》第 5 条)

意大利法对标准合同的效力,规定应以接受者的书面认可为前提,《意大利民法典》第 1341 条规定:"被确定的条件有利于准备条件方的对契约责任的限制、解除契约权或者中止契约履行,或者为另一方当事人附加失权期间,限制抗辩权,限制与第三人缔约的自由,默示地延长或续展契约、仲裁条款或不同于法律规定的司法管辖的条款,如果上述情形未以书面形式明确表示同意,则所有这些情形均为无效。"该法典同时规定下述三种情形的格式条款为无效:① 在因经营者的行为或疏忽而造成消费者的死亡或人身伤害时,排除或限制经营者责任的;② 在经营者全部或部分不履行义务或者不适当履行义务的情况下,排除或限制消费者对经营者或他方当事人的诉权者;③ 以条款的形式规定了消费者在缔约前不可能了解的同意范围。

对于格式条款的解释上,意大利法规定:在对条款的意思有疑问时,要作出有利于消费者的解释;当格式条款与补充条款(非格式条款)不一致时,补充条款的适用优先于格式条款。

2. 英美法系的规定

英国立法虽未对标准合同作出界定,但在判例及论著中有法官和学者提出各自对标准合同的观点。著名的国际贸易法专家施米托夫根据 Diplock 法官对标准合同的阐述,将标准合同区分为示范合同格式和定型合同,前者是提供商人和律师起草合同参考时的合同文本格式,后者则指合同条款由一方当事人向另一方当事人提出,除无关紧要的细节外,另一方当事人不得加以改变的合同。对于这种定型合同,英国普通法形成一套较为完备的规则,如对标准条款,提供人要求其适当履行提醒相对人注意的义务,对于是否适当履行这一义务,规定可以从文件的外观、提醒注意的方法、提醒注意的清晰程度、提醒注意的时间、相对人的情况等五个方面加以判断。外观方面,载有定型化合同条款的文件必须给人以合同文件的感觉,否则相对人收到该文件后往往不会加以阅读,条款提供人提醒注意的义务就不算充分履行;关于提请注意的方式,一是个别提请注意,既可以口头告之,也可以在文件上记载提醒相对人注意的文字。另一种方式是公开张贴公告提请相对人注意,提请注意的时间必须是在合同订立之前,否则定型化合同条款不能算作合同的有效部分,故条款可致无效,等等。总之,英国法要求标准条款的判定体现诚实信用原则。

英国判例有所谓"系列交易理论"即当事人因多项交易均使用同一内容的特定条款,使当事人产生依赖关系,则除非该条款明确地被排除,否则视为当然订入合同而有效力。在斯帕林有限公司诉布雷德肖案中,被告将 8 桶柳橙汁交原告所雇用的仓库管理员保管,此前双方已有多年同类交易,每次交易都采用相同的交易条款。几个月后,被告收到原告寄来的一张收据,背面印有免责条款,其中一条规定:"免除因仓库营业人、其受雇人、其代理人之故意或过失所致的损失或毁损责任。"被告取回橙汁桶时发现有的桶空了,有的桶滴漏,有的桶被污损,被告为此拒付仓储费,原告起诉,被告反诉。原告据免责条款反驳,被告认为免责条款在合同订立后才由原告提出,故未订入合同。法院经调查后认定,被告常将货物寄放在原告仓库,且每次都有收到类似的收据,被告虽从未阅读,但收据上所载条款已因当事人间的"系列交易"而被订入合同。

当然,英国法规定,定型化合同条款订入合同后还要接受公平性检验,如有不公平条款,则其效力应予否定。1977 年英国制定有《不公平合同条款法》。

美国法对标准条款是否已被吸收入合同的要求比英国更为严格,美国法院通常以标准条款的内容违反公共政策或"不公正"为由,宣告其无效。订入合同的条款必须清楚地载明于合同的书面文件中;对于免责条款,必须"惹人注目",即书写或印刷的文字必须能引起相对人的注意,如使用大写字母、大写字、斜体字或套印彩色文字等。

3. 中国法律的规定

对于格式条款的解释,我国《民法典》第四百九十八条规定以下规则:① 对格式条款的理解发生争议的,应当按照通常理解予以解释。通常理解,包括公理或定义的理解、约定俗成的理解、符合逻辑的理解、行业的特定理解等;② 对格式条款有两种以上解释的,应当作出不利于提供格式条款一方的解释。提供格式条款一方往往处于强者地位,从保护弱者地位、从保护弱者原则出发,应当作出对格式合同提供一方不利的解释,以使提供格式条款一方在拟定条款时,尽可能使条款的内容不产生歧义,避免其随意解释合同条款的可能性;③ 如果所订合同既有格式条款,又有非格式条款,格式条款与非格式条款不一致的,应当采用非格式条款。如前所述,格式条款是提供者单方面拟定的,而非格式条款则是双方当事人协商一致的产物,更体现当事人共同意思。因此,如格式条款和非格式条款规定不一致的,采用非格式条款自然符合合同的本质。例如:某甲以格式合同向某乙供应一批电机,合同规定订约后一个月内交货,后双方在甲方是否在一个月内交货问题上发生争议。甲方认为一个月内货物出厂即算履行了交货义务,出厂后货物风险概不负责。而乙方认为货物送至乙方处才算交货。双方对何为"交货"理解不同,因为甲方为格式合同的提供者,故应以格式条款接受者的乙方理解为准。

4.《国际商事合同通则》的规定

《国际商事合同通则》明确对标准条款定义为:一方为通常和重复使用的目的而预先准备的条款,并在实际使用中未与对方谈判。合同本身所载有的标准条款只有在签署整个合同后才能生效,即其生效以相对人接受为前提,但是如果在当事人之间存在某种习惯做法或惯例时,默示采用标准条款也有效。例如:A 想在伦敦商品交易所购买粮食,B 是交易经纪人。在 A 和 B 订立的合同中,并未表示要采用那些惯常适用于此种交易经纪合同的标准条款。但这些条款可以在该合同中采用,因为这些标准条款对此类交易合同的适用构成了惯例。

《国际商事合同通则》规定了标准条款的"意外条款"规则,即:如果标准条款中某个条款是对方不能合理预见的(即意外条款),则该条款无效,除非对方明确地表示同意、接受。这样规定的原因在于防止标准条款的提供方过分利用其有利地位,以叵测的意图将某些条款强加于对方当事人。因此,如果对方当事人对其中某些条款的内容、语言和表达方式所产生的效力不能合理预见,则不受此类条款的约束。如一项免除或限制提出标准条款一方的合同责任的条款,在特定情况下可以被视为"意外"而无效。

除前述因条款内容构成"意外"之外,标准条款中某些特定条款表述的语言含糊不清,或条款印制所用的字体极小等也可以构成"意外"。例如:A 是在汉堡经营商品的一位经销商。A 在其与用户的合同中使用了标准条款,其中有一条规定:"汉堡友好仲裁"。在当地的商业界,这一条款通常被理解为:可能发生的争议应提交一种特别仲裁,该仲裁源于当地的特定程序规则进行。在与外国用户订立国际商事合同时,该条款没有效力,因为标准条款作为一个整体虽被接受,但不能理所当然地指望外国用户能够理解其中的准确含义,不论该条款是否已翻译成该用户的本国语言。

《国际商事合同通则》规定:若标准条款与非标准条款发生冲突,以非标准条款为准。

在双方当事人均使用各自的标准条款的情况下,合同通则规定,如果双方对除标准条款以外的条款达成一致,则合同应根据已达成一致的条款以及在实质内容上相同的标准条款订立,除非一方当事人已事先明确表示或事后毫不延迟地通知另一方当事人其不受此合同的约束。即如果当事人仅就标准条款以外的事项达成协议,则合同应根据已商定的条款和实质内容相同的标准条款订立("意思一致"原则)。例如:A 向 B 订购一台机床,并明确了机床的型号、价格、支付条款以及交货的时间和地点。A 所用的订单反面印着 A 的"一般购买条件"。B 接受了,并发出一份承诺,该文件的反面印有 B 的"一般销售条件",当 A 事后试图撤销该交易时,他声称从未订立任何合同,因为对应适用何种标准条款未达成协议。然而,因为双方当事人已就合同的主要条款达成一致,因此根据已商定的条款以及实质内容相同的标准条款,该合同已经成立。当然 A 或 B 可以事先或事后毫不延迟地通知对方:因为合同不是依据他自己的标准条款,所以不愿受其约束。

案例分析

[案情]

1986 年 3 月 4 日,香港某公司(以下简称香港公司)向中国某进出口公司(以下简称进出口公司)发来出售鱼粉买盘,要求当日下午5时前答复。买盘的主要内容如下:秘鲁鱼粉,重8 000公吨,价格条款CIF上海,每公吨483美元,交货期1986年4月至5月,信用证付款等。进出口公司收到买盘以后,于当天作出答复,要求香港公司将每公吨483美元减至每公吨480美元,同时对索赔条款提出了修改意见,并指出以上两点如果同意请速告知即可签约。3月5日,香港公司与进出口公司直接通过电话协商,进出口公司同意接受每公吨483美元的价格,但坚持修改索赔条款,香港公司最后同意了进出口公司的修改意见。3月7日,香港公司在给进出口公司的电传中,重申了买盘的主要内容和电话协商的结果。同日,进出口公司回电传给香港公司,告知该公司部门经理在广交会期间将直接与香港公司签订合同。香港公司据此于3月11日与另一公司签订购买鱼粉的合同。3月22日,香港公司人员在广交会上会见了进出口公司的部门经理,将香港公司已签字的合同文本交给了该部门经理,该经理表示审阅后再签字。3月26日,当香港公司派人去取合同时,进出口公司的部门经理仍未签字。香港公司指使派去的人将进出口公司仍未签字的合同索回。4月2日,香港公司发电传给进出口公司,重申了以前往来电文的内容及双方在广交会上的接触情况,声称如果进出口公司不执行合同,香港公司将对进出口公司提出赔偿要求。进出口公司回电称:合同尚未成立。于是,双方对合同是否成立产生争议,并诉至上海市中级人民法院。

[问题]

本案的合同是否有效成立?

[法律依据]

《联合国国际货物销售合同公约》第96条规定:合同订立、更改或终止,无须以书面为之。我国在核准该公约时,对此作了保留声明。

《中华人民共和国合同法》第十条规定:"当事人订立合同,有书面形式、口头形式和其他形式。"肯定了口头形式的效力与国际通行做法一致。第三十二条规定:"当事人采用合同书形式订立合同的,自双方当事人签字或盖章时成立。"(注意,目前原《合同法》已在2021年《民法典》实施后废除,上述原《合同法》第十条和第三十二条的规定现改为《民法典》第四百六十九条和《民法典》第四百九十条的规定。)

[法律运用及处理结果]

本案涉及合同应具备什么形式才能有效成立的问题。关于国际货物买卖合同的形式。各国法律有不同的规定:有的国家承认既可以采取书面的形式,又可以采取口头的形式。而另一些国家认为国际货物买卖合同涉及的标的大,关系复杂,必须采取书面形式,我国就是这样规定的。根据我国的法律,即使双方达成了合意,如果没有双方的签字,合同仍未有效成立。只有在双方签字以后,合同才能有效成立。

近年来,对国际货物买卖合同的形式要求有放宽的趋势。例如,《联合国国际货物销售合同公约》第96条规定:合同订立,更改或终止,无须以书面为之。我国在核准该公约时,对此作了保留声明。我国不承认以口头方式成立的合同,因此公约关于合同形式的规定不适用于本案。本案中的合同,中国公司要求签字,香港公司在中国公司尚未签字就索回合同,合同不具备必要的形式要件、因而不能成立。

(案例来源:http://edu.21cn.com/sifa/g_77_10512161.htm)

第三节 国际商事合同的履行

合同的履行指合同当事人按约定履行其义务,以实现他方的合同权利。合同的履行要求主要由合同当事人在合同中作出规定,法律的规则在这一领域起着一种"补缺"作用,即在当事人没有就某一问题作出约定时,用法律的规定补充当事人的约定,当然法律规定还用于对当事人约定履行过程中发生争议的解决规则。故而,各国法律对合同履行都有针对性地制定相应规则。

一、合同履行的一般规则

各国法律、判例通常确立合同履行的一般原则,这些原则是合同法原则的具体化。就当事人履行合同义务而言,这些一般原则或规则可以解决当事人约定不明或欠缺约定条款的不足,也为司法机关解决合同纠纷时提供依据。我们试归纳以下合同履行的一般规则并加以简述:

(一)全面履行原则

全面履行原则,是指合同当事人应按照合同约定,全面、适当地履行合同义务。该原则应包含履约的全面性和适当性两个方面的含义。所谓全面性即全面履行,指合同当事人应当履行合同约定或法律规定的全部义务,而不是部分义务,按照合同约定的主体、标的、数量、质量、价款等,在适当的履行期限、履行地点,用适当的履行方式正确全面履行合同义务。

我国《民法典》第五百零九条第一款的表述为:当事人应当按照约定全面履行自己的义务。上述规定明确规定了全面履行合同义务的原则,任何与合同约定要求不一致的履行,比如交货少、时间延迟等,都有违这一原则,因而要承担违约责任。

《法国民法典》第 1135 条规定,契约不仅对于契约中所载明的事项发生义务,并根据契约的性质,对于公平原则,习惯或法律所赋予此义务的后果发生义务。《意大利民法典》第 1176 条也规定,契约不仅在载明的情况下,并且在所有根据法律,或者在没有法律根据对根据惯例和公平的情况均对当事人有约束力。这表明,大陆法某些国家,对履行合同义务的全面性、适当性加以规定,即使某些事项合同条款未必载明,当事人也应适当履行,以体现公平原则这一合同法最基本原则。

英美法认为,当事人在订立合同后,必须严格按照合同条款全面履行义务。英国法将合同条款分为"条件"(condition)和"担保"(Warranty)。前者指构成合同要素的基本条款,当事人必须丝毫不差地按此条款要求履行合同义务,否则另一方有权解除合同并要求损害赔偿;后者指合同要素以外的次要条款(如付款时间),当事人对此类条款的履行有所差池,虽不至促使另一方当事人有权解除合同,但要承担损害赔偿责任。

英美法有关合同履行的适当性要求还体现在"默示担保"的要求上,即某些履约义务虽然未见诸明示的条款约定,但在履约时仍应符合的要求,如"货物买卖合同卖方应尽的有关货物商销性""特定用途"的默示担保。

《国际商事合同通则》的有关规定同样对当事人履行合同义务的全面性、适当性提出要求。《国际商事合同通则》第 6.1.3 条规定:当履行到期时,债权人有权拒绝任何部分履行的请求。对于履行方式,《国际商事合同通则》规定,如果合同义务能一次完成履约,而且情况未有另外的表明,则当事人必须一次履行其全部合同义务,债权人可拒绝接受提前履行。

在这方面,《国际商事合同通则》还有一项特别规定,即当事人有"尽最大努力"的义务。其要求是:如果一方当事人的义务涉及在履行某一项活动中应尽最大努力,则该方当事人应尽一个与其具有同等资格的,通情达理的人在相同的情况下所应尽的义务。这一规定为法官和仲裁员提供了标准,据此可能对当事人是否正确(适当)履行作出评估。例如:批发商 B 承诺在合同规定的销售区域内"尽最大努力扩大产品的销售"。但合同并未规定必须完成的最低销售数量。这个规定就设定了一项应尽最大努力的义务,它要求 B 必须采取各种措施来履约,而这些措施是一个通情达理的人处在相同的情况下(如产品性能,市场特点,公司的地位和经验,竞争对手的压力等),将会采取的促销手段(做广告,访问消费者,提供优质服务等)。B 并不承诺每年销售数量的特定结果,但应承担作为一个通情达理的人所能做的一切。

(二) 诚实信用原则

订立合同要贯彻诚实信用原则,在履行合同时更要遵循此原则。我国《民法典》第五百零九条第二款规定:"当事人应当遵循诚信原则,根据合同的性质、目的和交易习惯履行通知、协助、保密等义务。"这就要求当事人除诚实守信,以善意的方式全面适当履行合同约定的义务以外,还应当在诚实信用原则的指导下,根据合同的性质、目的和交易习惯履行保证合同约定的权利义务实现的各种相关的附属义务,包括:相互协作和照顾的义务、瑕疵告知义务、使用方法告知义务、重要情势告知义务、忠实保密义务等。

《德国民法典》第 242 条规定:"债务人应依诚实和信用,并参照交易上的习惯,履行给付。"如债务人打算提前交货,应当事先通知债权人,否则突然交货,使债权人无从准备仓栈。这就有违诚实信用原则,债权人可不负受领延迟的责任。

美国《统一商法典》第 1—203 条规定:"本法典范围内的任何合同或义务都使当事人承担了履行或执行该合同或义务的过程中善意行事的义务。"该法典 2—103(1)(b)条在解释这一概念时说:"涉及商人时,'善意'指事实上的诚实和遵守该行业中有关公平交易的合理商业准则。"衡量是否善意行事的标准是当事人不应有寻求显失公平的利益动机。而是否有这样的动机,决定于特定行业中有关公平交易的合理商业准则,即推定一个通情达理的第三人将会认为是合理的评定标准,而不应决定于该当事人自己如何表白。法院可依善意行事的原则决定当事人是否履行了其应承担的合同义务。

例如:原被告双方于 1968 年 6 月 19 日签订了一份书面协议:被告将在合同履行期内把其生产的全部面包屑出售给原告,该协议将从 1968 年 6 月 19 日起履行,至 1969 年 6 月 18 日终止,此后,该履行期将自动续展 1 年,但任何一方均可解除该协议,只要提前 6 个月用挂号信向另一方发出解除通知。该协议订立后,被告向原告提供了大约 250 吨面包屑,然而至 1969 年 5 月 15 日,被告停止了面包屑的生产。据证实,这一经营在经济上不太合算。在停产之后,被告拆除了烤炉,把原来的房子改装成了计算机房,被告曾经几次向原告表示,合同规定的价格如果能从 6 美分 1 磅改成 7 美分 1 磅,被告将恢复生产。

被告声称,该合同并没有要求被告加工面包屑,而只是出售他加工的面包屑;既然在该烤炉转让给他人之后生产停止了,面包都不生产了,也就不可能再有什么面包屑了,因此,按原合同,被告就没有义务继续供应了。

法院认为,合同当事人双方根据他们签订的合同给予了另一方解除合同的权利,其目的显然是,在该交易不像期望那样有利可图的时候,或者出于其他原因,提供给卖方或者买方一个终止他们交易的机会。相应地,此种合同解除的通知也能向通知的接受者提供一个机会,使他能找到另一个销路或材料来源。既然被告没有发出解除合同义务的通知,原告自然会期望他继续善意地履行合同(继续提供面包屑!),并且只有在善意行事的情况才能解除合同。被告未经事先通知解除合同就停止生产,就很难说是善意的。因此,该案被告的行为显然有违诚实信用履行原则。

《国际商事合同通则》第5.2条规定当事人有默示义务。默示义务可以是合同关系中诚实信用原则的结果。例如:A和B就一项合作协议进行谈判后,签订了一项完成某项复杂的可行性研究的协议。该研究对A来说是极费时间的。但在还未完成可行性研究之前,B决定不再执行该合作协议。即使协议中并没有规定如何处理此种情况,但诚实信用原则要求B应毫不延迟地将其决定通知A。

《国际商事合同通则》第5.3条规定:每一方当事人应与另一方当事人合作,如果一方当事人在履行其义务时,有理由期待另一方当事人的合作。这一规定也是诚实信用原则的体现。合同某种程度也可视为当事人各方合作的共同项目。一方当事人在履行合同义务可以"合理期望"另一方当事人提供协作,另一方当事人也有义务进行必要的协作。

(三) 促进交易履行原则

罗马法有一项规则:与其使合同无效,不如使之有效。这就是促进交易履行原则:当事人不能随意以合同条款不全或不明确,而不去履行合同,甚至以此主张合同无效。对此,各国立法、判例及有关国际惯例都有相应的规定。

我国《民法典》第五百一十条明确规定,合同生效后,当事人就质量、价款或者报酬、履行地点等内容没有约定或者约定不明确的,可以协议补充;不能达成补充协议的,按照合同相关条款或者交易习惯确定。

当事人在订立合同时,应当就合同的主要条款作明确约定,以便合同得以顺利履行。依本条规定,当事人就质量、价款或者报酬、履行地点等内容没有约定或者约定不明确的,应当按照便于交易,利于交易的原则,由当事人达成协议补充;不能达成补充协议的,按照合同有关条款或者交易习惯确定。

《德国民法典》第242条规定,债务人应依诚实和信用,并参照交易上的习惯,履行给付。合同当事人对于合同中没约定或约定不明确的内容,应"参照交易上的习惯"履行其义务。

美国《统一商法典》第1—205条第3款规定:当事方之间的交易过程和当事方所从事之行业或贸易中的行业惯例,使协议条款产生特定含义,并对协议条款起补充或限制作用。这一规定表明,假如合同中有关条款约定不够明确,则"交易过程"和"行业惯例"可以起补充作用,以便当事人切实履行其合同义务。该法典2—208条第2款对履约过程规定为:"如果销售合同涉及合同一方反复进行履约活动,另一方也了解这种活动的性质,在有机会提出异议但未提出时,这种被接受或默认的履约过程可用于确定协议内容。"法典对行业惯例的解释为:指在一个地区、一种行业或一类贸易中经常得到遵守的任何交易方式和方法,人们有理由相信这种方式和方法在现行交易中也会得到遵守。例如:根据国际贸易惯例,按 FOB 条件交易意味着买方通常支付运费。假设某合同规定分 24 批交货,价格条件为 "FOB 卖方城市",此时通常应当由买方交付运费。但该合同卖方在交付前 12 批货物的同时也支付了运费,此后不再支付运费。按上述规定,卖方一次次地交货(12批)构成"履约过程",如此一来,他不支付后 12 批货物运费就显得不恰当。但是,卖方可以举证,证明在书面合同订立之后,他又与买方订有口头协议,约定由他支付前 12 批货物的运费,买方则以其他形式的让步作为回报。这样,尽管书面协议对运费由谁支付约定不明,按贸易惯例(FOB条件交易),后 12 批货物的运费仍应由买方负担。

《国际商事合同通则》充分强调当事人约定不明对惯例和习惯的应用。《国际商事合同通则》第1.8条规定:① 当事人各方应受业已同意的任何惯例和其相互之间已建立的任何习惯做法的约束。② 在特定的有关贸易中合同当事人,应受国际贸易中广泛知悉并惯常遵守的惯例的约束,除非该惯例的适用为不合理。《国际商事合同通则》第5.2条也确立了当事人应履行基于"各方当事人之间确立的习惯做法和惯例"的默示义务。例如:某个经纪人在谈成一份租船合同后要求收取应付的佣金。尽管经纪合同未规定何时应支付佣金,但该行业的惯例有可能提供默示条款。例如,按惯例只有在租金已被支付的时候支付佣金,或在租船合同签订之时支付佣金,即不论租金是否被实际支付。如果惯例表明属后一种情况,则租船人就有义务在签订租船合同之时立即支付一笔佣金给经纪人。

二、法定补充履行规则

合同生效后,当事人就质量、价款或报酬、履行地点等内容没有约定或者约定不明的。按前述促进交易履行原则,可由当事人达成补充协议;不能达成补充协议的,按照合同有关条款或者交易习惯确定。如以上述方法仍不能确定的。如何促使当事人履约? 各国在此种情况下,以立法规定的方式确立当事人履行合同义务的规则。

（一）大陆法系的规定

《意大利民法典》规定：当以交付确定了种类的物为债的标的物时，债务人应当交付不得低于中等品质的物。这是对合同标的质量标准约定不明时的法律规定。对于履行地点约定不明确者，该法典规定，如果应当给付的地点非由约定或者惯例所确定，并且不能从给付性质或其他情况进行推定，则给付特定物之债应当在债发生时物之所在地履行；给付金钱之债应当在期间届满时债权人住所地履行，如果该住所与债权人在债发生时的住所不一致并对履行构成较重负担，则在提前向债权人进行说明的情况下，债务人有权在自己的住所进行给付；在其他情况下，债务人应当于期间届满时在债务人的住所地履行。

对于履行期限，如果当事人约定不明确，意大利法考虑到合同的性质、当事人的意愿等制定法定规则，并赋予法官较大裁量权："如果未确定给付期，则债权人得随时要求履行之。但是，根据惯例或者给付的性质，或者按履行形式或地点，期间的确定是必要的而双方又未对其作出约定，则由法官对期间给予确定。如果履行期间取决于债务人的意愿，则根据具体情况同样可由法官给予确定；如果履行期间取决于债权人的意愿，则履行期间得根据欲履行的债务人的要求而确定。"（《意大利民法典》第1183条）。

关于履行费用，意大利法规定，给付的费用由债务人承担。

（二）英美法系的规定

对于合同履行有关事项，合同约定不明确的，英国《货物买卖法》、美国《统一商法典》等，都有明确的规定。

按照英国法，交货地点如果买卖合同没有规定，一般应在卖方的营业地点交货。如果买卖合同的标的物是特定物，而且买卖双方在订约时已经知道该特定物在其他地方者，则应在该特定物的所在地交货；如果合同没有规定交货时间，则卖方应在合理的时间内交货等。

美国《统一商法典》第2—305条第1款规定了当事人价格不确定时的确认办法：如果当事人确有订立合同的意图，即使价格未定，合同也可以成立。这种情况下，合同价格应为交货时的合理价格，只要是：A 价格未提及；或 B 价格留待当事人协商确定，但未能达成协议；或 C 价格根据双方约定的市场，或者根据第三方或其代理机构确定或记录的其他标准确定，但未能作出确定或记录的。例如：某合同双方约定买卖3 000包某一等级的棉花，一个月后交货，价格为交货日新奥尔良棉花交易所同等级棉花的收盘价。假如交货日因台风原因，棉花交易所关闭而没有确定的收盘价，根据该法典，该合同显然有约束力，棉花价格应为交货时的合理价格。

关于履行地点,美国《统一商法典》的规定与英国法规定相同,对于履约时间,该法典同样规定,当事人如果没有约定,即应在合理时间内履行,什么是合理时间?取决于怎样才能构成"可以接受的商业行为",同时考虑有关合同的种类、客观情况决定的履约性质和方式。例如:订立合同时货物即已实际存在并经特定化,卖方交货的时间即应大大短于货物需专门制造所需的"合理时间"。卖方如果了解买方期待着使用他所购买的货物,也与确定什么是合理时间有关。例如:一合同订约时卖方知道买方打算在夏天用所要买的那辆汽车去野营,所以五月份签订的汽车购销合同,到八月份还未交货就显得过于延迟了。此外,美国《统一商法典》第 2—310 条、第 2—501 条还对合同约定不明确时的其他事项作了具体规定,如付款的时间和地点,特定化方式等,在此不作一一详述了。

(三)中国法律的规定

我国《民法典》第五百一十一条规定:"当事人就有关合同内容约定不明确,依据前条规定仍不能确定的,适用下列规定:(一)质量要求不明确的,按照强制性国家标准履行;没有强制性国家标准的,按照推荐性国家标准履行;没有推荐性国家标准的,按照行业标准履行;没有国家标准、行业标准的,按照通常标准或者符合合同目的的特定标准履行。(二)价款或者报酬不明确的,按照订立合同时履行地的市场价格履行;依法应当执行政府定价或者政府指导价的,依照规定履行。(三)履行地点不明确,给付货币的,在接受货币一方所在地履行;交付不动产的,在不动产所在地履行;其他标的,在履行义务一方所在地履行。(四)履行期限不明确的,债务人可以随时履行,债权人也可以随时请求履行,但是应当给对方必要的准备时间。(五)履行方式不明确的,按照有利于实现合同目的的方式履行。(六)履行费用的负担不明确的,由履行义务一方负担;因债权人原因增加的履行费用,由债权人负担。"

(四)《国际商事合同通则》的规定

《国际商事合同通则》对当事人履行合同有关事项约定不明确时如何处理,制定了十分具体、实用的规则,这些规定对处理合同纠纷无疑颇具指导、参考价值。

对于质量标准,《国际商事合同通则》第 5.6 条规定:如果合同中既未规定而且也无法根据合同确定履行的质量,则一方当事人有义务使其履行质量达到合理的标准,并且不得低于此情况下的平均水平。这平均水平当然根据履约时有关市场的情况及其他有关因素而定。《国际商事合同通则》对平均水平标准加以"合理"性限定,以防止一方当事人在只按市场平均质量水准履行义务,而这种平均水准却又难以在令人满意的情况下声称已适当履行。例如：X国的A公司组织一次50周年庆典宴会。由于X国的烹饪水平很一般，该公司就从巴黎一家著名餐馆订餐。在这种情况下，所供应食物的质量就不应低于巴黎餐馆的平均水准，如果只达到X国的平均水准，则显然是不合要求的。

对于价格标准，《国际商事合同通则》规定：

(1) 如果合同未规定价格，也无如何确定价格的规定，在没有任何相反的情况下，应视为当事人各方引用在订立合同时可以比较的相关贸易中进行此类履行时一般所应收取的价格，或者，若无此价格，应为一个合理的价格。例如：A接到B的一个订单，要求尽快将一个包裹邮给在北极考察的某个探险队以供其急用，但没有确定价格。与一般国际邮件快递服务不同，这种快递服务没有相应的行业市场价格可比较，A在定价时就应合理地确定价格。

(2) 如果合同的价格应由一方当事人确定，而且此定价又明显地不合理，则不管合同中是否有任何条款的相反规定，均应以一个合理的价格予以代替。某些情况下，合同价格将由当事人中的某一方确定。这种情形经常发生于某些行业，比如服务业。这种价格不容易预先确定，而且履行方还处在可对其履行自行确定价格的有利地位。为了避免可能滥用此权利，通则的此项规定使法官或仲裁员可用一个合理的价格来取代一个明显不合理的价格。尽管当事人已就定价作出规定也如此。

(3) 如果价格应由一个第三人来确定，而该第三人不能或不愿确定该价格，则应采用一个合理的价格。第三人确定价格如交易通过中间商代理进行，如该第三人不能胜任委托（他或她不是所认为的专家）或拒绝做这项工作，则采用一个合理的价格。

(4) 如果确定价格需要参照的因素不存在，或已不再存在或已不可获得，则应取最近似的因素作为替代。在某些情形下，价格是在参考外部因素之后确定的，比较典型的是参照一个已公布的指数或商品交易的行情表。凡是参照的因素不复存在或已不可获得，则应取最接近的相同因素作为替代。例如：建筑合同的价格是与当地政府定期公布的几个指数相关连的，包括"建筑业的官方价格指数"。虽然该官方指数已停止发布，仍需要计算几种分期付款的价格。建筑联合会是一个私营贸易协会，它决定发布一个相似的指数来替代以前的官方指数，在这种情形下，新指数就作为一个替代指数，用于确定合同价格的参照。

对于履约期限，如果合同没有明确规定，依《国际商事合同通则》第6.1.1条，当事人履约应在订立合同后的一段合理时间内进行。对于一个未定期限的合同，任何一方当事人可通过在事先一段合理时间内发出通知,终止该合同。

对于履行地,《国际商事合同通则》规定:

(1) 如果合同中既未明确规定履行地,或者依据合同也无法确定履行地,则应按下述地点履行:① 金钱债务在债权人的营业地;② 任何其他义务在当事人自己的营业地。

(2) 当事人应承担在合同订立后因其营业地的改变而给履行增加的费用。

关于履行费用,合同通则规定,每一方当事人应承担其履行义务时所发生的费用。

三、合同履行中的抗辩权

合同可分为双务合同和单务合同。一般来说,大多数合同都是双务合同,也就是说合同各方当事人既享有权利,又负有义务。合同履行中的抗辩权,是指在双务合同中,一方当事人有依法对抗对方要求或者否认对方要求的权利。合同履行中的抗辩权一般包括:

（一）同时履行抗辩权

同时履行抗辩权,指合同一方当事人,在对方未为对价给付以前或履行不适当时,有权拒绝履行自己一方义务的权利。最简单的例子就是一手交钱一手交货的买卖,对方未付钱,己方不出货。我国《民法典》第五百二十五条对此的规定为:"当事人互负债务,没有先后履行顺序的,应当同时履行。一方在对方履行之前有权拒绝其履行要求。另一方在对方履行债务不符合约定时,有权拒绝其相应的履行要求。"

根据上述条款规定可见,同时履行抗辩权的行使须符合以下要求:① 双方互负的债务,是同一合同所生的债。如果双方当事人的债务不是基于同一合同而发生,即使在事实上有联系,也不得主张该权利。② 双方互负的债务均已届清偿期。如果一方当事人负有先履行的义务即便另一方履行抗辩的权利,但不是同时履行抗辩权。③ 对方未履行或未适当履行债务。一方向对方请求履行债务时,须己方已为履行或提出履行,且履行适当(符合规定要求),否则,对方可行使同时履行抗辩权,拒绝履行其债务。④ 对方的对价给付应当是可能履行的。同时履行抗辩权旨在促使双方同时履行其债务,如果对方的对价给付已不可能,则同时履行之目的落空,行使同时履行抗辩权显然无意义。此种情况则只有追究对方之违约责任了。

《德国民法典》第 320 条也对同时履行抗辩权加以规定:① 因双方契约而负担债务者,在他方当事人为对待给付之前,得拒绝自己的给付,但自己有先为给付的义务者,不在此限;② 应向数人为给付者,在未为全部对待给付之前,对于对方各个当事人应受领的给付部分得拒绝履行。这一规定表明,如果己方享有对方数人给付对价的权利者,则在对方数人全部履行对价给付之前,对于对方个别当事人的履行要求(即使该个别人已履行其自己部分的给付)也拥有履行抗辩权。③ 他方当事人已为部分给付,依其情形,特别是因迟延部分为无足轻重时,当事人一方如拒绝进行对应给付违背诚实信用原则者,即不得拒绝给付。

《意大利民法典》也规定:在附有对应给付的契约中,缔约的任何一方在他方不履行或者不同时履行自己义务的情况下,得拒绝履行其义务,但是,当事人确定不同履行期间或者依契约性质有不同履行期间的情况除外。然而在拒绝履行将违背诚实信用原则的情况下,不得拒绝履行(《意大利民法典》第1460条)。

《国际商事合同通则》规定:如双方当事人能够同时履行,则双方当事人应同时履行其合同义务,除非情况另有表示。当事人各方应同时履行合同义务的,任何一方当事人可在另一方当事人提供履行前拒绝履行。

(二) 顺序履行抗辩权

如果当事人的履行义务根据合同约定有先后顺序,在按约定应先履行的一方当事人未履行之前,后履行一方有权拒绝其履行要求,先履行一方履行债务不符合约定的,后履行一方有权拒绝其相应的履行请求的权利,这种权利即顺序履行抗辩权或称先履行抗辩权。

我国《民法典》第五百二十六条规定:"当事人互负债务,有先后履行顺序,应当先履行债务一方未履行的,后履行一方有权拒绝其履行要求。先履行一方履行债务不符合约定的,后履行一方有权拒绝其相应的履行要求。"

按上述规定,行使顺序履行抗辩权应具备一定的条件,即:① 合同约定双方互负债务,债务的履行者有先后顺序;② 在合同履行时,发生了应当先履行债务的当事人没有履行债务,或者履行债务不符合约定的法律事实。

行使这一抗辩权的应当是合同约定的后履行债务的当事人。从法理上讲,如果先履行债务的当事人仅部分履行了债务,则后履行债务的当事人有权对没有按约定履行的部分予以拒绝,已经按约定履行的部分,则不应当拒绝;如果先履行债务的当事人的部分履行整体不符合合同要求,后履行债务的当事人有权在整体上拒绝对方的履行请求。例如:A(买方)与B(卖方)签订一份买卖钢材合同,约定A应在合同生效后10天内向B支付30%的预付款,B收到预付款后5天内发货至A处,A收到货物验收后即结清余款。B收到A 30%预付款后第3天即发货至A处。A收货后验收,发现钢材不符合合同约定,遂及时通知B同时拒付余款。

《国际商事合同通则》第 7.1.3(2) 条的规定也属顺序履行抗辩权情形：凡当事人各方应相继履行合同义务的，后履行的一方当事人可在应先履行的一方当事人完成履行之前拒绝履行。例如：A 签约出售 2 000 吨小麦给 B，价格条件为汉堡港 CIF 价格，以一家德国银行签发的保兑信用证支付货款，A 没有义务将这批小麦装船，除非并且直到 B 根据其合同义务开具了此信用证。

（三）不安抗辩权

不安抗辩权指先履行债务一方当事人在有证据证明后履行债务当事人存在届时将不能履行合同义务的有关情形时，采取相应的防卫性措施的权利。这一权利通常基于法律的有关规定。各国法律对此的规定有所差异。

1. 大陆法系的规定

不安抗辩制度系源于大陆法系的一种法律制度。这里仅以其中两个大陆法国家的法律规定为例：《德国民法典》第 321 条规定，因双务契约负担债务并应向他方先为给付者，如他方的财产于订约后明显减少，为难为对待给付时，在他方未为对待给付或提出担保之前，得拒绝自己的给付；《意大利民法典》第 1461 条也规定：如果相对方的资产状况发生变化，使应获得的对待给付面临明显的危险，则任何一方得暂停其应当进行的给付。可见，意大利法赋予合同的双方当事人均拥有不安抗辩权，不问合同约定履行义务的先后。

2. 英美法系的规定

英美法系中没有"不安抗辩权制度"但有所谓的"预期违约"或"预期毁约"规定。预期违约指合同一方在合同规定履行合同义务的时间到来之前毁弃合同。毁弃合同可以由言论构成，也可以由行为构成。前者指合同一方用语言表明不履行合同义务，后者指合同一方的行为表明他将不履行合同义务。对于预期违约，美国法的规定尤为详细，下面作具体介绍：

美国《统一商法典》第 2—610 条规定：合同任何一方在履约义务尚未到期时毁弃合同，如果造成的损失严重损害了合同对另一方的价值，受损方可以：A 在商业上合理时间内，等待毁约方履行合同义务；或 B 寻求任何形式的违约补救（第 2—703 条或第 2—711 条），即使已经通知毁约方他将等待履约和已经催促毁约方撤回毁约；以及 C 在上述任何一种情况下，均可中止履行自己的合同义务。

根据上述规定，假如毁约确已严重损害了合同对另一方的价值，受损方可以作出以下几种选择：

第一，等待履约。一方事前毁约，另一方可能会认为待履约期限实际到来时，毁约方也许会改变主意而履行合同。或者，受损方至少并不打算立即起诉，并且寄希望于毁约方也许还要改变主意。不过,如果受损方决定等待履约,很可能会产生一些其他问题。合同一方得知另一方预期毁约,法律赋予他一项基本义务,即有义务采取必要的措施,以避免增加违约方的损失。因而,如果受损一方等待违约一方履约,就存在着增加违约方损失的可能性。相反,如果当时立即提起诉讼,这种损失是可以避免的。例如:买卖双方于7月1日订立合同销售货物,交货期是9月。卖方于8月1日将所需货物备妥之后,买方来函表示届时不打算接受货物。其时,这类货物的市场价格迅速下跌,其他经济情况也表明这种货物的市场价格将持续下跌。然而,卖方决定在9月1日前一直保留货物,希望交货期到达后,买方会接受货物。货物的合同价格是每件1.00元,买方毁约时的市场价格是每件0.70元,到9月1日交货期至,市场价格跌至每件0.40元。很明显,法官不会允许卖方以9月1日的市场价格为基础计算损失,因为如果卖方当时即处理掉货物,他所得到的价款肯定会高于每件0.40元。依据法典,允许卖方等待买方履约的时限应是在"商业上的合理时间内"。如果卖方等待履约的时间超出了合理时间,卖方无权对本来可以避免的损失获得赔偿。"实施一项行为所需要的合理时间,应当根据行为的性质、目的和客观情况确定。"(美国《统一商法典》第1—204条第2款)货物性质、市场情况、行业惯例以及合同当事人先前的交易惯例,都可能成为确定是否属于商业上合理时间的有关因素,上例中卖方等待买方履约,考虑市场上该类货物一直持续下跌的因素,一直等到9月份看来就超出了商业上的合理时间。

第二,直接予以补救。受损方有权自由选择,在对方预期毁约之当时,立即寻求补救。例如:合同约定卖方向买方出售货物,但买方在交货日期到来之前毁约。卖方可以依据得知买方毁约时同类货物的市场价格与合同价格之间的差价,立即向买方提起损害赔偿之诉。或者,如果货物已特定于合同项下,卖方可以将货物另行转售,就合同价格与转售价格之间的差价,对买方提起损害赔偿之诉。

第三,中止履约。预期毁约的受损害方,无论是选择等待对方履约,还是选择立即提起违约诉讼,均可以同时中止履行自己的合同义务,例如:如果卖方依据销售合同,正在为买方生产所需货物而买方事前毁约,卖方有权立即停止生产。

如此可见,美国《统一商法典》规定的对预期违约而导致的中止履约权利的行使有其特别之处:受损方采取中止履约措施之外,可以立即提起损害赔偿之诉,并且,采取中止履约的一方可不必通知对方。这样的规则显然与大陆法国家及中国的规定有所不同。

不过,美国《统一商法典》第2—609条规定的情形,与大陆法及我国法律规定的"不安抗辩权"制度倒十分相似,该条规定为:"(1)买卖合同双方均负有义务,不得损害对方抱有的获得己方正常履约的期望。任何一方具有合理依据认为对方不能正常履约时,有权通过书面形式要求对方提供正常履约的适当保证。在获得这种保证之前,可以中止己方履行可能无法获得的,与其相对应的那一部分合同义务,只要这种中止在商业上是合理的。(2) 在商人之间,合同一方提出的依据是否合理,对方提供的保证是否适当,应当根据商业标准确定。(3) 任何一方收到对方具有合理依据的要求之后,如果未能在最长不超过 30 日的合理期限内,根据当时情况提供履约的适当保证,构成毁弃合同。"

这就是说,如果合同一方有"合理依据"认为对方将不能"正常履约"(另一方是否会如约履行合同义务已成为未知数)时,他就可以,① 中止履行自己的合同义务;② 要求对方提供履约的适当保证;③ 如果在合理的期限内没有提供这种保证,可以将对方视为已经违约。那么,什么是对方不能履约的合理依据?从上述规定第(2)款看,在商人之间,如果认为对方不能正常履约,其依据的合理性应当根据商业标准判断,而不是法律标准。这商业标准甚至可以是另外一件与本合同无关的事项。例如:买方拟购入需要立即交货的一些精密配件,与卖方签订了购买合同。稍后,在卖方交货之前,买方获悉卖方向其他同类用户交付的配件是有缺陷的。这样的情况也构成了认为对方不能正常履约的合理依据。一方具有对方不能正常履约的合理依据,即可要求对方提供适当的履约保证,在这保证得到之前可先中止己方的相应的履约义务。

那么,被认为"不能正常履约"的一方怎样做才能构成"适当的保证"呢?这也须视具体事例的情况而定。美国《统一商法典》对此要求合同双方都按照诚实信用原则行事,遵守合理的商业标准,受损一方也不得任意行事或反复无常。法典起草者介绍了农产品加工公司诉法索拉一案(1920 年),用于说明要求提供履约保证依据的合理性以及履约保证的适当性。

3. 中国法律的规定

我国《民法典》第五百二十七条规定了不安抗辩的情形:"应当先履行债务的当事人,有确切证据证明对方有下列情形之一的,可以中止履行:(一)经营状况严重恶化;(二)转移财产、抽逃资金,以逃避债务;(三)丧失商业信誉;(四)有丧失或者可能丧失履行债务能力的其他情形。当事人没有确切证据中止履行的,应当承担违约责任。"

根据上述规定,先履行债务一方当事人行使不安抗辩权,应符合法定条件:

(1) 后履行债务的一方当事人的履约能力显著降低,有不能履行其义务的现实危险,危及先履行债务一方当事人债权的实现。依法律规定,这种现实危险包括后履行债务一方当事人的经营状况严重恶化(如巨大亏损),或者恶意转移财产、抽逃资金,以逃避债务,或者丧失商业信誉,以及其他丧失或者可能丧失履行债务能力的情形。履行能力明显降低应发生在合同成立之后,如果在订约之时即有此种情形存在,先履行债务一方当事人明知此情仍然订约,法律则无对其特别保护之必要。

(2) 先履行债务一方有后履行债务一方当事人履约能力明显降低的确切证据。如后者已被法官宣告进入破产诉讼,其账户应其他债权人请求被冻结,等等。如果仅是由于先履行债务一方的臆想,并无后履行债务当事人不能履行其义务的现实危险的客观事实,则不能使之有行使不安抗辩权的权利,否则,如他行使了这种权利行为,应承担违约责任,这样做本身就是破坏交易安全。

(3) 后履行债务一方未提供适当担保,后履行债务一方当事人即便有履约能力明显降低,不能履行义务的危险,但如其提供有适当的担保,则可以抵销此种危险,先履行债务一方当事人的债权不致受损,则不宜行使不安抗辩权。

不安抗辩权的行使方式是"中止履约",即先履行债务一方当事人暂停己方的先为履行义务,采取这种措施的当事人负有及时通知对方的义务,如果怠于通知,造成合同不能履行,则应承担相应的法律责任,因为及时通知后,履约能力降低的后履行债务一方当事人可以通过及时寻求担保,使合同继续得以履行,而在行使不安抗辩权后,如果后履行债务一方当事人为其履行合同义务提供充分担保的,先履行债务一方当事人就应恢复履行。

按我国法律规定,先履行债务一方当事人在中止履行后,如果在合理期间内对方不能恢复自己的履行能力且又未提供适当担保的,则先履行债务一方当事人有权解除合同,即合同履行由中止履行变为终止履行。

4. 《国际商事合同通则》的规定

《国际商事合同通则》对中止履行的要求是该方"合理地预料到根本不履行",而他在中止履约的同时可要求对方对履约提供充分保证。什么样的保证才构成充分的保证,这取决于具体的情况。在一些情况下,对方宣布他将履行就是充分的;而另一些情况下,要求第三方提供担保或保证也许是正当的。

例如:只有一个船台的造船商 A 允诺为 B 制造一艘游艇,于 5 月 1 日交付并且不延误。此后不久,B 从 C 处得知 A 已经答应在同一时间为 C 制造一艘游艇。B 有权要求 A 对将按时交付游艇提供一种充分的保证,然后 A 必须对他打算如何履行与 B 的合同,向 B 作出满意的解释(因为,按照常理,以 A 的生产条件,不大可能为 B 和 C 同时建造游艇),否则 B 可以终止合同。

第四节　国际商事合同的违约处理法律制度

一、违约的概念、形式与违约责任原则

（一）违约的概念

合同一旦签订，除非当事人可以依法解除履行义务，否则，合同双方均有履行义务。合同的任何一方，如果没有法律上的正当理由不按约履行自己的全部或部分合同义务，即构成违约，并赋予"受损方"获得一项或几项补救的权利，违约方负有赔偿违约损失的责任。在违约的构成及承担违约责任的前提规则等问题上，各国法例上有着差异。

（二）违约形式

违约的构成形式有各种不同情况，由此，违约一方所承担的违约责任也有所区别。现将各国有关法律规定分别简要介绍：

1. 大陆法系的规定

《德国民法典》把违约分为"给付不能"和"给付延迟"两类。给付不能是指债务人由于种种原因不可能履行合同义务，而非有可能履行合同而不去履行。而给付不能又分为自始不能和嗣后不能二种。所谓自始不能是指在合同成立时该合同即不可能履行。根据《德国民法典》第306条规定凡是以不可能履行的东西为合同的标的者，该合同无效。严格意义上讲，这种给付不能不属于违约问题，因为合同在法律上已无效，已不存在合同基础上的义务。所谓嗣后不能是指合同成立时，该合同是可能履行的，但在合同成立后，由于出现了阻碍合同履行的情况而使合同不能履行。对于这种给付不能，德国法根据是否有可以归责于债务人的事由，而规定不同的处理办法。

所谓给付延迟是指债务已届履行期，而且是可能履行的，但债务人却没有按期履行其合同义务。对给付延迟，德国法同样区别债务人是否有过失而规定不同的处理办法。非由于债务人的过失而未为给付者，债务人不负迟延责任。

《法国民法典》以不履行债务和迟延履行债务作为违约的主要表现形式。该法典第1147条规定：债务人对于其不履行债务或迟延履行债务，应负损害赔偿责任。另外，法国法同样承认"不可能时无义务"原则，即以不可能履行的事项为标的者，合同无效。但法国判例则认为，如果债务人在订立合同时已经知道或应该知道他所作的允诺是不可能履行的，债权人得以被侵权为理由请求损害赔偿。

2. 英美法系的规定

英国法将违约的情形区分为违约条件(Breach of Condition)与违反担保(Breach of Warranty)二种，并针对不同的情况给予不同的处置办法。按英国法的解释，凡属合同中的重要条款，称为"条件"，如果一方当事人违反了"条件"，即违反了合同的主要条款，对方有权解除合同，并可要求损害赔偿。至于哪些合同规定的事项属"条件"，这是一个法律问题，由法官根据合同的内容和当事人的意思作出决定。所谓违反担保，是指违反合同的次要条款或随附条款。在违反担保的情况下，蒙受损失的一方不能解除合同，而只能向违约方要求损害赔偿。担保和条件一样有明示与默示之分。前者指双方当事人在合同中明确规定的条件或担保，后者指按照法律或按照解释当事人的意思理解理应包含在合同中的条件或担保。如在凭样品的货物买卖中，应包含有卖方所交的整批货物均须与样品相符合的默示条件。

后来英国法院通过判例形成一种新的违约类型，称为"违反中间性条款或无名条款"，即有别于"条件"与"担保"的条款。当一方违反这类条款时，另一方是否有权解除合同，须视此种违约的性质及其后果是否严重而定。这样的规则比较符合实际的客观需要。因为按传统的两分法，如果一方违反条件，但仅给另一方造成轻微的损失(甚至根本没有什么损失)，另一方仍要求解除合同，这样的处置方法显然不适当。

美国法律现已放弃使用"条件"与"担保"这两个概念，而把违约分为"轻微违约"(minor breach)与"重大违约"(material breach)两类。轻微违约指合同当事人在履约中尽管有一些缺点，但另一方已从中获得该项交易的主要利益了，这种情况下，另一方可以要求赔偿损失，但不能解除合同。重大违约指合同一方没有履行合同或履行有缺陷，致使另一方不能得到该项交易的主要利益。这种情况下，受损的另一方可以解除合同，并同时要求损害赔偿。

3. 中国法律的规定

我国《民法典》合同编关于违约种类有以下规定：

(1) 全部不履行，即一方当事人对合同中的义务根本没有履行；

(2) 部分不履行，即一方当事人仅履行了合同中的部分义务，没有按照合同约定的数量和要求全部履行完毕；

(3) 履行不适当，即当事人履行合同有瑕疵。虽然其履行了义务，但没有按照合同规定的质量和其他有关要求去履行。如不按合同要求的品种、规格、数量、质量或时间、交付方式等履行义务。

4.《国际商事合同通则》的规定

《国际商事合同通则》并没有采用"违约"这一概念。该《通则》第七章所使用的是"不履行"这一概念,按其 7.1.1 条规定,"不履行系指一方当事人未能履行其在合同项下的任何义务,包括瑕疵履行或延迟履行。"我们理解,合同通则的"不履行"包括完全不履行和所有形式的瑕疵履行(延迟履行即属此瑕疵履行)两种。根据相关当事人是否应承担法律责任,"不履行"又分为"不可免责的不履行"和"可免责的不履行"两种。其中,不可免责的不履行相当于各国法例中的"违约"情形。根据《通则》第 7.3.1 条的规定,没有得到履行的一方当事人通常有权终止合同而不管该不履行是否可以免责,只要这种不履行本身构成对合同的"根本不履行"(Fundamental non performance)。例如:X 国的一家公司 A 从 Y 国的 B 公司购买葡萄酒。后来,X 国政府发布禁令禁止从 Y 国进口农产品,尽管 A 对这个障碍不承担责任,B 仍可以终止合同。

(三)违约责任原则

1. 过错责任原则

大陆法以过错责任作为民事责任的一项基本原则。按该原则,合同债务人只有存在着可以归责于他的过错时,才承担违约责任。就是说,如果仅仅证明债务人没有履行其合同义务,尚不足以要求其承担违约责任,而必须同时证明或推定债务人的行为有某种可以归责于他的过错,才能使其承担违约的责任。《德国民法典》第 276 条规定:债务人除另有规定外,对故意或过失应负责任。《法国民法典》第 1147 条规定:凡不履行合同是由于不能归责于债务人的外来原因所造成的,债务人即可免除损害赔偿。

英美法没有采用过错责任原则。英美法认为,只要允诺人没有履行其合同义务,即便没有任何过失,也应承担违约责任。

《国际商事合同通则》没有规定违约过错承责原则,但在违约处理的某些规定上,还是适当考虑了当事人的主观状态。如前述的根本违反合同,指一方违约的情形相当严重,另一方由此可以解除合同,但如果违约方能证明对这种严重后果他不能预见或不能合理要求其预见,则不足以构成根本违反合同。这里的"不能预见"或"不能合理要求其预见"实际上就是说明其主观上没有过失。

我国《民法典》第五百七十七条规定:当事人一方不履行合同义务或者履行合同义务不符合约定的,应当承担继续履行、采取补救措施或者赔偿损失等违约责任。该规定表明,只要当事人不履行合同义务或者履行合同义务不符合约定的,都应当承担违约责任,而不论当事人是否主观上具有故意或过失。

2. 催告原则

"催告"是指债权人向债务人请求履行合同的通知。催告为大陆法上的一种制度。在合同没有明确规定履行期限的情况，债权人必须先向债务人发出催告通知，然后才能使债务人承担延迟履约的违约责任。如《德国民法典》规定，债务人于清偿期届至后，经债权人催告而不为给付者，自受催告时起负迟延责任。《法国民法典》也规定，债务人的迟延责任，须于接到催告或其他类似证书才能成立。大陆法催告制度的意义在于：① 自催告生效之日起，不履约的风险完全由违约一方承担；② 债权人有权就不履行合同请求法律上的救济；③ 从催告送达之日起，开始计算损害赔偿及其利息。关于催告的方式，按德国法，书面或口头均可，法国法则要求以书面作成，并由法警送达债务人。

英美法则并无催告这一制度。因为英美法认为，如果合同规定有履行期限，债务人必须按规定的期限履约；如果合同没有规定履行期限，则应于合理的期间内履行，否则构成违约，债权人无须催告即可提出损害赔偿请求。

二、违约救济与违约责任方式

按照各国法律的规定，当一方违约使另一方的权利受到损害时，受损害的一方有权采取正确措施，以维护其合同权益。这种措施在法律上称为违约救济（remedies for breach of contract）。对于违约的处理，我国法律采用的是"违约责任"这一概念。对于哪种违约行为可以采取哪些救济方法，或违约方应承担怎样的违约责任，各国法律的规定并不完全相同。现分别介绍如下：

（一）依约履行

依约履行，又称实际履行或具体履行，我国《民法典》称其为"继续履行"。顾名思义，这是指当事人一方不履行合同义务或者履行合同义务不符合约定时，另一方当事人可要求其承担继续履行的责任。否则，债权人可以向法院提起诉讼，由司法机关运用国家强制力，使债务人按合同的规定履行其义务。现对各国法律的相关规定介绍如下：

1. 大陆法系的规定

《法国民法典》第1184条规定：双务契约当事人的一方不履行其债务时，债权人有选择之权：或者在合同的履行尚属可能时，请求他方当事人履行合同；或者解除合同并请求损害赔偿。可见，法国法在债务人不履行合同的情况下，赋予债权人在请求实际履行、解除合同并要求损害赔偿之间择其一的权利。但是只有在债务人履行合同尚属可能时，债权人才能提起实际履行之诉。对于"作为与不作为之债",法国法不强调实际履行。《法国民法典》第 1142 条规定:"凡属作为或不作为的债务,在债务人不履行的情形,转变为赔偿损害的责任。"所谓作为与不作为之债务,主要是指必须由债务人本人去做某种行为或不做某种行为的债务,如要演员登台演出或不让其登台演出。法国法认为,强令债务人去做某种行为,无异于将其置于受奴役的地位,不符合"人身自由"原则,因此不会作出强令演出的实际履行之判决。通常只针对"给付之债"(obligation to give)实施强制实际履行的裁判。

《德国民法典》第 241 条规定:"债权人根据债务关系,有向债务人请求履行债务的权利。"即债权人可以请求法院判令债务人实际履行合同义务。但实践中,法院只有在债务人履行合同尚属可能时,才会作出实际履行的判决。

2. 英美法系的规定

根据英美法系的一般原则,如果支付赔偿均能使蒙受损失的一方得到适当的补偿,法院就不应令当事人实际履行合同。然而,当支付赔偿金不能达到补救目的时,即不能使蒙受损失的一方得到合同被顺利履行时本来可以得到的利益时,法院将考虑采取包括实际履行在内的其他救济方法。即便如此,实际履行也只作为一种例外的救济方法。而且法院对于是否判令实际履行有自由裁量权。

一般来说,当合同涉及某种独一无二的财产或具有特殊价值的财产时,英美法院会考虑作出实际履行的判决。因为对这些类型的交易(如不动产交易)金钱赔偿不能成为对方违反合同的适当救济。例如:被告公司经营着一个谷物仓库,该公司数年前就想将该经营不善的仓库卖掉。1973 年 3 月 4 日,被告与原告塞弗森达成买卖该仓库的协议。当时被告经营的仓库包括一些有形财产:一块从铁路公司租来的土地,一块被告自己的土地,一个容量为 10 万蒲式耳的钢结构建筑物,一个容量为 1 万蒲式耳的谷物仓库及附属储藏设施,一个磨坊,一个容量为 2 万蒲式耳自带烘干设备的谷物仓库,两个储藏楼等。根据协议,购买该仓库的有形财产的价金为 5 万美元。然而被告其后没有交付仓库及附属有形财产。法院认为,本案中的买卖包括对不动产的买卖,还涉及了一种依租赁而特有的权益。此外,该财产作为整体具有的性质以及该买卖的目的也十分重要。这些财产对于在这些财产所在的乡间经营一个谷物仓库是独一无二的,而原告的目的正是要在当地使用这些财产。对他来说,它们在当地拥有的价值是位于不同地点的相似的财产所无法拥有的。为此,法院判令被告实际履行,交付协议交易的仓库、设备及其他财产。

但是,根据英美法院的审判实践,出现下列情况法院将不作实际履行的裁决:

(1) 凡金钱赔偿已足以充分救济者;

(2) 个人提供劳务的合同；

(3) 法院不能监督其履行的合同，如建筑合同等；

(4) 当事人一方为未成年人的合同；

(5) 如判决实际履行会造成对被告过分苛刻的负担者。

3. 中国法律的规定

我国《民法典》第五百八十三条规定："当事人一方不履行合同义务或者履行合同义务不符合约定的，在履行义务或者采取补救措施后，对方还有其他损失的，应当赔偿损失。"此条规定就是指守约方有权要求违约的一方按照合同规定的条件履行其义务，即要求依约履行。

我国《民法典》第五百七十七条规定："当事人一方不履行合同义务或者履行合同义务不符合约定的，应当承担继续履行、采取补救措施或者赔偿损失等违约责任。"该规定明确了"继续履行"是违约方应承担的一种违约责任。它要求违约方应根据受害方的请求，继续按双方在合同中约定的质量、数量、规格和标准以及期限履行合同义务。这种履行要求经人民法院的判决书、调解书和仲裁机构的裁决书确定以后具有强制执行的效力。

我国《民法典》规定的继续履行包括：

（1）金钱债务违约的继续履行。金钱债务是指当事人履行合同义务时以货币为履行标的的债务。《民法典》第五百七十九条规定："当事人一方未支付价款、报酬、租金、利息，或者不履行其他金钱债务的，对方可以请求其支付。"当事人一方金钱债务违约既包括不支付价款或者报酬，也包括不足额支付价款或报酬。对此种违约，另一方可以直接要求违约方继续严格履行合同义务，也可以申请通过仲裁或诉讼程序强制违约方实际履行交付货币的合同义务。

（2）非金钱债务违约的继续履行。非金钱债务指合同债务人以完成某项工作或作出某一行为作为合同履行标的的债务，如提供货物、提供劳务、完成工作等。非金钱债务不同于金钱债务，其标的有时具有特定和不可替代性，所以更强调实际履行，以利于实现合同目的。因此，当事人一方如不履行或不适当地履行非金钱债务，对方当事人可以要求违约方继续依约履行，或者诉请人民法院强制其实际履行。但是，依《民法典》第五百八十条规定，以下情况下不必强制依约履行：① 法律上或事实上不能履行的。此指因消灭债务履行的法律或法律事实的出现，使该合同义务的履行已经成为不可能，如据以履行的合同被撤销、新的法律禁止履行该合同、履行的特定标的物已灭失、履行特定义务的债务人死亡或丧失行为能力等。② 债务的标的不适于强制履行或履行费用过高的。如某甲系一具有独特艺术风格的画家,原约定为某乙绘制一幅标题油画,后他没有完成该创作。法院不宜应某乙的要求强制某甲创作(强制情况下无法保障艺术作品的质量)。③ 债权人在合理期限内未要求履行的。债权人要求债务人实际履行受一定时间的限制,超过合理期间未提出,可视为其放弃自己的债权。合理期限,指法律、行政法规规定的债权人主张其权利的具体时间,如对产品质量的异议期,超过异议期未提出异议,则表明债权人放弃了要求对方履行的权利,此后再提出履行要求,法律则不予保护。

4.《国际商事合同通则》的规定

《国际商事合同通则》对实际履行问题,区别金钱债务与非金钱债务分别作出规定:

(1) 对于金钱债务。《通则》第 7.2.1 条规定,如果有义务付款的一方当事人未履行其付款义务,则另一方当事人可以要求付款。此即允许债权人请求实际履行。该条规定的"要求"即指一方当事人向另一方当事人(债务人)提出,必要时由法庭对这一要求作出的强制履行。

(2) 非金钱债务。依《通则》第 7.2.2 条规定,对非金钱债务,原则上债权人有权请求实际履行。但《通则》规定下列五种情形下,不可以强制实际履行:

① 履行在法律上或事实上不可能。但是,即使不可能实际履行,当事人仍可以采取其他救济措施。

② 实际履行或相关的执行带来不合理的负担或费用。在某种特别情况下,尽管履行仍然可能,但它却可能已变得负担很重以至于要求履行与诚实信用和公平交易的一般原则相违背。例如:一艘油轮因暴风雨沉没,尽管从海底将其打捞上来是可能的,但如果支付的打捞费大大超出货物(原油)本身的价值,则可不要求承运人履行运输合同。

③ 有权要求履行的一方当事人可以合理地从其他渠道获得履行。许多货物和服务属于标准类型,同样的货物和服务可由许多供应商提供。则出于经济上的考虑,有权获得履行的一方当事人可以终止合同,通过另一渠道实现合同目的,而不必要求违约方实际履行。

④ 属于完全人身性质的履行。如果履行具有一种完全的人身性质,强制执行将会妨碍债务人的人身自由。另外,强制执行往往会削弱履行的质量。并且,对具有人身性质的履行的监督也会带来难以克服的实际困难。

⑤ 有权要求履行的一方当事人在已经知道或理应知道该不履行的一段合理时间内未要求履行。债权人在合理时间内没有提出要求履行,债务人可有权假设债权人不再坚持履行。

对于实际履行的判决,如果违约方不执行的,依《通则》第7.2.4条规定,法庭可责令其支付罚金。

而对于得不到实际履行的受损害方当事人,可诉诸任何其他的救济手段(《通则》第7.2.5条),如要求损害赔偿、解除合同等。

(二)损害赔偿

合同法上的损害赔偿指违约一方依法律的规定就另一方因其违约而蒙受的损害用金钱进行补偿。各国法律都规定,损害赔偿是对违约的一种救济方法。但在损害赔偿责任的成立、损害赔偿的方法以及损害赔偿额的计算等方面,各国的法律规定各有差异。

1. 损害赔偿责任的规定

(1) 大陆法系的规定

按大陆法系的观点,损害赔偿责任的成立,须具备以下条件:第一,必须有损害的事实。对于发生损害的事实,一般须由请求赔偿的一方予以证明。第二,违约方须有主观过错。如《法国民法典》第1147条规定,凡债务人不能证明其不履行债务系由于不应归其个人负责的外事原因时,即使在其个人方面并无恶意,债务人对于其不履行或延迟履行债务,应支付损害赔偿。《意大利民法典》也规定:如果债务人不能证明债务的不履行或迟延履行是因不可归责于他的给付不能所导致,则未正确履行应当给付义务的债务人要承担损害赔偿责任。第三,因果关系。即损害是由于债务人应予负责的原因所造成的。具备上述三个条件,违约方才负损害赔偿之责。

(2) 英美法系的规定

英美法与大陆法不同。按英美法,只要一方当事人违约不履行合同义务,另一方当事人就可以提起损害赔偿之诉,而不问违约方主观上有无过错,也不以是否发生实际损害为前提。如果违约的结果没有造成实际损害,法院也许不判处违约方支付赔偿金,但债权人可以请求名义上的损害赔偿,即在法律上承认他的合法权益已受到侵犯。

(3) 中国法律的规定

我国《民法典》规定:一方不履行合同义务或履行合同义务不符合约定的,应当承担继续履行、采取补救措施或者赔偿损失等违约责任。

2. 损害赔偿的形式

广义的损害赔偿形式有回复原状和支付赔偿金两种。各国法律的差异在于,有的是以金钱赔偿为原则,而以回复原状为例外;有的则以回复原状为原则,而以金钱赔偿为例外。

（1）大陆法系的规定。

《德国民法典》对损害赔偿的规定系以回复原状为原则而以金钱赔偿为例外。该法典第 249 条第 1 款规定：负损害赔偿责任者，应回复损害发生前的原状。债权人在下述情形下，才可要求金钱赔偿：① 人身伤害或损坏物件；因伤害或损毁物件而应为损害赔偿时，债权人得请求以金钱代替回复原状。② 债权人规定债务人回复原状的期限届满而未得恢复者。该法典第 250 条规定：债权人对赔偿义务的回复原状的规定相当期限，并声明在逾越规定期限后债权人得拒绝其回复原状。债务人逾期未为回复原状时，债权人得请求以金钱赔偿其损害。③ 不能回复原状或回复原状已不足以赔偿债权人的损害时，赔偿义务人应以金钱赔偿其损害。

法国法则以金钱赔偿为原则，而以回复原状为例外。《法国民法典》第 1142 条规定，一切作为或不作为的债务，如债务人不履行时，转变为赔偿损害的责任。规定表明，绝大多数合同义务，如债务人没有依约履行，都可转变为损害赔偿（金钱）之债。

（2）英美法系的规定。

英美法系对损害赔偿采取的是金钱赔偿的方式。其理由在于，英美法认为，损害赔偿的目的，是在金钱可能做到的范围内，使权利受到损害的一方处于该项权利得到遵守时同样的地位。

3. 损害赔偿责任范围

损害赔偿责任范围指在发生违约情事后，以金钱赔偿方式进行损害赔偿时，应如何确定损害的范围，根据什么原则认定赔偿的金额。对此，各国法律的规定亦有差异，介绍如下：

（1）大陆法系的规定

大陆法系国家法律一般规定损害赔偿的范围应包括违约所造成的实际损失和可获的利益。如《法国民法典》第 1149 条规定："对债权人应付的损害赔偿，除下述限制外，一般应包括债权人所受的损失和所失的可获的利益。"《德国民法典》第 252 条也作如此规定。所谓所受的损失是指合同所规定的利益，由于可归责于债务人的原因，而受到损害，例如应交货而未交货，应付酬而未付酬等。所谓可获的利益（德国法称"所失利益"），是指合同如能得以履行，债权人本应能够取得的利益。这种利益是一种预期利益，按《德国民法典》第 252 条第 2 款，"所失利益指依事物通常进行，或依特殊情况，特别是依已采取的措施或准备，可取得预期的利益。"如某房东已将建造中的房屋预约出租给他人，但因建筑商未按期交付房屋，以致房主不能取得租金,此租金可作为所失利益。

对于上述预期的可得利益损害因通常不如实际损失那样容易确定,理论上有直接与间接之分。对此,《法国民法典》第1150条加以限定:"如债务的未履行并非因债务人的欺诈时,债务人仅就订立契约时所预见的损害负赔偿的责任。"该法典第1151条又规定:"债务虽因债务人的欺诈而未履行时,关于债权人所遭受的损失和已丧失的利益的损害赔偿,仅应以不履行契约而直接发生者为限。"可见,法国法确定损害赔偿范围,区分债务人有无诈欺且以不履约而直接发生的损失为限。

(2) 英美法系的规定

按英美法系的原则,由于违反合同而可以主张的赔偿有三种:① 直接的损害赔偿(proximate damages)。这是指违约行为直接地,即作为近因所造成的损失。② 附属的损害赔偿(incidental damages)。这是指违约行为所造成直接损失以外,受损失的一方附带承担的损失,如对货物的保管、运输、检查等所支出的费用。③ 间接的(或后果上的)损害赔偿(consequential damages)。这是指违约行为后果上所造成的损失,它主要是指由于一方违反契约而造成对人身的伤害或财产的损坏。上述三种范围的赔偿仅是概括性的归纳,实际运用中尚要依从某些法律原则。说明如下:

第一,英美法确定损害赔偿的一个原则是,使受损害的一方在经济上处于合同得到履行时他本应处的地位,但赔偿应以该方在合同订立时能够合理地预见到的由该违约造成的损害为限。

1854年的哈德利诉巴克森戴尔案是确立这一原则的权威判例:原告是一个在英国格洛斯特经营磨坊生意的商人,被告在同一地区经营运输业务。一天,磨坊的蒸汽机上的关键部件曲轴突然断裂,磨坊不得不停止工作。因此,必须把那根断裂的曲轴送到位于格林威治的蒸汽机制造厂商那里换回一个新的曲轴。被告告诉原告的雇员,如果能在某一天中午12点钟以前把曲轴送来,那么第二天就可以送到格林威治。第二天中午12点以前,原告将曲轴交付给被告,并支付了2英镑4先令的运费,由于被告的疏忽,原告收到的新曲轴晚了几天,该磨坊的工作因此被耽搁了几天,原告要求被告承担这几天工作可带来的利润。

法院判决承运人(被告)对迟交期间的利润损失不承担赔偿责任。因为原告并未预先告知被告如不能及时把新曲轴送到即将产生利润损失。法官阿尔德松审理该案确立损害赔偿范围的原则为:① 损害赔偿应是可以被公平地和合理地认为是对自然地发生的损害的赔偿,即按照事物发展的通常过程产生于这一违约本身的损害赔偿;② 或者应当是可以被合理地假定,在当事人双方订立合同时已经在他们的预料之中的作为违反该合同的很可能发生的结果的损害的赔偿。上述案例中,由于原告并未预先把迟交新曲轴可能产生的利润损失告知被告,被告也无从合理地预见到会产生这样的结果,他可能会认为原告有备用曲轴,不会因迟交新曲轴而停工,因此,被告对于迟交货所产生的利润的损失不承担责任。

在上述原则前提下,美国法对如何计算损害赔偿作了具体规定:期待权益与依赖权益。使合同当事人实现期待权益是损害赔偿的一般原则,即让因另一方违约而蒙受损失的一方处在另一方履行合同义务时该蒙受损失的一方本应处的地位。例如:汤尼与卡罗签约,汤尼将以每磅1美元的价格向卡罗供应1磅鸡蛋。不久,汤尼通知卡罗说他无法如约供应这1磅鸡蛋。这时,市面上1磅鸡蛋的价格是2美无,因此卡罗可获的期待权益是市价与合同价之差即1美元,汤尼违约,应赔偿1美元。所谓依赖权益指,合同一方基于对另一方的承诺的依赖而改变了其地位,当另一方违背了其承诺时,为使依赖的一方恢复到其原有的地位而赋予该方的权益。美国《第二次合同法重述》第349条(以依赖权益的依据的损害赔偿)规定:受损害的一方有权依其依赖权益得到赔偿,包括在准备履行或履行合同的过程中支出的费用,减去违约方能够用具有合理的确定性的证据证明的该受损害的一方在合同得到履行时也会蒙受的损失。因此,我们前面提到的附属性损害赔偿与间接的损害赔偿即属于依赖权益范畴。

第二,英美法系确立的损害赔偿的另一个原则是:不应让违约方通过违约而获利。美国法院在准许因违约而蒙受损害的一方获得其要求的赔偿之前,一般要求该方证明双方在订立合同时能够预见到该损害是违约的很可能发生的结果。还要考虑的另一个因素是,违约是不是故意的。法院如果发现,违约方曾故意违约,因为该方认为给予一定的赔偿比履行合同更为合算,就可能作出不利于违约方的判决。

第三,英美法系有关损害赔偿问题的又一个规则是:当合同的当事人一方违反合同时,受损害的另一方有付出合理的努力减轻因对方违约而引起的损失的义务。美国《第二次合同法重述》第336条规定,当合同当事人一方违约时,另一方负有减轻该违约造成的损失的义务,但法律并不要求另一方在减轻损失时冒过大的风险,付出过多的支出或蒙受过分屈辱。

第四,此外,美国司法判例就损害赔偿还确立一项规则:损害赔偿不应导致经济上的浪费。即,如果采用损害赔偿的一般原则,让因违约而蒙受损失的一方在经济上处于合同得到充分履行时该方本应处的地位,会导致经济上的浪费,就应该放弃这一原则,而代之以一种较为经济的救济方法。这一规则为美国《第二次合同法重述》所确认。该重述第 348 条规定,违约的受害方可以就完成合同履行的合理开支或弥补瑕疵的合理开支得到赔偿,只要这种开支与该方可能蒙受的损失的价值之间并不是显然不相称的。

(3) 中国法律的规定

我国《民法典》第五百八十四条规定:"当事人一方不履行合同义务或者履行合同义务不符合约定,造成对方损失的,损失赔偿额应当相当于因违约所造成的损失,包括合同履行后可以获得的利益;但是,不得超过违约一方订立合同时预见到或者应当预见到的因违约可能造成的损失。"该规定确立了我国法律认定损害赔偿责任范围的两项原则:第一,完全赔偿原则。在当事人一方不履行合同义务或者履行合同义务不符合约定情况下,损失赔偿应相当于因违约所造成的实际损失,以及合同如顺利履行后可以获得的利益。按最高法院的司法解释,即不但要赔偿因违约给对方造成的财产的毁损,减少和为减少或消除损失所支出的费用等直接损失,而且还要赔偿对方在合同履行后可以获得的利益,如在国际货物买卖合同中的利润。第二,合理预见原则。这一原则是对前面的完全赔偿原则的一个限制,即并不是对受害方的所有损失都给予赔偿,而是在"合理预见"的基础上确定赔偿总额。具体来说就是赔偿总额不得超过违反合同一方订立合同时预见到或者应当预见到的因违反合同可能给对方造成的损失。此中"应当预见"以客观标准衡量,即任何一个与违约一方具有同等资历的人,在同等情形下所能够作出的预见,如果违约方对某项损失没有或无法合理预见,那么可以认为,他在订立合同时并没有准备对这部分损失承担风险和责任,在客观上,也不能要求他为此付出相应代价,因此,妥善的办法是,在订立合同时,如果一方认为一旦对方违约将会造成非常严重的损失,应当让对方知道这种严重的后果,否则,对方就可能以其在订立合同时不能预见到违约会造成这样严重后果为理由而拒绝承担赔偿责任。

(4) 《国际商事合同通则》的规定

《国际商事合同通则》专列一节就损害赔偿问题作了周到的规定。关于损害赔偿责任范围,《国际商事合同通则》首先确立的是完全赔偿原则:它应包括受损害方当事人财产的减少,也包括没有得到债务人支付的债权人必须借款履行其本身义务时发生的债务的增加。显然,直接损失与间接损失均包括在内。同时,应赔偿的损害还可以是非金钱性质的,如肉体或精神上的痛苦,失去生活的某些愉快,丧失美感、名誉或荣誉的损害等。

根据《国际商事合同通则》第 7.4.3 条规定,完全赔偿原则还表明,受损害方就损害赔偿提出要求还包括机会的丧失。

对于完全赔偿原则,《国际商事合同通则》规定的一个限制是:应扣除受损害方当事人由于避免发生的成本或损害而得到的任何收益。例如:A 出租给 B 一台挖掘机,租期两年,月租金 50 000 法国法郎。因没有支付租金,6 个月后合同终止。6 个月后,A 成功以月租金 55 000 法国法郎把同一机器出租给他人,A 从原合同留下的该机器的转租中,一年可多获 60 000 法国法郎,这笔金额不应计算在 B 应支付给 A 的损害赔偿金之内。

《国际商事合同通则》有关损害赔偿责任确立的第二个原则为"合理肯定性"原则。该《通则》第 7.4.3 条规定:赔偿仅适用于根据合理的肯定程度而确立的损害,包括未来损害。对机会损失的赔偿可根据机会发生的可能性程度来确定。凡不能以充分的肯定程度来确定损害赔偿的金额,赔偿金额的确定取决于法庭的自由裁量权。例如,由于旅途延误没有参加比赛的马的主人不能获得全部奖金,尽管这匹马是最有希望获胜的。并且,合理肯定性还要考虑损害的程度,例如:A 将一份投标文件委托 B 公司送交,由于 B 的疏忽,该文件在投标结束后才送到,这种情况下的赔偿数目就取决于 A 的投标书被接受的概率并且需要与那些被接受考虑的申请(中标申请)进行对比,即赔偿将以与 A 应得到的相称的利益来计算。

《国际商事合同通则》有关损害赔偿责任范围确立的第三个重要原则就是"可预见性原则"。《国际商事合同通则》第 7.4.4 条明确规定:"不履行方当事人仅对在合同订立时他能预见到或理应预见的,可能因其不履行而造成损失承担责任。"对于这一原则我们在前面介绍有关国家相应内容时已作了较多的叙述。不过,提请注意的是这个原则与前述的"合理肯定性"原则是不同的。另外,国际统一法协会对其中什么是"可预见的"这一弹性概念的注解仍是值得充分考虑的。该协会指示,对于"可预见性",应通过考察合同成立的时间和不履行当事人本身的情况来确定。要考察在事情正常进展的过程中以及在合同的特定情形下,一个正常智力的人能够合理地预见到的不履行的后果,以及由合同各方或他们以前的交易提供的信息。

此外,《国际商事合同通则》第 7.4.8 条也确立了受损害方减轻损害义务的原则:"不履行当事人对于损害方当事人所蒙受的本来可以采取合理措施减少的那部分损害,不承担责任。受损害方当事人有权对试图减少损害而发生的一切合理费用要求赔偿。"上述规定一般理解起来不易产生歧见,不赘。

(三)支付违约金

违约金是指当事人在合同中约定的或者法律规定的,一方违约时向对方支付一定数量的货币。各国法律中直接规定违约金数量、比例的很少,但对违约金的性质、支付限制等方面则各显不同。

1. 大陆法系的规定

按德国法,违约金具惩罚违约的性质。《德国民法典》第 339 条规定:"债务人与债权人约定,在其不能履行或不能依适当方式履行时,应支付一定金额作为违约者在其迟延时,罚其支付违约金。以不作为给付者,于为违反行为时,罚付之。"如果这里仅显示"罚付"的字眼的话,则其第 340 条第 2 款的规定更显其违约金的惩罚违约之性质:债权人因不履行给付而有损害赔偿请求权时,得请求以已取得的违约金代替最低数额的损害赔偿。上述情形不妨碍其主张其他损害。该规定表明,债权人除请求支付违约金外(作最低数额之损害赔偿),尚可以另外主张赔偿。可见,违约金是作为对违约行为的惩罚看待的。

法国法则一般视违约金为预先约定的损害赔偿,不具惩罚性质。《法国民法典》第 1229 条规定:"违约金是对债权人因主债务不履行所受损害的赔偿。"违约金与损害数额的大抵相称的规定,也表明法国法律违约金的不具惩罚性质。

对于法院是否可以对当事人约定的违约金予以增减,现在大陆法系的规定大体一致。《德国民法典》第 343 条第 1 款第 1 项规定:罚处违约金的金额过高者,在债务人提出申请时,得以判决减至适当得金额。《意大利民法典》第 1384 条规定:如果主债务已被部分履行或者如果违约金的数额显然过大,在充分考虑债权人对履行所获利益的情况下,法官得公平地减少违约金。《法国民法典》第 1152 条第 2 款也规定:但如赔偿数额明显过大或过低时,法官得减少或增加原约定的赔偿数额。一切相反的约定应视为未订定。

2. 英美法系的规定

英美法系对于当事人在合同中加入的由违约方向受损害方支付一定数额的违约金的条款是否有效,取决于这种违约金是否具有惩罚的性质。一般来说,如果这一金额是双方当事人在订约时考虑到作为违约可能引起的损失,即属预先约定的损害赔偿金额,则一方违约时,对方有权取得这一约定的金额;但如果约定的金额过高,大大超出违约所引起的损失,或者带有威胁性质,法院视其为罚金,一律不予承认,受损害方只能按通常的办法请求损害赔偿。根据美国加利福尼亚州立法规定,当合同中有一个违约金条款时,该条款是否具有惩罚的性质并不取决于该条款的措辞,而是取决于损害赔偿金的计算是否的确有困难。也就是说,如果一方违约后确定给对方造成的损失并不极其困难的话,那么当事人事先约定的违约金条款视为是对违约的赔偿金额的约定,法院对这样的约定会加以支持。

例如:原、被告签约,原告将向被告购买存在于某种不动产之上的绝对所有权权益和租赁持有权益以及在该不动产上建造的疗养院。买方将 25 000 美元交给中间人,因该协议第 31 条规定,在本协议存续期间,卖方不能把该财产在市场上出售;如果买方不能贯彻本协议,卖方将扣留该 25 000 美元,作为约定的损害赔偿金。后来,买方(原告)没有履行合同义务,被告扣留了该 25 000 美元。原告起诉,要求返还。

法院判决,该协议第 31 条并不是一个有效的违约金条款,而是一个非法的惩罚和没收条款。当事人出示的证据并不能证明,确定实际损害是不现实的或困难的。法院发现,被告因原告违约而受到的实际损失是 9 989.85 美元。最后判决被告向原告支付 15 010.15 美元(25 000—9 989.85)。

然而,根据一些州的判例,当违约是有意的并且可以构成独立的侵权行为时,即使在一项合同的诉讼中,法院也可以令违约方支付惩罚性违约金。

根据美国《第二次合同法重述》第 355 条的注释介绍,美国的一些州通过了允许在消费者交易中和保险领域判处惩罚性违约金的法律。如《乔治亚州法典》第 56—1206 条规定:如果保险人在投保人提出要求后 60 天内不支付赔偿费,并且这一拒绝是恶意的,保险人除了有义务赔偿投保人的损失外,还必须支付不超过该损失 25% 的赔偿费以及全部合理的律师费。

3. 中国法律的规定

我国《民法典》第五百八十五条规定:"当事人可以约定一方违约时应当根据违约情况向对方支付一定数额的违约金,也可以约定因违约产生的损失赔偿额的计算方法。约定的违约金低于造成的损失的,人民法院或者仲裁机构可以根据当事人的请求予以增加;约定的违约金过分高于造成的损失的,人民法院或者仲裁机构可以根据当事人的请求予以适当减少。当事人就迟延履行约定违约金的,违约方支付违约金后,还应当履行债务。"上述规定表明,我国法律对违约金的性质基本是补偿性质的,即约定违约金系对违约造成损失的补偿,只有在约定的违约金没有过分高于造成的损失时,约定违约金才具有一部分惩罚性质。当事人事先没有可能将违约金数额确定到与违约后造成的损失额完全一致,只要约定金额不"过分"高于损失额,法律将予以支持。

上述规定还表明,如果当事人约定了违约损失赔偿额计算方法的,一方违约,另一方应按约定的方法计算损失赔偿额,不应再要求对方支付违约金。

4. 《国际商事合同通则》的规定

《国际商事合同通则》对于违约金的性质不加过分严格的区分,即便当事人约定的违约金具有一定程度的惩罚性,《通则》也予以承认。之所以这样规定,是促进当事人严格地履行合同义务。

但是,该《通则》也规定可对约定违约金作必要的调整,如果约定金额大大超过实际损失的话。该《通则》第 7.4.13 条第 2 款规定:如果约定金额大大超过因不履行以及其他情况造成的损害,则可将该约定金额减少至一个合理的数目,而不考虑任何与此相反的约定。

(四)解除合同

行使解除合同权利一般也作为对违约的一种救济方法,但各国法律在有关解除合同权的产生、解除权的行使等问题的规定上也有所差异,分别介绍如下:

1. 大陆法系的规定

大陆法系国家法律一般都承认,合同的一方当事人不履行合同对方有权解除合同。根据《法国民法典》第 1184 条的规定,双务合同当事人一方不履行其所约定的债务时,应视为有解除条件的约定。债权人解除合同,必须向法院提起。但是如果双方当事人在合同中订有明示的解除条款,则无须起诉解除。

《意大利民法典》规定当一方当事人未履行其义务时,另一方当事人拥有在实际履行与解除合同之间二者择一的选择权,并且,如果选择解除合同,仍可以就已造成的损失要求损害赔偿。当然,如果已解除合同,则不能再请求实际履行。按意大利法规定,债务人未履行其义务的,债权人发出履行催告期届满而债务人仍未履行的,则合同自然被视为已解除:"一方当事人得向不履行一方发出在适当期间内履行的书面催告通知,在该通知内申明,于所述期间内未履行的,则视为契约是毫无疑问地被解除。"(《意大利民法典》第 1454 条),应注意的是,并非一方当事人的任何不履行都导致另一方的解除合同权。按该法典第 1455 条规定,如果一方当事人不履行契约,但对另一方当事人的利益并不具重要性,则契约不得被解除。

2. 英美法系的规定

英美法系与大陆法系有所不同。英国法规定,只有一方当事人违反条件时,对方才可以要求解除合同;如果一方仅是违反担保,对方不能要求解除合同,而只能请求损害赔偿。美国法规定,只有当一方的违约构成重大违约时,对方才可以要求解除合同,如果只是轻微的违约,就只能请求损害赔偿,不能解除合同。英美法当事人解除合同可以以宣告方式进行,毋需经过法院的判决。

对于解除合同的后果英国法与美国法有所不同。英国法认为,因违约导致解除合同,并不是使合同自始无效,而只是导致在解除合同时尚未履行的债务不再履行之效果,但美国法认为,合同的解除使原来订立的合同不复存在,因而双方在经济上恢复到合同订立之前的状态。这意味着,不仅当事人尚未履行的合同义务不必再履行,而且根据合同已获得的利益也应返还给对方。美国法这一规定与大陆法的规定倒基本相同,如《德国民法典》第 346 条规定,在解除合同时,各方当事人互负返还其受领的给付义务。

3. 中国法律的规定

我国《民法典》第五百六十二条规定:"当事人协商一致,可以解除合同。"第五百六十三条规定:"有下列情形之一的,当事人可以解除合同:(一)因不可抗力致使不能实现合同目的;(二)在履行期限届满前,当事人一方明确表示或者以自己的行为表明不履行主要债务;(三)当事人一方迟延履行主要债务,经催告后在合理期限内仍未履行;(四)当事人一方迟延履行债务或者有其他违约行为致使不能实现合同目的;(五)法律规定的其他情形。以持续履行的债务为内容的不定期合同,当事人可以随时解除合同,但是应当在合理期限之前通知对方。"根据以上法律规定,一方当事人有以下违约情况的,另一方当事人可以解除合同:① 因不可抗力致使不能实现合同目的。② 在履行期限届满之前,当事人一方明确表示或者以自己的行为表明不履行主要债务的。此即预期违约情形下的解除合同。③ 当事人一方迟延履行主要债务,经催告后在合理期限内仍未履行的;④ 当事人一方迟延履行债务或者有其他违约行为致使不能实现合同目的。即延迟违约或其他违约本身构成严重违约,其严重程度达到了使合同的履行成为不必要或不可能,合同的目的已达不到,再维持合同的效力已无意义,不仅影响订立合同时所期望的经济利益,而且维持合同会继续给另一方造成重大的损害,这种情况下,另一方当事人有权解除合同。

按照我国《民法典》第五百六十五条规定,当事人一方依法主张解除合同的,应当通知对方。合同解除效力自通知到达对方时产生。对方对此有异议的,可以请求人民法院或者仲裁机构确认解除合同的效力。这样的规定意义在于,法律在赋予解除权人有解除合同权的同时,也赋予了对方当事人以知情权和异议权,以防止和对抗解除权人滥用权利,侵害他人的合法权益。

关于合同解除的法律后果,我国《民法典》第五百六十六条规定:合同解除后,尚未履行的,终止履行;已经履行的,根据履行情况和合同性质,当事人可以要求恢复原状,采取其他补救措施,并有权要求赔偿损失。这一规定与大陆法国家有关合同解除后果的规定基本相同。

4.《国际商事合同通则》的规定

《国际商事合同通则》没有使用"解除合同"这一概念,而代之以终止合同的概念。《国际商事合同通则》第 7.3.1 条规定,合同一方当事人可终止合同,如另一方当事人未履行其合同义务构成对合同的根本不履行。

那么,什么样情况构成"根本不履行"?《国际商事合同通则》列出五个考虑因素:① 不履行是否实质性地剥夺了受损害方当事人根据合同有权期待的利益,除非另一方当事人并未预见也不可能合理地预见到此结果;② 对未履行义务的严格遵守是否为合同项下的实质内容;③ 不履行是有意所致还是疏忽所致;④ 不履行是否使受损害方当事人有理由相信,他不能信赖另一方当事人的未来履行;⑤ 若合同终止,不履行方当事人是否将因已准备或已履行而蒙受不相称的损失。

《国际商事合同通则》规定,受损害方终止合同必须在合理的时间内向违约方发出终止通知。

关于终止合同的后果,该《通则》规定,合同的终止解除双方当事人履行和接受未来履行的义务。终止合同时,任何一方当事人可主张返还他所提供的一切,只要该方同时亦返还他所收到的一切……但是若合同的履行已持续了一段时间,并且合同是可分割的,则只能对合同终止生效后的那段期间的履行请求恢复原状,例如:A签约为B的计算机硬件和软件提供5年服务。在正常服务3年后,A因为生病被迫中断服务,于是合同终止。B已支付给A第4年的费用,他可以要求返还该年的预付款,但不得要求返还前3年正常服务所支付的费用。

该《通则》还规定,终止合同并不排除对不履行要求损害赔偿的权利。

(五)其他救济措施

当事人一方违约的,另一方当事人除了可以采取前述的实际履行、赔偿损失、支付违约金及解除合同等救济措施外,还可以采取一些其他合理救济措施。我国《民法典》规定承担民事责任的方式有:停止侵害,排除妨碍,消除危险,返还财产,恢复原状,修理、重作、更换,继续履行,赔偿损失,支付违约金,消除影响、恢复名誉,赔礼道歉等。这些责任方式有些属于违约责任方式,有些属于侵权责任方式。而违约补救措施通常为恢复原状、修理、重作、交换、退货、减少价款或者报酬等。

按我国《民法典》第五百八十二条规定,对违约责任没有约定或约定不明确的,受损害方根据标的性质以及损失的大小,可以合理选择采用请求对方承担修理、重作、更换、退货、减少价款或者报酬等其他救济措施。这些措施的采用针对的是对方履行合同义务与合同规定不相符合的情形。并且,根据《民法典》第五百八十三条规定,受损害方采取了修理、重作等其他救济措施后,还有损失的,还可以要求损害赔偿,如违约方对标的进行了修理,但标的的价值仍然降低,受损害方可以主张损害赔偿。

英美法中有一种其他救济措施为禁令(injunction),即由法院作出指令,强行执行合同所规定的某项消极性义务,即判令被告不许做某种行为。在某些情况下,禁令的救济作用是实际履行和损害赔偿都无法达到的。例如：某艺员与A剧院签订为期3年的演出合同,承诺在此期间不在其他的剧院演出。但1年后他与B剧团订约演出。在此情况下,法院可据A的请求,颁发禁令,禁止该艺员在B剧团演出。以此来补偿A的损失。

《国际商事合同通则》关于其他救济措施,称为"瑕疵履行的补救"(cure of defective performance)。所谓瑕疵履行,即指合同的履行与合同约定有所差异或不相符。这当然也是违约。对这样违约,按该《通则》第7.2.3条规定,受损害当事人可以要求修补、替代及降价、排除妨碍等其他救济措施。

三、商事合同的违约免责

如前所述,合同有效成立后,当事人应严格执行,如果不履行合同或履行合同不符合约定的,都要承担违约责任。但是,各国法律一般也都有规定,如果出现某些特殊情况阻碍了当事人履行合同义务,则对于合同的不履行或履行不合约定(如迟延履约),法律上可不追究不履约当事人的违约责任,即免责。对于免责,各国法律规定在其构成条件、处置方法、法律后果等方面往往有所差异。仅在免责事由上,就有"情势变迁""合同落空"与"不可抗力"等不同的理论。分述如下：

(一) 情势变迁

情势变迁(clausula redus sic stantidus)系大陆法术语。情势变迁原则是债法中关于合同之债效力的原则。合同之债成立后,如果出现了非当事人可以预见的情势变化,致使合同之债成立时的基础丧失,法律赋予不利一方当事人可以变更或解除合同的权利并免于承担责任,这符合诚实信用和公平原则。情势变迁原则的理论基础是"情由恒定"学说,即：加入合同的当事人都有这样一个出发点,即合同的存在以一定的、当时存在的情由为前提,如果这些情由发生变化,当事人可以放弃合同或者请求变更合同条款。

因情势变迁当事人不履行合同得以免责的条件一般有：第一,免责情由的外在性。如《德国民法典》第275条规定：债务关系发生后,因不可归责于债务人的事由,以致给付不能者,债务人免除给付义务。《法国民法典》第1147条规定：凡债务人不能证明其不履行债务系由于不应归其个人负责的外来原因,……应支付损害赔偿。第二,不可预见性。确定预见的不可能,不是根据该债务人的主观条件加以判断,而是根据客观作为标准,即当事人未为预料而且不可能预料。第三,免责情由的无法防止性。即当事人是无法避免的,由此可见,法院对以情势变迁为由要求免除履行的抗辩要求很严格,一般不容易予以接受。

情势变迁原则的确立和适用,其目的在于清除合同因情势变迁而出现的不公平后果。如果通过变更合同的内容能够排除不公平的结果,当事人则应在新的条件下,只将合同的条款加以相应变更,仍维持合同的存在,继续履行合同。特别是对复杂的长期合同,如遇情势变更均简单地予以解除,并不符合当事人的利益。如果通过变更合同内容仍不足以排除不公平的结果,应采取使合同关系终止或消灭的措施。故《意大利民法典》规定,凡长期之后才能履行的合同或分批履行的合同,如一方提出由于发生非常的、不可预料的事件,致使履行的负担特别沉重时,法院得宣布解除合同。但对这一条有两点限制:第一,如合同订立后所发生的履约困难是属于合同的正常风险,则不能解除合同;第二,对方当事人可建议公平地修改合同而反对解除合同。

(二)合同落空

合同落空(frustration of contract)也称商业落空(commercial frustration),为英美法上的术语,意指在订立合同以后,如果出现了双方当事人事先预料不到的意外事故,致使合同的履行从商业上看来已经成为不可能的事情,则合同当事人得解除履行合同义务并免于承担责任。当然这种意外事件必须严重到足以造成一种根本不同的情势时,才能引起合同落空的结果。也就是说,主张合同落空,必须是订约后情况已完全改变,以致在一个通情达理的人看来,合同的当事人如果事先知道会发生这种变化的话,他们就不会签订合同,或者就会把合同订得不一样了。

总的来说,合同落空的构成条件是:首先,某种客观事件的发生使当事人通过履行合同所谋求的目标不能实现;其次,这一事件的发生是当事人在订立合同时无法预见的。如果双方当事人在订立合同时预料到这种事件可能发生,某一方当事人想在这种事件发生时免除自己承担的特定义务,就必须就这一免责与另一方事先达成协议。据施米托夫《出口贸易——国际贸易的法律与实务》一书介绍,下列情况通常会导致合同落空:

(1)标的物毁灭。如合同的履行取决于某一特定的人或物的继续存在,而这个人或这件物在合同签订之后已灭失,则合同履行已属不可能,当事人可免除履约义务。例如:一条已租妥的船因发生了不是船东及其员工的疏忽造成的爆炸事故而无法装货,法院对此所作的判决是,该运输合同已落空。

(2)战争爆发。发生战争,合同当事人如履约会构成对敌贸易(违法),或者合同履行地点已被敌人占领,则该合同落空。例如:一家波兰公司在第二次世界大战爆发前夕,向英国一家工厂订购一批纺织机,这批机器将按 CIF 格旦尼亚条件交付。不久战争爆发,格旦尼亚被德国占领,英法对德宣战。英国法院判决,由于战争的缘故,该合同已经落空,英国厂商解除交付机器的义务。

(3) 进出口禁令。一项合同在其签订以后也可能由于政府禁止其履行而落空。但并不是每一项政府的禁令都导致合同落空的结果,有时禁令的后果是中止和推迟合同的履行。与此相似的是,有的合同会因当事人未得到政府颁发的进出口许可证和配额而落空,但法院对这样情形的落空要求上将更加严格,一般当事人是很难以许可证或配额未如愿取得而主张免于履约并免责的。

(4) 情况发生根本性的变化。如果在合同订立以后,情况发生如此重大的变化,致使合同失去了基础,则该合同可作为落空论处。但要确定情况发生变化到何种程度才构成落空,往往困难得多。

例如:1903年是英国新国王爱德华七世登基之年。新国王登基要举行盛大加冕典礼及庆典活动。一外地人A来伦敦观礼,他选中了登基典礼游行必经之地的一处民房,与房东B约定租用阁楼。该阁楼按平常情况出租的话,租金最多能收取5英镑/天,但这次房东表示一天租金75英镑。A预付了25英镑后外出游览市景。当天晚上广播通知,次日新国王加冕典礼因故取消。A当天未到租屋住宿,第二天回来要求取消原租约,并收回预付租金25英镑。房东则坚持A必须再付另外的50英镑约定租金。法院驳回房东B的要求,认为该租房合同已告落空。法院认为,A之所以愿意高于正常租金10多倍的金额租房,目的在于观看加冕典礼,这是合同的基础。现加冕典礼取消,合同基础失去,订约目的落空,系情况发生根本变化情形的合同落空,故A无义务支付租金。

美国以"合同基础论"作为合同落空的依据。《第二次合同法重述》第288条规定:"凡以任何一方应取得某种预定目标或效力的假设的可能性作为双方订立合同的基础时,如这种目标或效力已经落空或肯定会落空,则对于这种落空没有过失或受落空损害的一方,得解除其履行合同的责任。除非发现当事人另有相反的意思。"司法判例上,美国法院往往区别落空与履行不能的不同。换言之,合同落空仅指履行合同在商业观点上看来实在难以做到,并不一定是事实上不可能履行。

(三) 不可抗力

所谓不可抗力(force majure)通常指合同订立以后发生的当事人事先不能预见、无法避免与不可抗拒的意外事件。按照一些国家的法律,发生了这种不可抗力事件,致使合同无法履行,有关当事人即可依据法律或合同的规定免除责任。如我国《民法典》590条规定:"因不可抗力不能履行合同的,根据不可抗力的影响,部分或者全部免除责任,但法律另有规定的除外。"

常见的不可抗力事件包括两类:一类是自然原因引起的,如台风、地震、水灾等自然灾害;另一类是社会原因引起的事件,如战争及其他类似的军事行动、政府封锁禁运等。订约后发生的某种或某些事件是否构成不可抗力,一般通过以下标准加以衡量:① 它应是在签订合同以后发生的;② 它不是由于任何一方当事人的过失或疏忽所造成的;③ 它是双方当事人所不能控制的,即事件的发生是不能避免、无法抗拒的。

不可抗力事件所导致的法律后果,主要有两种情况:一种是解除合同,一种是延迟履行合同。对此要视意外事件对合同履行的影响而定,也可以由双方当事人在合同中具体加以规定(即签订"不可抗力"条款)。

按我国《民法典》第五百九十条规定,当事人一方因不可抗力不能履行合同的,应当及时通知对方,以减轻可能给对方造成的损失,并应当在合理期限内提供证明。规定发生不可抗力后要求及时通知对方当事人,是使对方得知因不可抗力造成合同不能履行的实际情况,并根据其具体情况采取相应的措施,以尽量减轻损失。如果当事人一方在不可抗力发生后,没有及时向对方通报有关情况,因而使对方受到损失的,那么该损失不得列入免责范围。同时,遭遇不可抗力的一方还应在合理期限内提供证明,以证明不可抗力事件的确实性。这也为当事人承担何种法律后果奠定法律依据。

由于各国法律对情势变迁或合同落空的解释纷杂不一,如此当事人的权利义务将处于不确定状态。因此,国际上一般多主张当事人宜在合同中订立不可抗力条款,把可能发生的意外事件及其法律后果在合同中预先订明,以此确定当事人的权利义务,减少讼累。

案例分析

[案情]

2014年11月12日,捷喜货代公司与重庆公路公司签订运输协议,约定由捷喜货代公司代重庆公路公司办理161台车辆设备的出运事宜,装货港为中国上海港,卸货港为也门荷台达港(Hodeidah)。货物运抵目的港顺利交货后,重庆公路公司未能按约向捷喜货代公司支付运输协议下的应付费用。2015年2月4日,重庆公路公司向捷喜货代公司出具付款承诺书,称由于也门局势不稳定和沙特国王突然离世,其无法在约定时间内从沙特项目基金收到工程预付款,故而拖欠捷喜货代公司费用,并承诺将于2015年3月2日前付清所有拖欠费用,但此后并未支付。庭审中,重庆公路公司以目的港所在国也门发生战乱为由,主张援引不可抗力免责。经查,涉案货物原本将用于重庆公路公司在也门承接的阿姆兰—亚丁高速公路项目建设,该项目团队人员在2015年3月的也门撤侨事件中已撤回国内,项目因此搁置。

[问题]

发生不可抗力委托人是否能够免除义务。

[法律规定]

《民法典》第五百六十三条规定:"有下列情形之一的,当事人可以解除合同:(一)因不可抗力致使不能实现合同目的。"

[法律运用和结果]

上海海事法院审理认为,《民法典》第五百六十三条规定,因不可抗力致使不能实现合同目的,当事人可以解除合同。本案中,目的港所在国发生战乱,影响的是公路建设项目,重庆公路公司的偿付能力因此受到波及,但其不能因为无法收到公路建设项目下的合同款项而免除向捷喜货代公司承担的付款义务。故判决重庆公路公司支付所拖欠的费用。二审维持原判。

案例改编自2022年3月1日人民法院报"准确界定合同当事人责任和风险负担",上海捷喜国际货物运输代理有限公司与重庆市公路工程(集团)股份有限公司海上货运代理合同纠纷案,【一审案号】(2015)沪海法商初字第1668号,【二审案号】(2016)沪民终4号。

第五节 合同的消灭

合同的消灭(termination of contract)指合同当事人双方所确立的合同关系的消灭。当事人既可以经一定的法律程序和因一定的法律事实而设立民事权利义务关系,也可因一定的法律事实并经一定的法律程序而消灭相互的民事权利义务关系,即终止合同。因此,我国《民法典》合同编对于合同的消灭使用的是"合同的权利义务终止"这一概念。这和大陆法系、英美法系的规定是有所不同的。现将各国有关规定分述如下:

一、大陆法系的规定

如前所述,大陆法系各国将合同作为债的一种,因此大陆法系国家把合同的消灭包括在债消灭范畴之内,也因此其法典中也仅就债的消灭作出规定,而没有专就合同的消灭作出规定。大陆法各国除了认为合同的撤销、解除以及履行不可能等，均可作为债的消灭的原因之外，还在民法典或债务法典上对债的消灭的各种原因作了具体的规定。如《法国民法典》第 1234 条规定，有下列情况之一时，债消灭：① 清偿；② 更新；③ 自愿免除；④ 抵销；⑤ 混同；⑥ 标的物灭失；⑦ 撤销或解除；⑧ 解除条件成就；⑨ 时效完成。《德国民法典》规定债的消灭原因有清偿、提存、抵销及免除。《日本民法典》的规定为五项，前四项与德国法规定相同，第五项为混同，等等。择要介绍如下：

（一）清偿

清偿（payment）就是债务已按约定履行，当债权人接受债务人的清偿时，债的关系即消灭。

由合同债务人向债权人履约为清偿自无异议，但大陆法系国家法律原则上也允许债务人以外的第三人向债权人清偿债务。《德国民法典》第 267 条规定，凡给予无须债务人亲自履行者，亦得由第三人履行。但如果由于债的性质必须由债务人亲自履行者，则不能由第三者履行，如提供个人劳务的特定合同。

清偿标的一般应是合同规定的标的，"借钱还钱，借粮还粮"自为常情。但是如果债权人同意，债务人也可以用规定的标的以外的物品来清偿，同样达成债的消灭效果。例如《德国民法典》第 364 条第 1 款规定：债权人受领他种给付以代原定的给付者，其债的关系消灭。《日本民法典》也有类似的规定。

另外，大陆法各国法律还对清偿的地点、期间、费用等事项作了规定。

（二）免除

免除（release）系债权人放弃债权，债为之消灭。免除是否需要债务人的同意才生效，各国法律规定有所不同。《日本民法典》第 519 条规定，债权人对债务人表示免除债务的意思时，其债权消灭。《意大利民法典》第 1236 条规定则有所不同："债权人免除债务的意思表示通知送达债务人时，发生债的消灭，但是，被通知的债务人在适当期间内不愿接受该意思表示的不在此限。"

按法国法，免除可以针对部分债务人发生效力，这种情况下债务仅部分消灭："债权人为连带债务人中的一人的利益而以契约免除或解除其债务时，其连带债务人的债务亦被免除或解除，但债权人明示保留其对其他连带债务人的权利者，不在此限。"（《法国民法典》第 1285 条）。

（三）抵销

抵销（set off）是指合同当事人双方互负到期债务时，各方以其债权冲抵其债务的清偿，从而使其债务与对方的债务以相等数额相互消灭。抵销是债的消灭的原因之一。大陆法各国债的抵销方式有以下几种：① 约定抵销。即互负债务的双方依合同的约定，将各自债务进行抵销；② 单方意思表示抵销。德国、日本民法典及瑞士债务法典均认为，双方互负债务，任何一方当事人均得以意思表示通知对方进行抵销；③ 法定抵销。《法国民法典》第290条规定双方互负债务时，"债务人双方虽均无所知，依法律的效力依然可以发生抵销。"

（四）混同

混同(merger)指合同的权利人和义务人合二为一，也就是说，债权债务同归于一人，某人既享受合同的权利又承担合同的义务。合同双方主体合为一人时，合同关系实际上就不存在了，合同之债也就告消灭。《法国民法典》第1300条规定，如同一人就同一债兼有债权人与债务人的资格时，依法律发生混同，债权债务均归于消灭。《意大利民法典》第1253条也规定，当债权人与债务人合并为一个人时，债务消灭。为债务人提供担保的第三人被解除责任。

但是，在某些特殊情况下，虽然债权债务发生混同，但债的关系并不因此而消灭。《日本民法典》第520条规定，"债权及债务归于一人时，其债权消灭。但是，其债权为第三人权利标的时，不在此限。"例如：某A将其对B的债权，出质于C，成为C的质权的标的，日后即使B继承了A的债权，债权债务已发生混同，但出质的债权并不因此而消灭。这是为保护第三人C的利益。《意大利民法典》第1254条也规定，混同不得损害获得用益权或者债权质押权的第三人的利益。

（五）提存

提存(deposit)指债务人在义务已到履行期，因债权人无正当理由而拒绝接受其履行，或因债权人的身份地址不明等原因而无法向权利人履行义务的，通过一定的程序将其履行义务的标的物送交有关部门的行为。提存后，债务人免去了自己的义务，其与债权人之间的合同关系即告消灭。《德国民法典》第372条规定，债权人负受领迟延责任时，债务人得为债权人的利益将应给付的金钱、有价证券、其他权利证书以及贵重物品提存于公共提存所。其他因债权人的原因，或非因债务人的过失而不能确定谁是债权人，以致不能清偿其债务或不能安全清偿者，亦可按此办理。

提存的法律效力有：① 债务人责任免除。标的交提存机关后，债权人不能再向债务人请求清偿。② 风险转移。提存后，标的物的风险即由债权人承担，如发生损坏或灭失，债务人概不负责。③ 费用负担。标的物寄存于提存机关期间所产生的一切费用，均由债权人负担。

债务人提存后，应立即将有关情况通知债权人，否则致债权人蒙受损失，债务人须负赔偿责任。但如债务人无法通知者（如债权人不明），不在此限。

二、英美法系的规定

英美法关于合同消灭的方式包括：

（一）合同因协议而消灭

合同因协议而消灭包括以下情形：① 以新合同替代原合同，则原来的合同的权利义务即告消灭；② 更新合同，通常由至少一个新的当事人参加原合同，原合同权利义务的参加者有变化，如此，原合同告消灭；③ 解除，当事人在合同中约定的解除条件成就，合同告解除；④ 放弃，一方当事人自愿放弃合同权利，因而解除他方的义务。

（二）合同因履行而消灭

合同得以履行，当事人间的权利义务关系消灭。

（三）合同因违约而消灭

由于一方违约，且违约情形严重，使对方取得解除合同的权利，合同解除，当事人间的权利义务关系也告消灭。

（四）履行不能

履行不能是美国合同法中使当事人被免除履行合同的义务的一种制度。美国《统一商法典》第2—615条对此加以规定。因履行不能免除当事人的履约义务，合同可告消灭。

（五）依法使合同归于消灭

依法律规定使合同归于消灭的情况主要有：① 合并。如以内容相同的签字蜡封式的合同取代口头订立的合同，或者合同的权利义务归属同一个人，合同告消灭；② 破产。依破产法规定，合同义务人宣告破产，其合同义务解除；③ 擅自修改书面合同，对方即可解除责任，合同义务消灭。

综上所述，英美法合同消灭通常涉及履行不能、合同变更及合同解除范畴。美国法更多使用的是终止和解除两个概念。两者都可使合同消灭，但这两个概念又有所区别：合同的解除使原来订立的合同不复存在，因而双方在经济上应恢复到合同订立之前的状态，而合同终止一方面确认了已订立的合同的存在，另一方面使合同自终止之日起不再有效。

三、中国法律的规定

关于合同消灭，我国《民法典》使用的概念是"权利义务终止"，理论上可以合同终止代称之。《民法典》第五百五十七条规定有以下情形之一的，债权债务终止：① 债务已经履行；② 债务相互抵销；③ 债务人依法将标的物提存；④ 债权人免除债务;⑤ 债权债务同归于一人;⑥ 法律规定或者当事人约定终止的其他情形。合同解除的,该合同的权利义务关系终止。

上述合同终止的大多数原因在介绍大陆法合同消灭的原因时已提及,在此不作重复。我们仅补充性地对第六种情形(法律规定或者当事人约定终止的其他情形)作个说明。所谓其他情形指前述五种情形以外的其他依法律法规或当事人约定可导致合同终止的情况。一般来说,这些情形至少包括以下几种:① 合同所依据的法律或者国家计划被修改或者国家制定了新的法律,这种情况下继续履行合同就可能违反法律,则当事人可通过解除合同终止权利义务;② 由合同性质和内容决定当事人权利义务的终止。有的合同条款或者合同性质决定专为一方当事人利益而订立的,这样当事人通过放弃自己的利益而解除合同。如租住公房的人不再需要住房就可以提前终止租赁关系;③ 合同权利义务有严格的人身性质(如演出合同),当该当事人死亡时,该合同即告终止;④ 法律规定的其他情形。如保险法规定被保险人或者受益人在未发生保险事故的情况下,谎称发生了保险事故,向保险人提出赔偿请求的,保险人有权解除合同,等等。

我国《民法典》第五百五十八条规定,债权债务终止后,当事人应当遵循诚信等原则,根据交易习惯履行通知、协助、保密、旧物回收等义务。这表明,合同无论因何种原因终止,依合同约定的权利义务是消灭了,但依诚实信用原则,当事人仍应承担某些特别义务:① 通知义务。合同终止后,当事人应根据具体情况,将有关事项通知对方,如因提存而终止合同,义务人应将提存的时间、接受提存的机关等情况通知债权人,以不使债权人的利益受损;② 协助义务。为妥善处理合同终止后的各种事务,双方当事人互有协助的必要。如承运人依约完成运输任务后,向托运人提供收货人已经收取货物的证明就是一种协助义务;③ 保密义务。当事人不得以任何方式将因订立或履行合同而了解、掌握的对方当事人的商业秘密告诉他人或公之于众,否则要承担损害赔偿责任;④ 其他义务。因交易性质、行业惯例不同及要求,可能因合同终止后产生的其他义务,如提供住宿服务的业主对客人遗留的物品有妥善保管的义务。

案例分析

[案情]

原告 T 公司为了完成在西班牙承揽的工程,通过阿里巴巴网站搜索并找到被告及公司,双方通过交流达成合意,原告向被告购买 LED 显示屏,显示屏要求使用品牌为 Nationstar 灯珠。被告需将灯珠的购货证明发给原告 T 公司,双方同时约定产品应当在进行老化程序后指派代表随机抽取一份样品送到 Nationstar 原厂,由原出厂厂家检查是否正品后交付。但是,在原告收到被告的样品后,发现被告向原告提供的样品并非品牌产品,被告提供了虚假的检测报告来骗取原告对产品质量的信任。被告亦知情其提供的产品为假货,自一开始就有欺诈的故意。经多次谈判,原被告双方达成了第二次协议,要求被告重新提供 Nationstar 的购买证明并允许原告在后续测试中随机抽查产品并核实真伪。但是,被告随后提供的购买证明为伪造并不能按照合同要求提供测试。鉴于此,原告根据阿里巴巴平台的信用保障规则的约定,向杭州阿里巴巴平台提出纠纷调处申请,但平台方在 7 个月的过程中并没有按照承诺保障原告 T 公司的利益。争议无法协商处理后,原告委托了京师深圳涉外进出口法律事务部律师参与诉讼,律师代理原告向深圳市前海合作区法院提起对被告和杭州阿里巴巴广告有限公司的诉讼。启动诉讼后,阿里巴巴提出主管异议,理由是原告和杭州阿里巴巴平台签约的电子协议中含有仲裁解决争议条款,因此仲裁或者诉讼产生了主管冲突,无奈之下,原告遂撤回对杭州阿里巴巴广告有限公司的起诉。律师代理原告向法庭提交了双方之间的邮件以及沟通记录、转账记录以及律师函等主要证据,请求法院判决 1) 双方之间的合同解除;2) 被告 R 公司返还货款;3) 被告 R 公司赔偿利息损失;4) 被告 R 公司赔偿违约损失;5) 被告 R 公司承担本案的诉讼费用和翻译费。

[问题]

合同是否能够解除?

[法律规定]

《民法典》第五百八十五条。

[法律运用]

1. 对于原告主张的解除合同并要求被告返还货款的请求。被告在合同履行过程中,未能遵循诚实信用原则,未能适当履行合同约定义务,最终亦未能按照约定向原告交付产品,原告有权解除合同,要求被告返还货款。本院予以支持;2. 对于原告主张的赔付利息损失的请求。被告收取原告支付的货款未能履行合同,原告存在资金被占用的利息损失,本院予以支持;3. 对于原告主张的赔偿损失和公证费等支出的请求。一般情况下,根据《民法典》第五百八十五条,合同中没有约定一方违约时向对方支付违约金的,则守约方不能向违约方主张违约金。在本案中,原告虽未对损失提供证据证明,合同当事人亦未约定违约责任,但被告至今仍未履行合同约定,法院认定被告违约严重。被告承认涉案产品已经大幅涨价,重新采购涉案产品将支出更多价款,且原告为本案支出公证认证费、翻译费等属于客观事实。综上,法院对原告主张的上述赔偿,酌情合计支持＊＊美元。法院判决:一、解除原告T公司与被告R公司之间的买卖合同;二、被告R公司于本判决生效之日起七日内向原告T公司返还货款＊＊美元及利息;三、被告R公司于本判决生效之日起七日内赔偿原告T公司损失＊＊美元;四、驳回原告T公司的其他诉讼请求;五、驳回被告R公司的反诉请求。

案例改编自《华律网》2022年6月27日发布的"国际货物买卖合同纠纷案例"。

[案情]

上诉人第一安全人寿保险公司于1969年4月24日向被上诉人的丈夫塞缪尔·E.基恩出售了一张人寿保险单。该被保险人于1971年1月6日死于心肌梗塞。被上诉人作为受益人把保险单交给该保险公司以便得到赔偿金。该保险单规定,该保险公司对受益人付费的"初步数额"为8 250美元,"最终数额"为16 500美元。上诉人声称,该公司在制作这张保险单时把这两个数字的位置颠倒了。正确的表示应当是:初步数额为16 500美元,而最终数额为8 250美元。这一错误所导致的后果是,该公司按现有的保险单的规定,要多付给受益人16 500美元。因为保险单规定:如果被保险人在投保后的10年内去世,保险公司应向受益人支付的款项为最终数额的两倍。上诉人要求把这个错误改正过来。基恩太太拒绝这一要求,并向法院起诉,要求强制执行保险单的条款。

上诉人的举证是:该保险公司在制作基恩先生的保险单时填写的工作记录证实,保险单上的最终数额是8 250美元。基恩先生每半年支付的人寿保险费略高于1 000美元,他的年龄是53周岁。按公司的B类表格计算,像他这样的情况,保险单上所载的最终数额应为8 250美元。

法院查明:基恩先生从没有见过前述的工作记录。无法认定基恩先生对公司B类表格的确切理解。

[问题]

保险公司应该支付受益人多少保险金为宜?

[法律依据]

美国《第二次合同法重述》第152条。

[法律运用及处理结果]

本案是一个典型的单方错误案例,即保险人(上诉人)一方的错误,由于无错误的一方不知道也没有理由知道另一方的错误,根据美国《第二次合同法重述》第152条规定:如果当事人双方在合同订立时的错误就是合同赖以订立的基本假定而发生的,该错误对双方同意的对于履行的互换有重大影响,那么受到不利影响的一方便可以使该合同归于无效,除非他已经根据第154条陈述的规则承担了发生这种错误的风险。因此,合同(保险单)仍有效。

上诉法院维持初审判决:基恩太太胜诉。保险公司以发生错误为由改变合同(保险单)的要求不予支持。

[值得注意的问题]

此类案件在不同国家依据不同的法律是会得出不同的判决的,这是应该注意的。

(案例改编自王军《美国合同法判例选评》,中国政法大学出版社 1995 年版)

第六节 联合国电子商务示范法

一、联合国电子商务示范法的发展历史

1991 年,联合国国际贸易法委员会下属的国际支付工作组开始负责制定一部世界性的电子数据交换(EDI)统一法。1993 年,该工作组全面审议了《电子数据交换及贸易数据通信手段有关法律方面的统一规则草案》。为切实解决全球电子商务所遇到的法律冲突,消除各国电子商务立法出现的新的冲突和规则上的不统一,适应各国对 EDI 统一法的迫切要求,1996 年联合国国际贸易法委员会大会决定,将法案名称改为《联合国国际贸易法委员会电子商务示范法》(The United Nations Commission on International Trade Law Model Law on Electronic Commerce,以下简称《电子商务示范法》)。1996 年 12 月 16 日,联合国国际贸易法委员会第 85 次全体大会通过了《电子商务示范法》,该法是第一个世界范围内的电子商务的统一法规,其目的是向各国提供一套国际公认的法律规则,以供各国法律部门在制定本国电子商务法律规范时参考,促进使用现代通信和信息存储手段,诸如电子数据互换、电子邮件和传真。其基础是建立"书写""签名"和"原件"等纸面化概念的等同功能。

《电子商务示范法》分两部分,共 17 条。第一部分为电子商务总则,共三章,即一般条款;对数据电文的适用法律要求;数据电文的传递。涉及电子商务中数据电文、电子数据交换(EDI)的定义,数据电文的法律承认,电子合同、电子签字的效力,电子证据的原件、可接受性和证据力,数据电文的确认收讫、发出和收到数据电

文的时间和地点等问题。第二部分为电子商务的特定领域,主要涉及货物运输中的运输合同、运输单据、电子提单的效力和证据效力等问题。

二、《电子商务示范法》的主要内容

《电子商务示范法》共分为两部分,第一部分涉及电子商务总的方面,共三章15条。

第二部分只有一章2条,它涉及货物运输中使用的电子商业,本文仅就第一部分的条款作介绍。

第一章"一般条款",包括适用范围、定义、解释、经由协议的改动等四个条款;第二章"对数据电文的适用的法律要求",包括对数据电文的法律承认、书面形式、签字、原件、数据电文的可接受性和证据力、数据电文的留存;第三章"数据电文的传递",包括合同的订立和有效性,当事各方对数据电文的承认,数据电文的归属、确认、收讫、发出和收到数据电文的时间、地点等五个条款。

(一) 一般条款

1. 适用范围

《电子商务示范法》适用于在商业活动方面使用的以一项数据电文为形式的任何种类的信息。

包括以电子技术为基础的各种各样通信手段生成、储存或传递信息的情况,而不限于某一特定的形式或手段。

2. 商业的界定

《电子商务示范法》对于商业的界定:商业性质的关系包括但不限于下列交易供应或交换货物或服务的任何贸易交易,分销协议,商业代表或代理,客账代理,租赁,工厂建造,咨询,工程设计,许可贸易,投资,融资,银行业务,保险,开发协议或特许,合营或其他形式的工业或商业合作,空中、海上、铁路或公路的客、货运输。这一界定对"商业"一词作了广义的解释,使其包括不论是契约性或非契约性的一切商业性质的关系所引起的种种事项。

3. 相关定义

在本章第2条中,该法对"数据电文""收件人""电子数据交换""发端人""收件人""中间人""信息系统"等词均作了定义。

(1) 数据电文的定义。"数据电文"系经由电子手段、光学手段或类似手段生成、储存或传递的信息,这些手段包括但不限于电子数据交换、电子邮件、电报、电传或传真。

（2）电子数据交换的定义。"电子数据交换"系指电子计算机之间使用某种商定标准来规定信息结构的信息电子传输。

（3）发端人、收件人定义。一项数据电文的"发端人"系可认定为发送或生成该数据电文的人；被代表发送或生成该数据电文的人；对数据电文予以储存的人；但不包括作为中间人来处理该数据电文的人。一项数据电文的"收件人"系指发端人意欲由其接收该数据电文的人。

（4）中间人的定义。"中间人"，就某一特定数据电文而言，系指代表另一个发送、接收或储存该数据电文或就数据电文提供其他服务的人。

（5）信息系统的定义。"信息系统"系指生成、发送、接收、存或用其他方法处理数据电文的人。

《电子商务示范法》提醒各国对该法作出解释时，应考虑到其国际渊源以及促进其统一适用和遵守诚信的必要性。合同各方对本法有关电子商业的规定享有另作规定的自主权，但这种自主权不适用于该法对数据电文的适用法律要求。

（二）对数据电文的适用法律要求

1. 对数据电文的法律承认

《电子商务示范法》第5条规定，不得仅仅以某项信息采用数据电文形式为理由而否认其法律效力、有效性或可执行性。不应歧视数据电文，应同等对待数据电文与书面文件。

2. 书面形式要求

《电子商务示范法》第6条规定，如果法律要求信息须采用书面形式，或规定了信息不采用书面的后果，那么只要一项数据电文所含信息可以调取以备日后查用，即满足了该项要求。该法扩大了法律对"书面"一词所下的定义，使电子数据能纳入书面范畴。传统的书面文件包括书面的合同、协议和各种书面单据如发票、收据等，它们是由有形的纸张和文字表现出来，具有有形物的特点。如文件可以被阅读，可以用笔签字证明合法有效。而数据电文的表现形式是通过调用储存在磁盘中的文件信息，利用电脑显示在屏幕上的文字来表现，电子文件的存在介质是电脑硬盘或软盘介质等。电子商务产生的非纸质的数据电文与传统的书面文件相差很大，《电子商务示范法》该条的规定，认为只要符合书面形式功能的东西便可视为书面形式，而不论它是"纸"还是"电子数据"。由此可见，《电子商务示范法》对数据电文的最基本的要求是信息可以阅读或复制。

3. 签字

《电子商务示范法》第7条规定，如果符合下列两种情况，数据电文就满足签字的基本法律要求。如果数据电文的发端人或收件人使用了一种方法,其效果是既鉴定了该人的身份,又表明了该人认可了数据电文内含的信息,并且从所有各种情况来看,包括根据任何相关协议,所用方法是可靠的,对生成或传递数据电文的目的来说也是适当的。

4. 原件

《电子商务示范法》第 8 条规定了数据电文原件的特点。如果把数据电文的"原件"界定为信息固定于其上的媒介物,则根本不可能谈及任何数据电文的"原件",因为数据电文的收件人所收到的总是该"原件"的副本。与传统的书面原件之规定有所不同。书面形式的原件一般应具有下列特点,即除了具有可阅读、复制和保存的特点外,它还能确保其所载的原始数据的完整性与不被改动性。《电子商务示范法》确定了数据电文"原件"的概念。该条强调了作为数据电文原件信息的完整性,规定了在评定信息完整性的标准应当是除加上背书及在通常传递、储存和显示中所发生的任何变动外,有关信息是否保持完整,未作改变;并且应根据生成信息的目的和参照所有相关情况来评定所要求的可靠性标准。该条对物权凭证、流通票据和金融交易电子合同等具有重要意义,因为它们必须是原样未被改动的,以"原件"形式传递,这样才能保证在国际商业往来中当事人广泛的合法权益。

5. 数据电文的证据力、可接受性和留存

《电子商务示范法》第 9 条充分肯定了数据电文在法律诉讼中作为证据的可接受性,同时,也确立了数据电文的证据价值。第 10 条针对现有的信息储存要求确立了一套留存替代方法。

(三) 数据电文的传递

1. 合同的订立、有效性和对数据电文的承认

《电子商务示范法》第 11 条规定,除非当事人另有协议,合同各方仍需要通过数据电文的要约和承诺的方式来缔结合同,并不得仅仅以使用了数据电文为理由而否认该合同的有效性或可执行性。

该法扩大了以电子手段订立合同的法律可靠性,而对以数据电文形式订立合同时合同成立的时间和地点问题并未作出具体的规定,从而有利于避免与某些关于合同订立的国内法的不一致。

该法第 12 条是对第 11 条的补充,规定发端人和收件人应承认以数据电文形式作出的单方面声明或陈述的法律效力。

2. 数据电文的归属

为了确保数据电文的真实性、完整性、不可篡改性和抗否认性,目前,通过对数

据电文编码、加密、认证中心的认证等手段来核查,防止假冒或欺诈等事件发生。

《电子商务示范法》第 13 条对数据电文的确认、核实等方面作了较具体的规定。一项数据电文,如果是由发端人自己发送或由有权代表发端人行事的人发送的,或由发端人设计程序或他人代为设计程序的一个自动运作的信息系统发送的,即为该发端人的数据电文。也就是如果满足以上两个条件,则收件人有权将一项数据电文视为发端人的数据电文,并按此推断行事为了确定该数据电文是否为发端人的数据电文,收件人正确地使用了一种事先经发端人同意的核对程序;或收件人收到的数据电文是由某一人的行为而产生的,该人由于与发端人或与发端人的代理人的某种关系,得以动用本应由发端人用来鉴定数据电文确属源自其本人的某一方法。但有两种例外情况,一是收件人收到通知,知道有关数据电文非发端人发出;二是由于发端人或收件人疏忽,数据电文未经授权被发出,则当事方要自己承担责任。

3. 确认收讫

如发端人未与收件人商定以某种特定形式或某种特定方法确认收讫,可通过以下形式来确认:收讫收件人任何自动化传递或其他方式的传递,或足以向发端人表明该数据电文已经收到的收件人的任何行为。

4. 发出和收到数据电文的时间和地点

在电子通信网络的电子商务往来中,确定一项数据电文发出和收到的时间和地点十分重要。《电子商务示范法》第 15 条规定,数据电文发出时间应是该数据电文进入发端人控制范围之内某一系统的时间;数据电文发给了收件人的一个信息系统但不是指定的信息系统,则以收件人检索到该数据电文的时间为收到时间。

除非发端人与收件人另有协议,数据电文应以发端人设有营业地的地点视为其发出地点,而以收件人设有营业地的地点视为收到地点。

如发端人或收件人有一个以上的营业地,应以对基础交易具有最密切关系的营业地为准,如无任何基础交易则以其主要的营业地为准,如发件人或收件人没有营业地,则以其惯常居住地为准。

案例分析

[案情]

新乡市某商贸公司成立于 2018 年 3 月 12 日,系案涉注册商标所有权人,该公司在公安机关印章管理部门备案其唯一使用的公章及防伪数字编码、防伪纹线。2019年9月,郑某某以上述商标权被侵害为由,投诉了3个链接。2019年11月14日,郑某某再次以该商标权被侵害为由,于一天之内发起大量投诉,投诉理由均为"商标-假货-不存在此样式或型号",投诉涉及众多商家平台。在投诉时,郑某某向原告平台提供《知识产权侵权投诉授权委托书》,其中印章虽有新乡市某商贸公司名称,但无防伪数字编码和防伪纹线。11月14日,新乡市某商贸公司以QQ电子邮件形式向原告公司发送《唯一投诉账户声明函》《撤销投诉函》等材料,以阻止郑某某继续侵权投诉。后经双方当事人在法庭里打开网络系统核查,发现郑某某提出的投诉总数有3 665个,其中有627个是经过原告公司重复处理的。在去重后的3 038个投诉中,有7个打不开的无效链接。在3 038个投诉中,内容中出现案涉商标字样的有1 881个,没有出现的有1 461个。

[法律问题]

1. 恶意投诉违约赔偿;2. "十五日静默期"规则的理解。

[法律规定]

《中华人民共和国电子商务法》第四十二条,《中华人民共和国电子商务法》第四十三条。

[法律运用]

根据《中华人民共和国电子商务法》第四十二条规定,电子商务平台经营者接到通知后,应当及时采取必要措施,并将该通知转送平台内经营者;未及时采取必要措施的,对损害的扩大部分与平台内经营者承担连带责任。因通知错误造成平台内经营者损害的,依法承担民事责任。恶意发出错误通知,造成平台内经营者损失的,加倍承担赔偿责任。在本案中,原告某(中国)公司提起的诉讼非侵权之诉,系违约之诉,应从违约构成要件来判断案涉投诉行为的合法性。首要的问题是作为请求权基础之网络服务合同是否具有法律效力的问题。被告郑某某在某(中国)公司知识产权保护平台注册成为用户时,采用勾选同意的操作步骤,与原告某(中国)公司签署《知识产权保护平台使用协议》。案涉协议系格式条款的服务合同,并未违反国家法律禁止性规定,亦不存在明显免除己方责任、加重对方责任、排除对方主要权利的内容。该协议系双方真实意思表示,合法有效,双方均应依约行使合同权利、履行合同义务。案涉《知识产权保护平台使用协议》约定之权利义务具有一致性,在平台规则事先明示协议和规则内容的情况下,权利和义务是对等的。某(中国)公司作为某平台运营方,有权根据协议条款之约定,向提交虚假资料、错误投诉的注册用户提起违约赔偿之诉。本院综合考虑据以投诉的资料系虚假资料、针对没有使用案涉商标的店铺进行错误投诉、错误投诉造成某平台损失等因素,依法认定郑某某的行为已构成违约。本院认为,根据《中华人民共和国电子商务法》第四十三条规定,司法机关在实践中应当有效指引电商平台提高对恶意投诉行为的排查效率,否则会导致被投诉经营者的经营损失扩大,同时也限制了电商平台在处理纠纷中的主观能动性,从而导致投诉人和平台内经营者的利益出现失衡现象。在本案中,某(中国)公司在恶意投诉发生的次日,即迅速组织工作团队展开人工排查,及时遏制恶意投诉给平台内经营者造成的损失,其采取的相应措施没有违反法律规定。本院冀希望某(中国)公司进一步提高工作效率,完善投诉处理机制,有效通知被投诉经营者申报损失,及时保全经营者具体损失的证据,为今后的诉讼维权作好充分的准备,让《知识产权保护平台使用协议》的约定落到实处,以维护平台内众多经营者的合法权益。综上,法院判决:被告郑某某在本判决生效之日起十日内向原告某(中国)公司赔偿 30 000 元。判决后,当事人均服从法院判决未提起上诉,判决已生效。

案例改变自:杭州互联网法院(2020)浙 0192 民初 8031 号(一审)。

【本章思考题】

1. "国际商事合同"的"国际性"与"商事"的含义如何理解?
2. 我国法律对国际商事合同的法律适用问题作怎样的规定?
3. 如何理解合同履行的诚实信用原则?
4. 大陆法系中有关合同的"不安抗辩权"与英美法的"预期违约"有何不同?
5. 实施合同违约救济的损害赔偿应掌握哪些法律原则?
6. 英美法系的"合同落空"制度如何理解?
7. 《电子商务示范法》中对书面形式的要求与传统合同的书面形式有何区别?

案例思考题:

案例一

A 与 B 签订合同,约定 A 在 12 月 1 日以前交付给 B 100 台机床。B 应付货款 56 000 美元。订约后不久,A 于 7 月 1 日通知 B:"因国际市场机床价格上涨,除非你方同意届时支付 60 000 美元,否则我方不能交货。"B 回复 A,表示不能同意提价,坚持应按原订合同履行。B 于当天(7 月 1 日)咨询了另一供应商 C,C 表示愿意在 12 月 1 日以前供应 100 台相同机床,价格为 59 000 美元。B 当时未与 C 订约。至 12 月 1 日,A 未向 B 交付机床。B 只得在国际市场上以时价 64 000 美元购买进所需的 100 台机床,并起诉 A,要求 A 承担 B 的损失。B 的索赔要求中除了高价购进替代物的差价外,还要求 A 承担 B 12 月 1 日后临时购买的额外费用 3 000 美元。

请问,B 可否向 A 索赔?如果可以的话,法院将会支持 B 的多少索赔数额?为什么?

案例二

重庆某食品加工厂与香港某贸易公司签订食用猪油买卖合同,约定由香港公司提供美国产食用猪油 50 吨,每吨单价 12 000 元,由深圳皇岗口岸入关后交货,猪油质量应符合国家食品卫生标准。香港公司将本地产工业猪油改头换面进行分装,贴上美国产食用猪油标签,将这批猪油放在集装箱车里层,又将部分美国原产食用猪油放在集装箱车外层,企图蒙混过关。猪油从深圳入关以后,因无法租到停车场,不能验货,双方商定货到重庆后,再进行检验。集装箱车进入重庆市时,边界卫生检疫站检验发现该批猪油系工业猪油,食品加工厂即与香港公司联系,提出拒绝收货,并要求香港公司速到食品加工厂处理善后事宜。集装箱车开往食品加工厂途中,经过某大桥时,大桥桥梁突然断裂,集装箱车翻入江中,汽车、货物全部损失。香港公司到重庆后,提出工业猪油也有利用价值,现因食品加工厂押运失职导致汽车、货物已全部毁损,不仅不退回货款,反而要求食品加工厂赔偿集装箱车。

你认为该案应如何处理?为什么?

(案例来源:广东外语外贸大学——www3. gdufs. edu. cn)

第四章 国际货物买卖法

教学要求

本章要求掌握《联合国国际货物销售合同公约》的主要内容、适用范围以及中国加入时的保留;理解国际货物销售合同的成立、卖方与买方的权利和义务、违反货物买卖合同的救济办法以及国际货物买卖中货物所有权和风险的转移。

第一节 国际货物买卖合同概述

一、国际货物买卖合同的概念

国际货物买卖是国际商事交易中最重要且数量最大的一种,也是最古老的国际商事交易形式。与国内货物买卖相比,国际货物买卖具有以下几个特点:一是当事人位于不同的国家,他们之间缺乏了解、缺乏信任;二是当事人所处国家的法律制度不同,由此导致当事人的权利义务不同,争议解决方法不同,而且争议解决的时间长、难度大;三是国际货物买卖需要经过长距离运输,货物较长时间处于第三人控制之中,程序增多,风险增大;四是货物与货物的有关单据是分别处理的,具有不同的法律效力;五是货款支付一般很少即时清结;六是货物交付一般很少是买卖双方直接交接,通常需要通过第三人转交,转交时质量有可能发生变化。国际货物买卖要成立,需要通过当事人签订相应的合同。根据以上国际货物买卖的特点,我们可以定义国际货物买卖合同为营业地处于不同国家的当事人之间所订立的货物买卖合同。这里应当指出的是,国际货物买卖合同中的"国际",与国际法中的"国际"不同。国际法中的"国际",指的是主权国家之间;国际货物买卖合同中的

"国际",不要求合同当事人的国籍属于不同的国家,而是指双方当事人的营业地处于不同的国家。有时双方当事人是同一国人,但是因为双方的营业地在不同的国家,其签订的合同仍是国际货物买卖合同。

二、国际货物买卖法的概念和渊源

国际货物买卖法是指调整国际货物买卖关系的法律规范的总称,既包括国际条约、国际贸易惯例,也包括各国有关货物买卖方面的法律规范。

(一)国际条约

鉴于各国的货物买卖法有所不同,发生法律冲突在所难免,这对于发展国际贸易是不利的。因此,统一调整国际货物买卖的法律法规一直是世界各国、各种贸易团体追求的目标。目前,比较有代表性的是国际统一私法协会(International Institute for the Unification of Private Laws,UNIDROIT)制定的《关于国际货物销售的统一法公约》《关于国际货物销售合同成立的统一法公约》和联合国国际贸易法委员会制定的《联合国国际货物销售合同公约》。《联合国国际货物销售合同公约》(Convention on contracts for the international Sales of Goods,CISG;以下简称《公约》)是联合国国际贸易法委员会在《关于国际货物销售的统一法公约》和《关于国际货物销售合同成立的统一法公约》的基础上,经过十多年酝酿起草的,于1980年在维也纳联合国外交会议上通过。截至2019年1月1日,《公约》已经有91个缔约国,其中包括除了英国以外的贸易大国。我国于1986年批准《公约》,是最早参加《公约》的国家之一。

(二)有关国际货物买卖的国际贸易惯例

《国际贸易术语解释通则》(以下简称《通则》)系由国际商会于1935年制定,是国际货物买卖部分影响最大的国际贸易惯例。《通则》的制定目的在于对国际贸易中所使用的主要术语提供一套国际通用的解释,以避免或减少因各国解释不同而导致的不确定性,使处于不同国家和地区的国际商事活动主体在合同中可以引用该通则以明确界定各自的义务并减少法律纠纷的风险。《通则》只适用于国际货物买卖中与交货有关的事项中的权利义务划分,且以当事人明确选择为适用前提。《通则》自制定以来先后作了八次修改,目前2020年版本(简称为"INCOTERMS2020")已生效。作为一种交易惯例,新版本的生效并不必然意味着旧版本的失效。在实际交易活动中,当事人仍可根据自身交易习惯选择适用旧版本或新版本。无论适用哪个版本,均要在合同当中指明具体版本编号,以免发生分歧进而引发纠纷。

三、国际货物买卖合同采用的形式

（一）大陆法系

在大陆法国家，普遍认为合同书面性的要求一般不适用于商业交易。大陆法系国家反倒非常重视国际贸易合同的解释和执行中的确定性，如苏联的法律规定了对外贸易合同严格的书面性要求和登记制度。

（二）英美法

英美法系的许多国家传统上要求合同采用书面形式。比如英国1677年《反欺诈法》、1893年《货物买卖法》，美国1896年《货物买卖法》以及1912年《统一商法典》（第2-201条）规定多数类型的合同应当以书面的形式签订。然而，1954年英国修改《货物买卖法》时放弃了书面性要求，这一规定被英联邦国家的法律所采纳。

（三）《联合国国际销售合同公约》

大多数参加《公约》草拟的代表认为书面形式要求不符合现代商业做法。但是，苏联坚持认为，需要保护长期以来采用的书面形式的涉外贸易合同签订方法。对于是否要采用书面形式作为国际货物买卖合同的形式的争议，《公约》采用了折中的方法。《公约》第11条规定："买卖合同无须以书面订立或书面证明，在形式方面也不受任何其他条件的限制。买卖合同可以用包括人证在内的任何方法证明。"《公约》第13条规定，为本《公约》的目的，"书面"包括电报和电传。但《公约》第21条第2款以及第29条第2款规定，协议的任何更改或终止必须以书面作出，不得采用任何其他方式。但是，一方当事人的行为，如经另一方当事人寄以信赖，就不得坚持此项规定。《公约》关于书面性的要求，并未明确规定当事人必须以书面的形式签字。

《公约》第96条允许缔约国对第11条提出保留。《公约》第96条规定，"本国法律规定销售合同必须以书面订立或书面证明的缔约国"在加入公约时，可以声明《公约》第11条关于任何要约、承诺或其他意思表示得以书面以外任何形式作出的任何规定不适用，如果任何一方当事人的营业地是在该缔约国内。

我国在参加《公约》时对上述《公约》第1条第(1)款b项，关于国际私法规则可以导致《公约》适用的规定作出保留，意在限制《公约》适用，从而扩大中国国内法适用机会。根据这一保留，中国当事人与来自非《公约》缔约国当事人之间订立的销售合同争议，没有就法律适用问题达成协议，法院根据冲突法的指引决定适用中国的法律时，只能适用中国国内法，而不是《公约》。

我国还对《公约》第11条关于销售合同无须以书面订立或书面证明，在形式方面不受任何其他限制的规定作了保留,以避免同当时涉外经济法关于涉外经济合同必须以书面形式订立的规定相冲突。1999年《合同法》(现已失效)生效以后,其第十条规定当事人订立合同有书面形式、口头形式、其他形式,已经与《公约》第11条的规定相一致。中国政府于2013年1月16日向联合国秘书长正式提交了有关撤销我国在《公约》项下"书面形式"声明申请,并于2013年8月1日正式生效。至此,中国也与绝大多数《公约》缔约国一样不再要求国际销售合同必须采用书面形式。我国2021年1月1日生效的《民法典》第四百六十九条规定:"当事人订立合同,可以采用书面形式、口头形式或者其他形式。"也是不要求合同必须采用书面形式。

第二节 《联合国国际货物销售合同公约》的适用范围

一、《公约》适用的合同主体、客体

(一)《公约》适用的合同主体

《公约》适用的合同主体必须是营业地处于不同国家的当事人,而且该当事人所在国必须是《公约》的缔约国。也就是说,即使合同当事人的国籍可能是相同的,但是只要他们的营业场所处于不同的国家,合同就适用该《公约》。根据《公约》第1条第1款b项,如果当事人的所在国虽不是缔约国,但是因国际私法规则导致适用某一缔约国的法律,也适用《公约》。"因国际私法规则导致适用某一缔约国的法律",具体地说,就是合同当事人的所在国并不是缔约国,他们的合同发生争议本不应适用《公约》,但是,按照国际私法规则,该合同争议的解决需要适用另一国的法律,而另一国却是《公约》的缔约国,那么无论当事人是否在该国有无营业所,该合同也适用《公约》。比如两个都是非缔约国的公司或者一个是《公约》缔约国的公司,另一个不是,那么双方发生合同冲突时,可否适用《公约》呢?根据国际私法规则《公约》的扩大适用原则,如果法院地冲突规范指向缔约国法律,则仍然可以适用《公约》。

即使买卖双方的营业地所在国均不属于《公约》缔约国,《公约》仍然具有适用的可能性,这引起了一些《公约》起草者的担忧,他们担心如果冲突法规范的适用,会产生关于合同的订立应当适用一国法律,而合同的履行则适用另一国法律的后果。这可能意味着,只有一部分《公约》规则可能适用,但是《公约》的意图是为了创设一个统一的规则。因此,《公约》的最后条款中允许参加《公约》的国家,可以作出

保留,规定《公约》只可以适用于买卖双方营业地均属缔约国的情形。既然缔约国和冲突法规则均可以导致《公约》的适用,那么合同当事人可以通过在合同中写入法律适用条款,排除或者修改(opt out)《公约》的适用,也可以排除冲突法规则确定的准据法,而适用(opt in)《公约》。美国法院2001年审理的一个案件中,原告是一家美国公司,而被告是总部设在加拿大的跨国企业,合同的履行地在英属哥伦比亚,原告向加利福尼亚州的一个法院提起了诉讼,被告提出请求,要求将案件移送联邦法院,原告提出了反对。法院认为,美国和加拿大均属《公约》的缔约国,由于原告和被告的营业地分属美国和加拿大,因而,《公约》应当适用于本案。虽然当事人在合同中写入了法律选择条款,规定应当适用加利福尼亚州的法律,但是由于加州的法律中包含《公约》,因此法律选择条款并不排除《公约》的适用。在美国,联邦政府加入的《公约》优先于所有的州法适用,而美国各州的法院有权审理适用美国参加的条约的案件,因此,被告提出的移送请求被驳回了。

(二)《公约》适用的合同的客体

《公约》适用于国际性的货物销售合同。虽然《公约》没有直接对"销售"(sale)作出定义,但是,《公约》规定了卖方和买方的义务。卖方有义务交付货物,移交与货物有关的单据并转移货物的所有权,而买方有义务支付价款。《公约》采用营业地标准衡量买卖合同是否具有国际性。营业地处于不同国家的当事人之间订立了销售合同,适用该《公约》。不考虑国籍因素,不考虑货物是否发生了跨国运输,也不考虑合同的当事人发生的要约和承诺是否在不同的国家。营业地是指永久性营业地。如果当事人有数个营业地,与合同及合同履行联系最密切的营业地为营业地。例如:都是中国人出资开办的公司,一个依日本当地法律设立,另一个根据美国当地法律设立,这两个公司之间的货物买卖属于国际货物买卖。这两个公司与当地企业的货物买卖属于国内货物买卖。

二、《公约》排除的适用范围

(一)《公约》不涉及的法律问题

《公约》第4条规定,该《公约》适用于销售合同的订立,以及当事人因此种合同产生的权利义务。《公约》不适用于:合同及其任何条款的效力或任何惯例的效力;第三方请求权可能产生的影响以及所售货物对任何人造成伤害或死亡的产品责任。

1. 合同及其任何条款的效力或任何惯例的效力

对于合同是否有效问题,需要确定合同是否违法性问题以及当事人是否有缔约能力问题,关于这些问题各国法律规定差异较大。如各国法律都规定走私品的销售是违法的,但是什么是走私品,各国法律的认定有很大的差异。各国关于精神病人、未成年人以及无缔约能力者的国内规则同样存在相当的分歧。《公约》的起草者们意识到合同的合法性问题以及缔约能力问题的敏感性,这反映了一个文明所拥有的道德和文化价值。为了避免因《公约》而产生的分歧,这些问题被交给了国内法处理。

2. 第三方请求权和人身伤害

合同法中第三方请求权以及卖方对于其出售的产品而应承担的人身、财产损害赔偿责任,在不同国家法律中,同样存在相当大的争议。为了避免《公约》起草过程中出现无法解决的争议,《公约》回避了这些问题,将之交给国内法处理。

(二)《公约》不适用的交易及货物销售

1.《公约》不适用的交易

《公约》没有直接对"货物"作出定义。它规定了不适用《公约》的货物买卖。不适用《公约》的货物买卖包括三种交易形式:

(1)为个人、家庭或生活消费购买的货物。因为如果对于商场与外国人之间的交易适用不同的规定,将会产生双重标准问题;另外,大多数国家的国内法保护消费者利益,如果适用《公约》,这些保护措施将不能发挥作用。对于出卖方知道或明知购买的货物用于个人使用或个人消费,《公约》是不适用的。但是,如果卖方在订立合同前任何时候或订立合同时不知道且没有理由知道这些货物是供为个人、家庭或生活消费购买用途使用的,《公约》仍然适用。

(2)以拍卖方式进行的货物销售。在拍卖交易中,如何确定合同成立的时间是一个问题,这些交易由拍卖当地的专门规则调整,《公约》不予涉及。

(3)为强制执行而进行买卖或其他法律授权的货物买卖。和拍卖一样,强制执行中的销售以及其他根据强制令状进行的销售的交易本身非常特殊,因为它根本不涉及当事人之间经谈判达成的内容。这些交易都由当地的专门规则调整,《公约》不予涉及。

2. 不适用《公约》的货物买卖

不适用《公约》的货物买卖还包括三类商品的买卖:① 债券、股票、投资证券、可转让票据、货币;② 船舶、船只、气垫船和飞机;③ 电力。股票、债券、投资证券、可转让票据以及货币的交易不适用公约,因为这些交易由差别各异的本地规则调整,《公约》无法将涉及这些交易的规则统一到《公约》之中。船舶、气垫船、飞机以及电力的销售也不适用《公约》,因为这些交易大多数适用国内法的特殊规则。

3. 混合买卖

《公约》不适用于供货方的大部分义务在于提供劳务和服务的合同。《公约》也不适用于由于买方提供大部分原材料制作和销售的货物,这属于来料加工。但是现实买卖合同中会出现混合买卖,如卖方向买方交付货物时,通常也会提供服务。如餐馆不仅提供食物,还提供服务。提供货物的制造商也一样会在提供货物的同时提供服务。那么,这些交易是货物买卖还是服务贸易呢?《公约》将买卖与服务混合合同(如餐馆)视为货物买卖,除非卖方"义务的主要部分"被"包含在劳务或服务的提供中"。"主要"一词按照通常意思解释,是指"超出了一半以上的"。但是,确定主要部分时应当按照成本、售价还是其他标准计算,《公约》并没有明确的规定。另外,来料加工合同被《公约》视为货物买卖合同,除非买方"有义务提供相当部分的原材料"。虽然"相当的"(substantial)也许含意指"不过半的",但是,具体离一半差多少,并无明确的规定。《公约》的法文版建议采用可能性判断规则,例如,实质性部分规则。因此,如果买方提供的零件对于制造某一产品具有实质性用,无论该零件在总的成本和数量中的比重,《公约》均不应适用。

第三节 国际货物买卖合同的成立

国际货物买卖合同要成立,必须经过要约和承诺程序。

一、要约

(一) 要约的定义

要约的定义,《公约》第14条作了比较具体的规定:向一个或一个以上特定的人提出的订立合同的建议,如果十分确定并表明要约人在得到接受时承受约束的意图,即构成要约。对于受约人是否必须是特定的这一点,各国法律规定是有差异的。《公约》第14条第2款的规定表明,不是向一个或一个以上的特定的人提出的建议不是要约。如在报纸上发表以特定的价格出售货物的广告,由于受要约人不是特定的,不是要约,通常被认为只是谈判的邀请,除非广告明确作出了相反的表示。

(二) 要约的条件

根据以上的定义,要约必须具备以下的条件:

1. 愿意受到要约约束的意思表示真实

要约是向特定人发出的,表明要约人将要按一定的价格买卖特定货物的意图的建议。如果法院对于一项意思表示是否构成要约心存疑问,《公约》要求法院确定作出意思表示的要约人是否表明了愿意受到要约约束的意图。在确定这一项意图的时候,法院应当根据《公约》第 8 条确定的有关合同解释的一般规则处理,法院应当考虑要约人作出意思表示的所有背景情况,包括当事人之间谈判的情况,当事人之间的习惯性做法,行业惯例以及作出要约之后的所有行为。法院也可以根据《公约》第 14 条规定的附属规则作出判断。《公约》第 16 条第 2 款规定,如果要约人在要约中表示"我们坚持我们的要约直到收到贵方的回复"这就可以表明该要约是不可撤销的默示表示。

2. 确定性

根据《公约》第 14 条的规定:"一个建议如果写明货物并且明示或默示地规定数量和价格或规定如何确定数量和价格,即为十分确定。"换句话说,要约必须以充分清楚的方式描述货物,使当事人能够知道要约准备出售的是什么,而且必须说明拟出售的货物的数量和价格。

但是《公约》第 55 条规定:"如果合同已有效地订立,但没有明示或暗示地规定价格或规定如何确定价格,在没有任何相反表示的情况下,双方当事人应视为已默示地引用订立合同时此种货物在有关贸易的类似情况下销售的通常价格。"因此,即使要约没有明示或默示地规定价格,仍是一个有效的要约。要约人被推定已经默示地参照了通常价格,作为确定货物价格方法。

3. 要约的效力和撤销

《公约》采用到达主义,即要约仅在其到达受要约人时生效。《公约》第 24 条规定,为《公约》本部分的目的,《公约》中所谓的"送达"对方,系指用口头通知对方或通过任何其他方法送交对方本人,或其营业地或通信地址,如无营业地或通信地址,则送交对方惯常居住地。因此,要约在送达受要约人之前是不生效的,要约人可以在要约到达受要约人之前撤回要约,即使要约是不可撤销的。《公约》第 17 条规定:一项要约,即使是不可撤销的,于拒绝通知送达要约人时终止。

二、承诺

(一) 承诺的定义

《公约》对承诺的定义为:受要约人作出声明或以其他行为表示同意一项要约,即构成承诺。缄默或不行为本身不构成承诺。可见,承诺必须是明示的行为或声明,默示、不作为不构成承诺。

《公约》第 18 条第 3 款规定:"但是,如果根据该项要约或依照当事人之间确立的习惯做法或惯例,受要约人可以做出某种行为,例如与发运货物或支付价款有关的行为,来表示同意,而无须向要约人发出通知,则承诺于该项行为做出时生效。"

（二）承诺生效的条件

1. 承诺期限

承诺须于承诺期间内作出。这里的承诺期间也称承诺期限,即受要约人需在有效期限内作出承诺。在有效期内作出的承诺,该承诺有效。有效期限的承诺一般有两种：有承诺期限的承诺和合理期限的承诺。前者指要约人在要约中规定的允许或要求受要约人答复的期限内的承诺,后者通常指要约中没有明确规定情况下的"合理期间"内的承诺。《公约》规定,要约必须在要约人规定的时间内承诺；或者如果未规定时间,应在考虑了交易的具体情况,包括要约人所使用的通信方法的快捷程度的一段合理的时间内作出承诺。对口头要约必须立即作出承诺,除非情况另有表明。

《公约》第 21 条第 2 款规定："如果载有逾期承诺的信件或其他书面文件表明,它是在传递正常、能及时送达要约人的情况下寄发的,则该项逾期承诺具有承诺的效力,除非要约人毫不延迟地用口头或书面通知受要约人,他也认为其要约已经失效。"对于此条规定,《公约》起草人认为,如受要约人已及时答复,只是因为不可预料的传递延迟导致承诺逾期送达,则受要约人对能够及时送达承诺的信赖应该得到保护,其结果是逾期承诺视为有效,除非要约人毫不延迟地拒绝。

2. 承诺的生效

《公约》也采纳"到达生效原则"。《公约》第 18 条第 2 款规定：承诺于表示同意的通知送达要约人时生效。如果受要约人采用通知以外的其他合理方式如通过行为进行承诺的,则在该行为作出时承诺即生效。《公约》第 18 条第 3 款的规定,如果根据要约本身,或依照当事人之间建立的习惯做法或依照惯例,受要约人可以通过做出某行为来表示同意,而无须向要约人发出通知,则承诺于做出该行为时生效。

如果承诺对要约内容作出非实质性变更的,除要约人及时反对或者要约表明承诺不得对要约的内容作出任何变更的以外,该承诺有效,合同内容以承诺的内容为准。《公约》第 19 条第 3 款规定："有关货物价格、付款、货物质量和数量、交货地点和时间、一方当事人对另一方当事人的赔偿责任范围或解决争端等的添加或不同条件,均视为在实质上变更要约的条件。"非实质性差异的条文则成为另外的建议,除非要约人立即表示反对,否则这些建议将成为合同的一部分。对要约意在表示承诺但载有添加或不同条件的答复,如果所载的添加或不同条件没有实质性地改变要约的条件,那么,除非要约人毫不迟延地表示拒绝这些不符,则此答复仍构成承诺。如果要约人不作出拒绝,则合同的条款应以该项要约的条款以及承诺通知中所载的变更为准。

3. 承诺的撤回

《公约》第 22 条规定：承诺得以撤回,如果撤回通知于承诺原应生效之前或同时送达要约人。因此承诺撤回的基本条件是：受要约人应当在承诺生效之前将撤回的通知送达要约人,或者使该通知与承诺同时到达要约人。

应加以注意的是,如果受要约人是以履行行为的方式进行承诺的,则行为一经作出,承诺效力产生,是不能撤回的。

第四节　卖方和买方的权利和义务

国际货物买卖合同一经成立,双方就应当按照合同享有相应的权利,承担相应的义务。《公约》对于买方和卖方履行合同的行为规定了一般标准。总的说来,双方当事人都有权获得根据合同可以期待的结果。当事人未履行相应义务的行为构成违反合同的行为。国际货物买卖合同是典型的双务合同,一般而言,在合同的履行过程中,双方的权利和义务是相对应的,一方的权利和义务分别构成了对方的义务和权利。《公约》对合同的卖方和买方的基本义务有如下的规定。

一、卖方的义务

国际货物买卖合同中卖方的义务主要有三项：交付合同约定的货物、移交一切与货物有关的单据、将货物的所有权转移给买方。

（一）交付合同约定的货物

卖方交付货物,应该严格按照合同规定的或者法律规定的时间和地点来履行。也就是如果合同有规定则按照规定,如果没有规定,就应该按照合同所适用的法律办理。

1. 交货时间

《公约》第 33 条规定,如果合同中规定了交货的日期,或者从合同中可以确定交货的日期,则卖方应在该日期交货;如果合同中规定了一段时间内交货,或者从合同中可以确定一段时间,除非情况表明买方有权选定一个具体日期外,卖方有权决定在这段时间内的任何一天交货。在其他情况下,卖方应在订立合同后的一段合理时间内交货。

2. 交货地点

《公约》规定,如果合同已经约定了具体的交货地点,卖方应当在该地点交货;如果合同中没有明确规定具体的交货地点,而销售合同又涉及货物运输的,那么卖方的交货义务就是把货物交给第一承运人。如果买卖合同既没有规定具体的交货地点,又没有涉及卖方应负责运输事宜,则如出售的货物是特定物,或者是从某批特定的存货中提取的货物,或者是尚待加工生产或制造的未经特定化的货物,而双方当事人在订立买卖合同时已经知道这些货物存放在某个地点,或者已经知道它们将在某个地点生产或制造,则卖方有义务在该地点把货物交给买方。在其他情况下,卖方的交货义务是在订立买卖合同时的营业地点把货物交给买方处置。

(二) 移交一切与货物有关的单据

国际货物买卖中多数情况下是通过单据的买卖来实现的。也就是说,仅交付货物本身还不足以实现买卖双方的权益。

《公约》第 34 条规定,如果卖方有义务移交货物有关的单据,那么其必须按照合同约定的时间、地点和方式移交单据。这些单据通常包括提单、保险单、商业发票、品质检验证书、进出口许可证、领事签证、原产地证书等。领事签证是指按照有关国家(如拉美国家)的法律规定,凡出口方所在国向进口方所在国出口商品,要由进口方所在国家驻出口方所在国家领事签证。

如果卖方交付时间以前已经移交了这些单据,其可以在交付时间届满以前对单据中任何不符合合同之处加以修改。但卖方在行使这项权利时不得使买方遭受不合理的不便或承担不合理的开支,而且买方有权保留按照《公约》规定请求损害赔偿的权利。

(三) 将货物的所有权转移给买方

1. 品质担保

品质担保是指卖方对其所售货物的质量、规格、包装、特性或适用性等承担的责任。

《公约》第 35 条规定,卖方交付的货物必须与合同所规定的数量、质量和规格相符,并须按照合同规定的方式装箱或包装,即"货物相符"原则。

《公约》进一步规定,除双方当事人另有约定或买方在订立合同时知道或应当知道货物不符合合同外,货物必须符合以下规定,否则即视为与合同不符:① 货物适合于同一规格货物通常使用目的。② 货物适用于买方订立合同时曾明示或默示地通知卖方的任何特定目的,除非有情况表明买方并不依赖卖方的技能和判断力或者这种依赖对他是不合理的。③ 货物的质量与卖方向买方提供的货物样品或样式相同,即凭样品或样式交易时,货物质量应与样品或样式相符。④ 货物按照同类货物通用的方式装箱或包装,如果没有这种通用方式,则按照足以保全或保护货物的方式装箱或包装。

关于品质担保的期间,即卖方交付货物的风险转移问题,《公约》第36条规定,一般情况下,卖方对风险转移至买方时所存在的任何不符合合同的情况负有责任,即使这种不符在转移时尚不明显,在风险转移至买方后才明显,卖方仍然承担货物不符合合同的责任。对于风险由卖方转移至买方以后出现的货物不符合合同的情形,卖方不承担责任,但是如果这种不符合合同的情形是由于卖方违反他的某项义务所致,包括违反关于在一段时间内货物将继续适用于其通常使用目的或某种特定目的,或者将保持某种特定质量或性质的任何保证(如质量保证期),则卖方应承担不符合合同的责任。

关于买方的检验问题,也是品质担保的重要一环。买方收到卖方所交付的货物后,必须及时进行检验,若有货物不符的情形,亦须及时向卖方提出。对于货物的检验时间,《公约》第38条规定:① 买方必须在按情况实际可行的最短时间内检验货物或由他人检验货物。② 如果合同涉及货物的运输,检验可推迟到货物到达目的地后进行。③ 如果货物在运输途中改运或买方须再发运货物,没有合理机会加以检验,而卖方在订立合同时已知道或理应知道这种改运或再发运的可能性的,检验可推迟到货物到达新目的地后进行。

对于买方提出货物不符的权利期间,《公约》第39条规定:① 买方对货物不符合合同的,必须在发现或应当发现不符合情形后一段合理时间内通知卖方,说明不符合合同情形的性质,否则就丧失声称货物不符合合同的权利。② 如果买方不在实际收到货物之日起2年内将货物不符合合同情形通知卖方,他就丧失声称货物不符合合同的权利,除非这一时限与合同规定的保证期限不符。此外,根据《公约》第40条的规定,如果货物不符合合同规定指的是卖方已知道或不可能不知道而又没有告知买方的一些事实,则卖方无权援引第38条和第39条的规定。

2. 权利担保

权利担保是指卖方应保证对其所交付的货物享有合法的权利,没有侵犯任何第三人的权利,并且任何第三人均不会就该项货物向买方主张任何权利,买方有权自由地处置该货物。卖方所担保的权利具体又可分为两个方面:

(1) 物权,包括所有权与担保物权两种权利。《公约》第41条规定:卖方所交付的货物必须是第三方不能提出任何权利(Right)或要求(Claim)的货物,除非买方同意在这种权利或要求的条件下收取货物。此规定表明卖方必须保证其有权出售该货物,不会因所有权问题而使买方受到权利人的追索,保证善意买方收到货物后不受任何第三方的干扰。卖方须保证在其出售的货物上不存在任何未曾向买方透露的担保物权,如抵押权、留置权等担保物权。因此,如果任何第三方对所售货物提出任何权利或请求,卖方都应承担责任,但是如果买方在知道有第三方会对或可能会对合同项下的货物提出权利或要求以后仍然收取这项货物,那么卖方不承担责任。

具体而言,卖方还须保证不得有任何第三方对所交付的货物提出合法要求。倘若买方同意在这种权利或要求的条件下收取货物,则卖方对此可以免责。

(2) 知识产权。根据《公约》第 42 条的规定,卖方所交付的货物,必须是第三方不能根据工业产权或其他知识产权主张任何权利或要求的货物,即要求该货物不能侵犯任何第三人的工业产权和知识产权,如商标权、专利权等。但存在两个例外:① 买方在订立合同时已知或不可能不知此项权利或要求的发生;② 此项权利或要求的发生,是由于卖方遵照买方所提供的技术图样、图案、程式或其他规格所致。在这两种例外情况下,卖方不承担有关知识产权的权利担保义务。此外,卖方并非对第三方依据任何国家的法律所提出的工业产权或其他知识产权的权利或请求均须向买方承担责任,而仅在以下两种情况下承担责任:① 如果卖方在订立合同时已经知道买方打算将该项货物转售到某一个国家,则卖方对于第三方依据该国法律所提出的有关工业产权或知识产权的权利请求,应对买方负责。② 在任何其他情况下,卖方对第三方根据买方营业地所在国法律所提出的有关侵犯工业产权或知识产权的请求,应对买方承担责任。

二、买方的义务

在国际货物买卖中,买方的主要义务为支付货款和收取货物

(一) 支付货款

买方应按照合同规定的时间、地点、方式、币种和金额支付价款。如果合同中未作出规定,则买方应依照有关法律履行此项义务。

1. 履行必要的付款步骤和准备

《公约》第 54 条规定,买方支付货款的义务包括按照合同或任何法律、规章所要求的步骤及手续,以便使货款得以支付,包括向银行申请信用证或银行保函;在实行外汇管制的国家,须向政府部门申请进口许可证及所需外汇等。如果买方没

有完成这些步骤和手续,导致无法付款,就构成买方违反付款义务,买方应承担责任。

2. 支付金额的确定

《公约》第55条规定,在没有任何相反表示的情况下,双方当事人应视为已经默示地引用订立合同时此种货物在有关贸易的类似情况下销售的通常价格。即如果买卖合同中已经规定了货物的价格或规定了确定的方法,买方应按合同规定的价格付款;如果合同没有明示或默示地规定货物的价格或规定确定价格的方法,在这种情况下,如合同已有效成立,则应当认为双方当事人已默示引用订立合同的时候这种货物在有关贸易中在类似情况下出售的通常价格。

3. 支付地点

《公约》第57条规定,合同中有规定的按规定办理;合同中没有规定时,买方应在以下地点向卖方付款:① 卖方的营业地。如果卖方有一个以上的营业地,则买方应在与该合同及合同的履行关系最为密切的营业地点付款。② 移交货物或单据的地点,如果是凭移交货物或单据支付货款,则买方应在移交货物或单据的地点支付货款。如果卖方的营业地点在订立合同后发生变动,导致买方在支付货款时增加了开支,该增加的费用应由卖方承担。

4. 支付时间

《公约》第59条还规定,买方必须按照合同和《公约》规定的日期付款,而无须卖方提出任何要求或办理任何手续。这个规定主要是针对大陆法系国家(如法国和德国)要求债权人必须先向债务人发出催告通知的要求作出的规定。

另外,《公约》第58条规定:① 如果买卖合同中没有规定买方应当在什么时候付款,则买方应当在卖方按合同和《公约》的要求把代表货物所有权的装运单据(如提单)移交给买方处置时,支付货款。② 如果双方合同约定把支付货款作为移交单据的条件,即付款与交单互为条件的约定。如果买方不付款,卖方就没有义务把货物或单据交给买方;反之,如果卖方不把货物或单据交给买方,买方就没有义务支付货款。③ 如果合同涉及货物的运输,卖方可以在发货时订明条件,规定必须在买方支付货款时,方可把货物或代表货物所有权的装运单据交给买方。④ 买方在未有机会检验货物以前,没有义务支付货款。如果买方在付款以前要求对货物进行检验的权利与双方约定的交货或付款程序相抵触,买方就无权要求在付款以前先检验货物。但是这不代表买方没有权利对货物进行检验,在货物到达目的地后,买方仍有权进行检验,如发现货物与合同规定不符,买方仍有权要求卖方赔偿损失,或者采取《公约》规定的其他补救方法来维护其正当权益。

（二）收取货物

买方应当及时收取货物。根据《公约》第 60 条的规定,买方接收货物的义务主要包括以下两项内容：

（1）协助卖方交货。买方应当采取一切合理措施,以便卖方能交付货物。例如,在 FOB 条件下,买方有义务负责指派装运工具。

（2）及时接收货物。如果买方不及时提货,卖方可能要对承运人支付滞期费及其他费用,对此,买方应承担责任。

第五节　货物所有权与风险的转移

一、货物所有权的转移

在国际货物买卖活动中,货物所有权的转移是关系到买卖双方经济利益和基本义务的问题,因此,货物所有权以及风险何时发生转移,涉及买卖双方重大利益。各国国内法在所有权转移问题上规定有差异,如不少国家至今仍实行着"物主承担风险"原则,谁拥有货物,谁承担货物灭失的风险,因此,货物所有权还决定着货物灭失风险的转移。《公约》对于货物所有权转移问题采取回避态度,只单独规定货物风险的转移。《公约》除原则性地规定卖方有义务把货物所有权转移至买方,并保证他所交付的货物必须是第三方不能提出任何权利或请求权的货物之外,对所有权转移至买方的时间、地点和条件,以及买卖合同对第三方货物所有权所产生的影响等问题,都没有具体规定。

二、货物风险的转移

在国际货物买卖中,风险是指货物可能遭受的各种意外损失,如盗窃、火灾、沉船、破碎、渗漏,以及不属于正常损耗的腐烂变质等。风险转移的关键是风险转移的时间节点。关于货物的风险从何时起由买方承担的问题,《公约》所采取的原则主要以交货时间来确定风险转移时间。具体包括如下内容：

（一）当事人约定优先

在货物特定化的前提下,如果双方有约定,那么约定优先。因此,《公约》规定的效力是任意性的,当事人可以通过自行约定来对其进行减损或改变,包括货物风险的转移。

(二) 当事人未作约定

当事人未作约定的情况下,风险转移分以下几种情况:

1. 风险在交货时转移

一般情况下,风险在交货时转移。《公约》第 67 条规定,在货物上加标记,或者以装运单据,或者以向买方发出通知或其他方式,将货物清楚地确定在合同项下之前,风险不能转移至买方,即在货物特定化以前,风险不能转移至买方。

2. 买卖合同涉及运输

当买卖合同涉及运输的情况下,《公约》第 67 条规定,如果销售合同涉及货物的运输,分以下两种情况处理:① 无指定地点时,货物交第一承运人时转移,即如果卖方没有义务在某一特定地点交货,那么自货物按照买卖合同交付给第一承运人以移交给买方时,风险就由卖方转移至买方。② 有指定地点时,货物交承运人时转移,即如果卖方有义务在某一特定地点把货物交付给承运人,在货物于该地点交付给承运人以前,风险不能转移至买方。

3. 买卖合同不涉及运输

当买卖合同不涉及运输的情况下,卖方营业地交货,则在买方收货时转移;卖方营业地外交货,则在交货时间到时转移。《公约》第 69 条第 1 款规定,在卖方营业地交货的合同,货物风险从买方接收货物时或从货物交给他处置但他不收取货物从而构成违约时起转移。《公约》第 69 条第 2 款规定,不在卖方营业地交货的合同,当交货时间已到而买方知道货物已在该地点交给他处置时,风险开始移转。《公约》第 69 条第 3 款进一步规定,如果合同指的是当时未加识别的货物,则这些货物在未清楚注明有关合同以前,不得视为已交给买方处置,即货物在特定化之前不得视为已交买方处置,风险也不得转移。

4. 货物在运输途中出售时的风险转移

当卖方先把货物装上开往某个目的地的船,然后再寻找当地的买主订立合同时,这种交易就是在运输途中进行的货物买卖,在外贸业务中称为"海上路货"(Floating Cargo)。《公约》第 68 条规定,对于在运输途中出售的货物,从订立合同时起,风险就转移至买方承担。但是,如果情况表明有需要时,则从货物交付给签发载有运输合同单据的承运人时起,风险就由买方承担。尽管如此,如果卖方在订立合同时已经知道或理应知道货物已经遭受损坏或灭失,而他又不将这一事实告知买方,则这种灭失或损坏由卖方承担。

5. 风险转移的法律效果

《公约》第 66 条规定,货物在风险移转给买方承担后遗失或损坏的,买方支付价款的义务并不因此解除,除非这种遗失或损坏是由于卖方的行为或不行为所造成。《公约》第 70 条规定,如果卖方已根本违反合同,上述风险转移的规定不损害买方因此种违反合同而可以采取的各种补救办法。

第六节 违约救济

一、《公约》规定的违约种类

《公约》将违约分为"根本违反合同"(Fundamental breach of contract)和一般违反合同两种。如果构成根本违反合同,受损害的一方就有权宣告解除合同,并要求赔偿损失或采取其他救济办法;如果一方违约不构成根本违反合同,仅是一般违约,则受损害的另一方只能要求损害赔偿或采取其他救济办法,而不能撤销合同。

(一) 根本违反合同

根本违反合同(Fundamental Breach of contract),简称根本违约,《公约》第 25 条规定:"如果一方当事人违反合同的结果,使另一方当事人蒙受损害,以至于实际上剥夺了他根据合同有权期待得到的东西,即属于根本违反合同,除非违反合同的一方并不预知会发生这样的结果。"可见,《公约》衡量是否构成根本违反合同,是看违反合同的后果是否使对方蒙受重大损害。至于损害是否重大,应根据每个案件的具体情况来确定,如违反合同所造成的损失金额的大小,或者对受害方其他活动的影响程度等。但是,如果违反合同一方能够证明,他并没有预见到产生这种严重后果,而且也没有理由会预见到这种严重后果的话,他就可以免于承担根本违反合同的责任。

(二) 一般违反合同

1. 预期违反合同

预期违反合同(Anticipatory Breach),简称预期违约,指的是在合同规定的履行期限到来之前,一方通过声明或行为表明其不履行合同或不能履行合同。预期违约可能是根本违约,也可能不构成根本违约。《公约》第 71 条规定,如果在订立合同后另一方当事人由于下列原因将不履行其大部分重要义务,对方当事人可以中止履行义务:① 一方履行义务的能力或他的信用有严重缺陷;② 对方有准备违反合同或违反合同过程中的行为。宣告中止履行义务的一方当事人,必须立即通知另一方当事人,如果另一方当事人对履行义务提供了充分的保证,则必须继续履行义务。《公约》第 72 条规定,如果在履行合同日期以前,明显看出一方当事人根本违反合同,另一方当事人可以宣告合同无效。

2. 违反分批交货合同

分批交货合同是指一个合同项下的货物分成若干批交货。《公约》第 73 条专门就此作了规定。根据这一条的规定,主要有以下三种情况。

(1) 在分批交货合同中,如果一方当事人不履行对其中任何一批货物的义务,便已对该批货物构成根本违反合同,则对方可以宣告合同对该批货物无效,即宣告撤销合同对这一批交货的效力,但不能撤销整个合同。

(2) 如果一方当事人不履行对其中任何一批货物的义务,使另一方当事人有充分理由断定今后各批货物亦将会发生根本违反合同,则该另一方当事人可以在一段合理的时间内宣告合同今后无效,即撤销合同对今后各批货物的效力,但对在此以前已经履行义务的各批货物不能予以撤销。

(3) 当买方宣告合同对某一批交货无效时,如果合同项下的各批货物是互相依存、不可分割的,不能将其中的任何一批货物单独用于双方当事人在订立合同时所设想的目的(如大型设备分批装运交货),买方可以同时宣告合同对已经交付或今后将交付的各批货物均无效,即可以宣告撤销整个合同。

二、违约的救济

《公约》没有规定违约过错承责原则,但在违约处理的某些规定上,还是适当考虑了当事人的主观状态。如前述的根本违反合同,指一方违约的情形相当严重,另一方由此可以解除合同,但如果违约方能证明对这种严重后果他不能预见或不能合理要求其预见,则不足以构成根本违反合同。这里的"不能预见"或"不能合理要求其预见"实际上就是说明其主观上没有过失。

《公约》第 71 条第 1 款规定:如果订立合同后,一方当事人由于下列原因显然将不履行其大部分重要义务,另一方当事人可以中止履行本方义务:其一,一方履行义务的能力或他的信用有严重缺陷;其二,他在准备履行合同或履行合同中的行为显示他将不履行其主要的义务。

采取中止履行措施必须具备的条件是,对方显然将不会履行其大部分重要义务。这主要包括:一是对方当事人的履约能力或信用严重下降,如在订立合同后失去偿付能力或已宣告破产等;二是当事人在准备履行合同或履行合同中的行为已显示他将无法履行其大部分重要义务。此外,如果订约后一方当事人所在国家发生战争或实行封锁禁运,也可认为他将不能履行其大部分重要义务。

根据《公约》第 71 条第 3 款规定,宣告中止履行义务的一方当事人,必须立即通知另一方当事人,如果另一方当事人对履行义务提供了充分的保证,则中止履约方必须继续履行义务。因为中止履行只是暂时停止履行合同,而不是使合同终止。

但是,根据《公约》第72条的规定,如果在履行合同的日期到来之前,已明显看出对方当事人将根本违反合同,则另一方当事人不仅有权中止履行合同,而且可以宣告解除合同。

(一)卖方违反合同的救济方法

卖方违反合同主要有以下几种情况,即不交货、延迟交货、交付的货物与合同规定不符。根据《公约》第3部分第2章第3节的规定,如果卖方不履行其在合同和《公约》中的任何义务,买方可以采取下列救济方法。

1. 要求履行义务

《公约》第28条规定:"如果按照公约的规定,当事人一方有权要求他方履行某项义务,法院没有义务作出判决,要求实际履行此项义务,除非法院依照其本身的法律对不受本公约支配的类似销售合同也会作出实际履行的判决。"但是《公约》第46条规定,如果卖方不履行合同的义务,买方可以要求卖方履行其合同或《公约》中规定的义务。买方也可以给卖方一段合理的额外时间让其履行义务。《公约》第47条第1款规定,如果卖方不按合同规定的时间履行其义务,买方可以规定一段合理的额外时间,让卖方履行其义务。

2. 当卖方交付货物不符合要求时的救济

(1)要求交付替代货物。《公约》第46条第2款规定,如果卖方所交付的货物与合同规定不符,而且这种不符合合同规定的情形已构成根本违反合同,则买方有权要求卖方另外再交一批符合合同规定的货物,以替代原来那批不符合合同规定的货物。

(2)减价。按照《公约》第50条规定,如果卖方所交的货物与合同规定不符,不论买方是否已经支付货款,买方都可以减低价格。减价按实际交付的货物在交货时的价值与符合合同规定的货物在当时的价值两者之间的比例计算。但是,如果卖方已按《公约》规定对其任何不履行合同义务之处作出了补救,或者买方拒绝接受卖方对此作出的补救,买方就不得减低价格。

(3)对货物不符合同之处进行修补。《公约》第46条第3款规定,如果卖方所交的货物与合同规定不符,买方可以要求卖方通过修补对不符合合同规定之处作出补救。

(4)退货及要求损害赔偿。即当卖方只交付部分货物或所交货物只有一部分符合合同规定时,买方可采取的救济方法。

根据《公约》第 51 条的规定,当卖方只交付一部分货物,或者卖方所交付的货物中只有一部分与合同规定相符合时,买方只能对漏交的货物或对与合同规定不符的那一部分货物,采取上述第 46 条至第 50 条所规定的救济方法,包括退货、减价及要求损害赔偿等。但一般不能宣告整个合同无效或拒收全部货物,除非卖方不交货,或者不按合同规定交货已构成根本违反合同时,买方才可以宣告整个合同无效。

(5) 拒绝收取货物。《公约》第 52 条规定,如果卖方在合同规定的日期以前交货,买方可以收取货物也可以拒绝收取货物。但如果卖方在提前交货遭拒绝后,等到合同规定的交货期临到的时候再次向买方提交货物,买方仍须收取这批货物。《公约》还规定,如卖方所交货物的数量大于合同规定的数量,买方可以收取全部货物,也可以拒绝收取多交部分的货物,而只收取合同规定数量的货物,但不能拒收全部货物。如买方收取多交部分的货物,他就必须按合同规定的价格付款。

3. 宣告合同无效

《公约》第 72 条规定,如果在履行合同日期之前,明显看出一方当事人将根本违反合同,另一方当事人可以宣告合同无效。如果时间允许,打算宣告合同无效的一方当事人必须向另一方当事人发出合理的通知,使他可以对履行义务提供充分保证。如果另一方当事人已声明他将不履行义务,则宣告合同无效就不必再作延时性通知。

4. 请求损害赔偿

《公约》对损害赔偿责任范围的规定是:"一方当事人违反合同应负责的损害赔偿额,应与另一方当事人因他违反合同即遭受的包括利润在内的损失额相等。但这种损害赔偿不得超过违反合同一方在订立合同时,依照他当时已知道或理应知道的事实和情况,对违反合同预料到或理应预料到的可能损失。"《公约》上述规定体现的也是完全赔偿原则。

《公约》第 77 条还规定了减轻损失原则:"声称另一方违反合同的一方,必须按情况采取合理措施,减轻由另一方违反合同而引起的损失,包括利润方面的损失。如果他不采取这种措施,违反合同一方可以要求从损害赔偿中扣除原应可以减轻的损失数额。"

根据《公约》第 45 条的规定,如果卖方违反合同,买方可以要求损害赔偿,而且买方要求损害赔偿的权利,不因其已采取其他补救方法而丧失。《公约》第 75 条和第 76 条对在宣告合同无效的情况下,如何计算损害赔偿额的具体办法作出了规定,主要有以下两种情形:

（1）如果买方已宣告合同无效，而在宣告合同无效后的一段合理时间内，买方已以合理的方式购买了替代货物，则买方可以取得合同价格和替代货物的交易价格之间的差额，以及因卖方违约而造成的其他损害，这种做法叫作"实际补进"（Cover）。

（2）如果买方在宣告合同无效之后，没有实际补进原来合同项下的货物，而此项货物又有时价的话，则买方可以取得原合同的规定价格和宣告合同无效时的时价之间的差额，以及因卖方违约造成的任何其他损害赔偿。但是，如果买方是在接收货物之后才宣告合同无效，则应按接收货物时的时价与合同规定的价格之间的差额计算，而不是按宣告合同无效时的时价计算。这里所说的时价，是指合同原定交货地点的现行价格。如果该地点没有时价，则指另一合理替代地点的现行价格。但在这种情况下，应适当考虑货物运输费用的差额。

（二）买方违反合同的救济方法

买方违反合同主要有以下几种情形，即不付款、延迟付款、不收取货物、迟收取货物。现根据《公约》第3章第3节的有关规定，对买方出现上述违约情事时，卖方可以采取的各种救济方法介绍如下。

1. 要求履行义务

根据前述《公约》第28条的规定以外，《公约》第62条规定，卖方可以要求买方支付价款、收取货物或履行他的其他义务，除非卖方已采取与此要求相抵触的某种补救办法。

2. 规定一段合理的额外时间，让买方履行其义务

如果买方没有在合同规定的时间内履行其合同义务，卖方可以规定一段合理期限让买方履行其合同义务。但是在这种情况下，除非卖方已收到买方的通知，表明将不在卖方所规定的额外时间内履行其义务，否则，卖方不得在这段时间内对买方采取任何救济方法。但卖方并不因此而丧失其对买方延迟履行合同可能享有的根据《公约》第76条要求损害赔偿的权利。

3. 宣告合同无效

（1）如果买方不履行合同或《公约》的义务已经构成根本违反合同，即卖方因买方的违约行为遭到重大损失，以致实质上剥夺了卖方根据合同有权得到的东西，在这种情况下，卖方可以宣告合同无效。

（2）如果卖方已经给买方规定了一段合理的额外时间，让买方履行其义务，但买方不在这段时间内履行其义务，或者买方声明他将不在所规定的时间内履行其义务，则卖方亦可宣告合同无效。

《公约》第81条至第84条的规定,当买方或卖方宣告合同无效后,就解除了双方在合同中规定的义务,卖方不需要交货,买方不需要支付货款,如果卖方已经交货,他可以要求归还货物。但是宣告合同无效并不终止违约一方对其违约所引起的一切损害赔偿责任,也不终止合同中关于解决争议的任何规定。

4. 请求损害赔偿并要求支付利息

当买方违反其合同义务或《公约》所规定的义务时,卖方有权请求损害赔偿。如果买方没有支付价款或任何其他拖欠金额,卖方有权对这些款额收取利息,但这并不妨碍卖方根据《公约》第74条规定可以取得的损害赔偿。

案例分析

[案情]

2008年4月11日,中化国际(新加坡)有限公司(以下简称中化新加坡公司)与蒂森克虏伯冶金产品有限责任公司(以下简称德国克虏伯公司)签订了购买石油焦的《采购合同》,约定本合同应当根据美国纽约州当时有效的法律订立、管辖和解释。中化新加坡公司按约支付了全部货款,但德国克虏伯公司交付的石油焦HGI指数仅为32,与合同中约定的HGI指数典型值为36—46之间不符。中化新加坡公司认为德国克虏伯公司构成根本违约,请求判令解除合同,要求德国克虏伯公司返还货款并赔偿损失。

[问题]

1. 国际货物买卖合同的当事各方所在国为《联合国国际货物销售合同公约》的缔约国,应否优先适用《公约》的规定?

2. 在国际货物买卖合同中,卖方交付的货物虽然存在缺陷,是否构成根本违约?

[法律规定]

《最高人民法院关于适用〈中华人民共和国涉外民事关系法律适用法〉若干问题的解释(一)》第二条,《中华人民共和国民法通则》第一百四十五条,《联合国国际货物销售合同公约》第1条、第25条。(请注意,《中华人民共和国民法通则》已废除)

[法律运用和结果]

江苏省高级人民法院一审认为,根据《联合国国际货物销售合同公约》的有关规定,德国克虏伯公司提供的石油焦 HGI 指数远低于合同约定标准,导致石油焦难以在国内市场销售,签订买卖合同时的预期目的无法实现,故德国克虏伯公司的行为构成根本违约。江苏省高级人民法院于 2012 年 12 月 19 日作出(2009)苏民三初字第 0004 号民事判决:一、宣告蒂森克虏伯冶金产品有限责任公司与中化国际(新加坡)有限公司于 2008 年 4 月 11 日签订的《采购合同》无效。二、蒂森克虏伯冶金产品有限责任公司于本判决生效之日起三十日内返还中化国际(新加坡)有限公司货款 2 684 302.9 美元并支付自 2008 年 9 月 25 日至本判决确定的给付之日的利息。三、蒂森克虏伯冶金产品有限责任公司于本判决生效之日起三十日内赔偿中化国际(新加坡)有限公司损失 520 339.77 美元。宣判后,德国克虏伯公司不服一审判决,向最高人民法院提起上诉,认为一审判决对本案适用法律认定错误。最高人民法院认为一审判决认定事实基本清楚,但部分法律适用错误,责任认定不当,应当予以纠正。最高人民法院于 2014 年 6 月 30 日作出(2013)民四终字第 35 号民事判决:一、撤销江苏省高级人民法院(2009)苏民三初字第 0004 号民事判决第一项。二、变更江苏省高级人民法院(2009)苏民三初字第 0004 号民事判决第二项为蒂森克虏伯冶金产品有限责任公司于本判决生效之日起三十日内赔偿中化国际(新加坡)有限公司货款损失 1 610 581.74 美元并支付自 2008 年 9 月 25 日至本判决确定的给付之日的利息。三、变更江苏省高级人民法院(2009)苏民三初字第 0004 号民事判决第三项为蒂森克虏伯冶金产品有限责任公司于本判决生效之日起三十日内赔偿中化国际(新加坡)有限公司堆存费损失 98 442.79 美元。四、驳回中化国际(新加坡)有限公司的其他诉讼请求。

  最高人民法院认为,本案为国际货物买卖合同纠纷,双方当事人均为外国公司,案件具有涉外因素。《最高人民法院关于适用〈中华人民共和国涉外民事关系法律适用法〉若干问题的解释(一)》第二条规定:"涉外民事关系法律适用法实施以前发生的涉外民事关系,人民法院应当根据该涉外民事关系发生时的有关法律规定确定应当适用的法律;当时法律没有规定的,可以参照涉外民事关系法律适用法的规定确定。"案涉《采购合同》签订于 2008 年 4 月 11 日,在《中华人民共和国涉外民事关系法律适用法》实施之前,当事人签订《采购合同》时的《中华人民共和国民法通则》第一百四十五条规定:"涉外合同的当事人可以选择处理合同争议所适用的法律,法律另有规定的除外。涉外合同的当事人没有选择的,适用与合同有最密切联系的国家的法律。"本案双方当事人在合同中约定应当根据美国纽约州当时有效的法律订立、管辖和解释,该约定不违反法律规定,应认定有效。由于本案当事人营业地所在国新加坡和德国均为《联合国国际货物销售合同公约》缔约国,美国亦为《联合国国际货物销售合同公约》缔约国,且在一审审理期间双方当事人一致选择适用《联合国国际货物销售合同公约》作为确定其权利义务的依据,并未排除《联合国国际货物销售合同公约》的适用,江苏省高级人民法院适用《联合国国际货物销售合同公约》审理本案是正确的。而对于审理案件中涉及到的问题《联合国国际货物销售合同公约》没有规定的,应当适用当事人选择的美国纽约州法律。《〈联合国国际货物销售合同公约〉判例法摘要汇编》并非《联合国国际货物销售合同公约》的组成部分,其不能作为审理本案的法律依据。但在如何准确理解《联合国国际货物销售合同公约》相关条款的含义方面,其可以作为适当的参考资料。双方当事人在《采购合同》中约定的石油焦 HGI 指数典型值在 36—46 之间,而德国克虏伯公司实际交付的石油焦 HGI 指数为 32,低于双方约定的 HGI 指数典型值的最低值,不符合合同约定。江苏省高级人民法院认定德国克虏伯公司构成违约是正确的。关于德国克虏伯公司的上述违约行为是否构成根本违约的问题。

第一,从双方当事人在合同中对石油焦需符合的化学和物理特性规格约定的内容看,合同对石油焦的受潮率、硫含量、灰含量、挥发物含量、尺寸、热值、硬度(HGI 值)等七个方面作出了约定。而从目前事实看,对于德国克虏伯公司交付的石油焦,中化新加坡公司仅认为 HGI 指数一项不符合合同约定,而对于其他六项指标,中化新加坡公司并未提出异议。结合当事人提交的证人证言以及证人出庭的陈述,HGI 指数表示石油焦的研磨指数,指数越低,石油焦的硬度越大,研磨难度越大。但中化新加坡公司一方提交的上海大学材料科学与工程学院出具的说明亦不否认 HGI 指数为 32 的石油焦可以使用,只是认为其用途有限。故可以认定虽然案涉石油焦 HGI 指数与合同约定不符,但该批石油焦仍然具有使用价值。

第二,本案一审审理期间,中化新加坡公司为减少损失,经过积极的努力将案涉石油焦予以转售,且其在就将相关问题致德国克虏伯公司的函件中明确表示该批石油焦转售的价格"未低于市场合理价格"。这一事实说明案涉石油焦是可以以合理价格予以销售的。

第三,综合考量其他国家裁判对《联合国国际货物销售合同公约》中关于根本违约条款的理解,只要买方经过合理努力就能使用货物或转售货物,甚至打些折扣,质量不符依然不是根本违约。故应当认为德国克虏伯公司交付 HGI 指数为 32 的石油焦的行为,并不构成根本违约。江苏省高级人民法院认定德国克虏伯公司构成根本违约并判决宣告《采购合同》无效,适用法律错误,应予以纠正。

案例改编自:最高人民法院第 21 批指导性案例之指导案例 107 号"中化国际

（新加坡）有限公司诉蒂森克虏伯冶金产品有限责任公司国际货物买卖合同纠纷案"（最高人民法院审判委员会讨论通过2019年2月25日发布）

【本章思考题】

1.《联合国国际货物销售合同公约》的适用范围。
2.《联合国国际货物销售合同公约》设立"根本违约"制度的意义是什么？
3.《联合国国际货物销售合同公约》的预期违约与英美法的预期违约有何不同？
4.《联合国国际货物销售合同公约》规定的货物所有权的转移对于买卖双方都有什么意义？

第五章 国际货物运输法

> **教学要求**
>
> 通过本章的学习,学习者对国际货物运输的主要方式和特点,以及有关国际货物运输的法律规则有概貌性的了解,在相关的贸易实践中,能够运用相关规则处理问题。特别掌握国际海洋运输法律制度的基本规则内容。

第一节 国际货物运输概述

一、国际货物运输的概念

国际贸易运输是指通过一种或多种运输方式,把货物从一国(地区)的某一地点运至另一国(地区)的某一地点。国际货物运输是国际贸易的重要组成部分。它与国际货物买卖具有十分密切的联系,但它又可以是独立于国际货物买卖的,两者从属于不同的法律关系范畴。

二、国际货物运输的特征

国际货物运输具有以下几方面的特征:
(1) 国际货物运输的对象——货物要作穿越国境的运行;
(2) 国际货物运输一般都是通过国际货物运输合同来实现的;
(3) 风险较大,因此国际货物运输与国际货物运输保险密切相关;
(4) 在法律适用上,适用的法律主要是国际公约、国际惯例,但往往也受国内海商法、航空运输法、铁路运输法、公路运输法的调整。

在国际货物运输中,涉及的运输方式很多,包括海上运输、公路运输、内河(海)运输、邮政运输、管道运输、铁路运输、航空运输、多式联运等。其中,海上运输是最重要的一种运输方式,这不仅是因为它的运输量大、成本低,而且从历史上看,国际贸易主要是从航海贸易发展起来的,许多有关国际贸易的法律和惯例也是从长期的航海贸易实践中产生的。因此,本章将重点介绍国际海上货物运输规则,并对其他运输方式法律规则作简要介绍。

第二节 国际货物运输主要立法

一、国际海上货物运输主要立法

国际海上货物运输按其经营方式的不同,可分为班轮运输和租船运输两大类。凡承运人承揽运送货物而向托运人收取运费的运输叫班轮运输,在这种运输方式下,运输合同是通过提单表现的。所以,班轮运输又称为提单运输。凡承租人按一定条件,以支付租金或运费形式向出租人租用船舶的全部或部分来运输货物的运输叫租船运输。

有关提单运输的国际立法主要有:1924年的《海牙规则》、1968年的《维斯比规则》和1978年的《汉堡规则》及2008年的《鹿特丹规则》,现分别简介如下:

(一)《海牙规则》

1.《海牙规则》的产生及概况

《海牙规则》的全称是《统一提单的若干法律规则的国际公约》。《海牙规则》的产生背景为:至19世纪末叶,英国拥有强大的海上商船队,以英国航运资本为代表的船舶所有人,利用当时英国立法上的契约自由原则,各自制定海运提单条款,在提单中任意规定许多免责条款,其结果使货主承担货物在海上运输过程中的几乎一切风险,这便引起了当时贸易界的强烈不满;同时,提单是一种可转让的权利凭证,但收货人、银行或受让人往往并无审查提单条款的实际机会,而且提单中所载的复杂繁多的免责条款也影响到提单的自由转让。这些情况的存在,妨碍了各国之间的贸易往来,也给世界航运业带来了不利影响。当时,美国的航运资本势力还比较小,美国出口货物的运输大部分为英国轮船公司所把持,其所使用的提单中所载的许多免责条款,不符合美国进出口商的利益。美国联邦和一些州法院便以"违反公共利益"为由,否认提单中免除船舶所有人或者其雇佣人员过失责任的条款的有效性,而只承认"合理的"免责条款。1893年,美国还通过了《哈特法》,规定：如果船舶所有人已经尽到应尽的职责，使船舶适航，则船舶所有人对其在航行或者管理方面的过失所造成的损害或灭失，可不负责任，但对货物的装载、照料和交付等方面的过失，不能免责。

由于英国不愿对其契约自由原则加以限制，到第一次世界大战前后，提单条款变得更加复杂，贸易界对提单规范化的要求更为迫切，而航运资本家仍然极力阻挠英国议会的改革立法。为了缓和船方和提单中各利害关系人之间日益尖锐的矛盾，有利于航运业的发展，国际法协会所属的"海上法委员会"于1921年5月17日至20日在海牙召开了由各国航运资本家参加的会议，拟定了《海牙规则草案》。1922年10月9日至11日，"海上法委员会"在伦敦举行会议，对《海牙规则草案》作了若干修改。同年10月17日至26日海上法国际会议在布鲁塞尔举行，与会代表一致同意建议本国政府将《统一提单的若干规则的公约草案》作为拟议中的公约的基础。这个公约草案又于1923年10月由上述海上法国际会议所指派的委员会进行修订，最后欧美几个主要航运国于1924年8月25日在布鲁塞尔进一步召开会议，通过了《海牙规则草案》，订了《关于统一提单的若干法律规则的国际公约》（即《海牙规则》），对承运人的义务、权利以及豁免作了规定，从而使提单的货方利益在一定范围内得到保障。该公约于1931年生效，至今已有80多个国家和地区承认、采用了该公约。尽管后来先后制定了《维斯比规则》《汉堡规则》，但是世界上多数国家，特别是一些主要航运国家，目前仍然主要按照《海牙规则》来办理业务，因此可以说，《海牙规则》是关于提单的最重要的国际公约之一。

2.《海牙规则》的主要内容

《海牙规则》共有16个条款，其中第1条到第10条是实体性条款，主要包括以下几个方面的内容：承运人的基本责任与义务；托运人的责任与义务；索赔通知与诉讼时效；承运人的免责范围；承运人对货物灭失或损害的赔偿限额。《海牙规则》第11条到第16条是程序条款，规定有关该公约的批准、加入、退出和修改等事项。以下对《海牙规则》的实体性规定内容作一些介绍：

（1）承运人的基本责任与义务。《海牙规则》第3条第1、2、3款规定承运人的基本义务是：在开航前和开航时恪尽职责，履行适航的义务；其次，承运人应该适当而谨慎地装载、搬运、积载、运输、保管、照料和卸载所承运的货物。

（2）托运人的义务。《海牙规则》第3条第5、6款规定了托运人的基本义务，主要包括：适当地提供运输货物；支付运费和在目的港接受货物。

（3）承运人享受的豁免。《海牙规则》第4条第2款规定了承运人拥有的17项免责情形，这是《海牙规则》广受批评的地方。这17项豁免包括：船长、船员、引水员或者承运人的受雇人,在航行或者管理船舶上的行为疏忽或违约活动;火灾;海上或其他通航水域的灾难、危险和意外事故;天灾;战争行为,等等。

(4) 诉讼时效。《海牙规则》规定收货人提出货损赔偿的起诉权,从货物交付之日或者应交付之日起一年内提出。收货人在卸货时对货物的灭失或损害的一般情况,应在货物接受之前或当时用书面通知承运人或者其代理人。如果灭失和损害不显著,当时未发现,则应在卸货后三天内提出。

(5) 承运人对货物灭失或损害的赔偿限额。《海牙规则》第 4 条第 5 款规定:承运人或船舶对货物或与货物有关的灭失或损害,于每包或每计费单位超过 100 英镑或与其等值的其他货币时,在任何情况下都不负责,但托运人于装货前已就该项货物的性质和价值提出声明,并已在提单中注明的,不在此限。

在上述限额以外,承运人、船长或承运人的代理人可与托运人议定另一最高限额,该最高限额不得低于上述数额。此即班轮计算运费方法中的从价运费:托运人声报货物价值,支付规定的从价运费。但如果托运人故意谎报货物的性质、价值的,则承运人或船舶对货物或与货物有关的灭失或损害,都不负责赔偿。

(二)《海牙—维斯比规则》

1.《海牙—维斯比规则》的产生及概况

《海牙—维斯比规则》(下文简称为《维斯比规则》)的全称是《修订 1924 年 8 月 25 日在布鲁塞尔签订的统一提单若干法律规则的国际公约的议定书》。随着国际政治、经济形势的变化和海运技术的日益现代化,1924 年制定的《海牙规则》已不能完全适应形势发展的需要,特别是其中偏袒航运发达国家航运垄断组织利益的条款,越来越受到发展中国家的强烈反对。为了适应现代国际海上货物运输的需要,缓和代表货方利益的发展中国家的不满,从 1960 年代初开始,国际海事委员会就进行了修改海牙规则的准备工作,并成立了小组委员会。1963 年 6 月,小组委员会在瑞典的斯德哥尔摩草拟了一个修改海牙规则的议定书草案,提交给 1967 年 5 月在布鲁塞尔召开的海法外交会议上审议,但当时未能取得一致意见,到 1968 年 2 月再次召开会议,才以 24 票赞成、18 票弃权(无反对票)通过《1968 年布鲁塞尔议定书》。由于会议期间代表们曾参观瑞典哥德兰(Gotland)岛的维斯比城,故又称《海牙—维斯比规则》或《维斯比规则》。该规则于 1977 年 6 月 23 日生效,到目前为止有 16 个国家参加。目前在国际航运界,《海牙—维斯比规则》和《海牙规则》被有关国家运用。不过,由于《海牙—维斯比规则》系对《海牙规则》的补充修改,一国不能单独只适用《海牙—维斯比规则》而排除《海牙规则》,但一国可以只参加《海牙规则》而不参加《海牙—维斯比规则》。

《海牙—维斯比规则》虽然对《海牙规则》中的某些条款作了一些修改,但对一些重要问题,特别是有关承运人的不合理免责条款之类实质性问题,并未作改变。

2.《海牙—维斯比规则》的主要内容

《海牙—维斯比规则》共有条款17条,其中第1条至第5条是对《海牙规则》的修改和补充,第6条至第17条是关于加入和退出手续以及解决纠纷等程序性问题的规定。以下将其对《海牙规则》的修改要点简述如下:

(1) 扩大了规则的适用范围。海牙规则仅适用于在任何缔约国所签发的一切提单,而《海牙—维斯比规则》第5条则规定:"适用于两个不同国家港口之间有关货物运输的每一提单,如果A提单在一个缔约国签发,或B提单从一个缔约国港口起运,或C提单载有的或由提单证明的合同规定,该合同应受本公约的各项规则或使公约生效的任何国家立法所约束,不论船舶、承运人、托运人或任何其他有关人的国籍如何。"又规定,"本条不应妨碍缔约国将本公约的各项规则适用于未包括在前款中的提单"。显然,比起《海牙规则》,《海牙—维斯比规则》的适用范围扩大了。

(2) 增加"集装箱条款"。由于集装箱运输的发展,一个集装箱内可装有许多不同种类的货物,如果仅作为一件或一单位来计算,在发生灭失或损害时,按照上述限额赔偿,往往很难起到补偿损失的作用。为适应这种实际情况,《海牙—维斯比规则》第2条第3款规定:"如果货物是用集装箱、托盘或类似运输工具集装时,提单中所载明的,装在这种运输工具中的件数或单位数,即应作为本款中提到的件数或单位数时的件数或单位数;除上述情况外,此种运输工具应视为件或单位。"

(3) 提高了最高赔偿限额。《海牙规则》规定承运人的责任限额是每包或每单位100英镑,但由于此后半个世纪货币数度贬值,原规定的赔偿限额已失去对货主损失合理补偿的意义。因此,《维斯比规则》第2条第1款即规定:"除非托运人于装货前已就该项货物的性质和价值提出声明,并已载入提单外,不论是承运人或船舶在任何情况下,对该货物所遭受的或与之有关的灭失或损坏,于每包或每单位赔偿超过相当于一万法郎或按灭失或损坏的货物每千克30法郎(按两者之中较高者计算)的,均不负赔偿责任。"并规定,"一个法郎指一个含纯度为900‰的黄金65.5毫克的单位。"按当时(1968年《维斯比规则》通过之时)的含金量计算,10 000法郎大致等于666.67美元(约400英镑)。由此说明,该规则在最高赔偿限额方面,比起原《海牙规则》是大有提高了。

(三)《汉堡规则》

1.《汉堡规则》的产生及概况

《汉堡规则》的全称是《1978年联合国海上货物运输公约》。《维斯比规则》虽然对海牙规则作了一些修改,但缺乏实质性的修改,许多国家表示不满,强烈要求建立国际航运新秩序。有鉴于此,联合国贸易和发展会议成立由33个国家组成的"国际航运立法工作小组",着手制定新的国际公约。工作组于1971年2月作出制定新公约的两点意见:首先要明确现行《海牙规则》中许多不明确之点,其次应在承运人和货主之间公平地分配海上货物运输的风险。自1971年起,修改工作改由联合国国际贸易法委员会下设的航运立法工作组继续负责。该工作组先后召开了六次会议,于1976年5月制定了《联合国海上货物运输公约草案》,提交给1978年3月6日至31日由联合国主持召开的海上货物运输会议讨论。这是一次全权大会,在德国汉堡举行。会议有78个国家参加,由于参加会议的国家中压倒多数为发展中国家,所以新公约顺利通过,且并没有对"草案"作太多的修改。《汉堡规则》于1992年11月1日正式生效,参加该规则的国家中绝大多数为发展中国家。

《汉堡规则》对《海牙规则》和《维斯比规则》中船货双方不合理的权利义务关系进行了修订,对其中含混不清之处加以清除或明确,维护了发展中国家的贸易航运权益。可以说,《汉堡规则》的制定和通过,标志着发展中国家在国际海运方面建立国际经济新秩序的努力取得的一个胜利;它的生效,对国际贸易、航运、保险、银行业务等方面的发展以及有关法规的调整和建设都将产生一定的影响。

2.《汉堡规则》的主要内容

《汉堡规则》共有条款34条,与《海牙规则》相比,《汉堡规则》作了更多、更具实质性的修改,主要表现如下:

(1) 进一步扩大了公约的适用范围。《汉堡规则》规定:"本公约的各项规定适用于两个不同国家间的所有海上运输合同,如果:A 海上运输合同所规定的装货港位于一个缔约国内,或 B 海上运输合同所规定的卸货港位于一个缔约国内,或 C 海上运输合同所规定的备选卸货港之一为实际卸货港,并且该港位于一个缔约国内,或 D 提单或证明海上运输合同的其他单证是在一个缔约国内签发的,或 E 提单或证明海上运输合同的其他单证规定,本公约各项规定或实行本公约的任何国家立法,应约束该合同。"根据上述规定,《汉堡规则》可在五种情况下适用,其适用范围比《海牙规则》广泛。

(2) 延长承运人对货物的负责期间。承运人对于货物的负责期间,《海牙规则》规定:"货物运输包括自货物装上船时起,至卸下船止的一段时间。"这一期间习惯上称为"海牙时间"。在实际工作中的理解是"钩至钩"原则,也就是承运人的责任期限应是货物开始装船,吊钩一受力的时间开始,直到货物在目的港卸下船舶脱离吊钩为止。为适应集装箱运输的发展,《汉堡规则》则规定:"承运人对货物的责任期间,包括货物在装货港、运输途中和卸货港在承运人掌管下的期间。"即从承运人接收货物时起直到交付货物为止的整个期间。这实际上是延长了承运人承运货物的责任时间,有利于维护货主的利益。

(3) 扩大了承运人应负的赔偿责任。《海牙规则》规定了承运人可以享受的17项免责事项,不利于维护货主的利益。《汉堡规则》废除了这17项豁免的规定,而规定:承运人对在承运期间货物发生灭失、损坏以及由于延迟交货所造成的损失负责赔偿,除非他能够举证证明他、他的受雇人和代理人已经为避免事故发生和它的后果已采取了一切所能合理要求的措施。这说明《汉堡规则》废除了原《海牙规则》的航行和管理船舶过失免责,代之以完全的过失责任制,即承运人有过失就要承担责任。承运人对货物的灭失或损坏的赔偿责任,以灭失或损坏货物相当于每件或其他装运单位835计算单位(特别提款权)或相当于毛重每千克2.5计算单位的金额为限,以其较高者为准。承运人对延迟交付的赔偿责任,以相当于该延迟货物应付运费的2.5倍的金额为限,但不超过海上运输契约中规定的应付运费总额。

《汉堡规则》对所谓件数或其他装运单位的确定,类似《维斯比规则》中有关集装箱条款的规定。

(4) 延长了诉讼时效。《海牙规则》规定货主提出仲裁和诉讼时限为一年,《汉堡规则》则延长为两年。如果在两年期间内没有提出仲裁程序或诉讼程序,即失去时效。时效期自承运人交付货物或部分货物之日起算,如在未交付货物的情况下,则自应交付货物的最后一日起算。时效期间起算的当天,不包括在期间之内。

有关提出仲裁或诉讼的地点,在《海牙规则》中没有具体的规定,而《汉堡规则》则规定了一个管辖范围,原告可以在这个管辖范围内提起仲裁或诉讼。

对于租船运输,目前国际上尚未制定统一的国际公约。各国法律一般都允许双方当事人自由商订租船合同的条款,不受有关提单运输的法律或国际公约的管辖。同时,为节省洽谈时间,加速交易的进行,英美法国家航运公会制定出一系列的标准租船合同格式,其中金康(Gencon)航次租船合同格式和波尔的摩(Boltime)定期租船合同格式被广泛采用。一旦当事人采用了这些标准合同格式,就要受其约束。

有关国际货物运输的国内立法方面,随着海上货物运输业的发展,许多国家都专门制定了有关海上(或水上)货物运输的法律规范。美国早在1893年就通过了著名的"哈特法",受其影响,澳大利亚、新西兰等国家纷纷采用其基本原则,制定了海上或水上货物运输法。我国于1992年通过了《中华人民共和国海商法》,并于1993年7月1日起生效。尽管我国没有参加《海牙规则》《维斯比规则》和《汉堡规则》,但我国海商法有关提单运输的规定,是以《海牙规则》和《维斯比规则》为基础的,并吸收了《汉堡规则》的一些条款。此外,我国海商法对航次租船合同和定期租船合同的规定,分别参照了金康标准合同格式和波尔的摩标准合同格式的有关内容。

（四）《鹿特丹规则》

1. 《鹿特丹规则》的产生及概况

2008年12月11日,联合国第63届大会第67次会议通过了联合国贸法会提交的《联合国全程或部分海上国际货物运输合同公约》。此次会议授权2009年9月23日在荷兰鹿特丹举行新公约开放签署仪式,因此该公约又被简称为《鹿特丹规则》。截至2009年10月31日,已有20个国家签署该公约。根据公约的规定,《鹿特丹规则》将在20个国家批准或者加入一年后生效,目前尚没有一个国家批准或加入,该公约尚未生效。

联合国贸法会制定该公约的目的主要是取代现行的三个国际海上货物运输公约——1924年《海牙规则》、1968年《海牙—维斯比规则》和1978年《汉堡规则》,以实现海上货物运输和包括海运区段的国际货物多式联运法律制度的国际统一。

2. 《鹿特丹规则》的主要内容

作为国际海上货物运输立法的重大变革,《鹿特丹规则》正吸引着全球海事界的目光。该规则在与船公司密切相关的"承运人责任制度"的有关规定最为特色,介绍如下:

（1）承运人责任期间的变化。《鹿特丹规则》规定承运人责任期间是"收货—交货",并且不限定接收货物和交付货物的地点。因此,该规则适用于承运人在船边交接货物、港口交接货物、港外交接货物或者"门到门"运输。与《海牙规则》《海牙—维斯比规则》、我国《海商法》规定的"装货—卸货"和《汉堡规则》规定的"装港—卸港"相比,《鹿特丹规则》扩大了承运人的责任期间。这一承运人责任期间的扩大,一方面将有利于航运业务尤其是国际货物多式联运业务的开展,但同时在一定程度上将增加承运人的责任。

（2）承运人责任基础与免责的变化。承运人责任基础的规定,在海上货物运输法律中始终处于核心地位,是船货双方最为关注的条款。与现存法律制度比较,《鹿特丹规则》主要有以下变化:

第一,采用承运人完全过错责任,高于我国《海商法》和《海牙规则》《海牙—维斯比规则》的不完全过错责任,与《汉堡规则》采用的承运人责任原则相同。

第二,废除了承运人"航海过失"免责和"火灾过失"免责。而《海牙规则》《海牙—维斯比规则》及我国《海商法》规定,承运人对由于船长、船员、引航员或者承运人的其他受雇人在驾驶船舶或者管理船舶中的过失("航海过失")和火灾中的过失("火灾过失")而导致的货物灭失、损坏或迟延交付免责。

第三,承运人谨慎处理使船舶适航的义务扩展至整个航次期间,而我国《海商法》和《海牙规则》《海牙—维斯比规则》要求的承运人对船舶的适航义务仅限于在船舶开航前和开航当时。《鹿特丹规则》使承运人对货物的灭失、损坏可以免责的情形大大减少,甚至承运人几乎没有免责的机会,并延长了承运人对船舶适航义务的期间,从而将大大加重承运人的责任,并对航运及海上保险产生如下影响:① 取消航海过失免责,实务中承运人由于很难证明何种货损由于航海过失造成,何种货损是由于海上意外风险造成,使承运人几乎没有免责的机会;② 承运人责任基础的变化,势必要对承运人和货物的利害关系人之间划分海运风险作出重要调整,从而将对海上保险业务产生重大影响;③ 虽然承运人对国际海上货物运输中货物灭失、损坏的赔偿责任由船东互保协会承保,但如果适用《鹿特丹规则》,由于承运人责任的加重,将导致保赔保险的保险费大幅度增加,从而增加船公司经营船舶的成本;④ 决定运费水平的关键因素是航运市场运力的供求关系,而非承运人承担的责任大小,因此《鹿特丹规则》不会对海运运费水平产生大的影响。但是,船公司因该规则生效而多付的保险费不见得能通过提高运费来获得补偿,从而会增加船公司经营船舶的成本;⑤ 保赔协会为了规避过大的责任风险,将不会承保船龄大、技术状况差的船舶或者由管理水平不高的公司管理的船舶,而这势必会给这些船舶及公司的生存带来重大影响。

(3) 承运人赔偿责任限制提高。《鹿特丹规则》使承运人赔偿责任限制大大提高。①《鹿特丹规则》规定承运人对货物的灭失或损坏的赔偿限额为每件或者每一其他货运单位 875 个特别提款权,比《海商法》和《海牙—维斯比规则》666.67 特别提款权提高 31%,比《汉堡规则》835 特别提款权提高 5%;或货物毛重每千克赔偿 3 个特别提款权,比我国《海商法》和《海牙—维斯比规则》规定的 2 个特别提款权提高了 50%,比《汉堡规则》2.5 个特别提款权提高了 20%。② 与以往三大公约及我国《海商法》不同,《鹿特丹规则》对承运人赔偿责任的规定并不限于货物灭失或者损坏的情形,也适用于除迟延交付之外的其他情形。③《鹿特丹规则》对承运人丧失责任限制的情形,与现行公约和我国《海商法》相比没有变化。即:经证明,货物的灭失、损坏或者迟延交付是由于承运人的故意或者明知可能造成损失而轻率地作为或者不作为造成的,承运人不得援用限制赔偿责任的规定。

《鹿特丹规则》规定承运人赔偿责任限制适用于违反该公约规定的承运人义务

所应负赔偿责任的所有情况（迟延交付除外），使承运人可以适用责任限制的范围有所扩大。但《鹿特丹规则》使承运人对于货物的灭失或者损坏能够援用责任限制的机会将极少，在绝大多数情况下需全部赔偿，从而使传统的国际海上货物运输法律赋予承运人的赔偿责任限制权利几乎不再发挥作用，会大大加重承运人责任。

（4）货物索赔举证责任的变化。货物索赔的举证责任，是指发生货物灭失、损坏或者迟延交付后，提供证据证明其原因以及责任或免责的责任，《海牙—维斯比规则》和我国《海商法》对此规定不够明确，《汉堡规则》采用了推定承运人有过错的原则。《鹿特丹规则》对船货双方的举证责任分担作了分层次的详细规定，在举证的顺序和内容上构建了"三个推定"的立法框架：① 推定承运人有过失，承运人举证无过失；② 承运人举证免责事项所致，推定其无过失；③ 船舶不适航，推定承运人有过失，承运人举证因果关系或者已谨慎处理。

《鹿特丹规则》规定的举证责任分配，与《海牙规则》《海牙—维斯比规则》《汉堡规则》和我国《海商法》相比较，以承运人推定过失为基础，明确了船货双方各自的举证内容与顺序，举证责任分配体系层次分明，具有较好的可操作性，比《汉堡规则》对承运人有利。但《规则》加重了承运人的举证责任，排除了承运人利用举证责任规定不明确可能具有的抗辩利益。

（5）货物迟延交付的规定。《海牙规则》和《海牙—维斯比规则》没有明确规定迟延交付以及承运人的赔偿责任。《鹿特丹规则》规定，"未在约定时间内在运输合同规定的目的地交付货物，为迟延交付。"这与我国《海商法》的相关规定基本相同，没有像《汉堡规则》采用的"合理时间"标准。而《鹿特丹规则》规定的货物迟延交付责任限额为 2.5 倍运费，这与《汉堡规则》的规定相似。《鹿特丹规则》对货物迟延交付的规定具有可操性的优点，比《汉堡规则》对承运人有利。因为如果采用"合理时间"标准，对何为承运人应当将货物运抵目的港的合理时间，很容易产生争议，并且不同的法院可能对该用语作广义解释，造成法律适用的不确定性，从而有损国际立法的统一性目标。

3. 评价与展望

《鹿特丹规则》与我国《海商法》及现在国际上普遍采用的《海牙规则》《海牙—维斯比规则》相比较，对承运人责任制度的规定有很大的变化，扩大了承运人责任期间，改变了承运人的责任基础，取消了传统的承运人免责事项，提高了承运人责任限额，如果该规则生效，将大大加重承运人的责任，可以预见其对航运业及保险业将会带来重大影响，尤其是对一些经营船龄较大、管理水平不高的中小航运企业带来的冲击。

虽然国际社会对《鹿特丹规则》的前景存在不同看法,即是否能够生效,主要航运和贸易国家是否能够批准加入,是否能够在国际上发挥重要作用,但毋庸置疑的是,《鹿特丹规则》必将引发国际海上货物运输立法的一场革命。该公约一旦生效,将会对船东、港口营运商、货主等各个国际海上货物运输相关方带来重大影响;也将会对船舶和货物保险、共同海损制度等带来影响。该公约即使未能生效,因其代表最新的国际立法趋势,其有关规定也将通过渗透进国内法等途径,对国际海上货物运输产生一定的影响。

二、有关国际公路货物货物运输的立法

公路运输也是国际贸易运输的方式之一,它与铁路运输同为陆上运输的基本运输方式。公路运输具有机动灵活、简捷方便的特点,可以深入到可通公路的各个角落,因此,公路运输在进出口货物运输的集散运转方面,起着重要的作用;另外,公路运输有助于实现"门到门"的运输。当前世界上通行的集装箱运输,其最大的优点是做到"门到门",便于收货人、发货人接受、发送货物。但要做到这一点,无论集装箱使用什么工具来运送,进出航空机场、水运港区或铁路车站,都需要公路运输的工具——汽车来配合完成两端的运输任务。

为统一公路运输所使用的单证和承运人的利益和责任,联合国所属欧洲经济委员会于1956年5月19日在日内瓦召开会议,通过了《国际公路货物运输合同公约》,有欧洲17个国家参加。该公约共有12章41条,就公约的适用范围、公路运输承运人责任、合同的签订与履行、索赔和诉讼以及连续承运人履行合同等事项都作了比较详细的规定。

同在1956年,欧洲经济委员会的成员国之间缔结了关于集装箱的关税协定,其参加者有欧洲21个国家和欧洲以外的7个国家。该协定的宗旨是允许集装箱免税进口,但必须在三个月后再出口。在这个协定的基础上,又缔结了《国际公路车辆运输规定》(Transport International Routier,TIR),允许集装箱的公路运输承运人,如持有 TIR 手册,可在海关签封下中途不受检查,不支付关税,也不提供押金,直接由发运地运到目的地。如货物由米兰运至美国的芝加哥,在米兰海关检查后加上签封,即可不经检查,通过意大利、瑞士、法国、卢森堡、比利时、荷兰等国到鹿特丹,再运至美国港口中自由通过,直到芝加哥,海关才开箱检验,这样节省在途时间和手续,便利国际货物运输进程。这种由有关国家政府批准的运输者团体手册由有关国家政府批准的运输者团体发行,但该团体要保证监督其所属企业遵守海关法规及其他规则。"TIR 协定"的正式名称是《根据 TIR 手册进行国际货物

运输的海关公约》,从 1960 年开始施行。欧洲有 23 个国家参加。上述协定和公约是当前国际公路运输主要的国际立法,对今后国际公路运输的发展具有一定的影响。

三、有关国际铁路货物运输的立法

国际铁路货物运输是主要的国际货物陆路运输方式,已有 160 多年的历史。通常,有关国家通过成立国际铁路合作组织,联合两个或两个以上国家的铁路,按照共同签署的有关协定,共同完成某一批货物的全程运输。与其他运输方式相比,国际铁路货物运输具有运输速度较快、载重量大、不易受气候条件影响等特点,在运输过程中可能遇到的风险也比较少,因此,铁路货物运输在铁路相连的国家之间非常流行。在国际铁路货物运输领域,主要有两个国际公约:

(一)《国际铁路货物运输公约》(简称《国际货约》)

1890 年 10 月在伯尔尼举行的各国铁路代表会议上制定《国际铁路货物运输规则》,并自 1893 年 1 月 1 日生效。该规则在 1938 年修改时,改称为《国际铁路货物运输公约》,又称为《伯尔尼货运公约》,简称《国际货约》。先后参加的国家有奥地利、法国、希腊、挪威、荷兰、德国、比利时、波兰、匈牙利等。它主要对运输合同的缔结、履行、变更,铁路的责任,索赔与诉讼,赔偿请求的时效,各铁路间的清算,发货人与收货人的权利与责任,承运人的责任等事项作了规定。该公约已经多次修订,在 1980 年 5 月于伯尔尼举行的第八次修订会议上,决定将《国际铁路货物运输公约》与《国际铁路旅客和行李运输公约》合并为一个公约。我国目前没有参加这个公约。

(二)国际铁路货物联运协定(简称《国际货协》)

二次世界大战后,国际政治、经济形势发生巨大变化,国际铁路货物联运有了进一步的发展。新中国与前苏联签订了中苏铁路联运协定,决定自 1951 年 4 月 1 日起开办联运。同年 11 月,当时苏联与东欧七国签订并实行《国际铁路货物联运协定》,简称"国际货协"。我国于 1954 年 1 月参加,接着蒙古、朝鲜、越南也参加了该协定。因此,"国际货协"的成员国共有 12 个。该协定先后经过七次修订,现行有效的是 1974 年 7 月 1 日起生效的文本。关于该协定的主要内容,将在本章第三节作介绍。

四、有关国际航空货物运输的立法

航空运输作为一种现代化的国际贸易货物运输方式,起始于第二次世界大战之后。它不受地面条件的限制,航行便利,运输速度快,货运费时短,且在运输途中受损率小,对于某些急需物资、鲜活商品、易损货物和贵重商品来说,航空运输是一种最适宜的运输方式。在国际航空货物运输领域,较有影响的主要国际公约有以下:

(一) 1929 年的《华沙公约》

该公约的全称是《统一国际航空运输某些规则的公约》,1929 年 10 月 19 日在波兰首都华沙签订,故简称《华沙公约》。《华沙公约》规定了以航空运输承运人为一方和以旅客和货物托运人、收货人为另一方的权利义务关系。该公约是国际航空运输领域一个基本性公约。它于 1933 年生效,目前已有 130 多个国家和地区参加了该公约。我国于 1958 年 7 月 20 日宣布参加这一公约,该公约于 1958 年 10 月 18 日对我国生效。

(二) 1955 年的《海牙议定书》

该议定书的全称是《修改 1929 年 10 月 12 日在华沙签订的国际航空运输某些规则的公约的议定书》,1955 年签订于海牙,故简称《海牙议定书》。该议定书就责任限制、运输单证的项目、航行过失免责及索赔事项等对《华沙公约》进行了修改,使之更好地适应国际航空运输发展的需要。《海牙议定书》于 1963 年生效,目前已有 90 多个成员国。我国在 1975 年 8 月 20 日加入该议定书,并声明公约当然适用于我国的全部领土,包括台湾。《海牙议定书》规定,非《华沙公约》缔约国加入《海牙议定书》,具有加入原《华沙公约》的效力。我国与《华沙公约》的缔约国之间,适用《华沙公约》;与《海牙议定书》的缔约国之间,适用《海牙议定书》。

(三) 1961 年的《瓜达拉哈拉公约》。

该公约的全称是《统一非订约承运人所办国际航空运输某些规则以补充华沙公约的公约》,1961 年 9 月订于墨西哥的瓜达拉哈拉,故简称《瓜达拉哈拉公约》。该公约的目的旨在使《华沙公约》中有关承运人的各项规定适用于非运输合同承运人即实际承运人。根据《瓜达拉哈拉公约》的解释,所谓实际承运人,是指订约承运人以外,根据订约承运人授权办理全部或部分运输的人。该公约于 1964 年生效,目前已有 50 多个成员国。我国至今尚未加入该公约。

在上述三个公约中,《华沙公约》是基础,其他两个国际公约只是对《华沙公约》的修改或补充,但都没有改变《华沙公约》的基本原则。另一方面,三个公约又都是相互独立的国际公约,对每一个国家来说,可以只参加其中的一个公约,也可以同时加入两个或三个公约。关于上述三个公约,特别是《华沙公约》的内容,将在本章第三节介绍。

五、有关国际货物多式联运的立法

国际货物多式联运(international multimodal transport),是指按照多式联运合同,以至少两种不同的运输方式,由多式联运经营人将货物从一国境内接管货物的地点运至另一国境内指定交付货物的地点的一种运输方式。它是随着集装箱货物的成组运输的发展而发展起来的,通常表现为将海上、铁路、航空等多种运输方式中的两种或多种联结起来进行运输,因此具有装卸效率高、运载量大、降低运输成本、简化货运手续等优点,受到托运人和承运人的欢迎,从而促进了国际贸易的发展。

调整国际货物多式联运最主要的国际公约是《联合国国际货物多式联运公约》,1980年5月在联合国贸易与发展会议的主持下制定并通过,我国在公约的最后文件上签了字。该公约是继1974年的《联合国班轮公会行动守则公约》和《1978年联合国海上货物运输公约》后,发展中国家为建立国际经济新秩序的斗争取得的又一成果。《联合国国际货物多式联运公约》将于30个国家批准或加入一年后生效。它生效后,将对国际多式联运的发展及变革产生深远的影响。

案例分析

[案情]

原告A公司与外方老挝B化工公司订有氰化钠买卖合同,货物为96吨氰化钠,交付地为老挝万象(老挝为内陆国)。被告某承运公司承接出运该票货物,并签发了单证号为KMTCSHAC398221、订舱号为HWHCXXXXXXXXG的多式联运提单,记载托运人/出口人为原告A公司,收货人为老挝B化工公司,通知方为泰国C公司,备注货运代理人(提单原文为"FORWARDING AGENT-REFERENCES")亦为泰国C公司,船名航次、交付地为老挝万象,货物信息为"氰化钠,老挝化工B公司,经泰国林查班至老挝",运输方式为CY-DOOR(堆场至门),运费预付。其后,该票货物在泰国林查班转运时,泰国海关查验发现货物氰化钠需要工业部工业工程司的批文方可进出口。因无法申领到泰国的进出口许可,被泰国海关查扣。因该票氰化钠货物长时间滞留泰国港口,原告A公司与外方老挝B化工公司达成退款协议,退还了货款。原告A公司根据多次联运提单(多式联运合约),将提单签发人告上法庭,认为被告签发了涉案多式联运提单,是多式联运经营人,依法应对全程运输负责,为此主张货物损失和运费损失。此外,原告还认为泰国C公司为被告委托或指定的中转港清关代理,因为被告不能完成中转港清关才导致货物损失。

[问题]

如何分配多式联运人和托运人(货主)的责任?

[法律依据]

《海商法》第六十七条、第一百零四条。

[法律运用和结果]

上海海事法院并没有因为多式联运的上述特殊性对境外海关(政府)查扣风险进行了有利于托运人(货主)的分配。仍是遵循《海商法》的规定,承运人因政府行为(货物不合法)免责。法院还认为本案的货方从事的是危险品,且系两用物项氰化钠的进出口业务,该货物系特殊货物,且需经由进出口两国以外的第三国中转,货方更应妥善全面地规划货物出口、中转的路径,准备货物出口、中转应办理的手续及文件,并送交本案的多式联运经营人。二审上海市高院从法理上进行了进一步论述。首先,上海市高院明确:《海商法》第六十七条并未区分一般的海上货物运输和多式联运、贸易合同项下的手续抑或过境运输所需的手续作出不同规定。《海商法》第一百零四条虽然规定多式联运经营人负责履行或者组织履行多式联运合同,并对全程运输负责,但该条规定的是多式联运经营人对"运输"负责,并不影响货方依据《海商法》第六十七条承担办理运输中涉及的过境清关手续的义务。《泰国法查明报告》中虽提及泰国代理人有责任在货物抵达林查班港之前提交相关许可申请,但该责任系泰国代理人作为具体申请主体对泰国政府或主管机关承担的责任,与申请办理该手续的义务在多式联运经营人与货方之间的分配并不属于同一法律关系范畴。其次,原告认为泰国C公司作为泰国货运和清关代理人,应由泰国C公司办理涉案货物过境泰国相关许可和清关手续的主体。承运人应知道缺少过境许可证违反过境地法律,仍然轻率地不作为,未提前办理过境许可,最终导致货物滞留,应对由其自身及其代理人C公司的过失造成原告的损失承担赔偿责任。上海市高院认为:即使泰国C公司确与被告之间存在委托代理关系,亦不能证明被告对于涉案货物清关不顺具有过错。办理货物清关许可手续的义务归属货方,《泰国法查明报告》中文本中也载明,"泰国代理人必须代表货物所有者自行申请许可证,以便于货物的进口、出口或过境"。因此,泰国C公司虽需自行向主管机关申请许可证,但其在该行为中的身份系代表货物所有者,印证了办理相关许可手续的义务属于货方而非多式联运经营人。故泰国C公司在代表货方办理相关许可手续中即使存在过失,该过失也不能归责于多式联运经营人。

案例改编自中国报关协会 2022 年 6 月 23 日发布的"从一起境外海关查扣货物案例透视多式联运中的货主风险以及规避策略"。

第三节　国际海上货物运输法律制度

一、提单法律制度

(一)提单的定义和法律性质

依《汉堡规则》第 1 条第 7 款的规定:提单是指证明海上运输合同和货物已由承运人接管或装船,以及承运人保证凭以交付货物的单据。单据中列有货物应交付由指名人所指定的人,或凭指定,或交付提单持有人的规定,即构成此项保证。提单的法律性质表现为:

1. 提单是托运人和承运人之间订立的货物运输合同的凭证

提单(bill of lading, B/L)是体现承运人与托运人权利、义务关系的基本文件,提单一经签发就对双方发生法律的约束力,成为双方当事人设立和实现海上货物运输关系的依据,因此,提单具有契约的性质。但是,提单本身并不是运输合同,它是承运人一方根据运输合同签发的,只能作为运输合同的一种书面凭证,当运输合同的内容与提单不一致时,应当以运输合同为准。例如:一经营柑橘的托运人在西班牙与承运人签订运输合同,规定承运人应在 1947 年 12 月 1 日在英国提高这种货物的进口税之前把货物运到英国。但实际上船舶首先开到安特卫普港,12 月 4 日才到伦敦。托运人要求承运人赔偿损失。承运人辩称:提单中载有通常的条款,即规定承运人可以任意经过任何航线把货物直接或间接运至目的港。法官判决,运输合同是在提单签发以前缔结的,在合同中已有一项明示担保,承运人不得指望享受在没有该项担保时本应由他享有的自由,该项担保使提单所列条款失效,承运人应赔偿托运人的损失。这一案例可以说明,提单条款与合同规定相违背时,应以合同规定为准,提单只是运输合同存在的证明。

但是,在实际业务中,托运人收到提单后,通常都用背书方式把提单转让给收货人(提单的受让人,通常是货物的买主)。在这种情况下,对提单的受让人与承运人来说,提单就不仅仅是运输合同的证据,更是成为受让人与承运人之间的运输合同。他们之间的权利义务关系应以提单的规定为依据,即使原来的托运人与承运人事先另外有协议,但由于提单的受让人对此一无所知,所以他可不受其约束。

2. 提单是承运人从托运人处收到货物的凭证

提单一经签发,就意味着承运人已按提单上所列的内容收到了货物,承运人或其代理人作为提单的签发人,有义务对提单上所载明的货物负有妥善包管、安全运输,并向收货人交付之责。但是,提单作为货物收据这一点也依其是在托运人手中还是在提单的受让人手中而有所不同:对托运人而言,提单只是承运人已按提单所记载的内容收到货物的初步证据(prima facie evidence),如果承运人事实上并没有收到货物,或者他所收到的实际货物与提单上的记载不符,他仍然可以提出反驳,证明事实并非如此,因为提单上有关货物的资料都是由托运人填报的,托运人应该知道其所倘若运的货物的实际情况。但对于提单的受让人来说,提单就不仅仅是初步证据,而是最终证据(conclusive evidence),即承运人不得对受让人否认提单上有关货物资料的记载内容的正确性。因为提单的受让人在受让提单的时候,并没有机会检查货物,而只能够完全凭信赖提单上记载的事项行事。该规则在法律上是为了保障善意第三人的利益,而且也只有这样才有利于提单的转让流通。如果提单上的不正确记载是由于托运人申报不实造成的,承运人可以向托运人要求赔偿,但不得以此对抗善意的提单受让人。

3. 提单是代表货物所有权的物权凭证

提单的持有人能够在货物运输过程中通过处分提单来处分提单项下的货物。按照商业惯例,占有提单通常就等于占有了货物,而转让提单则通常具有与交货本身同样的效果,托运人可以凭提单向银行议付货款。因此,提单就是货物所有权的象征。由于提单具有物权凭证的作用,在国际贸易中,它可以作为买卖的标的和向银行押汇的担保标的。

作为一种物权凭证,提单赋予持有人占有货物的权利:谁持有提单,谁就有权要求承运人交付提单下的货物,并且只有持有提单的人方可要求承运人交货;而承运人也只能将提单项下的货物交给持有提单的人(而不问提单持有人权利的来源),否则,如果承运人将货物交给一个没有持提单的人(哪怕他是该货物的真正所有权人——货物的所有权从法律上讲已经转移于他),承运人将要承担法律赔偿责任。在四海通银行诉兰姆布拉(上诉)案中,英国的卖方兰姆布拉自行车公司将一批自行车零件卖给新加坡的买主,合同约定以托收方式(D/P)结算。当货物已经运达目的地新加坡时,卖方没有向托收银行付款赎取提单,而是请四海通银行为他出具保函,再持买卖合同与保函请求承运人的代理人船长将货物交给他,并表示如果此后发生什么法律麻烦,担保人四海通银行将代承运人承担损失赔偿责任。在这种情况下,船长即将货物予以交付。过后,卖方兰姆布拉公司询问收款情况,托收银行告知说并没有什么买方来付款,提单仍在本银行处,而承运人则表示货物早已交付。该案审理法院判决承运人对兰姆布拉公司承担货款及其他损失的赔偿责任,因为它将提单项下的货物交给一个没有持有提单的人(尽管该人确实是该货物买卖合同的买主),四海通银行作为担保人对此承担连带责任。

但是,在某些国家,特别是在委内瑞拉和其他一些拉丁美洲国家,收货人可以不用提交提单而取得货物。

(二)提单的格式和基本内容

提单的格式无统一标准,各轮船公司可自行制定,但一般应载明下列各项内容:① 承运人名称(carrier);② 船名和船舶国籍(vessel and nationality);③ 装货地和目的地或中途停靠港地(ports of loading and unloading and of call);④ 托运人名称(shipper);⑤ 收货人名称(consignee);⑥ 货物品名、标志、包装、件数、体积或重量(description of goods, marks, packages, numbers, measurement or weight);⑦ 运费和应当付给承运人的其他费用(freight and charges);⑧ 提单签发的日期、地点和份数(date of signing at ...);⑨ 承运人或船长签署(signed by carrier master)。上述9项内容是提单必须具备的内容,缺少任何一项均不能按提单的法律来衡量权利与义务。在上述9项内容中,第①至⑥项由托运人填写。托运人应向承运人保证他所填报的情况的准确性,如因托运人填写不清楚或不正确,以致引起灭失或损害,托运人应负责赔偿承运人的损失。如果承运人怀疑所收到的货物同提单上所填报的情况不符,得在提单上添加批注。第⑦至⑨项的内容一般由承运人填写。

提单的背面印有详细的运输条款,主要是规定承运人与托运人的权利义务。这些条款由各轮船公司自行拟订,内容繁简不一。承运人一般总是力图在提单中列入减免其对所运货物的责任的条款,但如果提单规定适用1924年《海牙规则》的话,承运人就不能在提单中排除其按海牙规则所应承担的基本义务,即使承运人在提单中列入了这样的免责条款,按照海牙规则的规定,这类免责条款也是无效的。

我国远洋公司的提单是按国际间通行的格式与提单所必须具备的条件为基础制订的。它的正面内容是以中文和英文并列印刷,背面印有20条条款(用英文印刷),说明我国远洋公司对所承运的货物应负的义务和享受的权利。

(三)提单的种类

提单的种类依据不同的划分标准,可分为许多类型:

1. 根据货物是否装船,可分为已装船提单和备运提单

(1)已装船提单(shipped B/L 或 on board B/L)。是指承运人签发的表明托

运货物已经装船的提单,这种提单通常载有船名和装船日期,对托运人和收货人按时收到货物有保障。在一般的国际货物买卖合同中,都规定卖方应提供已装船提单。

(2) 备运提单(received for shipment B/L)。是指承运人收到托运人的货物,但尚未装船时签发的提单。此类提单只表明承运人收到货物,存放于其所控制的仓库等待装运,由于货物尚未装船,何时装运、收货人何时能收到货物难以预料,国际货物买卖合同中的买方一般也不愿意接受。备运提单主要适用于集装箱运输,因集装箱货物实行的是门到门或站到站的交接方式,承运人须在内陆收货站收货,并签发集装箱提单,而此时集装箱货物尚未装船,故只能签发备运提单。备运提单待货物实际装上船后可将提单退给承运人,换取已装船提单,或由承运人在备运提单上加注装船日期和船名,以此转为已装船性质提单。

2. 根据提单收货人的抬头,可分为记名提单和不记名提单和指示提单

(1) 记名提单(straight B/L)。也称收货人抬头提单,是指托运人指定收货人的提单,在提单的收货人一栏内载明特定的收货人。这种提单情况下,承运人只能将货物交给特定的收货人,提单一般不可以流通转让。记名提单由于不具有流通性,在国际贸易中不常使用,一般仅限于个人物品、展览品、贵重物品等货物的运输。

(2) 不记名提单(open B/L)。也称空白提单,是指载明承运人向提单持有人交付货物的提单,在提单的收货人一栏中没有写明具体的收货人,仅注明"持有人"或"交予提单持有人(to bearer)"字样。这类提单是见单交货,谁持有提单谁就有权提取货物。不记名提单无须背书即可转让,流通性强,但一旦提单丢失,风险很大,在国际货物买卖中也较少使用。

(3) 指示提单(order B/L)。是指按提单载明的指示人的指示交付货物的提单,提单的收货人一栏中载明"由某人指示(to order)"或"指示"字样。指示提单的指示人可以是托运人、收货人,也可以是银行。指示提单是一种可转让的提单,指示人通过背书的方式使之得以流通。如指示人不作任何背书,则意味着指示人保留对货物的处分权。指示提单一方面可以流通,另一方面流通又须指示人的背书,风险较小,所以在现代国际贸易中被广泛使用。

3. 根据提单上有无不良批注,提单可分为清洁提单和不清洁提单

(1) 清洁提单(clean B/L)。是指承运人签发的对货物外表状况未加不良批注的提单,这表明货物已如数装船而且货物的表面状况良好。这里所指的表面状况,是承运人凭目力所能观察到的货物状况,外表状况良好,并不排除货物内部存在的

缺陷或其他无法凭借目力发觉的质量问题。

在国际贸易业务中,买方通常要求卖方提供清洁提单。另外,《跟单信用证统一惯例》也规定,除非信用证另有规定,受益人(卖方)只有向银行提供清洁提单才能取得货款。

不过,根据国际航运公会(International Chamber of Shipping)的规定,有下列批注的提单也视为清洁提单:① 不明确表示货物或包装不能令人满意的批注,如"旧箱""旧桶"等;② 否认承运人知道货物的内容、重量、容量、质量或技术规格的批注。如一般提单上引有:"重量、尺码、标志、号数、品质、内容和价值是托运人提供的,承运人在装船时并未核对。"虽有这种条款的提单,仍然是清洁提单;③ 强调承运人对于货物或包装性质所引起的风险不负责任的批注。

(2) 不清洁提单(unclean B/L)。是指承运人签发的对货物表面状况或其他方面加有不良批注的提单,说明货物是在表面状况不佳的条件下装船的。承运人在装船时如发现货物或包装表面状况不良,可以在提单上批注:"破包""污损""锈蚀"等,借以限定其自身的责任范围。买方一般不愿接受不清洁提单,银行也不接受,于是就出现了托运人凭保函换取承运人签发清洁提单的通融做法。所谓保函,是指托运人向承运人保证,如因货物残损短缺以及因承运人签发清洁提单而引起的一切损失,托运人将给予承运人以赔偿。

接受保函签发清洁提单,就承运人而言,风险很大。如果所交的货物与提单不符,承运人不能凭保函对收货人拒赔,保函不能约束收货人。而且保函在承运人与托运人之间的效力也是不稳定的。《汉堡规则》第16条虽然使保函合法化,但还是规定,保函对收货人无效,如果构成欺诈,承运人不能凭保函件向托运人索赔。何为欺诈,只能由法院裁量。如果遇到信誉不好的托运人,当承运人在目的港承担了清洁提单的责任后,向托运人追偿因凭保函签发清洁提单而导致的赔偿责任时,该托运人拒绝认可的话,承运人就只好自认倒霉了。

4. 根据运输方式,提单可分为直达提单、转船提单、联运提单和联合运输提单

(1) 直达提单(direct B/L)。是指承运人签发的货物自装货港装船运输后,直接运往目的港,中途不得转船的提单。直达提单对于国际货物买卖的双方当事人而言,因为货物不需转船直接运输,买方能够较为准时地收货,风险而较小,故买方常要求卖方提供直达提单。

(2) 转船提单(transhipment B/L)。从起运港载货的船舶不直接驶往目的港,需要在其他港口换船转往目的港的情况下所签发的提单。这类提单会批注"在某港转船"字样。货物在其他港口转船,如不能及时安排接转船只,就会延迟到达目

的港的时间,同时也增加了货物受损和遭遇风险的可能性。但某些港口由于挂港船只较少或航次间隔时间过长,在其他港口转船反可加速货物运转时,买方也可同意接受转船条款。

(3) 联运提单(through B/L)。需要经两段后两段以上如海陆、海空或海海等联合运输,所签发的一张包括全程运输的提单,称为联运提单。转船提单也可说是联运提单的一种。

(4) 联合运输提单(combined transport B/L)。由于集装箱运输的发展,一批运输货物的收货地和交货地不一定是起运港和目的港,一般包括两种以上的运输方式,由船公司或其代理人签发的提单,称为联合运输提单。

5. 根据船舶经营的性质,提单可分为班轮提单与租船提单

(1) 班轮提单(liner B/L),是经营班轮运输的船公司或其代理人出具的提单,上列有详细的条款。

(2) 租船提单(charter party B/L),是船方根据租船合同签发的一种提单。提单上批注"根据××租船合同出立"字样,不另列详细条款。因此,这种提单要受到租船合同的约束,不成为一个完整的独立文件,银行或买方在接受这种提单的时候,往往要求卖方提供租船合同副本,以了解提单和租船合同的全部情况。

6. 根据内容的繁简,可分为全式提单和略式提单

(1) 全式提单(long form B/L)是指在提单上列有承运人和托运人权利、义务等详细条款的提单,在实际业务中使用较广。

(2) 略式提单(short form B/L)是指仅保留全式提单正面的必要项目,如船名、货名、标志、件数、重量或体积、装运港、目的港、托运人名称和签单日期等记载,而略去提单背面全部条款的提单,故又称为简式提单。一般提单副本均用这种简式提单。

7. 其他各种提单

除了上述种类的提单外,还有其他一些名称的提单,如:

(1) 分提单(separate B/L),指同一装货单的一批货物,根据托运人的要求分签两套或两套以上的提单,这种提单称为分提单。

(2) 舱面提单(on deck B/L),又称甲板货提单。这是货物装在舱面露天甲板上,并用"甲板上"字样注明的一种提单。有些货物如活动物、危险品、体积过大货物只能装在甲板上,在这些货物遭受损害的可能性较大,承运人不愿承担责任(凡不是承运人故意行为造成的均可免责),在发生共同海损时也不能得到分摊,因此托运人须通过向保险公司加保甲板险以获保障。

（3）成组提单(groupage B/L)，是运输代理行把几笔交易的货物合并在一起成组托运，由承运人签发的一种提单。这种提单常用于集装箱运输中的拼箱货或各个委托人的零星货物，提单不交给原委托人而交给运输代理行在目的港的代理人。运输代理行对各个委托人则分别签发运输凭证，即所谓"运输代理行提单"(house B/L)，属分提单。

（4）包裹提单(parcel receipt)，是指以包裹运送方式装船时所签发的提单，适用于少量货物和无商业价值的样品、礼品等。承运人对包裹提单货物的灭失不负赔偿责任。

（5）交换提单(swich B/L)，指由于贸易上的需要，起运港签发提单后，在中途港另换一套提单，作为该批货物由中途港装运，提单上以中途港为起运港，中途港的关系人作为装货人。在这种情况下，原起运港签发的一套提单称为交换提单。

（6）电子提单(electronic B/L)，是指通过电子数据交换系统(electronic data interchange，EDI)传递的有关海上货物运输合同的数据。它在外观上不再是有形的纸质文件，而是一系列按一定的规则组合而成的电子数据。电子提单通过电子数据交换系统传递，使单证的流转在瞬间得以实现，避免了提单晚于船舶到达的现象。又因其凭密码进行流转，有利于防止利用传统提单进行海运欺诈的行为。1990年6月通过的《国际海事委员会电子提单规则》，明确了电子提单的法律适用和电子提单项下货物支配权的转移等问题。该规则规定：拥有货物支配权的买方，可以通过转让这一权利来实现货物的转卖，这说明电子提单有传统提单的流转功能。

二、提单当事人的基本义务和责任

鉴于大多数国家采用《海牙规则》，本书以《海牙规则》为主，并参照《维斯比规则》《汉堡规则》及我国《海商法》的有关规定，对提单当事人的基本义务和责任加以介绍。

（一）承运人的基本义务和责任

根据《海牙规则》第3条第1、2款的规定，承运人负有以下两项基本义务和责任：

1. 适航义务

"适航"指船舶适宜于完成海上特定航程并且适宜于载运特定的货物。适航要求承运人在开航前和开航时恪尽职责，使船舶等各方面都能满足预定航线航行的需要。适航的标准包括以下三点：船舶适于航行；船员配备、船舶装备及船舶供应适当；船舶适货。这三点是适航性的三项法律标准：

(1) 船舶适于航行。是指船舶在船体、构造、性能和设备等方面具备在特定航次中安全航行并能抵御通常出现的海上危险的能力。船舶拥有适航证书，在法律上并不能证明船舶适航；但船舶未备有相应的有效适航证书，则可断定船舶是不适航的。这里所说的适航，着眼于船舶在每一航次开航时的实际航行能力，这往往取决于特定航次的具体情况。例如，在冬季的北大西洋上，八、九级的大风是司空见惯的，因而只能认为是通常危险；但在日本海峡，八、九级的大风是比较罕见的。

(2) 船员配备、船舶装备及船舶供应适当。船员配备适当，是指船舶必须配备足够的合格船员。合格船员的含义有二。一是这些船员必须持有相应的合格证书；二是船员除持有相应的合格证书外，还必须具有相应的工作能力，也就是能够胜任工作。船舶装备适当，是指船舶要适当地备有航海所需要的各种仪器设备及必要的文件如海图等。船舶供应适当，是指船舶在航行中要备有适当的燃料、淡水、粮食、药品及其他供应品。

(3) 船舶适货，是指船舶的货舱、冷藏舱和其他载货处所能适宜和安全地收受、运送和保管约定的货物。为此，承运人必须根据货物特性进行合理的装载和配载；按货物的不同要求，清洗、清扫货舱或熏舱消毒，使货舱清洁、干燥、无毒、无异味、无虫、无鼠。如果装载需要冷藏或通风的货物，应保证冷藏机的温度和通风程度适宜货物的要求。

(4) 适航性的时间。《海牙规则》并不要求承运人在船舶的整个航程中，而只要求其在船舶开航前和开航时恪尽职责使船舶适航。"开航前和开航时"指的不是两个时点，而是一个期间，至少是指船舶装货时起到船舶开航时为止的这一期间。显然，规则并不要求在整个航程中都要保证船舶适航，因为海上风险较大，船舶在航行中可能会发生各种意外事故而变得不适航，在这种情况下，除非承运人由于疏忽没有及时采取补救措施，否则承运人可不负责任。

(5) 适航程度。适航有绝对适航和相对适航之分。前者是指只要是因为船舶在开航前和开航时不适航的原因造成的货物灭失或损害，承运人就应当负赔偿责任；后者是指只要承运人在开航前和开航时在使船舶适航方面做到了恪尽职责，即使船舶因潜在缺陷导致在开航前和开航时事实上处于不适航状态并因此使货物受损，承运人仍然可以免除赔偿责任。《海牙规则》对承运人规定的是相对适航义务，承运人在已知的或者可合理预见的范围内采取了通常可以采取的合理措施，一般应认定承运人已经做到了恪尽职责。做到恪尽职责，不仅是对承运人本人的要求，同时也是对承运人的受雇人、代理人的要求。如果因为承运人的受雇人、代理人未能做到恪尽职责使船舶适航,造成货物的灭失或损害,承运人仍应负赔偿责任。

只要不适航是由于明显的缺陷(obvious defect)而不是由于潜在的缺陷(latent defect)所造成的,承运人就不能说他已做到恪尽职责。同样,货主如以承运人违反恪尽职责使船舶适航为由主张权利,也应承担船舶不适航的举证责任,否则,其主张也得不到支持。例如:在英国王座庭海事法院1978年审理的一个案件中,原告货主的5 252包石棉委托被告货轮运往威尼斯。在威尼斯卸货时发现3 182包石棉被海水损坏,原告要求赔偿。法院认为:被告提供的证据能够证明其已恪尽职责使船舶适航,而原告没有证据证明船上污水管在航程开始时已堵塞,即无法证明船舶不适航。因此,法院判决被告胜诉。

《维斯比规则》与《汉堡规则》同样对承运人提出适航要求。

我国《海商法》第四十七条规定:"承运人在开航前和开航当时,应当谨慎处理,使船舶处于适航状态,妥善配备船员、装备船舶和配备供应品,并使货舱、冷藏舱、冷气舱和其他载货处所适于并能安全收受、载运和保管货物。"本条规定与《海牙规则》第3条第1款的规定是一致的。

2. 适当和谨慎地管理货物

适当和谨慎地(properly and carefully)管理货物的"适当"是从技术方面要求承运人对《海牙规则》所列的装载、搬运、积载、运送、保管、照料和卸载7个工作环节要具备一定的技术知识、技术水平和能力。即指从装货到卸货的各个环节中,承运人的行为应符合有关管理货物的适当要求。例如:承运人由北欧向远东地区运卷筒纸,装货时那里天气寒冷,气温很低。航行途中经过炎热地区,如果船上不注意通风,使舱内温湿度发生急剧变化,卷筒纸会产生大量"货汗"而损坏货物。为此,承运人应适时适当地通风,否则就要对因其管理货物上的过失而造成的货损负赔偿责任。

在应用于具体管货规定时,一般将其作为一个整体来对待,即承运人在从装货开始、运输途中,直至卸货的整个过程中,都必须做到适当和谨慎。

"谨慎"是从责任心方面,要求承运人及其雇用人员尽心尽力作好职责范围内的工作。即要求承运人从装货到卸货的这个过程中都要对货物予以合理的注意。例如,在不能承受重压的货物上堆放其他重物,或者在食品旁放置散发异味的货物,都可以视为承运人未能对货物予以合理的注意。以下将承运人"适当和谨慎地"管理货物的责任分别作简要的说明:

(1) 适当和谨慎地装载货物。承运人应适当和谨慎地把货物装到船上。如果承运人雇用装卸工操作,他应对装卸工疏忽或过失所造成的货损负责。按照海运业务惯例,装货过程一般适用"钩至钩"原则。具体来说,如果使用船上吊钩,装货过程从吊钩钩住货物时开始,海牙规则亦于此时开始适用;如果使用岸上吊杆装船,则从货物起吊越过船舷时起,开始适用海牙规则。

如果托运人自行装船损及自己的货物,承运人没有责任,但如果因此而损及他人的货物,承运人仍须负责。

(2) 适当和谨慎地搬运货物。货物装入船舶以后,承运人应根据货物的具体情况,进行适当的处理,如在装运散装食时,须安装防摇板和通风设备;装运笨重货物时,要预备绳索,将货物绑紧扎牢,以免在途中碰撞受损,等等。如果由于承运人操作管理不当而造成货损,应承担赔偿责任。

(3) 适当和谨慎地积载。这要求承运人对货物在船上的放置要加以合理的注意、处置。承运人必须按照货物的品种、性质和包装等特点,妥善进行堆放。货物有轻有重,有固体、液体、气体等不同的形态,有的怕熏怕热,有的易碎易漏,各具不同的特点,这要求对不同特性的货物的堆放位置和方法有所不同,如轻物置于重物之上;怕热的货物不能堆放在靠近机舱的地方;怕熏的货物不能与挥发性强的货物装于同一货舱,等等。另外,船长应指挥、监督配载。配载工作通常由装卸工人进行。承运人对船长及装卸工人的疏忽应该负责。

(4) 适当安全地运送货物。如在航行中发生了海损事故,承运人应采取适当措施保护所运载的货物,尽量避免、减少损失,比如,燃起战火,以致航行途中的货物无法开往卸货港卸货,则承运人应负适当和谨慎之责,将货物卸在靠近提单指定的卸货港的另一港口或便于收货人收货的港口等。

承运人还应以合理的速度,按照合理的航线或地理上、习惯上的航线把货物运到目的港交货,不得无故绕航。如果发生了不正当的绕航行为(deviation),承运人要承担严重的后果。按照英国的法律,船舶不得绕航是运输合同的一项要件,违反这项义务是严重的违约行为,托运人可因此不再受运输合同中任何条款的约束;如果发生绕航行为,承运人不仅要对绕航时所发生的损失负责,而且还要对船舶绕航以前和以后所发生的一切货损负全部的责任,纵使造成货损的原因系承运人的免责范围之内,承运人也不能要求免责,除非承运人能够证明即使船舶不绕航,也不可避免会发生这种损失,才能免除责任。这种举证是非常困难的。但根据德国法律,承运人只对与绕航行为有因果关系的货损负责任。不过,各国法律和海牙规则规定,如果为了在海上拯救生命或救助财产,或有其他合理的理由(如为了避免船舶发生危险)所作的绕航,均不能认为是违反给规则或违反运输合同的行为,承运人对由此而造成的损失概不负责。

(5) 适当和谨慎地保管、照料货物。如在运输粮食时,必须在舱内通风,以防其发热受损;运送水果者,则要使冷藏舱保持托运人指定的温度等。承运人如果对货物照料不善,应对由此而引起的货损负责。例如:某船在航行中遭遇暴雨,船员将舱盖板关闭,以免雨水漏进货舱损及货物。不久雨过天晴,船员忘记打开舱盖,结果因舱内通风不良造成货损。法院在该案中判决认为:货损是承运人未适当和谨慎地保管和照料货物所致。又如货物在码头装卸时,由于缺乏对货物的看守,货物被窃,则也属于承运人未尽对货物的适当和谨慎地保管照料之责。至于何种货物需要何种特殊的照料,除托运人在托运时已经申明,一般应根据常识加以判断,承运人不具备这类常识,并不能成为免除其没有尽到适当和谨慎地保管照料货物之责的理由。

应注意的是,货损究竟是管货过失所致还是管船过失所造成的,往往发生争议。根据《海牙规则》的规定,如系其保管照料货物的过失所致,承运人应负责任;如果系属其管理船舶过失所致,则承运人可以免责。

(6) 适当和谨慎地卸载货物。所谓卸载,是指将货物卸到码头上。承运人只要适当和谨慎地把货物卸在码头上,便是履行了卸货责任。该卸货责任,按"钩至钩"惯例至货物卸下船舶脱离吊时为止。如果收货人不在船边提货,则承运人有责任将货物卸至卸货港仓库,而承运人的责任仍在卸船时终止;如果船舶抵达目的港后不能直接停靠码头卸货,而须将货物先卸往驳船,再由驳船运往岸边卸货,那么,只有当船上货物卸到驳船上而且驳船准备离开该船驶往码头时,承运人的卸货责任才告终止。在此之前,因承运人在卸货过程中的不适当或不谨慎的行为以致发生货损,承运人仍应负责。

我国《海商法》第四十八条规定:"承运人应当妥善地、谨慎地装载、搬移、积载、运输、保管、照料和卸载所运货物。"该规定与《海牙规则》第3条第2款的规定完全一致。

3. 承运人的责任期间与责任限制

所谓责任期间,是指承运人对货物灭失或损坏负责的时间范围。《海牙规则》规定的承运人的责任期间是从货物装船起至货物卸船止的一段时间,即通常所说的"钩至钩"原则。如果货物的灭失或损坏发生在装船前或卸船后,承托双方可以达成任何协议,但《海牙规则》本身对此未作规定。而提单上列明的装前卸后条款往往规定承运人对装前卸后发生的货物灭失或损坏不负赔偿责任。

《汉堡规则》延长了承运人的责任期间。《汉堡规则》第4条第1款规定,承运人对货物的责任期间,包括货物在装货港、运输途中和卸货港处于承运人的掌管下的全部期间。货物的灭失或损坏不论发生在哪一段,只要是在处于承运人的掌管期间发生的,承运人就应当负责。可见,《汉堡规则》关于承运人责任期间的规定,与《海牙规则》"钩至钩"的规定相比,是向装货港和卸货港两头延伸了。它适应了集装箱运输的发展,有利于维护货主的利益。

我国《海商法》第四十六条规定了承运人的责任期间。该条规定:承运人对集装箱装运的货物的责任期间,是指从装货港接收货物时起至卸货港交付货物时止,货物处于承运人掌管之下的全部期间。承运人对非集装箱装运的货物的责任期间,是指从货物装上船时起至货物卸下船时止,货物处于承运人掌管之下的全部期间。在承运人的责任期间,货物发生灭失或者损坏,除非另有规定,承运人应当负赔偿责任。由此可见,我国海商法关于承运人责任期间的规定,不同于海牙规则,也不同于汉堡规则。

所谓责任限制,是指对承运人不能免责的原因造成货物的灭失或损坏,承运人也仅在一定范围内承担赔偿责任,也即承运人承担赔偿责任的最高限度。《海牙规则》第 8 条第 5 款规定,在任何情况下每件或每单位货物不得超过 100 英镑,但托运人于装运前已经就该项货物的性质和价值提出声明,并已在提单上注明的不在此限;《维斯比规则》对赔偿责任限额进行了修订,提高到每运费单位或每件 10 000 金法郎或按灭失或受损货物的毛重计,每千克为 30 金法郎,以两者中较高者为准;《汉堡规则》关于承运人责任限额的规定是,每件或每单位 835 个特别提款权或毛重每千克 2.5 个特别提款权,以两者中较高者为准;延迟交货的,相当于该延迟交付的货物应付运费的 2.5 倍,但不超过合同中规定的应付运费的总额。

我国《海商法》第五十六条的规定是:承运人对货物灭失或损坏的赔偿限额,按货物件数或其他货运单位计算,每件或每个其他货运单位为 666.67 计算单位(即特别提款权),或者按毛重计,每千克为 2 计算单位,择两者中较高的为准;延迟交付货物的为延迟交付货物的运费 2 倍;运输合同或提单中规定的限额超过上述限额的,以该合同或提单的规定为准。

4. 承运人的免责事项

根据《海牙规则》关于承运人免责事项的规定,承运人对 17 种情况下所引起的货物损失不负赔偿责任。这 17 种免责事项包括:

(1) 船长、船员、引水员或承运人的雇佣人员,在航行或管理船舶中的行为、疏忽或不履行义务(船舶航行及管理过失)(act, neglect, or default of the master, pilot, or the servants of the carrier in the navigation or the management of the ship)。承运人对船长和船员在开航后船舶操作中的疏忽和过失可以享受免责;船长、船员管理船舶中的行为、疏忽不履行义务是和承运人的管货义务相对应的。对船长、船员管船中的过失,承运人可以免责。但在实践中,管船行为与管货行为的区别,往往不易分清。如船员查看货物后,在离开货舱时没有把防水舱盖关好,导致海水进入舱内使货仓内的水泥受损,船东认为是管理船舶中的失误要求免责。又如由于天气寒冷,燃油舱内燃油结块,为了使燃油顺利燃烧,船员对燃油舱加热,由于疏忽,加热温度过高,导致燃油舱上面货舱中的大豆受热变质,船方可否以管船行为的过失而要求免责?法院在处理这类案件时,主要是根据船长或船员的行为意图或目的来区分是管船行为还是管货行为,由此判断承运人可否免责。在上述第一例情况下,船员进入船舱是去查看货物,而不是去检查货舱,离开时忘记关好舱门导致货损,属于管货中的疏忽;在第二例情况下,燃油舱加热的目的是为了船舶航行的需要,而不是货物的需要,由此船员疏忽加热温度过高导致货损,属于管理船舶中的过失,承运人可以免责;

(2) 火灾,但由于承运人的实际过失或私谋所引起的除外(fire, unless caused by the actual fault or privity of the carrier)。所谓承运人的实际过失,通常仅指承运人自己的过失,不包括承运人的雇佣人员或代理人的过失。如船员抽烟不慎引起火灾,承运人可对由此产生的货损不负责任。所谓"私谋"是指承运人明知故犯。但如火灾是因承运人违反开航时或开航前船舶适航义务或由承运人指使、纵容引起的火灾,则承运人要承担责任;如船上的电线陈旧磨损,因漏电引起火灾;或船上消防用具放置过久以致失效,无法扑灭火灾,在这些情况下,承运人都可能被认定为有"实际过失"。火灾引起的损失,不仅包括火灾本身所造成的损害,还包括救火措施所导致的货损,如引水救火货物被浸湿而遭到的损害;

(3) 海难(perils of sea)。指海上或其他通航水域的灾难、危险和意外事故。本款较天灾是适用范围为广,非由于自然力量造成的灾害也可包括在内。该款中的"灾难、危险和意外事故"并不限于发生在海上,凡船舶可以航行的江、河等均可包括在本免责条款之内。

(4) 天灾(act of god)。天灾一般即指自然灾害。海难和天灾通常有以下两个特征:一是这种危险是承运人在开航前无法预料的;二是该危险是承运人在合理程度内无法避免和抵御的。对于货损索赔,承运人要以发生海难或者天灾主张免责并非易事,如果事故的发生有船舶在开航时即已存在的不适航因素,则承运人往往会败诉。

(5) 战争行为(act of war)。此处之"战争行为"包括的范围较广,不仅包括两国之间正式宣布的战争,还包括尚未断绝外交关系的国家间的敌对行为。国家间的敌对行为是否属于战争,取决于该行为的规模、敌对国的意向以及其他国家对这一冲突的看法。国际海运中,因战争造成的货损,承运人可以免责。

(6) 公敌行为(act of public enemies)。公敌行为指与船旗国为敌的其他国家的敌对行为,其范围比战争行为要窄。如两伊战争期间,伊拉克袭击伊朗的商船,这是战争行为;而如果它袭击日本商船,对日本承运人来说,这是公敌行为,因为日本与伊拉克之间并不存在战争或敌对状态。海盗行为也被视为公敌行为,承运人对于因海盗抢劫造成的货损可以免责。但承运人必须采取合理的措施来防范、避免海盗的侵袭。

(7) 君主、当权者或人民的扣留和管制,或依法扣押(arrest or restraint of princes, rules or people or seizure under legal process)。这事实上就是指政府的依法扣押。如两国政府关系突然恶化,一国政府下令将停靠在该国港口的他国船舶扣押,对因此扣押造成的货损,承运人可以免责。但是如因商务纠纷的索赔人经由法院下令扣押,则此种扣押不能视为政府的依法扣押,这时的承运人不能免责。

(8) 检疫限制(quarantine restrictions)。船舶入港一般须经过检疫,如发现疫情,港口当局根据检疫制度可禁止外来船舶进港卸货或者对船舶采取消毒措施。承运人对此引起的货损不承担责任。

(9) 托运人或货主、其代理人或代表的行为或不行为(act or omission of the shipper or owner of the goods, his agent or representative)。由于托运人或货方的过失而造成的货损,承运人当然无须负责。

(10) 不论由于任何原因所引起的局部或全面罢工、关闭工厂、停工或强制停工(strikes or lock outs or stoppage or restraint of labor from whatever cause, whether partial or general)。罢工一般被认为是承运人所不可抗拒的行为。对海运承运人可能产生影响的罢工主要有:一是装卸港工人的罢工,使承运人无法及时装卸货物而造成货损;二是船上船员的罢工,使船舶航行受阻或货物在航行途中无人照料造成货损。对这两种情况的罢工造成的货损,承运人可以免责。但是,如果罢工是由于承运人的不法过错的,则因此导致的货损承运人不能免责。如承运人违反雇佣合同,拒不支付船员工资而引起罢工,承运人对此必须负责。

(11) 暴动和骚乱(riots and civil commotions)。如船舶在货物装船时,暴徒冲上船毁坏了货物,不要求承运人对此负责。但如果是承运人有意挑起暴动和骚乱,或未采取合理的措施防范暴动和骚乱,则对由此造成的货损承运人不能免责。

(12) 救助或企图救助海上生命或财产(saving or attempting to save life or property at sea)。1910年的《救助公约》第11条规定:"对于在海上遭遇生命危险的人,即使是敌人,只要对其船舶、船员和旅客不致造成严重危险,每个船长均须施救。"可见,海上危难救助是一项国际法律义务,为履行此项义务而造成货损,承运人可免责;为救助海上人命或财产而发生的船舶绕航是合理的绕航,如果由此使本船的货物遭到损失,承运人也可主张免责。

(13) 由于货物的固有瑕疵、性质或潜在缺陷引起的体积或重量亏损,或任何其他灭失或损坏(wastage in bulk or weight or any other loss or damage arising from inherent defect, quality or vice of the goods)。货物的固有瑕疵是指货物固有的或自然的特性,如蒸发、自燃、吸湿等,因此引起的货物损失,承运人可主张免责。不过,实践中往往产生纷争,货损(如货物变质腐烂)究竟起因于货物的固有瑕疵还是船舶的不适货?承运人倾向归责于货物的固有瑕疵,而货方总是极力主张原因在于船舶的不适货。对此,应根据航运实践的习惯做法与案情的具体情况进行判断。

(14) 包装不善(insufficiency of packing)。托运人提供货物的包装不良而导致的货损,当然不由承运人负责。

(15) 标志不清或不当(insufficiency or inadequacy of marks)。货物的唛头不清,可能使承运人交错货物或跑错码头,而在货物上标明唛头是托运人的责任,所以承运人无责。

(16) 虽恪尽职责亦不能发现的潜在缺点(latent defects not discoverable by due diligence)。这里的"潜在缺点"实际上就是船舶的潜在缺点,即承运人虽恪尽职责仍不能发现的缺陷。要求本项免责的承运人应在任何应该检验的时候恪尽职责,而不限于"开航前和开航时",这是它与对承运人的"适航"要求所不同的地方。

(17) 非由于承运人的实际过错或私谋,或者承运人的代理人或雇佣人员的过失或疏忽所引起的其他任何原因,但是要求引用这条免责条款的人应负举证责任(any other cause arising without the actual fault or privity of the carrier, or without the fault or neglect of the agents or servants of the carrier, ...)。按照《海牙规则》,承运人必须在开航前和开航时恪尽职责使船舶适航,并须适当和谨慎地管理货物。在这里,承运人一旦有过失或疏忽,就必须对自己的过失负责。但《海牙规则》又规定,承运人对船舶航行及管理的过失可以免责。可见《海牙规则》规定的承运人的责任基础是不完全过失责任制,这显然有利于承运人而对托运人和收货人有失公平。

《维斯比规则》是对《海牙规则》的修改和补充,但并未触及《海牙规则》的要害问题——维护承运人利益的倾向,也未具体触及承运人的免责事项。

《汉堡规则》对《海牙规则》作了重大修改。在其第5条第1款中规定:"除非承运人证明,他本人及其雇佣人员或代理人已为避免事故的发生及其后果采取了一切所能合理要求的措施,否则承运人应对货物的灭失、损害或延迟交货造成的损失负赔偿责任,如果引起该项灭失、损害或延迟交货的事故,如同第4条所述是在承运人掌握期间所发生的话。"由此可见,《汉堡规则》规定的承运人的责任基础是完全过失责任制,而且适用的是推定过失原则。也就是说,只要货损是承运人的过失行为引起的,承运人就必须负责,而且在货损发生后,首先推定承运人有过失,除非承运人能证明自己或其代理人、雇佣人没有任何过失行为,亦即由承运人负举证责任。但需要注意的是,根据《汉堡规则》,除非索赔人证明火灾是由于承运人、其代理人或雇佣人的过失造成,否则对火灾造成的货损,承运人可以免责,在这里负举证责任的是索赔人。

5. 关于承运人责任的其他规定

(1) 延迟交付的责任。《海牙规则》没有对承运人延迟交付的责任作出规定,而只是规定承运人不能不合理地绕航。《汉堡规则》第5条则明确规定承运人对延迟交货应负赔偿责任,而不论延迟交付是由于承运人本人的过失,还是由于他的雇员和代理人的过失所造成。同条第2款给延迟交付所下的定义是,如果货物没有在约定的时间内在卸货港交付,或如没有这种约定,没有在一个勤勉的承运人所能合理要求的时间内交付,就是延迟交货。

我国《海商法》第五十条规定了承运人对货物延迟交付的责任。该条规定:"货物未能在明确约定的时间内,在约定的卸货港交付的,为延迟交付。"由此可见,我国《海商法》有关承运人延迟交付责任的规定,与《汉堡规则》有很大不同。按照我国《海商法》,只有在承运人与托运人有明确约定的情况下,承运人才对延迟交付负责。而按照《汉堡规则》,即使承运人与托运人没有约定,只要在合理的时间内,未在卸货港交付货物,即构成延迟交付。我国《海商法》虽然没有硬性规定承运人对延迟交付负责,但却支持托运人就此问题与承运人谈判。承运人除因《海商法》第五十一条规定的免责原因造成的延迟交付外,应对因承运人的过失致使货物由于延迟交付而灭失或损坏负责。承运人的延迟交付责任,除赔偿货物损失外,还包括经济损失,即因市价下降造成的损失,这些规定与汉堡规则相同。

(2) 诉讼时效。诉讼时效期间的长短也体现承运人责任的大小。《海牙规则》规定的诉讼时效为期1年。1年的期限自货物交付之日起算;如货物灭失,则自应交付之日起算。货主如果在规定的诉讼时效期限内没有对承运人提出诉讼,就丧失法律给予他的向承运人请求补偿的权利。《维斯比规则》则作灵活处理,规定诉讼时效经双方当事人同意可以延长。《汉堡规则》则明确将诉讼时效改为 2 年。《汉堡规则》第 20 条第 1 款规定:"关于货物运输的任何诉讼,如果在 2 年期间没有提出法律程序或仲裁程序,即失去时效。"诉讼时效期间规定为 2 年,主要是为了给货主充分的时间作提起诉讼的准备。我国《海商法》第二百五十七条第一款规定:"就海上货物运输向承运人要求赔偿的请求权,时效期间为 1 年,自承运人交付或应当交付货物之日起起算。"可见,我国《海商法》关于诉讼时效期间的规定与《海牙规则》相同。

(二) 托运人的基本义务和责任

根据《海牙规则》《汉堡规则》和大多数国家国内法的规定,托运人的基本义务和责任有:

1. 提供约定的货物并对货物情况作正确陈述

按照《海牙规则》第 3 条第 5 款和《汉堡规则》第 17 条,托运人应保证所提供货物的标志、号码、数量和重量的正确性;还应保证货物的性质或价值的正确性。托运人应对由于上述资料的不正确造成的损失对承运人负责。我国《海商法》第六十六条有相同的规定。

无论按照《海牙规则》(第 4 条第 6 款)或《汉堡规则》(第 13 条),托运人托运危险货物,均应将其危险性质通知承运人。如未通知,而承运人又不知其危险性质,托运人应赔偿承运人由于装运危险货物而遭受的损失。我国《海商法》第六十八条有类似的规定。

2. 按合同规定及时支付运费和其他费用

运费的支付方法主要有以下几种:① 预付运费,即在装货港装货时或开航前,托运人把运费付给承运人。一般来说,即使发生货物灭失,承运人也不退还预付运费;② 到付运费,即目的港交货时,由收货人支付运费。只要货到目的港,即使已受损坏,收货人仍要支付全部运费,不能因此拒付或减付运费,否则承运人有权留置货物。如果货物没有运到目的港,承运人就无权收到运费;③ 比例运费,即是按货物运送的实际里程与全程之间的比例来计算运费。如果船舶在中途遇难,放弃原定航程,双方当事人可以商定采用这种办法来计付运费。

三、租船合同

租船运输是国际海上货物运输中除了提单运输(班轮运输)之外的又一种重要的运输方式,它是通过租船运输合同来约束和调整当事人之间的权利义务关系的。所谓租船运输合同,是指船舶出租人与船舶承租人订立的,在约定的航程或期间内,为了运输货物,由前者提供船舶的使用,而由后者支付运费或租金的合同。目前,关于租船运输国际上尚无统一适用的国际公约,租船合同争议一般都依船舶的船旗国法或参照有关的航运国际惯例加以解决。

（一）租船合同的分类

按船舶不同的租赁方式,租船合同可分为航次租船合同、定期租船合同和光船租船合同三种。

航次租船合同(voyage charter),又称航程租船合同,是指船舶出租人与承租人达成的将船舶出租给承租人进行特定航次运输的合同。承租人按规定在特定航次间指令船舶装运约定的货物,并按收费率向出租人支付运费。出租人负责船舶管理与航行,在合同规定的范围内为承租人服务。航次租船合同是租船运输中采用较广的一种。

定期租船合同(time charter),是指出租人按一定条件,在一定期限内把船舶出租给承租人使用的合同。出租人继续管理船舶和掌管航行。承租人在约定期间内按照合同自行决定船舶的航次和装运的货物。承租人按租率向出租人支付租金。

光船租船合同(bare boat charter),是指船舶出租人将光船租给承租人的合同。承租人要自己任命船长和安排船员来管理驾驶船舶,有权在租约规定的范围内自行决定船舶的航次和运送的货物。就性质而论,光船租船合同可以说是财产租赁合同,但由于这种合同也以从事海上货运为目的,所以一般都把它列为租船合同的一种。

（二）航次租船合同

航次租船合同中的船舶出租人要按合同规定的一个航次或几个航次为承租人运输货物,而由承租人支付约定的运费,并负责安排各航次的货物装运。航次租船合同由出租人和承租人事先按一定条件洽订。在航运实践中,有很多形成标准格式的租船合同可供当事人订约时参考,其中影响较大的格式合同有金康合同等。

航次租船合同的内容很多,主要包括:

(1) 订立合同双方的名称和国籍。

(2) 船名与船舶的国籍。

(3) 装卸港口的名称和货物的品种及数量。

(4) 装卸货物的时间、滞期费和速遣费。航次租船合同必须明确规定装卸货物的时间,因为航程的距离一经确定,船方就可以根据船速计算出所需的时间。但装卸货物所占用的时间,船方无从掌握,所以合同中对装卸货物的时间必须加以限制,承租人装货或卸货的时间如果超过了规定期限,就应向出租人支付滞期费。同时,为了鼓励承租人尽快装卸,合同中往往约定,如果承租人在约定的装卸时间内提前完成装卸作业因而减少了船舶在港停留时间,出租人应当向承租人支付速遣费。

(5) 出租人的责任。作为出租人的船东应负货物的灭失、损坏或延迟交付之责,但货物的灭失、损坏或延迟交付必须是由以下原因造成的:装载不当或疏忽(由托运人或其雇佣人员或装卸工人自行装舱者除外),或者船东或其经理人员本身未恪尽职责使船舶适航并保证配备适当的船员、装备和供应品,或者船东或其经理人员有过失。除此之外,对其他任何原因造成的货物灭失、损坏或延迟交付,即使是由于船长、船员或船东雇佣的其他人员的疏忽或过失造成的,作为出租人的船东都一概不负责任。

(6) 留置权和责任终止条款。该条款有两层含义,即承租人在货物装船并支付预付运费、亏舱费和装货港的船舶滞期费后,可以免除进一步履行租船合同的责任;出租人为了获得运费、亏舱费、滞期费和共同海损分摊,对于其运输的货物享有留置权。承租人在租船合同中规定这一条款的主要目的是避免承担卸货港的滞期费责任,但是,如果出租人无法在卸货港对货物行使留置权或行使留置权受挫,则承租人仍然不能终止责任。1994年的金康格式已经取消了有关"责任终止"内容的规定。

(7) 解除合同的条件。船舶在装货港开航以前如果发生了下列情况,则双方有权无偿解除合同。如果货物已经装上船,货方又要将货物卸下,支付的费用由承租人负担。① 船舶被政府征用;② 船舶因为海损事故沉没或损坏严重不能修理;③ 装卸港口被宣布封锁;④ 承租的货物禁止出口或进口;⑤ 双方政府处于交战状态。

除上述主要内容外,航次租船合同的内容还包括绕航条款、运费的支付、互有过失碰撞条款、共同海损条款、仲裁和法律适用条款,等等。

(三) 定期租船合同

定期租船合同是按一定的条件,在一定期间内把船舶出租给租船人使用的合同。租船人租进船舶以后,可以用来运送自己的货物,也可以用来经营货物运输业务,承运第三者的货物。

1. 定期租船合同的主要内容

定期租船合同应包括下列内容:① 订立合同双方当事人的名称和国籍;② 船名及其国籍;③ 载货重量和容量;④ 船用燃料和淡水的数量;⑤ 租金;⑥ 船舶航行

速度；⑦ 交船时间和地点与还船时间和地点；⑧ 解决争端的办法。上述八项规定是定期租船合同中所不可缺少的内容，缺少任何一项都可能造成严重后果。除这些内容外，定期租船合同还涉及其他很多内容，其中包括：

(1) 出租人在交船时必须保证船舶的适航性。交船时，出租人应该保证船舶有适航能力，可供承租人立即进行营运。

(2) 出租人应在交船期间内将船交与承租人使用。如果在规定的交船期间内无法交船，应该事先通知承租人说明船舶不能按期到达指定地点的原因，承租人可以决定取消租约或者推迟交船期或改变交船地点。如果承租人因此而解除合同，所遭受的损失由出租人负责。

(3) 船长应服从承租人对船舶的调动。定期租船合同，出租人将经营航运的权利与航线的选择交给承租人，船长和全体船员必须服从承租人的意旨弯靠港口、装卸货物和按承租人指定的航线航行。

(4) 定期租船合同应该限定航行范围，在指定的水域内航行，承租人经营航运业务不能超出航行范围。

(5) 定期租船合同解除的条件。在正常情况下，租期届满时，承租人将船还给出租人，租船合同即告解除。但船舶在租赁中，或在尚未开始租赁前，如发生下列情况，也可以将定期租船合同解除。① 并非因任何一方的错误所造成的事故，双方无须赔偿损失而解除租船合同。如船舶在未履行租船合同之前或者在履行合同由承租人经营的时候，该船舶被船方的政府所征用。② 因为船方的过失，承租人得解除租约，所受到的损失由船方补偿。如租船合同签订之后，船方不能按交船的期间在指定的港口将船交与承租人使用，承租人得解除租约，所受到的损失由船方补偿。③ 因为承租人方面的过失，租船合同由船方解除，承租人应赔偿船方的损失。如承租人不按期给付租金，船方得解除合同，船方因此所受到的损失由承租人补偿。

2. 定期租船合同与航次租船合同的区别

定期租船合同与航次租船合同虽然都称为"租船合同"，但两者有明显的区别：

(1) 航次租船合同中的出租人事实上与提单运输中的承运人处于相同的法律地位，都是承运人，在任何情况下，都应对完成约定航次的运输任务直接负责；但在定期租船合同中，除出租人签发自己的提单外，出租人仅对承租人负责。即使出租人的船舶有可能因运输合同或承租人的其他债务而被扣押，但这并不影响其根据定期租船合同的规定，向承租人追偿其不应承担的责任部分。

(2) 航次租船合同中的出租人给承租人提供船舶的全部或部分舱容，除装卸费或垫舱物料等费用另有约定外,得自负一切费用,在出租人控制和支配下,从事约定的航程;而定期租船合同中的出租人提供给承租人的是整艘船舶,在合同约定的租赁期间内,船舶可在约定的航区内由承租人控制、调配和使用。除出租人承担船舶的维修保养等费用外,其他有关船舶营运的费用得由承租人承担。

(3)航次租船合同中的出租人收取的是运费,或是包干运费,或是按照货物的数量或重量计算的运费;而定期租船合同中的租金通常是按照船舶载货能力每吨每月计算,或按照船舶每月的租金率计算。

(4)根据航次租船合同的规定,承租人仅承担在装货港或卸货港超过装卸时间的滞期损失;但在定期租船合同下,除合同约定可停付租金的时间外,不论承租人是否使用船舶,装卸是否发生延迟,承租人都应按规定支付租金。

第四节　国际贸易其他运输方式法律制度

一、国际铁路货物运输

在国际贸易货物运输中,铁路运输占有重要的地位。关于铁路货物运输的国际公约主要有两个:一是《国际铁路货物运输公约》(以下简称《国际货约》),二是《国际铁路货物联运协定》(以下简称《国际货协》)。由于我国是《国际货协》的成员国,因此对《国际货协》的若干主要内容简要介绍如下:

(一)运输单证

铁路的运输单证称为运单。按照《国际货协》第 6 条和第 7 条的规定,发货人在托运货物的同时,应对每批货物按规定的格式填写运单和运单副本,由发货人签字后向发站提出。在发货人提交全部货物和付清他所负责的一切费用后,发站在运单和运单副本上加盖发站日期戳记,证明货物业已承运。运单一经加盖戳记后,就成为运输合同的凭证。

运单随同货物从始发站至终点站全程附送,最后交给收货人。运单既是铁路承运货物的凭证,也是铁路至终点站向收货人核收运杂费用和点交货物的依据。运单不是物权凭证,不能转让。

发货人应对他在运单中所填报和声明的事项的正确性负责。由于记载和声明事项的不正确、不确切或不完备,以及由于未将应填报事项记入运单相应栏内而发生的一切后果,均由发货人负责。

铁路有权检查发货人在运单中所记载的事项是否正确。但只限于在海关和其他规章有规定的情况下,以及为保证途中行车安全和货物完整时,铁路才得在途中检查货物的内容。发货人还必须将货物在运送途中为履行海关和其他规章所需要的添附文件附在运单上,发货人如未履行此项规定,发站可以拒绝承运货物。铁路没有义务检查发货人在运单上所附的文件是否正确和是否齐全。但由于没有添附文件或文件不齐全、不正确而产生的后果,发货人应对铁路负责。

(二) 货物的交付与拒收

及时交付货物是铁路的一项基本义务;按时受领货物是收货人的一项重要义务。但在一定条件下,收货人也可以拒收货物。根据《国际货协》的规定,收货人只有在货物因毁损或腐坏而使质量发生变化,以致部分或全部货物不能按原用途使用时,才能拒绝领取货物。即使运单中所载的货物部分短少时,收货人也不得拒收,应按运单支付全部货款,然后再提出赔偿请求,要求领回未交付的那部分货物的货款。

如果铁路在货物运到期限届满后 30 天内,未将货物交付收货人或未交由收货人处理时,收货人可不提出证据,即认为货物已经灭失。但如果货物在运到期限届满后 4 个月内到达的,则到达站应将此事通知收货人,收货人应受领货物,并将铁路所付货物灭失的赔偿款和运费退还铁路。在这种情况下,收货人对铁路逾期交货,以及货物的毁损和部分灭失,仍保留有索赔权。

(三) 铁路的责任及免责

根据《国际货协》的规定,按运单承运货物的铁路间,相互负连带责任。而承运货物的铁路应负责完成货物的全程运输,从铁路接受承运货物时起,至到站交付货物时止。向非"国际货协"参加国的国家转运货物的,则负责到按另一种国际铁路货物运输协定的运单办完运送手续时止。在此期间,对于货物运到逾期以及因货物全部或部分灭失或毁损所发生的损失,承运人应负责任。

但根据《国际货协》的规定,由于下列原因而发生的货损,铁路不负赔偿责任: ① 由于铁路不能预防和不能消除的情况;② 由于货物的特殊自然性质,以致引起自然损坏、生锈、内部腐坏和类似的结果;③ 由于发货人或收货人装车或卸车的原因所造成;④ 由于发货人或收货人的过失或由于其要求,而不能归咎于铁路;⑤ 由于发送铁路规章允许使用敞车类货车运送货物;⑥ 由于发货人或收货人的货物押运人未采取保证货物完整的必要措施;⑦ 由于容器或包装的缺陷,在承运货物时无法从其外表发现;⑧ 由于发货人用不正确、不确切或不完全的名称托运违禁品;⑨ 由于发货人在托运应按特定条件承运的货物时,使用不正确、不确切或不完全的名称,或未遵守本协定的规定;⑩ 由于货物在规定标准内的途耗。

此外，在发生雪（沙）害、水灾、崩陷和其他自然灾害，或因有关国家政府的指示，致使行车中断或限制的情况下，应免除铁路对未履行运到期限的责任。

（四）索赔与诉讼

《国际货协》第 28 条规定：① 发货人和收货人有权根据运输合同提出赔偿请求，请求的提出，应附相应证据并注明款额，以书面方式由发货人向发送站提出，或由收货人向到达站提出，同时附送运单或运单副本；② 货物部分灭失、毁损或腐烂时，由发货人或收货人提出，并附送运单及商务记录；③ 货物运到逾期时，由收货人提出，并附送运单；④ 多收运送费用时，由发货人按已交付的款项提出，同时须提交运单副本或发送国国内规章规定的其他文件，也可由收货人按其所交付的运费提出，并附送运单。

铁路在收到赔偿请求之日起 180 天内进行审查，并作出答复。当发货人或收货人的请求得不到满足或答复时，有权向受理赔偿请求的铁路所属国法院提起诉讼。

关于赔偿请求或诉讼时效，按《国际货协》第 30 条的规定，应在 9 个月内提出；但关于货物运到逾期的赔偿请求或诉讼，应在 2 个月内提出。

此外，《国际货协》还对运费的计算和支付、国际铁路货物运输合同的变更、铁路对货物损失的赔偿额等问题作出了具体规定。

二、国际航空货物运输

航空运输是一种现代化的运输方式，在国际航空货物运输领域，主要有三个国际公约，分别是 1929 年《华沙公约》、1955 年《海牙议定书》和 1961 年《瓜达拉哈拉公约》。由于大多数国家加入了《华沙公约》，现以《华沙公约》为主，结合《海牙议定书》的修改和补充，对国际航空货物运输的若干规则简述如下：

（一）空运单证

1929 年《华沙公约》把空运单证称为空运托运单（air consignment note，ACN）。按照《华沙公约》的规定，承运人有权要求托运人填写空运托运单，每批货物应填写一套单证，而承运人则应接受托运人填写的空运托运单。每一套托运单应有三份正本，并与货物一起提交承运人。其中，第一份注明"交承运人"，由托运人签字；第二份注明"交收货人"，由托运人签字后随同货物递送；第三份在货物受载后由承运人签字，交给托运人。托运人还须向承运人提交有关货物运输和通过海关所必需的有关单证，如发票和装箱单等，以便及时办妥海关手续，迅速将货物送到收货人手中。

空运托运单是承运人和托运人订立运输合同的书面证据,也是货物的收据,可作为运费账单、保险证明并供向海关申报之用。但它不同于海运提单,不是货物所有权凭证。尽管华沙公约并不妨碍签发可转让的空运托运单,但在实际业务中,空运单证一般都印有"不可转让"的字样。空运单证之所以不得转让,是因为空运单证本身并不代表所托运货物的价值。

在空运单证方面,1955 年《海牙议定书》对《华沙公约》的修改主要有两处:一是《海牙议定书》把空运单证改称为空运单(air waybill,AWB);二是空运单上所须载明的货运资料项目比《华沙公约》的要求有所删减。至于其他内容,均与《华沙公约》有关空运托运单的内容相同。

(二) 承运人的责任、责任限额与免责

《华沙公约》规定,空运承运人对货物在空运期间所发生的毁灭、损坏或者遗失承担责任。空运期间指货物在承运人保管的整个期间,包括在航空站内、航空器上,或在航空站外降落的任何地点。

承运人的责任限额为每千克 250 金法郎,但如果托运人在交运货物时已声明货物的实际价值高于此限额,并支付了附加运费,则损失金额的赔偿不受此限额的限制。

承运人在下列情况下,可要求免责或减轻责任:① 证明自己及其代理人为了避免损失的发生,已经采取一切必要的措施,或不可能采取这种措施时;② 证明损失的发生是出于驾驶上、航空器的操作上或领航上的过失,而自己及其代理人已经采取一切必要的措施以避免损失时;③ 证明损失的发生是由于受害人的过失所引起或造成时。法院可以根据上述情况,免除或减轻承运人的责任。

《海牙议定书》关于承运人的责任、责任限制及免责的规定与《华沙公约》基本相同,但又补充规定,如经证明损失是由于承运人或其代理人或其受雇人的故意或明知而仍漫不经心所致,承运人就无权要求限制或免除其对损失的责任。此外,《海牙议定书》还删去了《华沙公约》关于承运人可以免责的第 2 项规定,即承运人如能证明损失的发生是由于驾驶上、航空器的操作上的一些原因可以免责。

(三) 托运人和收货人的基本责任和义务

1. 托运人的责任和义务

托运人的基本责任和义务包括:① 填写航空货运单,并对其所填写的各项内容的正确性负责;② 提供货物以及与货物有关的单证资料;③ 支付规定的各项费用;④ 承担承运人因执行其指示所造成的损失。

2. 收货人的基本责任和义务

货到目的地后,如是运费到付货物,收货人交付规定的费用,履行提货和其他义务。

(四) 索赔和诉讼

根据《华沙公约》,托运人(收货人)在收到货物时发现损害的,应立即向承运人提出异议,如托运人(收货人)不能在收到货物时当场发现损害,至迟应于 7 天内向承运人提出异议(《海牙议定书》将其延长至 14 天),属于延误交货的损失至迟必须于 14 天内向承运人提出异议(《海牙议定书》将其延长至 21 天)。

而对于国际航空货物运输的诉讼时效,《华沙公约》规定为 2 年,自货物到达之日或货物应到达之日,或以运输终止之日起算。如逾期,则丧失要求赔偿的权利。

在国际航空货物运输中,如果一批货物是由几个承运人连续承运的,根据《华沙公约》,托运人可以向第一承运人以及发生货物货损那一段的实际承运人索赔或提出诉讼。收货人则有权对最后一段的承运人和发生货损那一段的实际承运人索赔或提出诉讼。全程中各承运人对托运人或收货人负连带责任。

根据《华沙公约》,有关赔偿的诉讼,应该按照原告的选择,在缔约国的领土内,向承运人的住所地,或其总管理处的所在地,或订立合同的机构的所在地,或目的地法院提出。诉讼程序适用法院所在地法。

三、国际货物多式联运

多式联运是一种现代化的货运方式,它把各种不同的运输方式连贯起来,为国际上提供了"门对门"运输的条件。目前,国际上有关多式联运的公约是《联合国国际货物多式联运公约》(下文简称《多式联运公约》),尽管该公约尚未生效,但是它代表了许多国家的意愿,也许会成为今后多式联运法律制度发展的方向,因此我们有必要了解该公约的主要内容。

(一) 多式联运单据

国际货物多式联运单据是证明多式联运合同及多式联运人接管货物并按合同条款交付货物的单据,它具有以下作用:

(1) 是多式联运合同的证明。尽管在一般情况下,多式联运合同的形式就是多式联运单据,但是,多式联运单据本身并不是合同,只是合同的证明。

(2) 是多式联运经营人接管货物的证明。多式联运单据是多式联运经营人接管货物时签发的,它表明多式联运经营人已从托运人处接管货物。

(3) 是收货人提取货物的凭据,而且多式联运单据还可依发货人的选择,既可作成可转让的单据,也可作成不可转让的单据。可转让的多式联运单据,具有物权凭证的性质和作用。

《多式联运公约》第 8 条规定了多式联运单据的 15 项内容,但也规定了,缺少其中一项或数项内容并不影响单据作为多式联运单据的性质。

(二) 多式联运经营人的责任

根据《多式联运公约》的规定,多式联运经营人是指本人或通过其代理人与发货人订立多式联运合同的人。

(1) 多式联运经营人的责任性质。多式联运经营人对联运的全程负责,不得以全程或某一阶段委托给其他运输分包人为由推卸责任。

(2) 多式联运经营人的责任期间。自接管货物时起至交付货物时止为联运经营人的责任期间。在此期间内,联运经营人应对货物的灭失、损坏、延迟交货等事故负责,除非联运经营人能证明其本人、受雇人或代理人等为避免事故的发生及其后果已采取了一切所能合理要求的措施。

(3) 多式联运经营人的责任限额。联运人对每包或每货运单位的损害赔偿限额为 920 记账单位(即特别提款权),或每千克 2.75 记账单位,以较高者为准;联运如不包括海运或内河运输的为每千克 8.33 记账单位;延迟交货的,为延迟交货部分应付运费的 2.5 倍,但不超过全部运费总额;如能确定损失发生的区段,而该区段所适用的国际公约或有关国内法有较高赔偿限额规定的,依该公约或国内法规定。

此外,《多式联运公约》还规定,如经证明货物的灭失、损坏或延迟交付是由于联运人或其受雇人或代理人有意造成,或明知可能造成而任意的行为或不行为所引起,则该联运人或其受雇人或代理人无权享受赔偿限额规定的利益。

(三) 索赔与诉讼时效

《多式联运公约》对多式联运索赔的期限规定得很严格。收货人向多式联运经营人提出索赔时,应在收到货物次日起提出;如果货物灭失或损坏不明显的,则收货人应在收到货物的 3~6 天内提出;对于延迟交货的索赔,收货人应在收货之后 60 天内提出;多式联运经营人提出索赔的,应在损失或损坏发生后 90 天内提出,如果未在规定期间提起索赔,则被视为放弃索赔权。

有关多式联运的任何诉讼,其诉讼时效为 2 年,自货物交付之日起或应当交付之日次日起开始计算,但受索赔人可在时效期内以书面声明的形式延长诉讼时效,并且可以多次书面声明,多次延长。有关多式联运的诉讼可以向以下法院提起:被告主要营业所或经营居所所在地;合同签订地;货物接管地或交付地;双方当事人在合同中约定的法院。

案例分析

[案情]

原告(反诉被告、上诉人)：上海某国际货运有限公司(以下简称货运公司)

被告(反诉原告、被上诉人)：宁波某国际贸易有限公司(以下简称贸易公司)

1998年3月10日，被告贸易公司与德国中间商NBL公司签订了涉案货物销售合同，约定价格条款CIF巴西，付款方式电汇，贸易金额15 800美元，出运日期1998年6月30日前。同年6月1日，因最终用户急需货物，NBL公司与被告双方将出运日期提前至6月25日前，价格条款改为CIF巴西圣保罗海空联运，运费总价10 750美元由被告垫付，待货收到后NBL公司再将运费返还被告。

同年6月中、下旬，被告电话委托原告货运公司宁波办事处以海空联运方式出运涉案货物。货物重量2 477千克，海空联运运费为10 750美元。原告接受委托后，签发了空运单。该空运单载明，一程海运由"新东轮"029航次承运，二程空运航班为KE061，航班日期为7月2日，托运人为被告，收货人为涉案贸易另一巴西中间商KETER，运费预付，费率按约定。原告将缮制完毕的涉案空运单正面款传真给被告，背面条款未向被告传真。空运单正面无原告声明代理的印章，被告收到传真件后未提出异议。随后原告以自己名义将货物委托中菲行空运(香港)有限公司(下称中菲行公司)进行多式联运。中菲行公司向原告签发编号为SHA103932的空运单，载明托运人为原告，收货为原告在巴西的代理人，运费预付，按约定费率，货物重量2 477千克。中菲行公司遂又将货物委托新东轮船公司完成由上海至釜山的一程海运。该海运提单载明，托运人为中菲行公司上海办事处，收货人为大韩航空公司，运费预付，货物重量2 437千克。二程空运由大韩航空公司负责承运该公司空运单载明，托运人为中菲行公司上海办事处，收货人为原告在巴西的代理人，运费根据安排，货物重量2 477千克。涉案货物于同年7月8日完成多式联运，抵达巴西圣保罗机场。但由于货物数量更改未加盖更正章，运费未显示具体金额，货物包装箱上标签号与空运单号码不同，致使货物在巴西海关清关时受阻，收货人也因此直至同年9月23日才提到货物。为此，收货人在8月下旬即发函给原告在巴西的代理人提出异议，要求赔偿。9月18日，涉案贸易合同买家NBL公司发传真致被告及案外人波太铜制品有限公司，称整个运输时间比普通海运时间还长，采用海空联运已毫无意义,因而表示拒付涉案运费 10 750 美元。并要求两家公司赔偿其损失 3.5 万美元。

1998 年 7 月上旬,涉案货物出运后,原告宁波办事处曾向被告提示过付款,被告以货物迟延交付为由拒付。原告为此扣押了涉案货物的核销单、报关单退税联,造成本案出口货物虽结汇成功但仍无法办理退税手续,产生退税损失人民币 10 655.31 元。

原告货运公司诉称:原告受被告委托以海空多式联运方式代理运输四托盘铜制家具拉手,由上海港运至巴西圣保罗。原告同时将该批货物交由多式联运经营人 KOREAN AIRLINE 公司的代理人中菲行空运(香港)有限公司(下称中菲行公司)承运。但被告至今未支付海空联运费。原告诉请判令被告支付运费人民币 88 463.42 元,并支付逾期付款违约金。

被告四联国贸辩称:原告系多式联运经营人,非货运代理人。被告拖欠原告运费属实,但由于原告过错,造成被告运费损失,因而拒付。被告四联国贸反诉称:其委托原告海空联运四托盘铜制家具拉手,按约定货物应于 1998 年 7 月 4 日抵达目的地圣保罗,但实际到达时间为 7 月 8 日。而且由于原告在制单和张贴货物标签的错误,导致目的港收货人直至 9 月 23 日才提到货物,给收货人造成经济损失。鉴于收货人急需该批铜拉手,涉案销售合同买方 NBL 公司即与被告改变原合同运输方式,将原定的 CIF 海运改以空运为主的多式联运,约定运费先由被告支付,待 NBL 公司收到货后再转付被告。现由于原告过错造成收货人收到货后,拒绝向被告支付运费。且原告在本次运输过程中还单方扣押被告退税单证,给被告造成退税损失,请求判令原告赔偿运费损失人民币 88 463.42 元及退税损失 10 652.11 元。

原告货运公司对被告的反诉辩称:其是被告的货运代理人,而非多式联运经营人,即使是多式联运经营人,被告亦无权起诉原告。因为收货人未在货物迟延交付之日起 21 日内以书面方式向承运人提出异议,被告无有关收货人提出异议的证据。而被告请求的退税损失与本案非同一案由,应另行向有管辖权的法院起诉。被告并未向原告支付过运费,并不存在运费损失的事实。本案延误事件发生在巴西境内,应按空运单背面条款约定适用《华沙条约》。

[问题]

对本案发生的损失,责任如何划分、确定?可否根据我国的法律对本案进行处理?

[法律依据]

《中华人民共和国海商法》第一百零三条,第一百零四条

[法律运用及处理结果]

一审法院经审理认为：本案系国际多式联运合同纠纷。原告接受被告委托，向被告发出含有海空多式联运内容的空运单传真件，双方对空运单记载内容均未表示异议。原告涉讼后提供了盖有承运人代理印章的空运单，主张其为被告货运代理人，与事实不符，法院不予认可。庭审查明的事实显示，被告当时收到原告空运单传真件上无声明其为承运人代理人的印章。原告提示被告付款项目为海空联运费而非代理费和代垫运费。原告以自己的名义委托中菲行公司实际承运，因而应认定原、被告双方建立的是国际多式联运合同关系，而非货运代理关系。原告与中菲行公司以及中菲行公司与新东轮船公司、大韩航空公司建立的实际承托法律关系，与被告无涉。依照法律规定，原告作为多式联运合同经营人，对多式联运的货物应当承担自接收货物时起至交付货物时止的全部责任。涉案货物于1998年7月8日抵达目的地巴西圣保罗。由于原告的过错，货物数量更改未加盖更正章、运费未写明金额，货物包装箱上标签号与空运单号码不同。造成货物清关受阻，收货人直至9月23日才提到货物。与被告订有贸易合同的NBL公司据此拒绝按约定返还运费。对此，原告应当承担过错责任。按照国际多式联运合同约定，被告应当向原告支付海空联运费。但因原告在合同履行过程中的过错，将会造成被告向原告支付后，无法从NBL公司收回相应费用的后果。被告所提出的有关运费的请求，其性质应为通过反诉抵销其向原告支付海空联运费的义务。被告的请求，依法有据，应予确认。原告扣押被告退税单证，缺乏法律依据，对因此而造成的被告的退税损失，应承担法律责任。综上，法院依照《中华人民共和国海商法》第一百零三条的规定："多式联运经营人对多式联运货物的责任期间，自接收货物时起至交付货物时止。"、第一百零四条的规定："多式联运经营人负责履行或者组织履行多式联运合同，并对全程运输负责。多式联运经营人与参加多式联运的各区段承运人，可以就多式联运合同的各区段运输，另以合同约定相互之间的责任。但是，此项合同不得影响多式联运经营人对全程运输所承担的责任。"《中华人民共和国民法通则》第一百一十二条第一款之规定（已废除），判决被告贸易公司向原告货运公司支付的海空联运费人民币88 463.42元与原告货运公司应当赔偿被告贸易公司的损失人民币88 463.42元相互抵销；原告货运公司赔偿被告贸易公司的退税损失人民币10 652.11元。原告不服一审判决，提起上诉。双方当事人在二审法院主持下达成调解协议，被上诉人贸易公司自愿支付上诉人货运公司人民币24 870元。本案最终调解结案。

（案例来源：http://www.110.com/ziliao/article 26896.html。）

【本章思考题】

1. 国际货物运输的主要方式有哪些?
2. 国际货物运输有哪些特点?

第六章　国际货物运输保险法

教　学　要　求

通过本章的学习,要求学习者对国际货物运输保险的概念、保险纠纷的处理等有概貌性的了解,在相关的贸易实践中运用国际货物运输保险规则处理遇到的问题。

第一节　国际货物运输保险概述

一、国际货物运输保险的概念

国际货物运输保险系指贸易当事人对进出口货物按照一定的险别向保险人投保,交付保险费,在货物遭遇保险人承保的危险事件时,由保险人对被保险人受到的损失和产生的责任承担赔偿责任的法律关系。在国际贸易中,货物通常需要经过长途运输。在运输过程中,货物可能会遇到各种风险而遭受损失。为了在货物遭受损失时能得到一定的补偿,买卖当事人一般都要向保险公司投保货物运输保险。

二、国际货物运输保险的种类

国际货物运输保险的种类因运输方式的不同可分为国际海上货物运输保险、国际航空货物运输保险、国际陆上货物运输保险等,其中历史最悠久、业务量最大、影响最深远的是海上货物运输保险,航空货物运输保险合同和陆上货物运输保险合同基本上都是参照海上运输保险合同制订的。因此,本章着重介绍有关国际海上货物运输保险的法律制度。

现代意义上的海上货物运输保险始于 14 世纪,最早的海上保险法是 1435 年《西班牙巴塞罗纳保险法》,大陆法系的国家一般都把海上保险作为海商法的重要组成部分,编入商法典内。但是,对现代海上保险影响最大的还是英国,英国《1906 年海上保险法》是世界上影响最大的一部保险法。目前,调整国际货物运输保险的法律主要是各国国内的保险法,国际上尚无统一的国际公约或国际惯例,在发生争议后的法律适用上,一般适用保险人营业所在地国家的法律,如果当事人对法律适用有约定的,可从其约定。

我国海上货物运输保险主要适用 1992 年 11 月 7 日第七届全国人民代表大会常务委员会第二十八次会议通过的《中华人民共和国海商法》(下文简称《海商法》),如果《海商法》未作规定,则适用《中华人民共和国保险法》的有关规定。

第二节 海上货物运输保险合同概述

一、海上货物运输保险合同的概念及性质

(一)海上货物运输保险合同的概念

海上货物运输保险合同,是指保险人与投保人签订的,由投保人向保险人支付约定的保险费,在保险标的发生承保范围内的海上风险而遭受损失时,由保险人给被保险人以经济赔偿的合同。海上风险,是指保险人与投保人约定的、与海上航行有关的危险,包括与此相关的发生于内河或陆上的危险。保险中涉及的危险,必须是偶然发生的。

(二)海上货物运输保险合同的性质

海上货物运输保险合同是一种双务有偿合同,即投保人须按合同约定向保险人支付保险费,而保险人须按合同规定,在约定的保险事故发生时,承担赔偿责任。但与一般的双务有偿合同如买卖合同、运输合同、加工承揽合同等不同,海上货物运输保险合同涉及的并非是商品的交换,也不是一般权利义务的对等关系,而是风险的转移。转移风险是以投保人支付保险费作为代价,而保险人对被保险人的赔偿不仅以投保人支付保险费为前提,而且还取决于保险事故的发生。没有保险事故的发生,保险人是无须履行赔偿义务的,因此这种赔偿是带有偶然性的。

海上货物运输保险合同是一种具有补偿性质的赔偿合同,即合同的订立不是为了盈利,而是为了弥补保险事故造成的损失。因此,被保险人获得的赔偿数额不得超过其实际损失的数额。

二、海上货物运输保险合同的当事人、关系人与中介人

(一) 当事人

当事人包括保险人(insurer)与投保人(applicant)。保险人是指与投保人订立保险合同,收取保险费,并在保险事故发生后负责赔偿的自然人或法人。投保人是指与保险人订立保险合同,并按照保险合同负有支付保险费义务的人。在一般情况下,投保人即是被保险人本人,但有时候,投保人、被保险人并不同一。

(二) 关系人

关系人主要是指被保险人(insured),它是指保险事故在其身上或其财物上发生使其遭受损失,而在保险事故发生后享有保险金请求权的人。被保险人可以是自然人,也可以是法人,但必须是在保险事故发生时遭受损失的人,即是受保险保障的人。在国际货运中,被保险人必须是货物所有人或收货人。

(三) 中介人(辅助人)

海上货物运输保险合同较一般合同复杂,具有很强的专业性,需要具有专门技术的人作辅助,以促使合同的订立和履行。这些人被称为中介人(辅助人)。中介人主要有以下三种:① 保险代理人(agent)。保险代理人是指根据保险人的委托,向保险人收取代理手续费,并在保险人授权的范围内代为办理保险业务的单位或个人。保险代理人的权利,来自代理合同中保险人的授权。保险代理人根据保险人的授权代为办理保险业务的行为,由保险人承担责任。② 保险经纪人(broker)。保险经纪人是指为被保险人的利益,代被保险人向保险人洽订保险合同,办理投保手续、代缴保费或代为索取赔款等的人。按照英美的保险业务惯例,多数海上保险合同的订立是经由保险经纪人之手。被保险人并不同保险人直接接触,而是委托保险经纪人代他投保。但需要注意的是,保险经纪人虽是被保险人的代理人,其佣金不是向被保险人收取而是向保险人收取。③ 保险公证人(notary)。保险公证人是指为保险当事人办理保险标的的查勘、鉴定、估损等给予证明的人。他可受保险人或被保险人的委托而进行工作,他的酬金由委托人支付。

第三节 海上货物运输保险合同的订立和主要内容

一、海上货物运输保险合同的订立程序

海上货物运输保险合同的订立,通常由投保人填写投保单,保险人同意后签发

保险单或其他保险凭证。投保人依据自己的需要选择险种,填好投保单并交给保险人,保险要约即告完成。保险人若无条件地接受投保人填写的投保单,即为承诺。投保人的要约,一经保险人承诺,保险合同即告成立。

二、海上货物运输保险合同的形式

合同可以采取书面形式或口头形式,但实际上要证明口头合同的存在有时是很困难的,口头确认保险合同成立的,主张合同成立的一方应当负举证之责。因此,我国《海商法》和英国《1906年海上保险法》都规定保险人应当及时向被保险人签发保险单或其他保险凭证,并在保险单或其他保险单证中载明当事人双方约定的合同内容。

旨在证明海上货物运输保险合同成立的证据大致可分为以下四种:

（一）投保单

投保单又称要保书,它是投保人向保险人申请订立海上货物运输保险合同的书面要约,投保单须经保险人签章承保,保险合同方告成立。

（二）保险单

保险单简称保单,是保险人与被保险人之间订立保险合同的正式书面证明,但保险合同的成立并非以保险人是否出具保险单为准,只要投保人的要约经保险人承诺,保险合同即告成立。保险单都载有关于保险人的责任范围以及保险人与被保险人的权利义务方面的详细条款,它是保险事故发生后被保险人索赔和保险人理赔的重要凭证和依据。保险单可从不同角度进行分类,主要有以下几种:

1. 定值保单和不定值保单

定值保单(valued policy)是指载明保险标的物的约定价值的保险单,不定值保单(unvalued policy)是指不载明保险标的物的价值,仅订明保险金额的限额,而留待以后再确定其保险价值的保险单。在国际货物运输保险实务中,一般前者使用的较为普遍。

2. 航程保单和定期保单

航程保单(voyage policy)是指把保险标的物从某一地点运送到另一地点的保险单,主要用于货物运输的保险;定期保单(time policy)是指对保险标的物在一定时期内承保的保险单,它多用于船舶保险和运费保险,货运保险中很少采用。

3. 流动保单和预约保单

流动保单(floating policy)又称总保单,它是一种载明保险的总条件,而将船名和其他细节留待以后申报的保险单;预约保单(open cover)又称开口保单,它是一种不规定承保货物的总价值,保险人按保单规定的期限自动承保预约保险范围内货物的保险单。由于流动保单和预约保单有许多方便之处,所以它们在国际贸易中使用得相当普遍。

(三)保险凭证

保险凭证又称小保单,是一种简化了的保险单。它不像保险单那样记载保险合同的全部内容,但与保险单具有同等的法律效力。

(四)暂保单

暂保单又称临时保单,它是保险人在正式保险单签发之前出具给被保险人的一种临时保险凭证。暂保单与正式保单具有同等的效力,但它的有效期较短,一般以30天为限。保险人正式出具保险单或保险凭证后,或暂保单的有效期届满,暂保单就自动失效。

三、海上货物运输保险合同的主要内容

从各国的法律规定和国际上普遍使用的保险单的条款来看,海上保险合同都必须具备某些主要内容。伦敦保险人协会的海上保险单列明了以下主要内容:被保险人名称、保险期间、保险标的、保险价值、保险金额、保险费、附加条款与保险人签字等。我国《海商法》第二百一十七条规定海上保险合同主要应包括下列内容:

(1)保险人名称。

(2)被保险人名称。

(3)保险标的(subject matter insured)。保险标的是指作为保险对象的财产及其有关利益。海上货物运输保险合同的标的包括货物和货物预期利润,其中货物预期利润是单独投保,还是与货物一同投保,须清楚表明。

(4)保险价值(valued insured)。保险价值是指保险标的的价值,这一价值可以由保险人与被保险人约定。保险人与被保险人未约定保险价值的,保险价值依照《海商法》第二百一十九条的有关规定计算。根据规定,货物的保险价值,是保险责任开始时,货物在起运地的发票价格或者非贸易商品在起运地的实际价值以及运费和保险费的总和。

(5)保险金额(insured amount)。保险金额是指保险人与被保险人约定的保险人赔偿被保险人的最高限额。保险金额不得超过保险价值;超过保险价值的,超过部分无效。

(6)保险责任(perils insured against)和除外责任(perils excepted)。在海上货物运输保险合同中,保险责任是指保险单上记载的危险发生而造成保险标的损

失时,保险人所承担的赔偿责任。它具体规定了保险人所承担的风险范围。海上货运保险种类不同,保险责任也不相同。

(7) 保险期间(duration of insurance coverage)。保险期间是指保险合同的有效期限。只有在保险期间内发生的保险事故,保险人才承担赔偿责任,故保险期间也称保险责任起讫期限。我国海上货物运输保险大都采用仓至仓的保险期间。

(8) 保险费(premium)。保险费是指被保险人向保险人支付的费用,作为保险人根据保险合同承担赔偿责任的代价。保险费一般按保险金额的一定比例(保险费率)支付。

第四节 海上货物运输保险合同的变更、转让和解除

一、海上货物运输保险合同的变更

海上货运保险合同一经有效成立,任何一方都不能擅自变更,有关法律尤其严格限制保险人单方变更、解除保险合同。但被保险人有时根据实际情况确需对合同所载的内容进行某些变更,在这种情况下,被保险人必须事先向保险人提出并征得保险人的同意。如我国海洋货物运输保险条款规定:"如遇航程变更或发现保险单所载明的货物、船只或航程有遗漏或错误时,被保险人应在获悉后立即通知保险人并在必要时加缴保险费,本保险才继续有效。"

二、海上货物运输保险合同的转让

海上货运保险合同的转让是通过转让保险单来实现的。根据各国法及国际贸易的习惯作法,海上货运保险单的转让无须征得保险人的同意。如在 CIF 合同中,一般都规定卖方有义务向买方提交保险单和提单等装运单据。在这种情况下,卖方在取得保险单和提单之后,通常都是以背书方式把这些单据转让给买方,以履行其合同义务。但这里需要引起我们注意的是,从法律上说卖方转让已保险的货物与转让该项货物的保险单是两码事,不能把它们等同起来。因为保险合同并不是被保险的财产的附属物,不能随货物的转让而当然转让,而必须由被保险人在保险单上以背书表示转让的意思才能产生转让的效力。保险单的受让人有权以自己的名义起诉,并有权在货物遭受承保范围内的损失时,以自己的名义向保险人要求赔偿。

三、海上货物运输保险合同的解除

海上货运保险合同的解除,是指在保险合同法律关系有效期限内,当事人依法或依约定提前终止合同效力。根据我国《海商法》的有关规定:① 保险责任开始前,被保险人可以要求解除合同,但是应当向保险人支付手续费,保险人应当退还保险费。② 被保险人未将重要情况如实告知保险人,保险人有权解除合同。其中如果是属于被保险人故意违反诚实信用原则未如实告知重要情况的,保险人可不退还保险费并对合同解除前发生保险事故造成的损失不负赔偿责任;如果不是由于被保险人的故意未将重要情况如实告知保险人的,保险人有权解除合同或者要求相应增加保险费。③ 保险人和被保险人可以协议解除保险合同。

第五节 海上保险合同的基本原则

一、诚实信用原则

诚实信用(bona fide good faith)原则起源于罗马法。在罗马法的诚信契约中,债务人不仅要依照契约条款,更重要的是要依照其内心的诚实观念完成契约所规定的义务。保险是典型的信息不对称行为,故诚信在保险合同中尤为重要,较之其在别的民事活动中的要求更高,故又称为"最大诚信原则"(utmost good faith)。这是因为保险人和被保险人签订合同时,往往远离船舶和货物的所在地,保险人对投保财产一般难以作实际查勘,因此特别要求投保人(被保险人)必须高度诚实信用,当然,诚信是相互的,诚实信用原则也应适用于保险人,但是保险人的诚信义务却很少在各国的海上保险法中明文规定。这些法律的共同特点是仅强调被保险人的诚信义务,具体来说,被保险人的诚信义务,主要就是要求投保人(被保险人)要履行如实告知义务和保证义务。

(一)如实告知

"如实告知"(disclosure and representation)包含了两方面的内容:

1. 被保险人必须向保险人披露重要事实

被保险人应于订约前将其所知道或应知道的有关重要情况告知保险人。所谓重要情况,是指影响保险人据以确定保险费率或确定是否同意承保的情况。换言之,被保险人须向保险人告知的事实是指能够影响一个谨慎的保险人考虑是否能接受此项保险,以及能判明所承担的危险程度和影响保险人决定多收或少收保险费的事实。

下面的案例可进一步说明这一问题。该案案情如下：玻利维亚政府在与巴西接壤的边界地区围剿叛乱者，曾租用"拉玻利"号货轮取道巴西，沿亚马逊河支流向平叛的政府军运送给养。玻利维亚政府在巴西的经纪商舒尔兹·荷曼罗斯公司代理运输业务，玻政府并委托该公司向被告投保。该代理公司与叛乱者有联系，向叛乱者提供了有关"拉玻利"号货轮的情报。叛乱者中途拦截该船，并造成船货损失。法庭认为，玻利维亚政府及其代理人舒尔兹·荷曼罗斯公司未向保险公司透露叛乱者可能袭击该船的这一事实，因而判决原告败诉。至于对玻政府的代理人舒尔兹·荷曼罗斯公司向叛乱者通风报信这一事实，法庭却不予理会，只认定该代理人代表玻利维亚政府的利益，代理人不披露重要事实的后果应由玻利维亚政府承担。当然，被保险人披露事实的义务也并非漫无边际。对于下列情况，如保险人没有提出询问，被保险人可不予披露，主要包括减少风险的情况、保险人已经知道或推定其已经知道的情况、经保险人声明不必告知的情况以及按照明示或默示的担保条款，无须告知的情况等。

2. 被保险人所作的陈述必须真实

被保险人在订约前对保险标的所作的重要陈述必须真实，否则保险人有权解除合同。所谓"真实"，就是"基本上正确"，如果陈述和事实之间的误差是非实质性的，并非重大的，则这种陈述不能认为是虚假陈述。违反如实告知义务的法律后果。根据英国海上保险法，不论违反告知义务是否出于被保险人的故意或重大过失，也不论未告知与合同成立间有无因果关系，保险人均可解除合同并对解约前发生的损失不负赔偿责任。而根据我国《海商法》，被保险人违反告知义务的法律后果要视被保险人的主观状态而定，具体而言：① 如果是被保险人故意违反如实告知义务，则保险人有权解除合同，并不退还保险费。合同解除前发生保险事故造成损失的，保险人不负赔偿责任；② 如果不是出于被保险人的故意，即被保险人是由于过失未履行如实告知义务的，即使未告知的重要事实对保险事故的发生并无影响，保险人也有权解除合同或要求相应增加保险费。但对于合同解除前发生保险事故造成的损失，保险人应负赔偿责任；③ 如果未告知或错误告知的重要情况对保险事故的发生有影响，则即使不是出于被保险人的故意，保险人也有权解除合同并对合同解除前发生保险事故造成的损失不负赔偿责任。

（二）保证

"保证"（warranty）是诚实信用原则的又一重要内容。海上保险的保证可以分为明示保证和默示保证两种。明示保证应以书面在保险单（或结合在保险单内的其他文件）上载明。默示保证是指未经明示约定而由法律推定应当履行的保证，如航海事业必须合法，船舶应当适航等。

根据英国《1906年海上保险法》的有关规定,不管保证的内容对风险是否重要,都必须确切照办,被保险人违反了保证就可以使保险人宣告保单无效。我国《海商法》则规定:"被保险人违反合同约定的保证条款时,应当立即书面通知保险人。保险人收到通知后,可以解除合同,也可以要求修改承保条件、增加保险费。"

最后需要说明的是,尽管如实告知和保证都是投保人或被保险人根据最大诚信原则应尽的义务,但两者是有区别的。前者是要求被保险人对影响保险合同的重要事实作出实事求是的陈述和披露,而后者则是要求被保险人必须对其作出的承诺,保证切实履行,严格遵守。例如:被保险人保证船舶开航前需配备50名以上的船员,而实际上只配备了46名船员,尽管途中又增加了6名船员,保险人仍有权以被保险人违反保证而宣告保单无效。

二、保险利益原则

海上保险合同是赔偿合同,因此被保险人对特定的保险标的必须具有保险利益,保险利益原则(insurable interest)是海上保险合同的基本原则之一。各国法均一致认为,如果被保险人不具有保险利益,则保险合同无效。这是为了防止道德危险。因为如果允许没有保险利益的人订立保险合同,则将使保险沦为以他人灾难进行赌博的工具,这是法律所不能允许的。

保险利益又称可保利益,它是指被保险人对保险标的所具有的合法的利害关系。被保险人因保险事故的发生致使保险标的受损,或因保险事故不发生而受益,这种利害关系就是保险利益。在货物保险中,一般货物的所有人对货物具有保险利益,如在CIF合同情况下,投保时卖方为货物所有人,他对该货物具有保险利益;但在FOB合同情况下,买方自己投保,而货物由卖方交付承运人时,该货物的风险就由买方承担(尽管该货物的所有权根据买卖合同未必转移),由于货物灭失或损坏的风险已由买方承担,因此FOB合同中的买方对货物具有保险利益。

英国的保险单内常加注"无论灭失与否"条款,这一条款可视为保险利益原则的一个例外。这是指即使在投保之前保险标的物已经灭失,但只要被保险人出于善意不知其已灭失,保险合同仍有效;或者即使在订立保险合同时保险标的物已安全到达,但保险人不知其已安全到达,保险合同也应有效。当然如果被保险人明知损失已发生而仍然投保或保险人明知保险标的已安全到达而仍然订约,保险合同无效。"无论灭失与否"条款反映了过去海上运输和通信不便条件下的特殊情况。就保险利益而言,无论在上述哪种情况下,被保险人对保险标的都已无保险利益,所以说"无论灭失与否"条款是保险利益原则的例外。

三、赔偿原则

赔偿原则也是海上保险的基本原则之一。根据这一原则,被保险人获得的保险赔偿不能超过其实际损失,即被保险人不得从赔偿中获得利润。当然如果是不足额保险,被保险人只能获得部分赔偿。即被保险人获得的赔偿只能是小于或等于其实际损失,而不能是大于实际损失。

第六节　国际货物运输保险的承保的风险

保险人承保的风险一般都在保险单中列明,其形式上主要分为两大类,一类是保险单中列举的承保风险,另一类则是以附加条款的形式加保的风险。从法律角度,可划分为以下三类:

一、基本风险

保险人承保的基本风险(basic risks)包括海难、火灾、投弃以及船长或船员的不法行为四种,现分别简介如下:

（一）海难

根据英国《1906年海上保险法》定义,所谓海难指:海上偶然发生的意外事件,不包括风浪之正常作用。海难包括自然灾害和意外事故。所谓自然灾害是指由于自然力量所造成的灾害,如暴风雨、雷电、流冰、海啸、地震以及其他类似的灾害;所谓意外事故,是指意外原因所引起的事故,如船舶搁浅、触礁、沉没、碰撞、破船、失踪和其他类似的事故。

（二）火灾

海上保险单一般都把火灾列入承保的范围,但由于引起火灾的原因可能是多方面的,所以说保险人对火灾的保险责任也是有限的。一般来说,由于闪电雷击、船长或船员的过失所引起的火灾以及原因不明的火灾,保险人应负责赔偿;但对于战争行为引起的火灾以及货物固有的自燃特性所引起的火灾,则不在保险单的承保范围之内,除非双方特约加保,保险人可不负赔偿责任。

（三）投弃

投弃是指船舶和货物遇到共同危险,为了船货的共同安全,船方有意地把船舶属具或船上货物抛弃海中所造成的损失。投弃是典型的共同海损牺牲,对于投弃货物所造成的损失,保险人应负责赔偿。

（四）船长或船员的不法行为

船长或船员的不法行为是指船长或船员基于非法目的,故意损害船主或货主的利益,以致船舶或货物遭受损害的行为。对于这种不法行为造成的损失,保险人应负责赔偿。常见的不法行为有：船长、船员合伙走私、恶意弃船、纵火、盗卖船货等。要说明的是,对于船长或船员的不法行为造成的损失,保险人承担赔偿责任的条件是：该类行为必须是船主、承运人所不知情、不纵容情况下发生的。

二、特别风险

在国际贸易中,投保人有时为了谋求更充分的保障,可要求保险人在保险单条款本身所承担的一般风险之外,再增加承保某些特殊风险(extraneous risks)。对于这类风险,保险人根据不同情况,可在增收保险费的条件下,特约予以加保：

（一）一般附加险

附加险的种类很多,主要有偷窃提货不着险、淡水雨淋险、短量险、玷污险、渗漏险、碰损破碎险、串味险、受潮受热险、钩损险、包装破裂险以及锈损险等 11 种。以上附加险只能在投保了主要险别(即平安险、水渍险)之后,再行加保,而不能单独投保。

（二）特别附加险

特别附加险与上述一般附加险的区别在于,前者不包括在一切险的范围内,而后者则包括在一切险中,如投保人投保了一切险,就无须加保一般附加险。特别附加保险主要包括战争险、罢工险、交货不到险、舱面货物险、拒收险等。

三、除外风险

除外风险(exclusions)是指不属于保险单承保范围的风险,保险人对除外风险不承担赔偿责任。常见的除外风险有以下几种：① 被保险人的恶意行为或过失；② 货物本身特性及潜在瑕疵所造成的损失；③ 货物的自然损耗；④ 虫蛀鼠咬；⑤ 由于运输延迟造成的损失。如货物由于延迟运抵目的地因货价下跌造成的损失,保险单没有约定赔偿的；或货物因航期延长而腐烂变质的损失,保险单没有约定赔偿的。

第七节 承保的损失与费用

保险人承保的损失,从程度上分,可分为全部损失和部分损失。其中的部分损

失,从性质上分,又可分为共同海损和单独海损。承保的费用包括损害防止费用和施救费用。现分述如下:

一、全部损失

全部损失(total loss)也称全损,全损又可分为实际全损和推定全损。

(一)实际全损

英国《1906年海上保险法》对实际全损(actual total loss)的定义是:"如果保险标的物被毁灭或受到损坏,失去投保时的品种或丧失到无法复原,即是实际全损。"海上货物保险中,构成实际全损主要有以下几种情况:① 保险标的物毁灭,如货物因着火全部焚毁;② 保险标的物毁损已完全改变性质,不复为原物,不具有原有的使用价值,如水泥受浸泡而变质、水果、鱼类发酵而腐败;③ 丧失保险标的物的所有权,如货物被敌人没收而无回收希望等。

(二)推定全损

英国《1906年海上保险法》对推定全损(constructive total loss)的定义是:"如果保险标的因实际全损不可避免而合理地予以放弃,或因不支出超过其价值的费用就不能防止实际全损,即构成推定全损。"海上货物保险中,构成推定全损主要有以下几种情况:① 被保险人因承保的危险丧失对货物的占有权,而且不大可能收复。即使能收复,收复的费用将超过收复后的货物价值;② 修复受损货物的费用和转运到目的港的费用将超过货物到达目的港时的价值等。

在发生推定全损情况下,被保险人必须办理委付才能得到全损赔偿。"委付"是指保险标的发生推定全损时,被保险人将有关保险标的的权利和义务转移给保险人,并要求保险人按照全部损失赔偿。委付不得附带任何条件。

委付是被保险人的单方行为,只有保险人表示接受时,委付才能对保险人发生效力。保险人可以接受委付,也可以不接受委付,但应在合理时间内将其是否接受的决定通知被保险人。委付一经保险人接受,不得撤回。

实际全损与推定全损的主要区别在于:前者是保险标的物毁灭或确实不能复原;而后者是标的物并未灭失,可以救助或修复,但救助费用或修理费用超过标的物的价值。

二、部分损失

部分损失(partial loss)是指全部损失以外的损失,按其性质可分为共同海损和单独海损。

(一) 共同海损

所谓共同海损(general average，G. A.)是指在同一海上航程中，船舶和货物遭遇到共同危险，为了维护船货的共同安全而有意地、合理地采取措施所直接造成的特殊牺牲或支付的特殊费用。

共同海损的成立，必须具备以下条件：

1. 必须确有危及船货共同安全的危险存在

如果某种危险只危及船舶一方或货物一方的安全，那么，即使作出了特殊的牺牲或费用，也不能作为共同海损处理。例如，船上冷藏设备失灵，将腐烂变质的冻肉抛入海中，这种牺牲与船舶安全无关，不能作为共同海损；并且，危及船货共同安全的危险必须确实存在，而且已经到临头阶段！"危险"不能是想象的"危险"。

2. 作出的牺牲或费用必须是特殊的

为履行海上货物运输合同而作出的正常牺牲或费用，不属于共同海损。例如，船舶在海洋中航行，收到台风警报消息，船长下令增加马力开动机器，在大风袭来前到达目的港，因此增加了燃料的消耗，这种多消耗的燃料不能认为是共同海损，因为船方有义务把货送到目的港，是完成航程所必需。但如果船舶在航行中遇到大风，在与大风作斗争时船上燃料烧完了，为了共同安全起见，只得把船上所装载的货物作为燃料，此项损失应认为是共同海损。

3. 牺牲或费用必须是有意的

共同海损的发生必须是人为的、有意识的行为的结果，而不是一种意外的损失。例如，船舶在航行中遇到狂风巨浪的冲击，把甲板上的木材卷入海中，这种损失是由风浪引起的，不是人为的、故意的行为，不能算是共同海损。

4. 共同海损的措施必须是合理的

共同海损的措施是否合理，应结合当时险情的具体情况而定。例如，当船货遇到共同危险，为了减轻重量必须抛弃部分货物时，所抛弃的货物必须是体重、价低的货物，而不是体轻、价高的货物。前者是合理的，应作为共同海损，后者则是不合理的，不能作为共同海损。再比如，船舶失火，危及船货安全，船长在引水进舱灭火时，也应适当掌握。如火势业已扑灭，仍打水入舱，就是不合理的，因这种不合理的措施而招致的损失，不能认为是共同海损。总之，措施的合理性要求行为人应尽可能以最小的损失换取船货的共同安全。

5. 共同海损的措施必须有效果

所谓"有效果"，是指采取措施的结果保证了船货的共同安全。如果船方作出了很大牺牲，支付了巨额费用，船货最终仍未能获救，共同海损便不能成立。共同海损是由各受益人按其获救财产的比例共同分摊的,如果财产所有人的财产未能获救,则构成共同海损的基础便随之消失。还须注意的是,这里所说的"获救",并非是指财产全部获救,即使只有部分财产获救,也不影响共同海损的成立。

共同海损的牺牲或费用,应由船舶、货物或运费三方依最后获救价值的多寡按比例进行分摊,这种分摊叫作共同海损分摊。

(二)单独海损

单独海损(particular average, P. A.)是指共同海以外的部分损失。构成单独海损必须基本以下条件:

(1)保险标的物单独遭遇风险损失,并非船方、货方共同遇到的危险导致损失。

(2)单独海损须是由于偶然或意外的保险事故造成的损失,不是人的有意行为造成的损失。单独海损由遭受损失的一方单独承担,不能要求航海中的其他利害关系方共同分摊,保险人对单独海损是否赔偿,须依承保的险别和保险单条款的规定而定。

三、承保的费用

海上货运保险除保障风险损失外,还保障费用的损失,这些费用主要有:

1. 损害防止费用

损害防止费用(sue and labor expenses)是指被保险人或其代理人为防止将来发生的损失而花销的费用,如为避免航程中遭遇的特大风浪使货物丢失而额外添购绳索加固,这样的开销只要确实必要,其费用由保险人负担。

2. 施救费用

施救费用(salvage charges)包括:① 营救费用,是指在遭遇保险责任范围内的灾害事故时,被保险人或他的代理人、雇佣人员和保险单受让人等为抢救被保险货物,以防止其损失扩大采取措施而支出的费用。保险人对这种费用负责赔偿;② 救助费用,是指被保险货物遭遇保险责任范围内的灾害事故时,由保险人和被保险人以外的第三者采取救助行为而向其支付的报酬费用。

第八节 保险索赔与理赔

一、索赔与理赔的概念

保险的索赔是指被保险人在保险事故发生后,根据保险合同,请求保险人赔偿其损失的行为,它是履行国际货运保险合同的一个重要环节;理赔是指保险事故发生后,保险人依被保险人的索赔请求,根据保险合同履行有关保险赔偿责任的行为,它是保险人履行合同义务的一个关键环节,直接关系到被保险人的切身利益,影响着保险人的信誉和保险合同经济补偿职能的发挥。

二、索赔程序

索赔的主要程序如下:

(一)出险通知

被保险人获悉保险事故发生后,在积极施救的同时,应将保险事故发生的时间、地点、原因及其他有关情况及时通知保险人,并提出索赔请求。

(二)积极施救、整理、防止损失扩大

被保险人应采取必要的措施以防止损失的扩大,保险人对此提出处理意见的,应按保险人的要求办理。所支出的费用可由保险人负责,但以与理赔金额之和不超过该批货物的保险金额为限。

(三)接受检验

保险事故发生后,保险人有义务保护好现场,接受保险人或有关部门的检验,并为之提供方便条件。

(四)提供索赔证明和资料

这些证明和资料主要是指保险单或保险凭证的正本;已支付保险费的凭证;账册、发票、装箱单、运输合同等有关被保险货物的原始单据;保险事故证明及损害结果证明;索赔清单等。

保险索赔的时效一般为两年。

三、理赔程序

理赔的主要程序如下:

(一)立案检验、现场查勘

保险人接到出险通知后应及时按险别立案,并派员至出险现场查勘,了解有关情况并做好记录。

(二)责任审核

保险人经过对事实的调查和对各项单据的审查,决定自己应否承担保险责任及承担多大责任,这是理赔中最关键的一步。保险人在审查过程中,应重点审查以下几个方面的问题:

(1) 保险事故是否在保险单的承保范围内。如果保险事故导致了货物的损失,但该保险事故不属于保险单的承保范围,保险人就不予赔偿。例如,保险单中未载明承保附加险,如发生了战争、罢工等意外事故导致货物受损,则对这一部分损失保险人就不予赔偿。

(2) 保险事故与货物损失之间是否存在因果关系。保险事故的表现形式是多种多样的,可能是自然灾害,也可能是意外事故或外来原因。而被保险货物的损失可能是由一个保险事故引起的,也可能是由多个保险事故引起的,其中有的可能属于承保范围,有的则可能不属于承保范围,因此,保险人在处理这类索赔时,就要确定保险事故与货物损失之间是否存在因果关系。如果两者存在因果关系,而且该保险事故又在承保范围之内,保险人才负责予以赔偿,反之则不予赔偿。

在考虑因果关系方面,近因原则(规则)通常加以运用。所谓近因原则(proximate cause)是指保险人赔偿责任的有无,要以被保险人的损失与保险人承保的风险有无直接或接近的因果关系为依据。英国《1906年海上保险法》第55条规定:"根据本法规定,除保单另有约定外,由于承保的危险所直接造成的任何损失,保险人承担责任,但根据上述规定,并非由承保危险直接造成的任何损失,保险人不承担责任。"近因原则在理论上并不复杂,但在实际运用中,却颇多争议。因为有时导致保险标的遭受灭失或损坏有好几个原因,其中既有承保范围内的风险,也有非承保范围内的原因,这就往往会在保险人与被保险人之间引起争议。在这种情况下,法院必须根据案件的具体事实,通过缜密的分析,并依据法律的基本原理,查明造成损失的决定性的原因(主要原因——即近因)。

例如:某艘货船已投保一般海险,但未投保战争险。在航行中,沿海灯塔因军事上的需要,被当地政府命令熄灭。船长因无灯塔指示,失去航标,迷失航向,致使该船搁浅,其中一部分货物因搁浅而灭失,另外一部分货物打捞起来后,被当地军事机关没收,并禁止继续打捞,其余物资因此灭失。对造成上述损失的原因及保险人的责任,应作具体分析:① 因船舶搁浅而致的损失,应认为是海难所致的损失。如果认为船舶搁浅是因为失去灯塔航标这个原因造成的,而熄灭灯塔是军事当局的命令,是属于战争险的范畴,因而保险人不负赔偿责任,则是错误的。货物的损失是因为船舶搁浅造成的,灯塔无光并不是损失的主要原因,所以这一部分货物的损失应认为是海难,保险人应负责赔偿。② 被当地政府没收和被当地政府禁止打捞所受的损失,属于战争造成的损失,不能列入海难的损失。因被保险人未投保战争险,保险人对这部分损失不负赔偿责任。③ 被保险人是否遵守了最大诚信原则。

如果投保人在投保时没有说明投保货物的内在缺陷,或者故意隐瞒情况,保险人可解除合同,不负赔偿责任。若被保险人在提起保险索赔时违反了诚实信用原则,保险人同样有权拒绝赔付。

(三)计算并支付赔款

保险人应在责任审核的基础上,计算出赔款数额,并及时办理付款事宜。关于赔款数额的计算,实践中一般是根据损失的不同情况进行的,具体可分为全部损失的计算和部分损失的计算:① 全部损失的计算。国际货物运输保险一般都是定值保险,定值保单承保的货物如发生保险责任范围内的实际全损或推定全损,不论损失时的实际价值是否高于或低于约定保额,保险人均按约定保额全数赔付。② 部分损失的计算。在货物发生部分损失的情况下,首先要计算出货物的损失率,即损失部分占货物总价值的比率,而后用保险金额与损失率相乘即为保险人应赔付的金额。损失率在发生数量损失的情况下,为遭损货物件数(重量)与承保货物总件数(总重量)之比;在发生质量损失的情况下,损失率为货物完好价值减去受损后价值的差额与货物完好价值之比。例如:一批货物的保险金额为 50 000 美元,运输途中因风险受损,按目的地市价计算实际完好价值为 50 000 美元,受损后的实际价值按目的地市价为 40 000 美元,则我们可以先计算出损失率为 20%,进而得出保险人应赔付的金额为 10 000 美元。

四、委付与代位求偿权

委付与代位求偿权是国际货物运输保险索赔与理赔中经常会涉及的两个重要概念,现分别介绍如下:

(一)委付

委付(abandonment)是指保险标的发生推定全损时,被保险人将有关保险标的的权利和义务转移给保险人,并要求保险人按照全部损失赔偿。委付不得附带任何条件。

委付是被保险人的单方行为,只有保险人表示接受时,委付才能对保险人发生效力。保险人可以接受委付,也可以不接受委付,但应在合理时间内将其是否接受的决定通知被保险人。委付一经保险人接受,不得撤回。

委付如为保险人接受,其法律后果是:① 保险人取得委付财产的全部权利和义务;② 保险人应按全部损失赔偿被保险人。委付如果不为保险人接受,其法律后果是:如果保险标的发生推定全损,保险人仍有义务按推定全损赔偿被保险人,但保险标的物的所有权并不因此发生转移,保险标的依然归被保险人所有。

实践中,保险人是否接受委付,取决于保险标的物残存价值与该标的物所附义务所需支付的费用的对比。保险人由于担心接受委付后可能会承担各种不可预见的债务,往往不愿接受委付。在这种情况下,保险人可以放弃对保险标的的权利而赔付全部保险金额,以解除对保险标的的相应义务。

(二) 代位求偿权(简称代位权)

代位求偿权(surrogate)是指保险标的发生保险责任范围内的损失是由第三人造成的,被保险人向第三人要求赔偿的权利,自保险人支付赔偿之日起,相应转移给保险人,保险人因此取得的权利称为代位求偿权。例如,保险人向被保险人支付由于船方过失造成的货损以后,被保险人对船舶所有人的求偿权即应转移给保险人,由后者代位行使这一权利。代位求偿的目的,一是在于防止被保险人从保险人处取得赔偿后,再次向第三人求偿,从而得到两次补偿;二是在于防止第三人仅由于与他无关的保险合同而逃脱责任。

代位求偿权的成立,必须具备以下条件:

(1) 发生了保险人承保范围内的保险事故;

(2) 保险事故的发生是由第三人的行为导致的。即事故是因保险人被保险人以外的第三人过错造成的;

(3) 被保险人对第三人有损失赔偿请求权,并且被保险人在保险人行使代位权之前未行使该项权利;

(4) 保险人必须向被保险人支付保险赔偿金后,方可取得代位权。

不论保险标的遭受的是全部损失还是部分损失,只要符合上述条件,保险人就可以取得代位权,但保险人行使代位权要受到以下限制:① 保险人取得的权利不能优于被保险人;② 保险人只能在已赔付被保险人的金额范围内代位行使被保险人的权利,因此如果保险人从第三人处索回的金额超过保险赔偿,则超过部分应退还给被保险人。现举一例说明:在1962年约克郡保险公司诉尼斯伯特航运公司一案中,被告尼斯伯特航运公司的一艘船因碰撞致损。原告约克郡保险公司依保险合同向被告赔付72 000英镑,然后取得了代位求偿权。原告在加拿大起诉,控告对碰撞负有责任的第三人,并获得一笔加元赔款,可折合122 700英镑。原告诉称,追偿所得超出赔付金额的部分并非不当得利,而是货币贬值的结果。第三人赔偿的122 700英镑和保险人赔付的72 000英镑实际上是等值的。但法院未予同意,判决原告败诉,被保险人应获得两者的差额50 700英镑。

代位求偿与委付的不同之处在于:① 代位求偿是保险人的权利,委付则是被保险人的单方行为;② 代位求偿权适用于全部损失和部分损失,委付则只适用于推定全损;③ 代位求偿仅限于向第三人索赔,委付所转让的则是保险标的的全部权利和义务;④ 代位求偿的取得以保险人向被保险人支付赔偿为前提,委付则无此要求。

案例分析

[案情1]

原告:卡尔顿航运公司(CARLTON NAVIGATION SA)　被告:江苏沙钢国际贸易有限公司　被告:中国人民财产保险股份有限公司张家港中心支公司

2012年11月15日,原告所属的"SAPAI"轮在中国长江口附近水域与案外人伊索航运有限公司所属"HOUYO"轮发生碰撞事故。该事故导致"SAPAI"轮第三、四货舱破损进水,部分货物受损。"SAPAI"轮事发航次装载散装热压铁块27 597.98吨、CIF单价每吨348美元、CIF总价9 604 097.04美元、收货人为被告江苏沙钢国际贸易有限公司(以下简称"沙钢公司"),货物保险人为被告中国人民财产保险股份有限公司张家港中心支公司(以下简称"人保公司")。为了船货的共同安全,"SAPAI"轮在碰撞事故事发后前往附近浅滩水域搁浅,并对部分货物进行减载过驳、对船体进行紧急修理。

2012年12月25日,"SAPAI"轮靠泊中国张家港,完成卸货并交付沙钢公司。涉案提单关于共损理算的背面条款记载为"除非租约另有约定,共损应当在伦敦根据《1974年安特卫普规则》进行理算、陈述和解决"。此后,原告就涉案碰撞事故宣告共损。两被告分别向原告签发了共损协议和担保,载明"共损分摊应根据运输合同进行理算"。后原告作为主张共损的一方,委托伦敦理霍事务所进行共损理算,实际理算工作由伦敦理霍事务所在台湾的代表机构安生理算检定有限公司进行。涉案原告提交的最终理算报告由署名理算师经伦敦理霍事务所授权在伦敦签署,并经公证认证。经前述机构理算,两被告应当分摊共损金额为3 184 344.92美元,扣除货物共损牺牲及预付费用后,仍需向原告支付3 138 459.84美元。经原告多次催促,两被告仍拒绝支付分摊费用,故原告诉至法院请求判令两被告向原告支付共损分摊费用共计3 138 459.84美元(折合人民币19 463 260.52元)及相应利息损失。两被告认为,依据《中华人民共和国海事诉讼特别程序法》(以下简称《海诉法》)及其司法解释的规定,原告单方委托理算机构进行理算不符合法定程序。两被告从未就理算机构及理算地点与原告达成一致意见,原告按照提单背面格式条款自行委托理算所形成的理算报告不能约束被告。涉案实际共损理算地点为台湾,与"SAPAI"轮船舶经营人住所地同属一地,且不符合提单格式条款关于伦敦理算的规定,导致理算结果缺乏中立性、客观性及合理性,故两被告提出应由双方协议共同委托或法院指定的理算机构,在本案诉讼中不受任何干扰的情形下就涉案共损重新进行理算。原告对两被告上述重新委托理算机构进行理算的申请不予认可,认为两被告向原告签发的共损协议和担保,均明确载明共损分摊应根据运输合同进行理算。而原告恰恰系根据运输合同(提单)条款委托位于伦敦的理算机构按照载明的规则进行理算,符合提单条款约定,更符合国际惯例,应属合法有效。此外,两被告自始至终知晓原告指定的理算机构,在此后长期的理算过程中均未提出异议,并向理算机构提供了相关材料,还实际参与了救助谈判、协调等事宜,应认定两被告以其实际行为认可原告指定理算机构的合法有效性。

[问题]

提单共同海损条款中理算地的理解与适用

[法律规定]

《中华人民共和国海商法》第二百零三条,1974年《约克·安特卫普规则》规则C。

[法律运用和结果]

上海海事法院经审理认为,本案系因船舶碰撞所致船方与货方之间的共损纠纷。涉案"SAPAI"轮系巴拿马籍货轮,原告系境外主体,故本案系具有涉外因素的民事关系所致争议。原、被告各方于本案诉讼中一致选择适用中华人民共和国法律,与法不悖、依法有据,故法院适用中华人民共和国法律对本案进行审理。另据《中华人民共和国海商法》的规定,共损理算适用合同约定的理算规则;合同未约定的,适用法律相关章节的规定。原、被告各方于本案诉讼中就涉案共损理算一致选择适用1974年《约克·安特卫普规则》与法不悖、依法有据,故法院确认涉案共损理算适用该规则。共同海损,是指在同一海上航程中,船舶、货物和其他财产遭遇共同危险,为了共同安全有意地合理地采取措施所直接造成的特殊牺牲、支付的特殊费用。只有在为了共同安全,使同一航程中的财产脱离危险,有意而合理地作出特殊牺牲或引起特殊费用时才能构成共损。涉案"SAPAI"轮与"HOUYO"轮发生碰撞导致"SAPAI"轮货舱严重进水,该轮及所载货物面临沉没的共同危险。为了船舶及货物的共同安全并完成涉案航次运输及货物交付,"SAPAI"轮就此驶入避难地点抢滩搁浅并进行必要、合理的救助、减载、过驳、修理等措施,由此所致的损失和费用可列入共损。原告作为"SAPAI"轮的船舶所有人及涉案航次运输货物的承运人,依法有权要求两被告作为涉案货物的收货人及出具共损担保的货物保险人,就"SAPAI"轮所采取的必要、合理措施而直接导致的特殊牺牲及支付的特殊费用进行共损分摊。

关于本案争议焦点之一,即原告委托理算机构出具的理算报告可否作为涉案共损分摊之合法有效依据的问题。法院经审理认为,根据《中华人民共和国海商法》的规定,提单系用以证明海上货物运输合同的单证,承运人同收货人、提单持有人之间的权利、义务关系,依据提单的规定确定。而提单相关共损理算条款是当事人针对共损发生后如何理算及其作为争议解决参考的约定。有效的共损理算条款应当符合航运实践惯例并具有可操作性。而理算地点和理算规则是确定理算程序和实体结果的基本要素,故具备该两项要素的共损理算条款已具有可操作性且符合航运实践惯例,应属合法有效。此外,提单背面的共损理算条款虽系承运人拟定的格式条款,但其有别于提单背面的约定管辖和法律适用条款,并不直接影响当事人的实体和程序权利,在案亦无充分有效证据佐证该条款存有其他依法无效之情形。相反,涉案事发航次所涉提单关于共损的条款已明确载明,除非租约另有约定,共损应当在伦敦根据 1974 年《约克·安特卫普规则》进行理算、陈述和解决。沙钢公司对该提单进行有效背书后,其作为提单项下货物收货人和人保公司作为货物的保险人,在接受了涉案提单及原告宣布共损后,又分别以向原告出具共损协议及担保的方式,明确了涉案共损分摊应根据运输合同进行理算,应视为两被告对涉案提单所载共损条款的确认。原告此后按照涉案提单共损条款及两被告出具的协议及担保所确定之方式进行的理算应属合法有效。涉案提单条款约定共损应当在英国伦敦进行,虽位于我国台湾地区的安生公司在相关往来邮件中称其被指定为共损理算师并准备起草理算报告,但该些往来邮件亦均载明安生公司仅系作为位于伦敦的理霍事务所之代表。除此之外,在案亦未有其他充分有效之证据佐证涉案共损理算实际进行、陈述、解决及理算报告形成的地点均系在我国台湾地区。而原告提交的经公证认证的理算报告系经位于英国伦敦的理霍事务所出具并签字盖章予以确认,故应视为符合涉案提单共损条款关于理算地点的约定,不可借此否定涉案理算报告的真实有效性。综上,涉案提单相关共损的条款及原告依据该条款委托理霍事务所出具的理算报告均应属合法有效。两被告关于原告未与其达成一致单方委托理算机构出具的理算报告不符合法定程序,理算实际地点亦不符合条款约定,并借此要求另行协商或由法院委托理算之抗辩主张,缺乏事实及法律依据,法院不予采信。最终,法院将纳入共损分摊的涉案"SAPAI"轮救助费用人民币 1 900 万元进行适当调整后(以 85% 计人民币 1 615 万元确定涉案事故所致"SAPAI"轮合理、必要、限度的救助费用折算美元后)计入共损分摊,再行扣除货物的共损牺牲和利息,以及货方律师费、手续费和利息后,一审判决沙钢公司还需支付原告共损分摊余额计 2 796 320.24 美元,人保公司依其出具的共损担保应就该余额与沙钢公司向原告承担连带支付义务。一审判决后,两被告不服提起上诉。二审中,各方达成调解,由沙钢公司和人保公司于调解生效之日起十五个工作日内一次性向原告给付 250 万美元作为纠纷的最终和全部解决方案。

案例改编自法院发布 2020 年十大精品案例(上篇)之"提单共同海损条款中理算地的理解与适用"。

[案情 2]

原告:中国太平洋财产保险股份有限公司上海分公司(以下简称太保上海) 被告:上海泛亚航运有限公司(以下简称泛亚公司) 被告:高清春 被告:怀远县荆淮运输有限责任公司(以下简称荆淮公司) 被告:安徽劼海航运有限公司(以下简称劼海公司)

2017 年 5 月 10 日,"顺港 19"轮所载的 37 个集装箱落入吴淞港码头近海处吴淞口警戒区内,构成一般等级水上交通事故。吴淞海事局、吴淞水上交通管控中心(VTS)先后发出航行警告并实施了不同程度的临时交通管制,航道通航受到影响总时长达 67 个小时,造成了涉案五个艘次国际邮轮进出港时间的延误。根据吴淞海事局出具的事故调查报告,"顺港 19"轮应对事故的发生承担全部责任,该轮实际所有人为高清春,挂靠在登记所有人荆淮公司名下经营。事故发生时,"顺港 19"轮经由劼海公司被期租给泛亚公司。事故发生后,太保上海根据其所签发的"邮轮取消、延误综合保险"下相关保单,共计赔付旅客 13 231 人次,共赔付目的港取消、抵港延误、登船延误、交通费、住宿费等项目共计 9 857 123.97 元。太保上海遂以其已取得代位求偿权为由,认为四被告就事故致被保险人所遭受损失应向其承担侵权赔偿责任,遂请求判令四被告连带赔偿太保上海经济损失 9 857 123.91 元,并负担本案件受理费。四被告的辩称:太保上海不应基于人身保险合同取得代位求偿权,其并未证明损害的实际发生,主张的损失系自愿对旅客进行的赔付,且不属于侵权损害赔偿的范围。被告和旅客之间不构成侵权法律关系。

[问题]

邮轮延误的保险追偿问题;旅客因邮轮延误所遭受的纯粹经济损失是否能够得到赔偿?

[法律规定]

《保险法》第六十条第一款,《侵权责任法》第六条。

[法律运用和结果]

上海海事法院经审理认为,保险代位求偿权实质上是债权让与制度在保险法领域的应用,基于防止被保险人同时向保险人和致其损害的第三人索赔从而"双重获益"的风险。我国《保险法》第六十条第一款规定了保险人在向被保险人赔偿保险金后可在保险金范围内向造成保险标的损害的第三人行使代位求偿权,但该规定仅限于财产保险的范畴,对于人身保险则通常不适用。理由在于财产保险的保险标的价值可以用金钱衡量,而人身保险则以人的生命和身体为保险标的,无法以金钱衡量,故人身保险下通常不存在双重获益的说法,且"人的生命或者身体不同于财产,不应发生权利转移",代位求偿权也就无从谈起。本案涉案保单的名称虽为旅行人身意外伤害保险保险单,但该保单就个人旅行不便保险的内容作出特别约定,这些特别约定的内容,虽与旅客人身有一定的依附属性,但更具有财产保险的性质。现太保上海代位求偿的内容,正是太保上海根据这些特别约定支付的保险金,不属于人身保险的范畴,太保上海在进行赔付后依法可以行使代位求偿权。

我国法律体系下,受损害人寻求侵权损害赔偿的请求权基础主要是《侵权责任法》第六条,而该条所称"民事权益"的范围则由第二条予以规定。至于纯粹经济损失是否应该包括在该范围内,现有的裁判文书中基本持审慎态度。本案中,集装箱落江不是邮轮延误的必要条件,集装箱落江事故只是间接导致邮轮延误,吴淞海事局发布临时交通管制的航行警告,才是涉案邮轮延误的直接原因。涉案事故与邮轮延误以及太保上海主张的损失之间不存在我国侵权法意义上的因果关系。太保上海所主张的损失,多系其基于保险合同约定支付的保险金,不能等同于被保险人实际的损失。其所主张的损失,既不是因涉案事故使旅客的有形财产或人身遭受损害的损失,也不是因旅客的有形财产或人身遭受损害而造成的间接损失。该种由于公共运输通道或公用设施的关闭而造成非财产和人身的损害,是一种典型的纯粹经济损失。该种损失的赔偿必须谨慎,否则当事人请求的范围、种类和金额都将无限扩大,事实上可能导致任何一家航运公司的破产,有违公平正义,更不利于整个航运业的健康发展。故在法无特别规定的情况下,对此类损失的赔偿请求应不予支持。综上,保险人是否享有代位求偿请求权应根据代位求偿内容和保险合同条款进行审查,邮轮取消延误综合保险不属于人身性质保险范畴,保险公司可依法取得代位求偿权。旅客因邮轮延误所遭受的纯粹经济损失,若非法律明文规定,不应认定为侵权责任法所保护的财产权益,通常不应得到赔偿。上海海事法院判决驳回原告太保上海的诉讼请求。判决作出后,各方均未上诉,该判决已生效。

案例改编自法院发布2020年十大精品案例(上篇)之"邮轮延误保险追偿问题研究"。

【本章思考题】

1. 提单的概念、作用是什么？
2. 《海牙规则》《汉堡规则》和我国《海商法》有关承运人的义务与免责的主要规定各是什么？
3. 《国际货协》《华沙公约》和《多式联运公约》对索赔与诉讼问题分别是如何规定的？
4. 海上货物运输保险合同的基本原则有哪些？
5. 什么是共同海损？共同海损的成立必须具备哪些条件？
6. 我国海上货物运输保险的基本险别有哪些？它们各自的承保范围是什么？
7. 案例分析题：

案例一：

天津某公司于 1997 年 7 月 12 日由天津发运电脑 5 000 台到广州，预计 7 月 27 日货物可以抵达日本。货物启运后，天津公司在因特网上发布电子公告一份，将这批电脑的技术指标、价格、预计到港时间等情况一一公示，7 月 14 日日本某公司在网上获得这一信息后，立即以电子邮件通知天津公司要求转让该批电脑，7 月 19 日，双方在网上就电脑价格等问题达成协议，为了稳妥起见又用传真互致加盖公司公章的确认书。7 月 29 日，货物抵达日本后，日本公司提货时，发现因轮船底舱进水，部分电脑包装有海水浸渍痕迹，影响正常销售。日本公司提出，电脑在运抵日本之前已经进水，据此要求天津公司赔偿因部分电脑不能正常销售造成的损失。

经调查，发现 7 月 20 日轮船经过青岛海域时，曾遭受台风侵袭，此事可能是轮船进水的原因。你认为该案应如何处理？为什么？

案例二：

加拿大某纸业公司以 CIF 大连价格条件、信用证付款方式出口新闻纸，由某保险人承保该批货物。5 月 10 日，保险人签发了保险单。5 月 11 日，加拿大公司租用某船公司的散货船承运，取得船东签发的清洁提单。5 月 12 日，保险单、提单等全套单据交议付银行议付。5 月 15 日，船方发现三舱起火，烧毁货物价值 1 万美元，船长命令船员向船内泵入大量海水灭火。纸浆受水膨胀，危及船货安全，船方在就近港口 A 港避难，宣布了共同海损，并将三舱货全部卸下。21 日到达大连。买方立刻通知保险人货物受损情况，保险人通知买方在 A 港将残货拍卖。5 月 29

日,保险人赔付买方单独海损和共同海损分摊后,向船公司起诉,要求承运人赔偿全部损失。承运人主张火灾免责。问:① 本案被保险人是买方还是卖方? ② 买方是否应立即通知保险人货损情况?是否应按保险人指示在 A 港拍卖残货?买方为拍卖残货而支出的费用应由何方承担? ③ 买方的哪些损失是单独海损?哪些是共同海损? ④ 承运人是否可向保险人主张火灾免责?

第七章 国际知识产权法

教 学 要 求

通过本章的学习,学习者可了解知识产权的基本概念、特征、分类,以及有关知识产权的国际公约惯例和中国的法律法规;掌握国际知识产权贸易、国际技术转让的基本特点,从而领会有关专利、商标、秘密技术的实践操作要领。

第一节 知识产权概述

一、知识产权的概念

(一)知识产权的概念

知识产权,亦称智力成果权,指自然人或法人在生产活动、科学研究、文学艺术等领域中从事智力的创造而获得的成果,依法享有的权利。知识产权是一种具有价值和使用价值的无形财产权利,是创造者所拥有的独占的、排他性垄断性的专用权,且具有严格的时间性和地域性。知识产权法律体系涵盖发明、创造形成的有价值、可交易的财产。

作为智慧财产,人的脑力创造成果包括诸如音乐、文学、艺术作品;发明;应用于产业的标记、名称、形象和设计,包括版权、商标、专利、技术诀窍等。根据知识产权法,上述抽象"财产"的拥有者对其创造的作品拥有排他的权利。因此,知识产权是赋予脑力创造者的权利,通常赋予创造者在一定期限内对其创造成果以排他的权利。

(二)知识产权的分类

知识产权分为工业产权与版权两大类。

1. 工业产权

工业产权(industrial property),指人们依法对应用于产业的创造发明和显著标记等智力成果,在一定地区和期限内享有的专有权。按照《保护工业产权巴黎公约》的规定,工业产权包括发明、实用新型、外观设计、商标、服务标记、厂商名称、货源标记、原产地名称以及制止不正当竞争的权利。由此可见,工业产权涉及的范围十分广泛。值得注意的是,虽然名为工业产权,但实际上它不仅适用于工业本身,也适用于商业、农业、矿业、采掘业以及一切制成品或天然品,如酒类、谷物、烟叶、水果、牲畜、矿产品、矿泉水、花卉和面粉等的发明创造。

工业产权一般可以分为两类:一类是创造性成果权,其保护对象包括发明、实用新型和外观设计等,一定程度上的创造性是其取得法律保护的必要条件。法律承认发明创造的发明人或者设计人在一定期间享有利用他们各自发明创造的独占权利。这样做是为了鼓励他们把发明创造公开出来,以促进科学技术和经济的发展。

工业产权的另一类是识别性标记权,其保护对象包括商标、服务标志、厂商名称、商品的原产地名称以及与厂商有关的其他显著标记等。这些标记和名称标示了产品或服务的来源和厂商特定人格,可识别性是其基本特征。

2. 版权

版权(copyrights),指赋予包括文学、艺术和自然科学、社会科学、工程技术等作品创作者的权利,具体包括文字作品;口述作品;音乐、戏剧、曲艺、舞蹈、杂技艺术作品;美术、雕塑作品、建筑作品;摄影作品;电影作品;计算机软件,等等。版权涉及的权利包括上述作品的表演权、制作权、录音、广播、电视等音像节目制作权等。

(三) 知识产权涵盖的范围

根据世界贸易组织(WTO)《与贸易有关的知识产权协定》(TRIPS)的规定,知识产权的范围包括:

(1) 版权及其相关的权利;

(2) 商标,包括服务商标;

(3) 地理标记;

(4) 工业(产业)设计;

(5) 专利;

(6) 集成电路布图;

(7) 未公开信息,包括商业秘密。

二、知识产权的特征

知识产权属于无形财产权,与有形财产权相比具有以下特征:

(一)独占性

知识产权的独占性也可称为专有性或垄断性。知识产权中的工业产权一经法律确定,即具有排他性,在法定期限内只有权利人才能享有,其他人未经权利人同意均不能使用这种受法律保护的权利,否则就构成侵犯专有权的违法行为,须承担相应的法律责任;其次,在一个国家内,一项相同内容的工业产权只能依法授予一个权利人。就发明而言,一项发明的专利权只能授予一个申请人,一旦某人依法取得了专利权,那么其他人就不能就同样的发明再取得相同的专利权。就商标而言,在同种或类似的商品上不能同时注册两个相同或类似的商标。一旦某一商标注册申请人的商标被核准注册,那么其他人就不能在同种或类似商品上再申请注册相同或相近的商标。

(二)地域性

地域性是指知识产权的地域限制,即一国所确认和保护的知识产权,只在该国范围内有效。除签有国际条约或双边协定外,依一国法律所产生的知识产权对其他国家不产生效力,即知识产权没有域外效力。一国的知识产权要在其他国家获得法律保护,必须依照该国的法律向该国申请并经批准后才能实现。

(三)时间性

知识产权的时间性是指知识产权的时间限制,即知识产权的保护是有一定期限的,这也就是知识产权的有效期。一旦法律规定的期限届满,权利人即丧失其专有权,这些智力成果即成为社会财富,任何人都可以无偿地使用。如多数国家法律规定,专利权的保护期限为 20 年,版权的有效期为创作者的有生之年加死后的 50 年,等等。

(四)无形性

知识产权是一种民事权利,权利本身的私权性是知识产权归类于民事权利范畴的基本依据。知识产权是一种有别于有形财产的无形财产权。权利客体的非物质性是知识产权区别于有形财产所有权的本质特征。正是这种"无形性",使得知识产权贸易中的"标的物",只能是知识产权这种无形财产权中的使用权,而不同于有形商品贸易中,贸易标的物是有形的商品,在贸易中既存在商品使用权,又存在商品所有权的转移。同样地,由于知识产权的"无形性",不占据一定的空间,难以实际控制,容易脱离知识产权所有人的控制。并且,知识产权所有人即使在其权利全部转让后,仍有利用其创造的智力成果获取利益的可能性。因而,法律上有关知识产权的保护、知识产权侵权的认定、知识产权贸易等规定比有形商品更为复杂。

第二节 专利法律制度

一、专利、专利权

一般认为专利有三种含义：一是指专利权；二是指取得了专利权的发明创造；三是指专利文献。

专利权是指国家专利主管机关依法授予专利申请人或其权利继受人在一定期间内对其发明创造享有的专有权。专利权意义在于排除他人未经专利权人同意制造、使用、销售、进口利用其拥有专利权的发明制造的产品。专利权不是在完成发明创造时自动产生的，而是需要申请人向国家专利主管机关提出申请，并经审查批准后方可获得。给予发明人以专利权以便其将发明创造提高社会公众分享。通常，法律授予专利权人有限时期（如申请或获得专利时的 20 年）的独享权。如同其他财产权利，专利权可以买卖、许可、抵押、转让、放弃等。

二、授予专利权的条件

（一）可获得专利（权）的条件

由于专利是根据各国国内法授予创造发明的人，发明人如何取得专利的条件及如何保护专利权人的独占权利，取决于各国的法律规定。根据多数国家法律规定，一般说，一项发明创造要获得专利（权），应符合如下条件：

（1）属于可授予专利的对象；可授予专利的发明应属于专利法保护的对象。依有关国家法律规定，一些发明一般不给予专利保护，如科学规律的发现、智力活动的规则等；

（2）发明具有新颖性（至少在某些方面是新颖的）；

（3）发明必须不是显然易见（美国专利法规定）或包含创新之处（欧洲专利法规定）；

（4）发明必须有客观应用性（美国专利法）或可在产业上应用（欧洲专利法）。

（二）中国专利法的规定

根据《中华人民共和国专利法》（以下简称《专利法》），授予专利权的发明和实用新型，应当具备新颖性、创造性和实用性。

1. 新颖性

所谓新颖性是指该发明或者实用新型不属于现有技术；也没有任何单位或者个

人就同样的发明或者实用新型在申请日以前向国务院专利行政部门提出过申请,并记载在申请日以后公布的专利申请文件或者公告的专利文件中。这里所称的现有技术,是指申请日以前在国内外为公众所知的技术。原专利法采用的是"相对新颖性标准",根据这个标准,申请发明、实用新型专利权的发明创造没有在国内外公开发表过,也没有在国内公开使用过或者以其他方式为公众所知即为具备新颖性。因此一些没有公开发表过的技术,虽然在国外已经被公开使用或者已经有相应的产品出售,只要在我国国内还没有公开使用或者没有相应的产品出售,就可以在我国被授予专利权,从而导致我国专利质量不高,既不利于激励自主创新,也妨碍了国外已有技术在我国的应用。为此,新《专利法》引进了绝对新颖性标准,取消了现有技术的地域限制。这一重大修改有利于提高我国专利授权的质量,提高我国的自主创新能力。

为保护专利申请人的利益,我国《专利法》规定:申请专利的发明创造在申请日以前六个月内,有下列情形之一的,不丧失新颖性:① 在中国政府主办或者承认的国际展览会上首次展出的;② 在规定的学术会议或者技术会议上首次发表的;③ 他人未经申请人同意而泄露其内容的。

2. 创造性

创造性是指与现有技术相比,该发明具有突出的实质性特点和显著的进步,该实用新型具有实质性特点和进步。这里所谓"实质性特点"是指申请专利保护的发明或实用新型与现有技术相比有本质性的突破,不是现有技术中类似的或推导的东西,而是创造性构思的结果;所谓"进步"是指申请专利保护的发明或实用新型与现有技术相比在技术上必须有所提高,而不能是一种倒退。将创造性作为授予发明或实用新型授予专利权的条件是十分必要的,因为新颖性要求的是"未被公众所知",但新颖性无技术上的要求,如果仅以新颖性为标准授予专利权,则不利于科学技术的进步。

3. 实用性

所谓实用性,是指该发明或者实用新型能够制造或者使用,并且能够产生积极效果。换言之,发明或者实用新型作为一种技术方案,在目前技术条件下或者至少在可以预见的将来,应当是可以实现并且是可以重复实现的。将实用性作为授予发明或实用新型授予专利权的条件也是十分必要的,因为它集中体现了发明创造的目的。

三、专利法保护的对象

(一)国外专利法保护的对象

美国专利法保护的类型包括专利(发明专利、外观设计及植物专利)、版权、商标、商业秘密。英国专利法的保护对象包括发明专利、外观设计专利、商标、版权、植物种子。德国专利法保护的对象包括工业产权(发明专利、实用新型、外观设计、商标、地理标志、植物品种等)和著作权。日本专利法保护的对象包括发明专利、实用新型、外观设计、商标、著作权、商业秘密、集成电力布局设计、植物新品种。

(二)我国《专利法》的保护对象

我国《专利法》的保护对象是发明创造,具体包括发明、实用新型和外观设计。

1. 发明

所谓发明,是指对产品、方法或者其改进所提出的新的技术方案。发明具有三个特点:一是发明中必须包括创新,也就是说与现有技术相比发明应当是前所未有的,并且有一定的进步或者难度。二是发明必须利用自然规律或者自然现象。发明是一种技术方案,而技术是在利用自然规律或者自然现象的基础上发展起来的各种工艺操作方法或者生产技能以及相应的生产工具、物资设备等,所以说,不利用自然规律或者自然现象的不能称为发明。三是发明应当是具体的技术性方案,它能够实施且有一定的效果,还应当具有重复性。发明分为产品发明、方法发明和改进发明三种形式。在我国,发明专利的保护期自申请日起计算为20年。

2. 实用新型

所谓实用新型,是指对产品的形状、构造或者其结合所提出的适于实用的新的技术方案。与发明相比,实用新型虽然也是一种新的技术方案,但它对创造性的要求比较低,授予专利权的程序比较简单、保护期也比较短。在我国,实用新型专利的保护期自申请日起计算为10年。

3. 外观设计

所谓外观设计,是指对产品的形状、图案或者其结合以及色彩与形状、图案的结合所作出的富有美感并适于工业应用的新设计。外观设计要以产品为基础,离开了具体的产品也就不会存在外观设计;外观设计以产品的形状、图案和色彩等作为要素,它是用来追求美感的,并不以追求实用为目的。在我国,外观设计专利的保护期自申请日起计算为10年。

四、专利权的取得

专利权不是自动产生的,申请人必须依各国国内法提出申请,并经专利审查部门审批后方可被授予专利权。

申请发明或者实用新型专利的,应当提交请求书、说明书及其摘要和权利要求书等文件。

申请外观设计专利的,应当提交请求书、该外观设计的图片或者照片以及对该外观设计的简要说明等文件。申请人提交的有关图片或者照片应当清楚地显示要求专利保护的产品的外观设计。

专利审查部门将依法对申请文件进行审查,包括:

(1) 初步审查。初步审查也叫形式审查,审查部门审查该申请是否符合专利法关于申请形式的要求,包括:审查专利申请文件是否齐备,格式是否符合规定;审查专利申请是否明显属于不授予专利权的范畴等。

(2) 早期公开。收到发明专利申请后,经初步审查认为符合专利法要求的,自申请日起满一定时间(我国为18个月),即行公布。也可以根据申请人的请求早日公布其申请。

(3) 实质审查。实质审查是指依照专利法规定的授予专利权的实质性条件,对专利申请进行审查,主要是审查申请专利的发明是否具备新颖性、创造性和实用性。专利审查部门可以根据申请人随时提出的请求,对其申请进行实质审查;申请人无正当理由逾期不请求实质审查的,该申请即被视为撤回。

(4) 授予专利权。发明专利申请经实质审查没有发现驳回理由的,作出授予发明专利权的决定,发给发明专利证书,同时予以登记和公告。发明专利权自公告之日起生效。

实用新型和外观设计专利的审批程序相对简单。根据专利法,实用新型和外观设计专利申请经初步审查没有发现驳回理由的,作出授予实用新型专利权或者外观设计专利权的决定,发给相应的专利证书,同时予以登记和公告。实用新型专利权和外观设计专利权自公告之日起生效。

五、专利权人的权利与义务

(一) 专利权人的权利

1. 独占实施权

发明和实用新型专利权被授予后,除专利法另有规定的以外,任何单位或者个人未经专利权人许可,都不得实施其专利,即不得为生产经营目的制造、使用、许诺销售、销售、进口其专利产品,或者使用其专利方法以及使用、许诺销售、销售、进口依照该专利方法直接获得的产品。外观设计专利权被授予后,任何单位或者个人未经专利权人许可,都不得实施其专利,即不得为生产经营目的制造、许诺销售、销售、进口其外观设计专利产品。

2. 许可实施权

专利权人有权许可他人实施其专利。根据专利法,任何单位或者个人实施他人专利的,应当与专利权人订立实施许可合同,向专利权人支付专利使用费。被许可人无权允许合同规定以外的任何单位或者个人实施该专利。

3. 转让权

专利申请权和专利权可以转让。依中国专利法,转让专利申请权或者专利权的,当事人应当订立书面合同,并向国务院专利行政部门登记,由国务院专利行政部门予以公告。专利申请权或者专利权的转让自登记之日起生效。中国单位或者个人向外国人、外国企业或者外国其他组织转让专利申请权或者专利权的,应当依照有关法律、行政法规的规定办理手续。

4. 标明专利标识权

专利权人有权在其专利产品或者该产品的包装上标明专利标识。标明专利标识,一方面可以起到广告的作用,有助于产品的销售,另一方面也可以使其他人知道这种产品是受到专利保护的,起到警示作用。

(二) 专利权人的义务

专利权人的义务主要是缴纳专利年费。根据专利法,专利权人应当自被授予专利权的当年开始缴纳年费。没有按照规定缴纳年费的,专利权将被提前终止。

六、专利权人的权利期限

各国专利法都对专利权人拥有专利权设有期限限制,这期限为 3~26 年(包括延长时限)。1995 年生效的《与贸易有关的知识产权协定》要求:世界贸易组织(WTO)的成员方应对专利给予不少于 20 年的保护期限。该统一性的 20 年保护标准将鼓励发明创造人更积极地公布其发明创造。

案例分析

[案情]

上诉人:****

代表人:野村胜明,该株式会社执行副总裁、董事。

委托诉讼代理人:刘庆辉,北京安杰律师事务所律师。

委托诉讼代理人:吴立,北京安杰律师事务所律师。

上诉人：****

代表人：高原直幸，该株式会社法律部部长。

委托诉讼代理人：陈志兴，北京安杰律师事务所律师。

委托诉讼代理人：徐静，北京市金杜律师事务所律师。

被上诉人：****

法定代表人：刘波，该公司经理兼执行董事。

委托诉讼代理人：赵烨，北京市竞天公诚律师事务所律师。

委托诉讼代理人：余媛芳，女，该公司工作人员。

被上诉人：****

法定代表人：刘波，该公司负责人。

委托诉讼代理人：黄宇峰，男，该公司工作人员。

委托诉讼代理人：王欢，男，该公司工作人员。

上诉人夏普株式会社、赛恩倍吉日本株式会社因与被上诉人OPPO广东移动通信有限公司（以下简称OPPO公司）、OPPO广东移动通信有限公司深圳分公司（以下简称OPPO深圳公司）标准必要专利许可纠纷管辖权异议一案，不服中华人民共和国广东省深圳市中级人民法院（以下简称原审法院）于2020年10月16日作出的（2020）粤03民初689号民事裁定（以下简称原审裁定），向本院提起上诉。本院于2020年12月7日立案后，依法组成合议庭，并于2021年1月14日询问当事人，夏普株式会社的委托诉讼代理人刘庆辉、吴立，赛恩倍吉日本株式会社的委托诉讼代理人陈志兴、徐静，OPPO公司的委托诉讼代理人赵烨、余媛芳，OPPO深圳公司的委托诉讼代理人黄宇峰、王欢均到庭参加询问。

夏普株式会社上诉请求：1. 撤销原审裁定，驳回OPPO公司、OPPO深圳公司的起诉；2. 如以上请求不能全部满足，则依法裁定驳回OPPO公司、OPPO深圳公司关于侵权损害赔偿、裁决WiFi标准相关标准必要专利全球许可条件及裁决3G标准、4G标准相关标准必要专利在中国大陆范围外的许可条件的起诉；3. 裁定将涉及3G标准、4G标准相关标准必要专利在中国大陆范围的许可条件纠纷移送中华人民共和国广州知识产权法院（以下简称广州知识产权法院）管辖。事实与理由：

第一，OPPO公司指控的侵权行为实施地、结果发生地或被告住所地均不在中国大陆，故OPPO公司就该侵权纠纷提起的诉讼不属于中国法院管辖的范围，应予驳回。本案涉及侵权和标准必要专利许可，OPPO公司将两个法律关系合并请求法院审理，没有法律依据。就标准必要专利许可纠纷而言，应当由被告住所地或合同履行地法院管辖,鉴于当事人尚未就本案合同的关键条款达成一致,尚不涉及合同的履行,而且被告住所地也不在中国大陆;就侵权纠纷而言,应当由侵权行为实施地、侵权结果发生地或者被告住所地法院管辖,上述地点均在域外。因此,OPPO公司在中国法院提起诉讼没有法律依据。

第二,本案不符合标准必要专利许可纠纷立案标准。对于标准必要专利许可纠纷,立案标准应该是"专利权人与专利实施人就许可条件经充分协商,仍无法达成一致"。截至目前,当事人就涉案标准必要专利许可事项,还处于前期谈判阶段,远未达到"充分协商"的程度。

第三,原审法院对本案没有管辖权。1. 夏普株式会社与OPPO公司尚未签订合同,不涉及合同履行地的问题,原审法院认定广东省深圳市为涉案标准必要专利实施地,没有事实依据。2. 原审法院错误地将侵权损害赔偿责任纠纷解释为缔约过失责任纠纷,认定事实和适用法律均有错误。本案缔约过失责任纠纷应比照许可合同纠纷处理,本案诉讼标的即夏普株式会社的专利所在地不在广东省深圳市,故原审法院没有管辖权;夏普株式会社在广东省深圳市没有可供扣押的财产,在中国大陆也没有代表机构,原审法院对所谓的缔约过失责任纠纷也没有管辖权。3. 退一步而言,OPPO深圳公司并非许可谈判主体,夏普株式会社在日本、德国及中国台湾地区提起的侵权诉讼亦不涉及OPPO深圳公司。即便认为涉案侵权行为间接结果发生在中国大陆,也应按OPPO公司住所地即广东省东莞市确定管辖,移送广州知识产权法院审理。

第四,即便本案纠纷满足立案条件,原审法院也不应当就夏普株式会社的WiFi标准、3G标准以及4G标准相关标准必要专利在全球范围内的许可条件作出裁定,该项诉讼请求超出原审法院管辖范围,应予驳回。夏普株式会社在日本、德国和中国台湾地区提出了专利侵权损害赔偿的诉讼,在计算损害赔偿数额时极可能涉及费率问题。这些案件的起诉时间早于本案OPPO公司提交《补充民事起诉状》的时间,并且已经处于审理程序中。在此情况下,原审法院应当本着尊重司法主权和国际司法礼让的原则,拒绝处理OPPO公司提出的裁决全球许可条件的事项,否则在费率问题上就会形成相互冲突的裁判。

赛恩倍吉日本株式会社上诉称:同意并坚持夏普株式会社的上诉请求、事实和理由。另补充,在案证据不能证成一个可争辩的赛恩倍吉日本株式会社与本案有关的管辖连结点的事实。赛恩倍吉日本株式会社与本案侵权纠纷、专利许可纠纷均无关系,不应成为本案被告,应驳回OPPO公司、OPPO深圳公司对赛恩倍吉日本株式会社的起诉。

OPPO公司、OPPO深圳公司共同答辩称：

第一，OPPO公司、OPPO深圳公司提出的两个核心诉讼请求，分别是"确认违反公平、合理、无歧视（FRAND）义务，并赔偿损失"和"确认符合FRAND原则的许可使用费"，两项诉求属于标准必要专利许可纠纷的一体两面，对两个诉求一并审理可以从根源上彻底、完整地解决许可纠纷。

第二，中国法院就本案享有管辖权。中国法院对于中国专利的实施行为和专利价值具有当然的管辖权。中国法院有权就中国专利的许可费率进行裁判。

第三，原审法院就本案享有管辖权。1. OPPO公司、OPPO深圳公司的研发、销售、许诺销售、测试行为有相当一部分都发生在广东省深圳市，广东省深圳市是涉案标准必要专利的主要实施地之一，依据"专利实施地"确认管辖，原审法院依法对本案具有管辖权。2. 广东省深圳市是当事人许可谈判行为的发生地，属于体现合同特征的履行地，原审法院为本案的方便法院。3. 违反FRAND义务的行为是违反中国法律所规定的诚实信用原则的行为，是一种广义的民事侵权行为。夏普株式会社与赛恩倍吉日本株式会社违反FRAND义务的行为直接导致OPPO深圳公司在投入大量的人力、物力之后，仍然无法顺利获得相关专利许可，由此产生了经济损失，广东省深圳市因此也是本案的侵权结果直接发生地。

第四，中国法院有权就涉案标准必要专利的全球许可条件进行裁判。1. 标准必要专利具有全球分布的特点，中国法院裁判全球许可条件具有事实依据。2. 中国是本案的最密切联系地，中国法院方便管辖。3. 夏普株式会社在其与OPPO公司、OPPO深圳公司启动许可谈判程序之后所提出的许可要约也是全球许可条件，由此表明当事人已达成涉案标准必要专利全球许可的意向与合意。4. 即使在当事人未达成管辖合意的情况下，英国最高法院已于2020年8月26日作出终审裁决，认定英国法院对相关标准必要专利的全球许可条件具有管辖权。5. 提起裁判全球许可条件的诉讼请求没有违反中国任何禁止性的法律规定，中国法律及司法政策也从未明确否定中国法院对标准必要专利全球许可费率的管辖权，裁定全球许可费率具备法理基础，也是一次性解决许可纠纷的客观需要。6. 夏普株式会社在全球范围内提起的专利侵权诉讼均不包含请求法院确认许可条件的诉讼请求，本案诉讼请求的审理范围与其他域外案件不存在直接冲突。

综上，请求驳回上诉，维持原裁定。

OPPO公司、OPPO深圳公司向原审法院提起诉讼，原审法院于2020年3月25日立案受理。OPPO公司、OPPO深圳公司起诉请求：1. 确认夏普株式会社、赛恩倍吉日本株式会社在许可谈判中的相关行为违反FRAND义务或者违反诚实信用原则,包括但不限于不合理拖延谈判进程,拖延保密协议的签署,未按交易习惯向 OPPO 公司、OPPO 深圳公司提供权利要求对照表,隐瞒其曾经做过 FRAND 声明,未经充分协商单方面发起诉讼突袭,以侵权诉讼禁令为威胁逼迫 OPPO 公司、OPPO 深圳公司接受其单方面制定的许可条件,过高定价等行为,OPPO 公司、OPPO 深圳公司保留在诉讼过程中针对夏普株式会社、赛恩倍吉日本株式会社其他 FRAND 义务或者诚信原则的行为进行追诉的权利;2. 就夏普株式会社拥有并有权作出许可的 WiFi 标准、3G 标准以及 4G 标准相关标准必要专利在全球范围内针对 OPPO 公司、OPPO 深圳公司的智能终端产品的许可条件作出判决,包括但不限于许可使用费率;3. 判令夏普株式会社、赛恩倍吉日本株式会社赔偿 OPPO 公司、OPPO 深圳公司因违反 FRAND 义务给 OPPO 公司、OPPO 深圳公司造成的经济损失共计人民币 300 万元。

夏普株式会社在提交答辩状期间,对案件提出管辖权异议,请求:1. 驳回起诉;2. 如果上述请求不能全部满足,则依法裁定驳回该案中侵权纠纷起诉,裁定将涉及中国专利在中国大陆范围的许可条件纠纷移送广州知识产权法院管辖,驳回涉及其他国家或地区的专利许可条件的起诉。

赛恩倍吉日本株式会社亦提出管辖权异议,同意夏普株式会社意见,并认为其与本案侵权纠纷及专利许可纠纷均无关系,不应成为本案被告。

原审法院根据《中华人民共和国民事诉讼法》(以下简称民事诉讼法)第十八条、第一百二十七条、第二百六十五条之规定裁定:驳回被告夏普株式会社、赛恩倍吉日本株式会社提出的管辖权异议。案件受理费人民币 100 元,由被告夏普株式会社、赛恩倍吉日本株式会社共同负担。

上诉院经审查初步查明:

(一)有关本案管辖权争议相关事实

OPPO 深圳公司经营项目包括从事移动通信终端设备软、硬件的开发及相关配套服务,从事手机及其周边产品、配件的技术开发服务。

截至 2019 年 12 月 31 日,OPPO 公司在中国的销售占比为 71.08%,在欧洲的销售占比为 0.21%,在日本的销售占比为 0.07%。

2018 年 7 月 10 日,夏普株式会社、赛恩倍吉日本株式会社向 OPPO 公司、OPPO 深圳公司发送专利清单,标准必要专利组合包括 645 个 3G/4G 专利族(555CN)、13 个 WiFi 专利族(10CN)、44 个 HEVC 专利族(45CN)。

2019 年 2 月 19 日,OPPO 公司、OPPO 深圳公司与夏普株式会社、赛恩倍吉日本株式会社在 OPPO 深圳公司位于广东省深圳市南山区海德三道 126 号卓越后海中心的办公室进行会谈。夏普株式会社、赛恩倍吉日本株式会社用以谈判的幻灯片显示,其提议标准必要专利许可的整体首选结构为:期间为 5 年,许可专利(许可标准)为"期限内拥有的 3G/4G/Wi-Fi/HEVC 标准必需专利",许可范围为"全球非独占许可,没有分许可权,仅限于许可标准的实施使用领域"。

(二)有关域外关联诉讼的基本情况

原审法院受理本案纠纷后,OPPO 公司、OPPO 深圳公司提起行为保全申请,原审法院于 2020 年 10 月 16 日作出(2020)粤 03 民初 689 号之一民事裁定,该案中查明如下关联诉讼事实:

2020 年 1 月 30 日,夏普株式会社向日本东京地方裁判所针对 OPPO 日本株式会社(系 OPPO 公司的日本独家代理商)提起专利侵权诉讼,主张 OPPO 日本株式会社销售的部分 OPPO 品牌手机侵害其 JP5379269 号日本专利,并请求判定:禁止 OPPO 日本株式会社使用、转让、租赁、进口或出口,或申请转让或租赁涉案 OPPO 手机;责令 OPPO 日本株式会社销毁涉案 OPPO 手机并承担诉讼费用。该 JP5379269 号专利涉及 WiFi 技术。

2020 年 3 月 6 日,夏普株式会社在日本东京地方裁判所针对 OPPO 日本株式会社提起专利侵权之诉,涉案专利为日本专利 JP4659895 号,请求判定 OPPO 日本株式会社赔偿 3 000 001 750 日元及利息并承担诉讼费。该 JP4659895 号专利涉及 LTE 技术。

2020 年 3 月 9 日,夏普株式会社就 JP4706071 号专利在日本提起了侵权之诉,诉讼请求与前述 2020 年 3 月 6 日就 JP4659895 号专利提起的侵权之诉相同。该 JP4706071 号专利涉及 LTE 技术。

2020 年 3 月 6 日,夏普株式会社在德国慕尼黑法院起诉 OPPO 公司生产、销售的 OPPOReno2 等手机专利侵权,请求判定 OPPO 公司专利侵权、赔偿自其专利授权日以来至今的损失并承担相关诉讼费用。涉诉专利为 EP2854324B1、EP2312896B1、EP2667676B1,均涉及 LTE 相关技术。

2020 年 3 月 6 日,夏普株式会社在德国曼海姆地区法院起诉 OPPO 公司专利侵权,涉及的被诉侵权产品及诉讼请求与前述 2020 年 3 月 6 日在德国慕尼黑法院起诉的案件相同。涉案专利为 EP2154903B1、EP2129181B1,均涉及 LTE 相关技术。

2020 年 4 月 1 日,夏普株式会社在中国台湾地区智慧财产法院起诉萨摩亚商新茂环球有限公司(系 OPPO 公司的中国台湾地区独家代理商),请求判定萨摩亚商新茂环球有限公司支付 200 万元新台币赔偿金及利息。涉案专利为

TWI505663,涉及 LTE 技术。

2019 年 6 月 28 日,夏普株式会社曾在德国慕尼黑法院起诉案外人侵害其与 LTE 相关的标准必要专利,涉案专利为 EP2854324B1、EP2312896B1、EP2667676B1。在诉讼过程中,夏普株式会社增加了禁止销售、召回或销毁侵权产品的禁令请求。2020 年 9 月 10 日,德国慕尼黑法院对 EP2667676B1 专利颁发了针对案外人产品的禁令。随后,夏普株式会社与案外人达成相关的标准必要专利许可协议。

[问题]

中国法院对本案是否具有管辖权;如果中国法院对本案具有管辖权,原审法院对本案行使管辖权是否适当;如果原审法院具有管辖权,其在本案中是否适宜对涉案标准必要专利在全球范围内的许可条件作出裁决;赛恩倍吉日本株式会社是否可以作为本案被告。

[法律规定]

《最高人民法院关于适用〈中华人民共和国民事诉讼法〉的解释》第五百三十三条第一款,民事诉讼法第一百一十九条。

[法律运用和结果]

(一)关于中国法院对本案是否具有管辖权

夏普株式会社、赛恩倍吉日本株式会社系外国企业,且在中国境内没有住所和代表机构。针对在中国境内没有住所和代表机构的被告提起的涉外民事纠纷案件,中国法院是否具有管辖权,取决于该纠纷与中国是否存在适当联系。判断标准必要专利许可纠纷与中国是否存在适当联系,应结合该类纠纷的特点予以考虑。从司法实务可见,该类纠纷具有合同纠纷的某些特点,例如可能需要根据磋商过程确定各方关于包括许可费率在内的许可条件存在的分歧或已达成的部分合意等;又具有专利侵权纠纷的某些特点,例如可能需要判断作为许可标的的专利是否属于标准必要专利或者标准实施者是否实施了该专利、该专利的有效性如何。但是,标准必要专利许可纠纷的核心是诉请法院确定特定许可条件或者内容,促使各方最终达成许可协议或者履行许可协议,因此,可以视为一种相对更具有合同性质的特殊类型纠纷。综合考虑该类纠纷的上述特点,在被告系外国企业且其在中国境内没有住所和代表机构的情况下,该纠纷与中国是否存在适当联系的判断标准,可以考虑专利权授予地、专利实施地、专利许可合同签订地或专利许可磋商地、专利许可合同履行地、可供扣押或可供执行财产所在地等是否在中国领域内。只要前述地点之一在中国领域内,则应认为该案件与中国存在适当联系,中国法院对该案件即具有管辖权。

本案中,作为许可标的的标准必要专利组合涉及多项中国专利,OPPO公司、OPPO深圳公司实施涉案标准必要专利的制造行为发生在中国,当事人曾就涉案标准必要专利许可问题在中国深圳进行过磋商,故中国法院无论是作为专利权授予地法院,还是涉案标准必要专利实施地法院,抑或是涉案标准必要专利许可磋商地法院,均对本案依法具有管辖权。夏普株式会社、赛恩倍吉日本株式会社上诉主张本案不属于中国法院管辖范围,理据不足,本院不予支持。

(二)关于原审法院对本案行使管辖权是否适当

如前所述,标准必要专利许可纠纷是兼具合同纠纷和专利侵权纠纷特点的特殊类型纠纷。标准必要专利纠纷应由中国哪个法院管辖,可以根据具体情况考虑专利权授予地、专利实施地、专利许可合同签订地或专利许可磋商地、专利许可合同履行地、可供扣押或可供执行财产所在地等管辖连结点。本案中,当事人尚未达成许可协议,无法以专利许可合同签订地或履行地作为案件管辖连结点。OPPO深圳公司作为OPPO公司的全资子公司,其经营项目包括从事移动通信终端设备软、硬件的开发及相关配套服务,从事手机及其周边产品、配件的技术开发服务,属于涉案标准必要专利的实施主体之一。OPPO深圳公司位于广东省深圳市,其在该地实施本案所涉标准必要专利,故原审法院作为涉案标准必要专利实施地法院,可以对本案行使管辖权。同时,当事人曾就涉案标准必要专利许可问题在广东省深圳市进行过磋商,故原审法院作为专利许可磋商地法院,亦可以据此对本案行使管辖权。夏普株式会社、赛恩倍吉日本株式会社关于OPPO深圳公司并非本案纠纷主体,不能根据OPPO深圳公司的住所地确定管辖,本案标准必要专利在中国大陆范围的许可纠纷应移送广州知识产权法院管辖的主张,理据不足,本院不予支持。

(三)关于原审法院在本案中是否适宜对涉案标准必要专利在全球范围内的许可条件作出裁决

本案中,OPPO公司和OPPO深圳公司向原审法院起诉,请求就夏普株式会社拥有并有权作出许可的WiFi标准、3G标准、4G标准相关标准必要专利在全球范围内针对其智能终端产品的许可条件作出判决,包括但不限于许可使用费率。经审查,该诉讼请求符合民事诉讼法关于起诉条件的规定,并非民事诉讼法规定的人民法院不予受理的情形。

夏普株式会社、赛恩倍吉日本株式会社上诉提出,在其驳回OPPO公司、OPPO深圳公司起诉的上诉主张不能全部满足的前提下,则请求依法裁定驳回OPPO公司、OPPO深圳公司关于侵权损害赔偿、裁决WiFi标准相关标准必要专利全球许可条件及裁决 3G 标准、4G 标准相关标准必要专利在中国大陆范围外的许可条件的起诉。原审法院在本案中是否适宜对涉案标准必要专利在全球范围内的许可条件作出裁决，应在查明本案有关管辖争议的基本事实基础之上，结合标准必要专利许可纠纷的特殊性，予以综合考量。具体而言，本案已查明与上述管辖争议相关的事实有：

1. 当事人就涉案标准必要专利许可磋商时的意愿范围。在本案所涉标准必要专利许可谈判过程中，夏普株式会社、赛恩倍吉日本株式会社提议许可的整体首选结构为：期间为 5 年，许可专利（许可标准）为期限内拥有的 3G/4G/Wi-Fi/HEVC 标准必要专利，许可范围为全球非独占许可，没有分许可权，仅限于许可标准的实施使用领域。可见，当事人的谈判内容包含了涉案标准必要专利在全球范围内的许可条件。

2. 许可磋商所涉及的标准必要专利权利授予国及分布比例。根据各方当事人提供的初步证据，本案涉及的标准必要专利较多，大部分是中国专利，也有美国、日本等国家的专利。

3. 涉案标准必要专利实施者的主要实施地、主要营业地或者主要营收来源地。OPPO 公司、OPPO 深圳公司的主要营业地在中国，其涉案智能终端产品的制造地和主要销售区域在中国。截至 2019 年 12 月 31 日，OPPO 公司在中国的销售占比为 71.08%，在欧洲的销售占比为 0.21%，在日本的销售占比为 0.07%。从以上数据来分析，OPPO 公司智能终端产品在中国的销售比例远高于其在德国、日本等其他国家的销售比例。

4. 当事人专利许可磋商地或专利许可合同签订地。本案 OPPO 公司、OPPO 深圳公司与夏普株式会社、赛恩倍吉日本株式会社在 OPPO 深圳公司所在地广东省深圳市进行过许可谈判，广东省深圳市可视为当事人专利许可磋商地。

5. 当事人可供扣押或可供执行财产所在地。作为专利许可请求方的 OPPO 公司、OPPO 深圳公司，其在中国境内有可供扣押或可供执行的财产。

基于以上事实可知，首先，本案当事人均有就涉案标准必要专利达成全球范围内许可条件的意愿，且对此进行过许可磋商。当事人协商谈判的意愿范围构成本案具备确定涉案标准必要专利全球范围内许可条件的事实基础。其次，本案标准必要专利许可纠纷显然与中国具有更密切的联系。具体表现为：本案中，当事人许可磋商所涉及的标准必要专利大部分是中国专利；中国是涉案标准必要专利实施者的主要实施地、主要营业地或主要营收来源地；中国是当事人专利许可磋商地；中国也是专利许可请求方可供扣押或可供执行财产所在地。由中国法院对涉案标准必要专利在全球范围内的许可条件进行裁决,不仅更有利于查明 OPPO 公司和 OPPO 深圳公司实施涉案标准必要专利的情况,还更便利案件裁判的执行。最后,还需说明的是,如果当事人对于由一国法院裁判标准必要专利全球许可条件能够达成合意,则该国法院当然可以对当事人之间的标准必要专利全球许可条件进行管辖和裁判。但是,管辖合意并非特定法院就标准必要专利全球许可条件进行管辖和处理的必要条件。在当事人具有达成全球许可的意愿且案件与中国法院具有更密切联系的情况下,原审法院在对本案具有管辖权的基础上,认定其适宜对涉案标准必要专利在全球范围内的许可条件作出裁决,并无不当。因此,夏普株式会社、赛恩倍吉日本株式会社前述关于许可费率应分开裁判的上诉理由,理据不足,本院不予支持。

夏普株式会社、赛恩倍吉日本株式会社上诉还认为,夏普株式会社已先行在日本、德国和中国台湾地区针对 OPPO 公司提起了专利侵权损害赔偿诉讼,在计算损害赔偿数额时极可能涉及许可费率问题,本案的受理将与上述在先诉讼形成冲突。本院认为,首先,从已查明的事实来看,上述诉讼所涉及的专利均为其主张的专利侵权行为地所在法域专利,且纠纷的核心问题为是否构成专利侵权,系典型的专利侵权诉讼,本案标准必要专利组合涉及中国以及美国、日本等多族专利,且纠纷实质主要是所涉标准必要专利全球许可条件的确定,本案诉讼与上述域外诉讼在核心诉争问题上有明显不同,如域外法院在相关专利侵权诉讼中认定构成侵权,一般也只能就已发生的侵权行为作出赔偿判决,而本案需要确定的是专利许可条件,与侵权损害赔偿在性质上明显不同。其次,《最高人民法院关于适用〈中华人民共和国民事诉讼法〉的解释》第五百三十三条第一款规定:"中华人民共和国法院和外国法院都有管辖权的案件,一方当事人向外国法院起诉,而另一方当事人向中华人民共和国法院起诉的,人民法院可予受理。判决后,外国法院申请或者当事人请求人民法院承认和执行外国法院对本案作出的判决、裁定的,不予准许;但双方共同缔结或者参加的国际条约另有规定的除外。"根据上述规定,即便某个案件的平行诉讼正在外国法院审理,只要中国法院对该案件依法具有管辖权,外国法院的平行诉讼原则上也不影响中国法院对该案行使管辖权。因此,夏普株式会社、赛恩倍吉日本株式会社的该项上诉理由亦无事实和法律依据,本院不予支持。

(四)关于赛恩倍吉日本株式会社是否可以作为本案被告

根据《中华人民共和国民事诉讼法》第一百一十九条的规定,原告只要能够提供明确的被告,在符合其他受理条件的情况下,人民法院便应当立案受理。本案中，OPPO公司和OPPO深圳公司主张，赛恩倍吉日本株式会社与夏普株式会社在谈判过程中违反FRAND义务的行为直接导致OPPO深圳公司产生经济损失，构成侵权。根据初步查明的事实，赛恩倍吉日本株式会社与夏普株式会社共同参与了涉案标准必要专利许可的谈判过程，该事实已足以证成赛恩倍吉日本株式会社与本案有关的可争辩的管辖连结点。原审法院裁定赛恩倍吉日本株式会社可以作为本案被告，并无不当。至于赛恩倍吉日本株式会社主张的其并非专利权人，与本案纠纷无关等问题，可留待本案实体审理阶段予以认定。

综上，夏普株式会社、赛恩倍吉日本株式会社的上诉请求均不能成立，应予驳回；原审裁定认定事实清楚，适用法律正确，应予维持。依照《中华人民共和国民事诉讼法》第一百七十条第一款第一项、第一百七十一条之规定，裁定如下：

驳回上诉，维持原裁定。

本裁定为终审裁定。

案例改编自深圳市最高人民法院（2020）＊＊＊知民辖终517号。

第三节　商标法律制度

一、商标、商标权与商标法

（一）商标的定义

商标是指生产者、经营者为使自己的商品或服务与他人的商品或服务相区别，而使用在商品及其包装上或服务标记上的由文字、图形、字母、数字、三维标志和颜色组合，以及上述要素的组合所构成的一种可视性标志。世界知识产权组织将商标定义为：商标是用来区别某一工业或商业企业或这种企业集团的商品的标志。根据《中华人民共和国商标法》（以下简称《商标法》），商标包括商品商标、服务商标、集体商标和证明商标。商品商标是指商品的生产者、经营者为使自己的商品或与他人的商品相区别而使用在商品及其包装上的标志。服务商标是指提供服务的经营者，为将自己提供的服务与他人提供的服务相区别而使用的标志。集体商标是指以团体、协会或者其他组织名义注册，供该组织成员在商事活动中使用，以表明使用者在该组织中的成员资格的标志。证明商标是指由对某种商品或者服务具有监督能力的组织所控制，而由该组织以外的单位或者个人使用于其商品或者服务，用以证明该商品或者服务的原产地、原料、制造方法、质量或者其他特定品质的标志。

(二) 商标权的定义

商标权是指商标所有人依法对其注册商标所享有的专有权利。我国《商标法》第三条规定:"经商标局核准注册的商标为注册商标,商标注册人享有商标专用权,受法律保护。"商标权属工业产权范畴,具有工业产权的一般特点,即专有性、地域性和时间性。

(三) 商标法的定义

商标法是指调整因商标的注册、使用、管理及其保护等发生的各种社会关系的法律规范的总称。在我国,商标法有广义和狭义之分。狭义的商标法仅指《商标法》。广义的商标法除《商标法》外,还包括国家有关法律、行政法规和规章中关于商标的规定,如《商标法实施条例》《商标评审规则》《驰名商标认定和保护规定》等。我国参加缔结的有关商标权国际保护方面的条约、协定,经批准公布具有国内法效力的,也属于广义的商标法的范畴。

二、商标权的取得

(一) 商标权的取得方式

商标权的取得方式可分为原始取得和继受取得。原始取得又称直接取得,即以法律规定为依据,具备了法定条件并经商标主管机关核准直接取得商标权。继受取得,又称传来取得,即商标权的取得不是最初产生的,而是以原商标所有人的商标权及其意志为依据,通过一定的法律事实来实现商标权的转移。传来取得又有两种方式:一种是根据商标转让合同,由受让人从出让人处有偿或无偿地取得商标权;另一种是根据继承程序,由继承人继承被继承人的商标权。

(二) 商标注册的原则

1. 申请在先的原则

各国对于商标注册申请地原则有不同的规定。一种是依据使用在先原则来确定商标权,另一种以注册在先来确定商标权。我国《商标法》对商标权的原始取得采用申请在先注册原则,《商标法》第三条规定:"经商标局核准注册的商标为注册商标,商标注册人享有商标专用权,受法律保护。"可见商标注册是取得商标权的法定程序。

申请在先原则又称注册在先原则,是指两个或者两个以上的商标注册申请人,在同一种商品或者类似商品上,以相同或者近似的商标申请注册的,初步审定并公告申请在先的商标;同一天申请的,初步审定并公告使用在先的商标,驳回其他人的申请,不予公告。我国《商标法》在坚持申请在先原则的同时,还强调在先申请的正当性,防止不正当的抢注行为。《商标法》明确规定:申请商标注册不得损害他人现有的在先权利,也不得以不正当手段抢先注册他人已经使用并有一定影响的商标。

2. 自愿注册与强制注册相结合的原则

所谓自愿注册原则,是指商标所有人根据自己的需要和意愿,自行决定是否申请商标注册。商标注册人对该注册商标享有专用权,受法律保护;未经注册的商标也能使用,但使用人不享有商标专用权(驰名商标例外)。所谓强制注册原则,是指国家对生产经营者在某些商品或服务上所使用的商标,规定必须经依法注册才能使用。《商标法》第六条规定:"国家规定必须使用注册商标的商品,必须申请商标注册,未经核准注册的,不得在市场销售。"目前,我国规定强制性注册的商标有:人用药品(西药、针剂和中成药)和烟草制品(卷烟、雪茄烟和有包装的烟丝)。

3. 优先权原则

《巴黎公约》中的优先权原则是指已经在一个成员国正式提出了商标注册的申请人,在其他成员国提出同样的申请,在规定期限内应该享有优先权。商标的优先权申请期限为 6 个月。上述期限从第一次提出申请之日起算,提出申请的当天不计入期限之内。如果期限的最后一天是被请求保护国家的法定假日或主管机关当天不办理申请,则该期限应顺延至其后的第一个工作日。我国《商标法》也作出了优先权原则的规定。商标注册申请人自其商标在外国第一次提出商标注册申请之日起 6 个月内,又在中国局相同商品以同一商标提出商标注册申请的,依照国际条约,或者按照相互承认优先权原则,可以享有优先权。

(三)商标注册的条件

1. 商标注册申请人应具备的条件

自然人、法人或者其他组织对其生产、制造、加工、拣选或经销的商品或者对其提供的服务项目,需要取得商标专用权的,应当向商标注册机构申请商标注册。两个以上的自然人、法人或者其他组织可以共同申请注册同一商标,共同享有和行使该商标的专用权。

2. 申请注册的商标应具备的条件

(1)申请注册的商标应当具备商标的法定构成要素。英国 1994 年《商标法》规定,申请注册的商标必须是:具有显著的代表性及能够使申请人的产品与别的申请人产品得以区别。任何能够将自然人、法人或者其他组织的商品与他人的商品区别开的可视性标志,包括文字、图形、字母、数字、三维标志和颜色组合,以及上述要素的组合,均可以作为商标申请注册。视觉不能感知的音响、气味等商标不能在我国注册。

（2）申请注册的商标应当具备显著性。使用商标的目的是为了区别不同人的商品或服务，如果一个商标没有显著性，则无法起到区别的作用，因此申请注册的商标应当具备显著性。商标的显著性可以通过两种途径获得：一是标志本身即具备固有显著性，如立意新颖、设计独特的商标；二是通过使用获得显著性，如直接叙述商品质量等特点的叙述性标志经过使用取得显著特征，并便于识别的，可以作为商标注册。

（3）申请注册的商标不得使用禁用标志。根据英国1994年《商标法》，任何申请注册的商标如有下列情况之一的，其申请将被拒绝：① 标志不具有显著的标志性，如声音、气味等；② 商标没有任何可识别特性；③ 商标的构成仅表明产品或服务的品种、质量、数量、用途、价值、产地、产品的生产时间、服务的提供者，或者产品或服务的其他特点的；④ 商标仅由流行习语，或仅表明诚信和商业习惯构成；⑤ 商标侵犯公共道德和良俗；⑥ 商标使用法律规定禁用标志的；⑦ 恶意注册的商标。

我国《商标法》第十条规定："下列标志不得作为商标使用：（一）同中华人民共和国的国家名称、国旗、国徽、军旗、军徽、军歌、勋章相同或者近似的，以及同中央国家机关的名称、标志所在地特定地点的名称或者标志性建筑物的名称、图形相同的；（二）同外国的国家名称、国旗、国徽、军旗相同或者近似的，但经该国政府同意的除外；（三）同政府间国际组织的名称、旗帜、徽记相同或者近似的，但经该组织同意或者不易误导公众的除外；（四）与表明实施控制、予以保证的官方标志、检验印记相同或者近似的，但经授权的除外；（五）同'红十字''红新月'的名称、标志相同或者近似的；（六）带有民族歧视性的；（七）带有欺骗性的，容易使公众对商品的质量等特点或者产地产生误认的；（八）有害于社会主义道德风尚或者有其他不良影响的。（九）县级以上行政区划的地名或者公众知晓的外国地名，不得作为商标。但是，地名具有其他含义或者作为集体商标、证明商标组成部分的除外；已经注册的使用地名的商标继续有效。"

《商标法》第十一条规定："下列标志不得作为商标注册：（一）仅有本商品的通用名称、图形、型号的；（二）仅仅直接表示商品的质量、主要原料、功能、用途、重量、数量及其他特点的；（三）缺乏显著特征的。前款所列标志经过使用取得显著特征，并便于识别的，可以作为商标注册。"《商标法》第十二条规定："以三维标志申请注册商标的，仅由商品自身的性质产生的形状、为获得技术效果而需有的商品形状或者使商品具有实质性价值的形状，不得注册。"

（4）申请注册的商标不得侵犯他人现有的在先权利或合法利益。包括：① 申请注册的商标,同他人在同一种商品或者类似商品上已经注册的或者初步审定的商标相同或者近似的,由商标局驳回申请,不予公告。② 就相同或者类似商品申请注册的商标是复制、摹仿或者翻译他人未在中国注册的驰名商标,容易导致混淆的,不予注册并禁止使用。就不相同或者不相类似商品申请注册的商标是复制、摹仿或者翻译他人已经在中国注册的驰名商标,误导公众,致使该驰名商标注册人的利益可能受到损害的,不予注册并禁止使用。③ 未经授权,代理人或者代表人以自己的名义将被代理人或者被代表人的商标进行注册,被代理人或者被代表人提出异议的,不予注册并禁止使用。④ 不得以不正当手段抢先注册他人已经使用并有一定影响的商标。⑤ 不得侵犯他人的其他在先权利,如外观设计专利权、著作权、肖像权、商号权、奥林匹克标志专有权、知名商品特有名称、包装、装潢专用权等。

三、商标权的内容

英国1994年《商标法》第9节确认了商标权人的商标专有权。未经商标权人同意,任何人不能实施其专有权;对于共同商标,每个共同商标权人可以不经其他商标权同意,实施商标专用权,但对于共同商标权人以外的第三人使用其共同商标,必须取得各商标权人的同意。第14节规定,商标所有人可授权对其注册商标的被侵权可以起诉商标侵权人。我国《商标法》规定,商标所有人拥有以下权利:

1. 专用权

商标专用权,是指商标权人对其注册商标依法所享有的独占使用权。根据我国《商标法》,注册商标的专用权,以核准注册的商标和核定使用的商品为限。这个范围是严格限定的,法律不允许商标权人擅自改变注册商标或将注册商标用到核定商品以外的其他商品上。

2. 禁止权

禁止权是指商标权人依法享有的禁止他人未经许可而使用其注册商标和与之相近似的商标的权利。禁止权的范围不仅包括核准注册的商标和核定使用的商品,而且还扩大到核准注册商标的近似商标及核定使用商品的类似商品上,从而形成商标权人专用权与对他人的禁止权不完全一致的情况。禁止权的范围大于商标专用权是必要的,只有这样才能对商标专用权进行有效的保护,因为不同人在同一种商品或类似商品上使用与注册商标相同或近似的商标都有可能造成商品来源的误认。

3. 许可权

许可权是指商标权人依法享有的通过签订商标使用许可合同许可他人使用其

注册商标的权利。许可人应当监督被许可人使用其注册商标的商品质量。被许可人应当保证使用该注册商标的商品质量。经许可使用他人注册商标的,必须在使用该注册商标的商品上标明被许可人的名称和商品产地。商标使用许可合同应当报商标局备案。

4. 转让权

商标转让权是指商标权人依法享有的将其注册商标依法定程序和条件,转让给他人的权利。根据我国《商标法》,转让注册商标的,转让人和受让人应当签订转让协议,并共同向商标局提出申请。受让人应当保证使用该注册商标的商品质量。转让注册商标经核准后,予以公告。受让人自公告之日起享有商标专用权。

5. 续展权

续展权是指商标权人在其注册商标有效期届满时,依法享有申请续展注册,从而延长其注册商标保护期的权利。注册商标的有效期为10年,自核准注册之日起计算。注册商标有效期满,需要继续使用的,应当在期满前六个月内申请续展注册;在此期间未能提出申请的,可以给予六个月的宽展期。宽展期满仍未提出申请的,注销其注册商标。每次续展注册的有效期为10年。续展注册经核准后,予以公告。

6. 标示权

标示权是指商标权人依法享有的标明"注册商标"或者注册标记的权利。

四、商标权人的义务

根据我国有关法律规定,商标所有人应承担以下义务:

(一)缴费义务

根据国务院工商管理主管部门的有关规定,商标所有人申请商标注册及从事其他商标事务时,应缴纳相应的费用。

(二)保持义务

未经授权,商标所有人不能擅自改变任何有关其注册商标的文字或设计、图形、数字、三维图形或其联合;不能擅自改变注册人的名称、地址或任何其他有关商标注册事项;未经认可,不能擅自转让注册商标。

(三)使用实施义务

商标权人应该实施其注册商标。他不能连续三年不实施其注册商标;没有正当理由连续三年不使用的,他人可以向商标局申请撤销该注册商标。

(四)保证义务

商标权人应该保证使用其注册商标的产品的质量。

案例分析

[案情]

费列罗公司向天津市第二中级人民法院起诉称：费列罗公司自1984年起通过中国粮油食品进出口总公司在中国市场销售巧克力产品，目前该产品在中国市场有很大的占有率。原告产品不仅在世界范围内，而且在中国也是尽人皆知的知名商品。多年来该产品一直保持特有的包装、装潢，其涵盖了原告商标、外观设计、著作权等多项知识产权，具有独创性，是原告知识产权的综合性体现。费列罗公司的巧克力产品使用的特有包装、装潢为：① 金色呈球状的纸质包装；② 在金纸球状包装上配以椭圆形金边并且印有原告"FERRERO ROCHER"商标的标签作为装潢；③ 每一粒金纸球状包装的巧克力均有咖啡色纸质底托作为装潢；④ 具有各种形状的塑料制硬包装盒，但包装盒的盒盖均为透明，以呈现金纸球状内包装；⑤ 使用原告所持有的配有产品图案的组合商标作为装潢，并由商标标识处延伸出红金颜色的绶带状图案。该产品的金纸球状包装，以及金纸球状包装上贴有的椭圆形金边标签，实际上构成了原告产品的立体商标，在广大消费者中具有极高的认知度，任何消费者看到符合上述包装、装潢的巧克力产品都会认同为原告的产品。被告蒙特莎公司多年来一直仿冒原告产品，擅自使用与原告知名商品特有的包装、装潢相同或近似的包装、装潢，误导消费者，使消费者产生混淆。而且，原告一推出新产品或时节性产品马上就会遭到蒙特莎公司仿冒，甚至在欧洲推出的新产品尚未进入中国市场即遭仿冒。蒙特莎公司的上述行为及被告正元公司销售仿冒产品的行为已经给原告的生产和销售造成了恶劣影响，并侵害了广大消费者的合法利益，造成原告重大经济损失。请求判令蒙特莎公司不得生产、销售，正元公司不得销售符合前述费列罗公司巧克力产品特有的任意一项或者几项组合的包装、装潢的产品或者任何与费列罗公司的上述包装、装潢相似的足以引起消费者误认的巧克力产品，并赔礼道歉、消除影响、承担诉讼费用，蒙特莎公司赔偿原告经济损失人民币300万元。蒙特莎公司答辩称：原告涉案产品在中国境内市场并没有被相关公众所知悉，无证据证明其在中国境内的市场销售量和占有率。相反，蒙特莎公司生产的金莎巧克力产品在中国境内消费者中享有很高的知名度，多次获奖，属于知名商品。原告诉请中要求保护的包装、装潢是国内外同类巧克力产品的通用包装、装潢，不具有独创性和特异性。而且，该包装、装潢是由商品的功能性质所决定的，不能认定是特有的包装、装潢。蒙特莎公司生产的金莎巧克力使用的包装、装潢是自己的工作人员和张家港市工艺美术印刷厂的专业设计人员合作开发,经过多次改进最终定型的,并非仿冒他人已有的包装、装潢。普通消费者在购买时只需施加一般的注意义务,就不会混淆原、被告各自生产的巧克力产品。原告认为自己产品的包装涵盖了商标、外观设计、著作权等多项知识产权,但未明确指出被控侵权产品的包装、装潢具体侵犯了其何种权利,其起诉要求保护的客体模糊不清。故,原告起诉无事实和法律依据,请求驳回原告的诉讼请求。被告正元公司未答辩亦未提供证据。

2005年2月7日,天津市第二中级人民法院一审判决:驳回费列罗公司对蒙特莎公司、正元公司的诉讼请求。费列罗公司对一审判决不服,提起上诉。

2006年1月9日,天津市高级人民法院依照《中华人民共和国民事诉讼法》第一百三十条、第一百五十三条第一款第二项,《中华人民共和国反不正当竞争法》第一条、第二条和第五条第(二)项,并适用《保护工业产权巴黎公约》第十条之二、之三的规定,判决:一、撤销一审判决;二、蒙特莎公司立即停止使用金莎 TRESOR DORE 系列巧克力侵权包装、装潢;三、蒙特莎公司赔偿费列罗公司人民币 700 000 元,于本判决生效后十五日内给付;四、责令正元公司立即停止销售使用侵权包装、装潢的金莎 TRESOR DORE 系列巧克力;五、驳回费列罗公司其他诉讼请求。一审案件受理费 25 010 元,由蒙特莎公司承担 20 000 元,费列罗公司负担 5 010 元。二审案件受理费 25 010 元,由蒙特莎公司承担 20 000 元,费列罗公司负担 5 010 元。蒙特莎公司不服二审判决,向天津市最高院提出再审申请。

[问题]

FERRERO ROCHER 巧克力是否为在先知名商品,FERRERO ROCHER 巧克力使用的包装、装潢是否为特有包装、装潢,以及蒙特莎公司生产的金莎 TRESOR DORE 巧克力使用包装、装潢是否构成不正当竞争行为等。

[法律依据]

《中华人民共和国反不正当竞争法》第五条第(二)项和《中华人民共和国民事诉讼法》第一百七十七条第二款。

[法律运用及处理结果]

再审法院认为,本案主要涉及 FERRERO ROCHER 巧克力是否为在先知名商品,FERRERO ROCHER 巧克力使用的包装、装潢是否为特有包装、装潢,以及蒙特莎公司生产的金莎 TRESOR DORE 巧克力使用包装、装潢是否构成不正当竞争行为等争议焦点问题。

一、关于 FERRERO ROCHER 巧克力是否为在先知名商品。根据中国粮油食品进出口总公司与费列罗公司签订的寄售合同、寄售合同确认书等有关证据,二审法院认定 FERRERO ROCHER 巧克力自 1984 年开始在中国境内销售无误。《中华人民共和国反不正当竞争法》(下文简称《反不正当竞争法》)所指的知名商品,是在中国境内具有一定的市场知名度,为相关公众所知悉的商品。在国际已知名的商品,我国法律对其特有名称、包装、装潢的保护,仍应以在中国境内为相关公众所知悉为必要。所主张的商品或者服务具有知名度,通常系由在中国境内生产、销售或者从事其他经营活动而产生。认定知名商品,应当考虑该商品的销售时间、销售区域、销售额和销售对象,进行任何宣传的持续时间、程度和地域范围,以及作为知名商品受保护的情况等因素,进行综合判断;也不排除适当考虑国外已知名的因素。本案二审判决中关于"对商品知名状况的评价应根据其在国内外特定市场的知名度综合判定,不能理解为仅指在中国境内知名的商品"的表述欠妥,但根据 FERRERO ROCHER 巧克力进入中国市场的时间、销售情况以及费列罗公司进行的多种宣传活动,认定其属于在中国境内的相关市场中具有较高知名度的知名商品正确。再审申请人关于 FERRERO ROCHER 巧克力在中国境内市场知名的时间晚于金莎 TRESOR DORE 巧克力的主张不能成立。

二、关于 FERRERO ROCHER 巧克力使用的包装、装潢是否具有特有性盛装或者保护商品的容器等包装,以及在商品或者其包装上附加的文字、图案、色彩及其排列组合所构成的装潢,在其能够区别商品来源时,即属于《反不正当竞争法》保护的特有包装、装潢。费列罗公司请求保护的 FERRERO ROCHER 巧克力使用的包装、装潢系由一系列要素构成。如果仅仅以锡箔纸包裹球状巧克力,采用透明塑料外包装,呈现巧克力内包装等方式进行简单的组合,所形成的包装、装潢因无区别商品来源的显著特征而不具有特有性;而且,这种组合中的各个要素也属于食品包装行业中通用的包装、装潢元素,不能被独占使用。但是,锡纸、纸托、塑料盒等包装材质与形状、颜色的排列组合有很大的选择空间;将商标标签附加在包装上,该标签的尺寸、图案、构图方法等亦有很大的设计自由度。在可以自由设计的范围内,将包装、装潢各要素独特排列组合,使其具有区别商品来源的显著特征,可以构成商品特有的包装、装潢。FERRERO ROCHER 巧克力所使用的包装、装潢因其构成要素在文字、图形、色彩、形状、大小等方面的排列组合具有独特性,形成了显著的整体形象,且与商品的功能性无关,经过长时间使用和大量宣传,已足以使相关公众将上述包装、装潢的整体形象与费列罗公司的 FERRERO ROCHER 巧克力商品联系起来,具有识别其商品来源的作用,应当属于《反不正当竞争法》第五条第(二)项所保护的特有的包装、装潢。再审申请人关于判定涉案包装、装潢为特有会使巧克力行业的通用包装、装潢被费列罗公司排他性独占使用，垄断国内球形巧克力市场等理由不能成立。

此外，费列罗公司 FERRERO ROCHER 巧克力的包装、装潢使用在先，蒙特莎公司主张其使用的涉案包装、装潢为自主开发设计缺乏充分证据支持，二审判决认定蒙特莎公司擅自使用 FERRERO ROCHER 巧克力特有包装、装潢正确。

本案诉请是以制止不正当竞争行为的方式保护 FERRERO ROCHER 巧克力使用的由文字、图形、色彩、形状、大小等诸要素构成的包装、装潢的整体设计，该受保护的整体形象设计不同于三维标志性的立体商标，不影响相关部门对于有关立体商标可注册性的独立判断。蒙特莎公司提交的国家工商行政管理总局商标评审委员会驳回费列罗公司立体商标领土延伸保护的复审决定等与本案并无直接关联，不影响本案的处理。知名商品的特有包装、装潢与外观设计专利的法律保护要求也不同，蒙特莎公司提交的国家知识产权局专利复审委员会对费列罗公司外观设计专利无效宣告请求审查决定与判断 FERRERO ROCHER 巧克力使用的包装、装潢是否具有特有性亦无直接关联。蒙特莎公司提交的我国台湾地区"最高行政法院"的裁定以及费列罗公司提交的国外法院的判决等，亦与本案所涉相关市场不具有关联性，不能作为本案认定事实的依据。

三、关于相关公众是否容易对 FERRERO ROCHER 巧克力与金莎 TRESOR DORE 巧克力引起混淆、误认。对商品包装、装潢的设计，不同经营者之间可以相互学习、借鉴，并在此基础上进行创新设计，形成有明显区别各自商品的包装、装潢。这种作法是市场经营和竞争的必然要求。就本案而言，蒙特莎公司可以充分利用巧克力包装、装潢设计中的通用要素，自由设计与他人在先使用的特有包装、装潢具有明显区别的包装、装潢。但是，对他人具有识别商品来源意义的特有包装、装潢，则不能作足以引起市场混淆、误认的全面模仿，否则就会构成不正当的市场竞争。我国《反不正当竞争法》中规定的混淆、误认，是指足以使相关公众对商品的来源产生误认，包括误认为与知名商品的经营者具有许可使用、关联企业关系等特定联系。本案中，由于 FERRERO ROCHER 巧克力使用的包装、装潢的整体形象具有区别商品来源的显著特征，蒙特莎公司在其巧克力商品上使用的包装、装潢与 FERRERO ROCHER 巧克力特有包装、装潢又达到在视觉上非常近似的程度，即使双方商品存在价格、质量、口味、消费层次等方面的差异和厂商名称、商标不同等因素，仍不免使相关公众易于误认金莎 TRESOR DORE 巧克力与 FERRERO ROCHER 巧克力存在某种经济上的联系。据此，再审申请人关于本案相似包装、装潢不会构成消费者混淆、误认的理由不能成立。

四、关于二审判决是否超越当事人诉讼请求以及判决赔偿数额是否适当。在原审审理期间,费列罗公司列举提出蒙特莎公司生产的 T3、T8、T16、T24 金莎 TRESOR DORE 巧克力擅自使用了与其特有包装、装潢近似的包装、装潢,使消费者产生混淆、误认。虽然未明确列举对蒙特莎公司生产的 T12、T36、T42、T45 以及纸盒包装的 4 粒、8 粒、16 粒等 7 种巧克力商品的侵权指控,但在费列罗公司的起诉状中,请求判令不得生产、销售符合 FERRERO ROCHER 巧克力特有的任意一项或者几项组合的包装、装潢的产品或者任何与 FERRERO ROCHER 巧克力特有包装、装潢相似的足以引起消费者误认的产品。蒙特莎公司生产的上述另外 7 种巧克力也均采用了与 FERRERO ROCHER 巧克力特有包装、装潢近似的包装、装潢。二审判令蒙特莎公司立即停止使用金莎 TRESOR DORE 系列巧克力侵权包装、装潢并未超出费列罗公司的诉讼请求。知名商品的特有包装、装潢属于商业标识的范畴,确定《反不正当竞争法》第五条第(二)项规定的不正当竞争行为的损害赔偿额,可以参照确定侵犯注册商标专用权的损害赔偿额的方法。由于费列罗公司未能提供证据证明其因本案不正当竞争行为所遭受的经济损失或者蒙特莎公司因本案不正当竞争行为所获得的利润,人民法院在确定赔偿数额时可以参照商标法有关法定赔偿的规定,根据侵权行为的情节,给予人民币 50 万元以下的赔偿。据此,二审法院判令蒙特莎公司赔偿费列罗公司人民币 70 万元于法无据,应予纠正。本院综合考虑 FERRERO ROCHER 巧克力的知名度、蒙特莎公司实施不正当竞争行为的时间、规模等因素,酌情确定蒙特莎公司赔偿费列罗公司人民币 50 万元的经济损失。

此外,本案费列罗公司请求保护的是知名商品特有的包装、装潢,我国《反不正当竞争法》第五条第(二)项对此已有明确的保护规定,而且该规定与《保护工业产权巴黎公约》的有关规定并无不合,在国内已有符合条约要求的法律规定的情况下,无须再援引条约的相关规定。因此,二审判决关于"遇有我国法律与《保护工业产权巴黎公约》有不同规定的情形,应当适用公约的规定,本案适用《反不正当竞争法》第五条第(二)项时,应当不限于法律所列举的一般情形,应认定蒙特莎公司的行为构成对费列罗公司的商品及商业活动造成混淆的不正当竞争"的理由不当,应予纠正。综上,蒙特莎公司在其生产的金莎 TRESOR DORE 巧克力商品上,擅自使用与费列罗公司的 FERRERO ROCHER 巧克力包装、装潢相近似的包装、装潢,足以引起相关公众对商品来源的混淆、误认,构成不正当竞争行为。二审判决部分理由不妥,但判决蒙特莎公司的行为构成不正当竞争并责令立即停止使用金莎 TRESOR DORE 系列巧克力违法包装、装潢并无不当。为划清本案依法应受保护的包装、装潢整体形象的特有性与其中某些构成要素的通用性，以及该特有包装、装潢与费列罗公司另案主张的相关立体商标之间的界限，更加准确地界定本案不正当竞争行为的范围，对二审有关判决主文作适当调整。二审判决对赔偿额的确定不当，应予纠正。

根据《中华人民共和国反不正当竞争法》第五条第（二）项和《中华人民共和国民事诉讼法》第一百七十七条第二款的规定，判决如下：一、维持天津市高级人民法院（2005）津高民三终字第 36 号民事判决第一项、第五项；二、变更天津市高级人民法院（2005）津高民三终字第 36 号民事判决第二项为：蒙特莎（张家港）食品有限公司立即停止在本案金莎 TRESOR DORE 系列巧克力商品上使用与意大利费列罗公司（FERRERO S. p. A）的 FERRERO ROCHER 系列巧克力商品的特有包装、装潢相近似的包装、装潢的不正当竞争行为；三、变更天津市高级人民法院（2005）津高民三终字第 36 号民事判决第三项为：蒙特莎（张家港）食品有限公司自本判决送达后十五日内，赔偿意大利费列罗公司（FERRERO S. p. A）人民币 500 000 元。逾期支付，按照《中华人民共和国民事诉讼法》第二百三十二条之规定，加倍支付迟延履行期间的债务利息。四、变更天津市高级人民法院（2005）津高民三终字第 36 号民事判决第四项为：责令天津经济技术开发区正元行销有限公司立即停止销售上述金莎 TRESOR DORE 系列巧克力商品。本案一审案件受理费 25 010 元，由蒙特莎（张家港）食品有限公司承担 20 000 元，意大利费列罗公司（FERRERO S. p. A）负担 5 010 元。二审案件受理费 25 010 元，由蒙特莎（张家港）食品有限公司承担 20 000 元，意大利费列罗公司（FERRERO S. p. A）负担 5 010 元。本判决为终审判决。

案例改编自天津市最高人民法院"蒙特莎（张家港）食品有限公司与天津技术开发区正元行销有限公司不正当竞争纠纷案"。案号：（2006）民三提字第 3 号。

第四节 版权及其他知识产权法律制度

一、版权制度

（一）版权的概念

版权是个法律概念，指政府授予原创作品创作者对其作品进入公众领域一定时间内的一种独占权利。顾名思义,它是一种"复制"(copy)的权利,包括给予版权持有人决定谁可以采取其他形式使用其作品、谁可以演出其作品、谁可以从其作品中获得财务收益的权利,以及其他相关的权利。版权是知识产权的种类之一(和专利、商标、商业秘密等共同构成"知识产权")。

版权发端于15世纪。米兰公爵于1481年首次签署了著名的独占印刷历史作品的许可。类似的许可同期在德国、法国、意大利和西班牙也出现。随后,在1534年,英国出版商首次获得皇家特许的保护;到1556年,英国女王玛丽一世为了在迫害新教徒的过程中控制舆论,批准成立了"出版商公司",并进而规定一切图书在出版前都必须送官方审查,同时必须在该公司登记注册。这是版权产生的第一阶段。在这一阶段,现代使用的"版权"这一概念尚未真正形成。有关的权利的专有性及地域性仅仅反映在"出版权"上,且仅是君主赐予的一种特权。

英国资产阶级革命后,要求废除君主封建特权的呼声不仅反映在处理有形财产方面,而且扩大到处理无形财产(包括知识产权)方面。这种情况下,英国下院于1709年通过了世界上第一部版权法(因当时为英国女王安娜在位,故称《安娜法》)。这部版权法的特点是:① 第一次确认了"作者"是法律保护的主体;② 规定了给予作品自出版之日起21年的保护期,如果作者尚未过世,还可以续展14年。这两个特点,使现代含义的"版权"真正形成。1793年法国颁布第一部版权法。这部法律强调作者个人的权利,提出:版权法保护的不仅是作者的经济权利,而且是作者的精神权利。今天,多数国家的版权法都同时承认作者的精神权利与经济权利。在我国,版权就是著作权,他们没有区别。

(二)版权法保护的对象

版权同专利权一样,都是专有权,即非经权利人的许可,其他人不得加以利用。但版权保护的仅仅是作品的独创的"表达形式",而不延及作品反映的实质内容。美国1976年《版权法》即规定:"对某一作品的版权保护,在任何情况下都不能扩大到该作品所描述的任何思想、程序、过程、操作法、概念或原则上。"版权保护的对象大致包括:

(1)以语言文字表达的作品,包括著作、小册子、文章、手稿、打印稿、演讲、布道、讲学,等等;

(2)音乐作品;

(3)戏剧作品;

(4)艺术作品,包括平面艺术,如绘画、摄影,也包括立体艺术作品,如雕塑;

(5)哑剧及舞蹈作品;

(6) 图示、图解;

(7) 电影作品;

(8) 电视、广播作品;

(9) 录音、录像制品;

(10) 印刷版面。

上面的十个类别,只是就一般而言。有的国家版权保护的面可能再宽一些,有的国家则规定窄一些,如在有些国家,后面 4 种都不是传统版权保护的作品,而是属于版权"邻接权"所保护的对象。另外,对于上述各类中包括的具体内容,各国法律规定也有所不同。例如,演说、讲学等,是否一定要以某种物质形式体现出来(如体现在录音带、打字记录里等),才能得到版权保护?多数国家是有这样的要求,但也有国家规定,没有稿子或记录的即席演讲,也受版权保护;又如,一般单纯报道时事的新闻,一般国家都不受版权保护,但如果报道中加了记者的评论,或加了记者对其中某些事实的特写,那就不属于纯新闻,就要受到版权保护了。

我国《著作权法》保护的对象包括:文字作品;口述作品;音乐、戏剧、曲艺、舞蹈、杂技艺术作品;美术作品;摄影作品;电影、电视作品和以类似摄制电影的方法创作的作品;图形作品和模型作品;计算机软件;民间文学艺术作品;法律、行政法规定的其他作品。

(三) 版权权利

版权所有人所享有的权利,分为经济权利和精神权利两大类:

1. 经济权利

指占有版权以便取得某些经济收益的权利,包括:

(1) 复制权,包括复印、复写、出版、录音、录像,等等;

(2) 改编、改写权,也称"演绎权",包括翻译,将一种形式的作品改为另一种形式,如将小说改为电影剧本,将小说改为连环画,等等;

(3) 发行权,包括图书的出售、出租、电影的发行,等等;

(4) 公演权;

(5) 广播权;

(6) 公开展出权;

(7) 追续权。

追续权是仅作者本人(或版权的继承人)有权享受的。它指艺术品的原件而不是复制品(有时也包括名作家的文字作品原稿),在被再次出售时(即并非从作者手中,而是从原买主手中出售给第三者),原作者仍旧有权从出售的利润中取得一定的版税。这项权利在法国、德国、意大利等国受到保护,英国、美国等国法律未予承认。

2. 精神权利

版权的精神权利只有作者才能享有,而"其他版权所有人"则不能享有。精神权利也不能转让。精神权利可以不依赖经济权利而存在,在经济权利转让后,作者还保有着精神权利。精神权利一般包括:

(1) 出版权;

(2) 署名权;

(3) 保证作品内容完整权;

(4) 更改权,或叫"收回权"。

这里的"出版权"与经济权利中的"出版权"有所不同,它指作者有权决定自己的作品是否出版,采取什么形式出版,有权介绍和说明自己的作品;"署名权"指作者有权确认自己系某作品的作者,有权在自己的作品上署名以表明作者资格,有权署真名、假名或笔名,也有权不署名发表自己的作品,还包括有权禁止未参加作品创作的其他人在作品上署名;保证作品完整权,即禁止他人未经作者允许而增删或修改其作品;更改权则指在作品发表后,如果作者改变了原观点,有权收回原作,但应赔偿出版者因此而产生的经济损失。

(四) 版权的取得

在建立版权制度的国家中,作品获得版权的保护有以下四种不同形式:

(1) 自然获得,即版权随着作品被创作完毕而自然产生,不需要履行任何手续。自然获得并不是说获得版权不需要任何条件,自然获得一般都有个先决条件,即作者必须是取得版权的"合格人"。"合格人"是指本国国民,或虽非本国国民但在本国长期居留的人;作品的第一版在本国出版的外国人。

(2) 作品必须体现在有形物上,才能获得版权。

(3) 发表的作品必须带有一定标记,才能获得版权。有许多国家虽然对于未发表的作品,承认其创作完毕后即享有版权,但对已发表的作品,却又要求必须带有一定标记才能获得版权,否则一发表就被视为"进入公有领域",永远丧失版权。这里的"一定标记"一般包括三项内容:版权标记(文字作品上使用"c",录音录像作品使用"R")、版权所有人姓名和有关的出版年份。

(4) 发表的作品只有履行注册手续后,才能获得版权。在西班牙及大多数拉丁美洲国家,法律规定已发表的作品必须在一定时间内(半年至两年内)在政府的管理部门注册,否则就被视为"进入公有领域"。为了避免与国际公约不一致,这些国家都在版权法中补充规定这种注册要求不适用于在国外发表的作品。

（五）版权保护期限

版权的保护期限一般比专利保护期长，比商标保护期短（注册商标科无限制地续展）。不同国家法律规定的保护期限并不一致。即便在同一国家，对于不同作品，保护期限也是不一样的，文字作品的保护期限长些，摄影作品、印刷版面之类的保护期限就短些。对于文字作品，不同国家所规定的保护期限差别很大，长的可达作者有生之年加死后 80 年，短的一般也不会少于有生之年加死后 20 年。

版权保护期限在有些国家可通过法案予以延长，有些国家在特殊情况下还可能是无限长的，在另一些特殊情况下又可能提前结束保护期，如作者宣布将作品献给公众，或版权所有人死后既无遗嘱，又无法定继承人（对于后一种情况，有些国家将版权收归国有）。

二、秘密技术保护制度

（一）"Know How"（秘密技术）的含义

"Know How"一词，除称为"秘密技术""技术秘密"外，也有译为"专有技术""技术诀窍"，甚至直接称为"商业秘密"的。"Know How"的"专有权"方面，同专利权、商标权、版权基本是一样的，但可称为"专有技术"的"技术"，可分为专利技术（即公开技术）与秘密技术两种，"Know How"属"秘密技术"；而在"秘密技术"中，除"Know How"外，还经常提到"Trade Secret"一词，按字面可以把它译为"商业秘密"，但它的全部含义并不仅仅是指经营商业活动的秘密，而且还指那些可以付诸生产、经营性使用，并能产生利润的专有的、秘密的技术。目前，许多国家在技术贸易中以"Know How"统一称"秘密技术"，如日本、美国等国，但也有一些国家（如英国）仍然把"Know How"与"商业秘密"作某些区分。

国际上，《与贸易有关的知识产权协定》要求，世界贸易组织的成员应该保护《协定》所称的"未公开信息"（undisclosed information），即自然人和法人必须采取合法措施防止这种信息未经持有人同意，违反商业诚信规则，公开、获取、使用该类信息，只要这种信息是秘密的、有商业价值的并受到该信息拥有人采取合理措施予以保护的。"Know How"应属于该类"未公开信息"之一。

（二）"Know How"（秘密技术）的特点

国际上通常会将"Know How"列入无形财产范畴，归到知识产权系列。"Know How"与知识产权中的专利、商标、版权、商业秘密有一些相同之处，也有明显的区别，以下将它与专利、商业秘密的区别加以说明，以显其特点：

1. "Know How"与"专利"的不同

(1) 专利通常受到专门成文立法(专利法)的保护;而"Know How"不受专利法的保护,它依据当事人之间的合同、侵权法律及其他有关法律规则进行保护;

(2) 专利技术是公开的,"patent"(专利)一词无论在英语还是拉丁语中,都是"公开"的意思,把技术内容公开出来,是取得专利必不可少的条件,"以公布技术作为换取外界对某人的专有权的承认";而"Know How"是不公开的技术,一般受商业秘密法保护;

(3) 专利的获得必须经权威部门的审查批准,确定其为先进技术才能获得;而"Know How"无需审批,"Know How"建立在长期的经验基础上,由实践积累形成;

(4) 专利的法律性效力有时间与地域限制;"Know How"的效力方面则只要不泄密,其效力是永久的。

2. "Know How"与"商业秘密"的主要区别

(1) 它们出现的时间及历史背景不同。"Know How"在西方国家最初是人们对中世纪作坊中师傅向徒弟传授的手艺的统称,它作为书面用语也出现较早,但作为法律用语出现在判例里则比较迟;"商业秘密"则从一开始就继承了古已有之的靠保密维持专有的方式,作为法律意义上对专利制度补充而出现的。它首先(1849年)在英国判例中出现。可见,"Know How"作为法律用语的历史比商业秘密短得多;

(2) 商业秘密一般指独成一体的或一整套的专有的秘密技术,即使发明人不打算拿它去申请专利,它本身也可能具有可以获得专利的性质;而"Know How"则一般不指那些独立的技术,它必须依附于某项专利,或依附于某项商业秘密,作为实施主要技术时所必备的经验性技巧而存在。

三、集成电路布图设计

(一) 集成电路布图设计的概念和特点

集成电路(integrated circuits, IC)是一种电子电路产品,它的各种元件集成在一个固体材料中,并作为一个整体单位来执行某种电子功能,人们习惯称之为芯片。制造集成电路的前提是进行集成电路布图设计,由它决定如何在半导体材料的三维空间中配置各种元件及互联线路。布图设计的成本往往非常高昂,需要投入大量的智力劳动,但在含有集成电路的产品售出后,他人通过拆解产品了解布图设计并加以抄袭却相对容易。有鉴于此,TRIPS协定和我国《集成电路布图设计保护条例》均对独创性的布图设计提供保护,禁止未经许可复制布图设计。

布图设计是独立的知识产权客体,它不同于版权,也不同于专利或商标,有着自己的特点。它具有独创性和非常规性的特点;未经登记不受法律保护;保护期限为 10 年,自登记申请或首次投入商业利用之日,以较前者为准;创作完成 15 年后,不受条例保护;未经许可复制;为商业目的进口、销售或其他方式提供受保护的布图设计、集成电路及物品,视为侵权;如果使用者不知情的情况下适用布图设计,无侵权责任。但是知情后继续使用的话,需支付合理使用费。

(二) 集成电路布图设计专有权的内容

集成电路布图设计专有权包括两种权利,即复制权和商业利用权。复制权是指布图设计或含有该布图设计的集成电路。商业利用权是指为商业目的的进口、销售、提供受保护的布图设计、含有该布图设计的集成电路或含有该集成电路的物品。从本质上讲,布图设计的复制或者集成电路的复制是制造行为。为商业目的(除进口和销售外的)提供的权利,可以参照专利法中的许诺销售。因此可以借助专利权相对应地理解商业利用权,即为生产经营目的的许诺销售、为生产经营目的的销售、为生产经营目的的进口。故从权利内容来看,专有权的权利内容是专利权和著作权中财产权利的混合体,但专有权不涉及人身权。

 **案例分析**

[案情]

上诉人(原审被告):广州某电子钟表厂。

被上诉人(原审原告):日本某株式会社。

日本某株式会社于 2000 年 9 月 14 日向我国某市中级人民法院起诉称,其系"杰克·奥特曼"(ULTRAMAN)影像作品的著作权人,并对在中国境内制作、生产、销售和播放的"杰克·奥特曼"作品或产品拥有完全的著作权。广州某电子钟表厂在没有得到该社任何授权和许可之情况下,采用"杰克·奥特曼"的外观形象,擅自生产、销售"天美时"牌闹钟,其行为严重侵犯了该社的著作权,给该社造成了巨大的经济损失,故请求法院:1. 判令该钟表厂立即停止侵权;2. 判令该钟表厂在《南方日报》《广州日报》或《羊城晚报》登报向该社赔礼道歉;3. 判令该钟表厂赔偿该社经济损失人民币 30 万元,赔偿该社因起诉而支付的必要费用人民币 3 万元;4. 判令该钟表厂承担本案的诉讼费用。

一审法院查明：原告日本某株式会社系日本国一家从事提供制作电影及承包电影制作等业务的公司。自1966年开始，原告陆续制作、播放了"杰克·奥特曼"系列影像作品。在这些系列影像作品中，原告创作了科幻英雄人物"杰克·奥特曼"(ULTRAMAN)形象。其主要特征为：头部为头盔形，两眼突起呈椭圆形，两眼中间延至头顶部有突起物，无眉，无发，有嘴，方耳。

2000年3月1日，原告在被告某钟表厂处购买到"天美时"牌白色闹钟1只。白色闹钟的外观为人物造型，其人物的头部特征与"杰克·奥特曼"形象相近，且白色闹钟的包装盒的正面和后面印有"杰克·奥特曼"简笔漫画形象，并标注TSUBURAYA PROD. ULTRACOM, INC. ULTRAMAN，包装盒的左面和右面印有一圆形图案，图案的中间为"杰克·奥特曼"简笔漫画形象，图案的外环由HERO ULTRAMAN M78文字组成。银灰色闹钟与白色闹钟情况大致相同。另查明，原告为本案支付律师费人民币12 500元。还查明，原告的英文译名缩写为TSUBURAYA PROD.。一审庭审后，原告表示放弃要求被告赔偿在日本为本案所支付的公证费、鉴证费、认证费及交通费。

[问题]

广州某电子钟表厂是否侵犯日本某株式会社著作权？

[法律依据]

《中华人民共和国著作权法》第二条第三款，《中华人民共和国著作权法》第五十二条的规定，《伯尔尼保护文学和艺术作品公约》第5条，《伯尔尼公约》第9条。

[法律运用及处理结果]

一审法院认为，原告日本某株式会社系日本国法人，其制作的"杰克·奥特曼"影像作品虽发表于中国境外，但日本国与中国都是《伯尔尼保护文学和艺术作品公约》（以下简称《伯尔尼公约》）的成员国，1990年《中华人民共和国著作权法》（以下简称《著作权法》）第二条第三款规定："外国人在中国境外发表的作品，根据其所属国同中国签订的协议或者共同参加的国际条约享有的著作权，受本法保护。"按照《伯尔尼公约》第5条之规定："根据本公约得到保护作品的作者，在除作品起源国外的本联盟各成员国，就其作品享受各该国法律现今给予或今后将给予其国民的权利，以及本公约特别授予的权利。"作者圆谷会社在作品起源国以外的该公约成员国中享有各该国法律给予其国民的权利。该公约第2条之1明确了文学艺术作品的范围包括文学、科学和艺术领域内的一切成果，不论其表现形式或方式如何。"杰克·奥特曼"系原告制作的影像作品，该影像作品中的主人公"杰克·奥特曼"的形象与一般人有显著区别，主要表现在其头部特征方面，是其独创性所在，因此，原告对其创作的"杰克·奥特曼"形象的独创设计符合该公约文学艺术作品的条件，可以作为一种艺术作品，依据该公约规定享有著作权并受我国著作权法的保护。

将被告制造、销售的被控侵权的超人闹钟与原告的"杰克·奥特曼"作品的人物造型相比较，该被控侵权的超人闹钟的人物造型包含了原告"杰克·奥特曼"作品独创性的主要特征。被告主张其制造、销售的被控侵权的超人闹钟是其自行设计制造的，其提交的两张超人闹钟与原告的"杰克·奥特曼"形象的电脑比较图，不能证明是原告独立创作的智力成果。关于被告辩称原告的作品系文学艺术作品还是工业产品，不构成对原告作品的复制的问题，原告设计的"杰克·奥特曼"形象，不论出现在影像作品中，还是出现在印制的宣传图上，均为平面作品，而被控侵权的超人闹钟是既有实用性又有艺术性的立体艺术工业品，依照我国《著作权法》第五十二条的规定："本法所称的复制，指以印刷、复印、临摹、拓印、录音、录像、翻录、翻拍等方式将作品制作一份或者多份的行为。按照工程设计、产品设计图纸及其说明进行施工、生产工业品，不属于本法所称的复制。"因此，从平面到立体不是我国《著作权法》所指的复制。但由于《伯尔尼公约》第九条规定了："受本公约保护的文学艺术作品的作者，享有授权以任何方式和采取任何形式复制这些作品的专有权利。"这与上述规定相反，据此认定被告制造、销售的被控侵权的超人闹钟构成对原告设计的"杰克·奥特曼"形象的复制。被告无证据证明其复制得到原告的许可，应认定被告制造、销售的被控侵权的超人闹钟构成对原告设计的"杰克·奥特曼"作品的侵权。

一审法院作出如下判决：① 被告广州某电子钟表厂立即停止制造、销售侵害原告享有的"杰克·奥特曼"作品著作权的"天美时"超人闹钟；② 被告广州某电子钟表厂在本判决发生法律效力之日起10日内一次性赔偿原告某经济损失人民币3万元；③ 被告某电子钟表厂在本判决发生法律效力之日起10日内赔偿原告为本案所支付的律师费人民币12 500元。

[值得注意的问题]

本案著作权人系日本国法人，影像作品"杰克·奥特曼"亦首次发表于中国境外，本案属于涉外知识产权纠纷案件。知识产权具有地域性，这一属性排除了外国法的适用，而国际条约的适用则经常大量地遇到。我国与日本国均系《伯尔尼公约》的成员国，该公约是成员国为了"尽可能有效、尽可能一致地保护作者对其文学和艺术作品所享有权利"的协议，属于国际私法条约，可以在裁判文书中适用。一审判决根据我国1990年《著作权法》第二条第三款、《伯尔尼公约》第2条之1及第5条之1的规定，认定圆谷会社设计的"杰克·奥特曼"形象应予保护是正确的。

适用国际条约的结果,可能出现对涉外知识产权保护的水平和措施不同于我国知识产权法律规定的情况,这是不奇怪的。随着我国加入世界贸易组织,对包括著作权在内的知识产权保护,在保护的水平及执法的措施等方面,都要因应国际社会的要求,近年来我国立法机关先后对《著作权法》《专利法》《商标法》进行修改,就反映了这一趋势。但是,这并不意味着人民法院审理涉外知识产权案件可以直接适用世界贸易组织协议。因为世界贸易组织协议是调整成员方政府与政府之间的经济贸易关系。

案例改编自 110 找法网,作者单位:广东省高级人民法院民三庭 http://www.110.com/ziliao/article 57015.html。

第五节　国际技术转让法律制度

一、国际技术转让的概念、种类

(一) 国际技术转让的概念

根据《联合国国际技术转让行动守则(草案)》的规定:技术转让是指转让关于制造一项产品、应用一项工艺或提供一项服务的系统知识,但不包括只涉及货物出售或只涉及货物出租的交易。广义上,技术转让(technology transfer),是指拥有技术的一方,通过某种形式(如学术交流、技术考察、人员往来或贸易等)把某项技术转移给另一方的使用行为。如果此项技术转让或转移是在不同国家的当事人之间进行的,即为国际技术转让(international technology transfer)。

国际技术转让分为有偿技术转让与无偿技术转让。有偿国际技术转让往往是转让方和受让方通过国际贸易(国际技术贸易)形式进行的。国际技术贸易是不同国家供方和受方之间按照一定商业条件,以制造某项产品、应用某项工艺或提供某项服务的系统知识等使用权作为标的,进行的交易行为。

《中华人民共和国技术进口合同管理条例》第二条对"技术转让"定义是:"本条例所称技术进出口,是指中华人民共和国境外向中华人民共和国境内,或者从中华人民共和国境内向中华人民共和国境外,通过贸易、投资或者经济技术合作的方式转移技术的行为。本条款行为包括专利技术转让、专利申请权转让、专利实施许可、技术秘密转让、技术服务和其他方式的技术转移。"

(二) 国际技术转让的种类

国际技术转让主要有三种类型:一是非商业性的技术转让,主要是指两国政府间以技术援助方式进行的技术转让;二是商业性的技术转让,即通过政府机构或自然人、企业按商业条件进行的技术转让,这是我们通常所说的国际技术贸易;三是技术作为资本进行的跨国投资,在国际直接投资中,投资方以自己的技术作为股权投资于合资企业、合作企业或独资企业中。目前,国际上的技术转让大多数是通过技术贸易和直接投资方式进行的。

国际技术贸易的对象主要涉及四大类:一是享有工业产权的技术,如发明专利、商标、实用新型与外观设计;二是当受版权保护的技术,如计算机软件和集成电路设计等;三是无工业产权的技术,主要指"Know How",其主要内容通过图纸、技术说明书、设计方案、技术示范(Show How)以及口头传授的经验等;四是技术服务。

二、国际技术贸易的特点

与一般货物贸易不同,国际技术贸易有以下特点:

(一) 技术贸易的标的不是有形的商品,而是无形的技术知识

在具体业务中,除单纯的技术知识交易外,也往往包含作为技术转让中组成部分的机器设备等,通常把前者称为软件(software),把后者称为硬件(hardware),两者在交易中可以结合在一起。如果交易只涉及机器设备等,不带有任何无形技术知识,这不属于技术贸易,而是一般的货物贸易。

(二) 技术贸易转让的往往是技术的使用权,不转让所有权

在一般货物贸易中,买方购买商品即取得货物的所有权,但技术贸易则不同,技术受让方进口某项技术后,并不当然取得该技术的所有权,而仅仅是取得了在一定期限内该技术的使用权、制造产品权和销售产品权。

(三) 技术贸易中的接受提供方获得的经济效益比一般货物贸易大、时间要长,可以多次转让

技术不同于有形商品,而是一种不经再生产过程而可多次转让的特殊"商品",这一特性,使技术贸易的经济效益比一般货物贸易要高。

(四) 技术贸易和一般货物作价方法不同

国际技术贸易的价格和一般货物贸易的价格构成存在原则区别。一般商品的价格是一种相对固定的价格,是商品的生产成本加一定的利润,而技术贸易的价格(技术使用费)则是采取一种以技术受让方所能得到的经济效益,作为函数的变量计算的。技术的价格并不等于该技术的研发费用加上所有方所预期的利润,当然,技术定价中,研发成本仍然是考虑的因素之一。

（五）政府对技术贸易通常实施严格的管理

国际技术贸易不仅涉及交易双方的利益，而且与一个国家的战略部署和国民经济的发展有着密切的关系。因此，许多国家特别是发展中国家都采取立法与行政手段，加强对技术贸易的管理与干预，以维护本国的政治、经济利益，如规定技术转让必须呈报政府主管部门审查、登记或批准后才能生效，对尖端技术的出口采取严格的控制措施等。

（六）国际技术贸易合同比一般货物贸易合同周期长

一般货物贸易，从磋商签约到合同履行完毕，短则三四个月，长则半年至一年，即便是通过出口信贷项目下的货物买卖合同，最多不过二三年，但技术贸易合同往往都是连续性较强的长期性合同，通常期限在一年以上。

（七）国际技术贸易合同条款比一般货物贸易合同复杂

技术贸易合同除了含有基本合同条款外，往往还涉及投资、外贸、价格、税收、外汇管理、劳动管理等问题，如果是涉及专利许可的合作合资经营合同，还可能要涉及土地使用、工程建设、保险、经营管理、零部件和原材料来源、动力和燃料供应、软件设备采购、产品销售等问题，而一般货物贸易则不涉及上述问题。

三、国际技术贸易方式

国际技术贸易的方式较多，主要有专利、商标和"Know How"等工业产权的许可贸易方式；技术咨询和技术服务贸易方式；以技术与货物（硬件）相结合的技术转让方式；与投资、合作生产、补偿贸易、工程承包等相结合的技术转让贸易方式等。具体的实施方式主要有以下：

（一）许可贸易

专利、商标和"Know How"的转让往往是由专利权人、商标权人或"Know How"所有人（称为"许可方"，Licensor）通过许可合同，授予技术接受方（称为"被许可方"，Licensee）取得其专利、商标和专有技术的使用权、产品制造权和销售权，被许可方则须支付技术使用费。许可合同主要有以下种类：

1. 独占许可

独占许可（exclusive license）合同，即在一定的地域和时间内，被许可方对所进口的技术具有独自的使用权，许可方和任何第三方都不能在该地域和该时期内使用该种技术制造和销售产品。

2. 独家许可

独家许可（sole license）合同，几乎与前述"独占许可"相同，而且，sole 和

exclusive 在许多英汉词典中的译法也相同。区别在于：独家许可的被许可人享有排除许可人以外的一切人的权利，但许可人仍然保留着自己实施技术的权利。

3. 一般许可

如果许可合同中没有特别指出它是独占或其他特有性质的，则属于一般许可（license）合同，即许可方允许被许可人在规定的时间和地域内使用合同所指定的技术，但许可方保留自己在该时间、地域使用该技术，也可以把该时间、地域内的使用权，再出让给任何第三人的权利。

4. 部分独占许可合同

如果许可合同中不是规定被许可人在某个国家全部地域内而仅仅在其中的一个或几个地区内享有独占权；或不是在整个专利保护期内，而是在其中某个阶段享有独占权；或并非独占了全部权利，而仅仅独占了部分权利，如销售权或出口权，那么这种独占许可合同，就叫部分独占许可合同（partially exclusive license）。

5. 从属合同

从属许可（sub license）合同，也称"可转售的许可""分许可合同"，是指允许被许可方在指定区域和时间内，将该项技术的使用权转售给任何第三方的许可合同。

6. 交叉许可合同

在技术贸易中，有的许可证合同规定：如果被许可人将来（在合同期内）以许可人的技术为基础获得了革新发明并取得新的专利，则必须首先把新专利的使用权许可原许可人，而原许可人在发放许可证后，如果自己改革了有关技术，则也必须把它继续许可给原被许可人使用。这样的合同条款，称为"反馈条款"，按该条款而产生的互相许可实施新技术的许可合同，叫作"交叉许可"（cross license）合同。

对不同类型的许可合同，许可人索取的技术使用费也有所不同，一般说，独占许可合同要价最高，独家许可合同次之，而一般许可合同要价较低。在实际交易中，具体采用哪一种类型的许可合同，主要取决于潜在的市场容量、技术的性质以及双方当事人的意图。

（二）特许专营

特许专营（franchising）是许可贸易的一种，是近几十年迅速发展起来的一种新型商业秘密转让合同。它是指由一家已经取得成功经验的企业，将其商标、商号名称、服务标志、专利、专有技术以及经营管理的方法或经验转让给另一家企业的一项技术转让合同，后者有权使用前者的商标、商号名称、服务标志、专利、专有技术以及经营管理经验,但须向前者支付一定金额的特许费(franchise fee)。

特许专营合同的一方称为供方或授予人,另一方称为受方或被授予人,他们经营同样的行业,出售同样的产品,提供同样的服务,使用同样的商号名称和商标(或服务标志),甚至商店的门面装潢、用具、员工的工作服、产品的制作方法、提供的服务方式都完全一样,如美国麦当劳、肯德基的全球特许加盟店。

特许专营的一个重要特点是,各个使用同一商号名称的特许专营企业并不是由一个企业主经营的,被授予人企业不是授予人的分支机构或子公司、分公司,也不是各个独立企业的自由联合。它们都是独立经营、自负盈亏的企业,授予人不保证被授予人的企业一定能获得利润,对其盈亏也不负责。

特许专营合同往往是一种长期合同,可以适用于商业和服务行业,也可以适用于工业。

(三)技术咨询

技术咨询(consultation of technology)合同是指当事人一方为另一方技术项目提供可行性论证、技术预测、专题技术调查、分析评估报告所订立的合同。其中,提供咨询的一方为受托人,接受技术咨询报告并支付报酬的一方为委托人。技术咨询合同在我国是一种新型的合同,在一定意义上是软科学合同、知识服务合同。

技术咨询合同具有以下主要特征:

1. 技术咨询合同具有特定的调整对象

技术咨询合同是委托人在完成特定技术项目时提供可行性论证、技术预测、专题技术调查、分析评估报告等软科学研究活动所产生的民事法律关系。

2. 技术咨询合同标的的内容具有综合性和决策参考性

技术咨询合同的标的不是技术成果,而是供委托方决策和选择的咨询报告。技术咨询合同顾问人按照经济规律,以市场为导向,就科学研究、技术开发、技术改造、成果推广、工程设计、科技管理等项目提出建议、意见和方案,作为委托人在技术项目决策时的科学依据,这些依据只是作为其参考依据,这也决定了技术咨询合同与技术服务合同的区别。

3. 技术咨询合同具有特殊的风险责任承担原则

技术咨询合同的委托人按照受托人符合约定要求的咨询报告和意见作出决策所造成的损失,由委托人承担,但当事人另有约定的除外。

(四)技术服务

技术服务(technology service)合同,是指当事人一方以技术知识为另一方解决特定技术问题所订立的技术合同。其中,以自己的技术知识为另一方解决特定问题的是受托人,接受受托人工作成果并支付报酬的一方为委托人。技术服务合同有以下特征:

(1) 技术服务合同的受托人须具有相当的专业技术技能,具备从事一定的专业技术工作的实际能力。因此,不能把技术服务工作与一般的提供简单劳务等同。当事人订立合同时一定要注意审查对方的主体资格。

(2) 技术服务合同的标的是智力劳动。受托人利用自己所掌握的技术知识,通过提供知识密集性较高的智力劳动,为委托人进行一定的专业技术服务,如编制施工方案、进行工程设计、开展产品及材料鉴定或提供人员培训等。

(3) 技术服务合同受托人向委托人提供的技术通常不包括专利技术和专有技术,而是大量日常专业技术工作中反复运用的现有技术,或称公有技术,一般不具有保密性质。如果提供的是专利技术或专有技术,则当事人应当签订技术转让合同,而非技术服务合同。

(4) 技术服务合同传递的专业技术知识不涉及专利和技术秘密成果的权属问题。技术服务合同是知识、经验的传播,包括完整的产品和工艺等技术方案,但不涉及专利或技术秘密的转让,否则属于技术转让合同,而不是技术服务合同。

根据有关法律规定,以及技术服务业的具体情况,技术服务合同一般分为三类:普通技术服务合同、技术培训服务合同、技术中介服务合同。普通技术服务合同,是指当事人一方运用自己的技术知识为委托人解决特定的专业技术问题而订立的合同,即符合技术服务合同一般要求的技术服务合同。

技术培训服务合同,指培训方为委托人指定的人员进行特定的技术培训和训练所订立的合同。

技术中介服务合同,指当事人一方以自己的技术知识,为促成委托人与第三人订立技术合同而进行的介绍活动,并协助解决约定问题而订立的合同。

(五) 含有技术转让工程承包

合同一方(雇主)与另一方(承包人)通过签订有关工程设计、提供设备、工程建设到投产全过程的工程承包合同,有的并订有"产品到手"协议(product in hand agreement)的方式实施技术贸易。承包人在承包工程的基础上提供生产所需技术,负责解决投产后的技术问题。这种工程承包也是进口技术的一种形式。

(六) 含有专利商标和专有技术转让的补偿贸易

买方在信贷的基础上,从卖方购进成套设备和技术,然后用该设备和技术生产的产品(回购)或者其他形式的产品(互购)来偿还所进口成套设备贷款,这种贸易方式即补偿贸易。有时,买方在进口成套设备时,含有专利和专有技术的转让,这种情况的补偿贸易也是一种技术贸易的方式。

(七)含有专利商标和专有技术的合作经营与合资经营

外国投资者以工业产权和专有技术作为投资的一部分,即技术资本化。利用合资或合作经营进口技术,进口方可以同时利用外国资金和技术,双方利益紧密结合,更有利于促进供方系统地提供先进技术,使技术不断更新。

(八)含有专利和专有技术转让的合作生产

这里说的"合作生产",是指本国企业和外国企业根据双方共同签订的合作生产合同,各自生产同一产品的不同零件,然后由协商好的一方或双方装配成为成品出售。合作生产过程中所采用的专利和专有技术,可由一方提供,也可以由双方按比例分摊提供,如果由一方提供,则合作的另一方可以在合作生产中达到进口技术的目的。

合作生产一般是双方在生产领域中的合作关系,但在实际业务中往往还包含在销售流通领域内、科研领域内以及新产品开发和研制领域内的合作。

案例分析

[案情]

2009年7月3日,申请人与被申请人正式签订《国际技术转让合同》。该合同约定,被申请人向申请人提供制造本合同产品(即"吸收冲击用道路防护栏"韩国发明专利涉及的全部关联技术方案和生产技术)的书面及非书面专用技术,申请人向被申请人支付合同费用90万美元。合同还约定了合同费用的支付条件、技术资料的交付、质量验收试验、税费的承担、合同的生效等相关问题。合同签订时,被申请人向申请人提交了在韩国取得的"吸收冲击用道路防护栏"专利证书复印件。合同签订后,申请人向被申请人支付技术转让费65万美元。2009年6月12日,申请人与被申请人签订《购买合同》,向被申请人购买吸收冲击用道路防护栏100米,总金额3万美元,2009年11月16日,申请人依约向被申请人支付价款3万美元。2010年1月5日,申请人与被申请人签订《购买合同》,向被申请人购买抗冲击吸收公路防护栏用生产设备,总金额为韩币1 019 800 000元。2010年1月5日,申请人向被申请人进口FT175EVA原料10吨,总金额为45 415.60美元。申请人已支付13吨原料款和90%的设备款以及进又相关的税费、保证金共计人民币7 644 800

元。申请人称,2010 年 7 月 8 日,被申请人技术人员来申请人工厂指导安装、调试设备、试制产品,直到当月 22 日返回韩国,多次生产出的产品均不合格。此后,被申请人技术人员便匆匆返回韩国,申请人多次催促,被申请人既不派人也不回信。被申请人没有按照合同约定以其转让的技术生产出合格的合同产品,申请人向被申请人购买的抗冲击吸收公路防护栏专用生产设备也都出现严重故障或问题,不能正常使用。申请人提出以下仲裁请求:

1. 裁令被申请人收回生产不出符合合同产品的抗冲击吸收公路防护栏用生产设备和关联技术方案和生产技术,退还申请人已支付的技术转让费 65 万美元、已付的设备款及原料费人民币 596.88 万元,从韩国购买 100 米样品费 3 万美元,原料进口报关所发生的费用(增值税、关税、设备原料到港时的仓储费、运输费)人民币 27.6 万元、设备进又涉及关税、增值税等已支付的海关保证金人民币 140 万元;

2. 裁令被申请人承担本案仲裁费。被申请人称,被申请人已按照约定,及时将相关技术资料、生产设备、生产原料等交付申请人,申请人在接收后也已安排生产。但申请人掌握相关技术后,以种种理由推辞,拒不支付技术转让余款和设备及原料货款,甚至于 2010 年 12 月 13 日提出仲裁申请,要求被申请人返还其已支付相关款项。被申请人提出以下仲裁反请求:

(1) 裁令申请人继续履行《国际技术转让合同》,支付剩余技术转让款 250 000 美元及利息(以 250 000 美元为本金,按中国人民银行同期贷款利率,自提起反请求之日起,计算至实际履行完毕之日止);

(2) 裁令申请人继续履行《购买合同》,支付剩余货款共计人民币 700 000 元及利息(利息自提起反请求之日起,计算至实际支付完毕之日止,按照同期银行贷款利率计算);

(3) 裁令申请人承担本仲裁案件的全部费用。

[问题]

合同约定的"技术"是否已成功转让交付。"技术标的"是否包含了技术秘密、专利许可和专利申请权三项内容。

[法律依据]

《最高人民法院关于审理技术合同纠纷案件适用法律若干问题的解释》(法释[2004]20 号)第二十二条,《中华人民共和国专利法》第二十九条,《中国加入世界贸易组织议定书》优先权规定,《合同法》第九十六条(已废除,其内容现为《民法典》第五百六十五条)。

[案情分析]

一、关于《国际技术转让合同》的标的

1. 该合同标的实际包括"技术标的"和"技术实施支持标的"两方面：

（1）技术标的

根据该合同第一条的规定，"技术标的"是指制造本合同产品（即"吸收冲击用道路防护栏"韩国发明专利涉及的全部关联技术方案和生产技术）的书面及非书面专有技术。

（2）技术实施支持标的

综合该合同第二条、第五条、第六条的规定，除专有技术外，合同的标的还包括：技术服务、关键设备和安装咨询服务、专用工装设备和其他所有相关技术资料；另，根据该合同第十三条，被申请人应将其提供的设备搬到中国。综合这些条文，除了专有技术外，被申请人还需向申请人提供实施合同"技术标的"所需的支持性设备和服务，即"技术实施支持标的"。

2. "技术标的"的法律性质

双方均同意包括生产涉案产品旋转桶的化学配方和生产工艺在内的技术秘密是《国际技术转让合同》的"技术标的"，分歧在于被申请人主张的"技术标的"包含了技术秘密、专利许可和专利申请权三项内容，而申请人则主张"技术标的"仅为技术秘密。仲裁庭认为，首先，从《国际技术转让合同》的字面含义看，该合同第一条明确表明"技术标的"是指制造本合同产品（即"吸收冲击用道路防护栏"韩国发明专利涉及的全部关联技术方案和生产技术）的书面及非书面专有技术，即是为了实施韩国专利所涉及的专有技术或技术秘密，专利本身是否构成转让的"技术标的"，在此不明确；其次，根据专利权的地域性，韩国专利技术在中国内地并不当然被授予专利。被申请人仅举证提交了一份据称在韩国专利行政部门申请的未附中文译本的韩文专利文件复印件，但未主张也未提交任何证据证明其曾就韩国专利的相同技术主题在中国内地成功申请取得相关专利权，因此在中国向中国企业作出专利许可的前提不存在；复次，《国际技术转让合同》中未约定韩国专利相同主题的技术在中国的"专利申请权"或该权利在双方当事人之间的归属问题。再次，中韩两国在本案《国际技术转让合同》缔结当时同为世界贸易组织成员方，同受到世界贸易组织《与贸易有关的知识产权协议》(TRIPs)约束，根据双方当事人缔约当时的《中华人民共和国专利法》第二十九条和《中国加入世界贸易组织议定书》，被申请人只能依照中国法和国际公约享有最长十二个月的优先权。因此，即便被申请人提交的韩国专利文件为真实，如《国际技术转让合同》所附的首页中文本所显示的，被申请人在韩国提出该专利申请的时间是 2006 年 4 月 12 日,获得授权的时间为 2007 年 7 月 11 日,而《国际技术转让合同》缔约时间为 2009 年 9 月,被申请人显然不享有就韩国专利主题在中国内地申请专利的法定优先权。由于在中国的专利申请之前,韩国专利信息已经成为公知信息而扩散,因此,被申请人在韩国申请专利成功的技术相同主题在中国依照中国法是否具备法定的新颖性和创造性要求就难以保证,双方亦均未提交证明曾在缔约当时在中国专利行政部门就韩国专利的相同主题进行技术查新。综合上述条件,在本案《国际技术转让合同》中,就韩国专利的相同主题的技术在中国的"专利申请权"或其归属问题进行约定确实没有实际意义,《国际技术转让合同》对此问题未作约定的做法是合理的。最后,纵观《国际技术转让合同》全文,涉及"中国专利权"的条款只有第十三条,根据该条文义,在中国申请专利权的技术是对合同产品的"改进方案",即基于合同技术(即韩国专利涉及的全部关联技术方案、生产技术)的后续改进技术,而不是与韩国专利相同主题的技术。因此,如果说《国际技术转让合同》涉及专利申请权事项,也只是针对合同技术由申请人实施后未来可能产生的改进技术而言,而非对合同技术本身的专利申请权进行约定。况且,该条文没有明确约定申请"取得中国专利权"的主体,谁有权对合同技术的未来可能的改进技术在中国申请专利?究竟是本案仲裁的申请人、被申请人还是双方共同?合同并未约定。因此,被申请人对合同"技术标的"包含专利申请权一说根据不足。综上,仲裁庭认为,本案《国际技术转让合同》中"技术标的"的法律性质为技术秘密。

二、关于《国际技术转让合同》与三份《购买合同》的关系

双方的分歧在于《国际技术转让合同》与三份《购买合同》之间的关系,即三份《购买合同》是否独立于《国际技术转让合同》及由此产生的法律适用问题。从《国际技术转让合同》的字面来看,该合同已包含了双方为实施技术转让而转让机器设备和原材料的明显意图:该合同第二条规定,被申请人应向申请人提供制造、使用和销售合同产品的专用工装设备;该合同第十三条 2(a)规定,设备搬到中国,在中国生产时,被申请人派技术人员进行协助生产出合格产品;该合同第二十三条规定,在韩国生产出合格产品的设备搬到中国后,开始先用韩国提供的原材料生产产品直至申请人技术人员明白整个配方和流程,但被申请人要派技术人员进行指导协助申请人生产技术产品。仲裁庭认为,根据《最高人民法院关于审理技术合同纠纷案件适用法律若干问题的解释》(法释[2004]20 号)第二十二条的规定,本案中关于让与人与受让人之间的关于提供实施技术的专用设备、原材料的货物买卖合同关系,属于技术转让合同关系的组成部分。

三、关于合同解除

解约权属于形成权,即一方当事人依自己的单方行为而使法律关系发生变化的权利。根据《合同法》第九十六条第一款规定,仲裁机构享有确认解除合同的效力,并非依职权裁判合同解除。在本案中,申请人至少向被申请人送达了两次解约的意思表示。第一,申请人在向本会秘书处提交并经本会秘书处转交给被申请人的仲裁申请书中"提出仲裁的理由"部分,明确提出要求解除与被申请人签订的《国际技术转让合同》以及购买抗冲击吸收公路防护栏用生产设备的《购买合同》;第二,本案第三次开庭时,申请人当庭通过互联网演示其授权其员工向被申请人发出的解除合同通知的电子邮件,收件人邮箱显示为被申请人在三个《购买合同》中所列的邮箱。仲裁庭当庭询问,被申请人是否曾使用过所演示邮件中所列的收件人邮箱,被申请人代理人答称不清楚,并承诺本次开庭后的次周周五前回复确认,但截至裁决作出之日,仲裁庭未收到被申请人对此问题的回复。据此,仲裁庭认定,申请人已向被申请人成功送达解除《国际技术转让合同》以及购买抗冲击吸收公路防护栏用生产设备的《购买合同》的意思表示。

四、关于申请人的仲裁本请求

在本案第二次开庭时,双方当庭共同确认,被申请人已根据《国际技术转让合同》收到申请人支付的技术转让费 650 000 美元和撞击试验用 100 米护栏样品费 30 000 美元,根据第一份《购买合同》收到 10 吨原料款 45 415.60 美元,根据第三份《购买合同》收到合同金额 90% 的生产设备货款。鉴于被申请人向申请人交付的技术无法生产出合格的、符合合同约定的产品,申请人的合同目标无法实现,被申请人构成违约。根据《合同法》第九十四条的规定,申请人有权解除合同。鉴于申请人已向被申请人成功送达解除《国际技术转让合同》以及购买抗冲击吸收公路防护栏用生产设备的《购买合同》的意思表示,仲裁庭确认其解约行为的效力,《国际技术转让合同》以及购买抗冲击吸收公路防护栏用生产设备的《购买合同》自解除通知到达被申请人时即已解除。关于申请人提出的由被申请人收回关联技术方案和生产技术的请求,仲裁庭认为,鉴于双方没有交接图纸等有形的技术资料,所谓"关联技术方案和生产技术"实际是无形的技术信息和操作经验,技术信息和操作经验一旦分享,无法收回。由此仲裁庭考虑到,尽管被申请人未向申请人成功交付合同约定的技术,即被申请人未履行主合同义务,但被申请人于 2010 年 7 月委派其技术人员至申请人处,申请人确实在客观上接受了被申请人提供的技术咨询和指导,即被申请人履行了部分从合同义务,至少增加了申请人及其员工在相关技术领域的试错经验。对由此实际产生的被申请人员工的劳务费用,申请人予以适当承担是公平合理的。仲裁庭酌情认定,按日人均劳务费 500 美元计算,被申请人派员 8 人自 2010 年 7 月 8 日至 7 月 22 日在申请人处提供技术咨询和指导,产生劳务费用 500×8×15=60 000 美元。因被申请人违约,此劳务费用应由申请人和被申请人均摊,申请人应承担 30 000 美元。该款项应从被申请人应返还的 650 000 美元技术转让费中扣减,被申请人实际应返还技术转让费 620 000 美元。

五、关于申请人主张退还 10 吨原料款、关于涉案生产设备的进又关税和进又增值税问题,关于申请人主张的进又货物滞报金和海关超期用箱费等请求,仲裁庭都给与了处理意见。

六、关于被申请人的仲裁反请求

鉴于因被申请人违约导致涉案《国际技术转让合同》及三份《购买合同》的解除,根据《合同法》第九十七条的规定,合同解除后,尚未履行的,终止履行,被申请人关于申请人应继续履行《国际技术转让合同》及《购买合同》,支付剩余技术转让款及剩余货款及相关利息的主张依据不足,仲裁庭不予支持。

七、关于仲裁费、仲裁员实际开支费和鉴定费的承担

根据《仲裁规则》第四十六条的规定,并考虑到本案被申请人违约和申请人的仲裁请求得到大部分支持的具体情况,仲裁庭认为本案本请求仲裁费应由申请人与被申请人按 10%∶90% 的比例分担,本案反请求仲裁费应由被申请人全额承担。

案例改编自深圳国际仲裁院网站:"A 交通设施公司与 B 韩国产业公司关于《国际技术转让合同》争议仲裁案"。

第六节 国际知识产权组织和知识产权国际公约

一、国际知识产权组织

国际知识产权组织主要包括世界知识权组织和世贸组织与贸易有关的知识产权理事会。

（一）世界知识产权组织

1964 年《斯德哥尔摩公约》建立了世界知识产权组织(World Intellectual Property Organization,WIPO)。包括巴黎国际局和伯尔尼国际局,前者是为管辖《保护工业产权国际公约》(《巴黎公约》)而设立的,后者为管辖《保护文学艺术伯尔

尼公约》(《伯尔尼公约》)而设立的,由瑞典联邦理事会领导,是分别管理两大知识产权公约的小型国际组织。后来,该两个国际组织合并成立了联合保护知识产权国际局(其常用法文缩略语为 BIRPI),此为世界知识产权组织的前身。世界知识产权组织主要负责《巴黎公约》和《伯尔尼公约》以及其他几个新公约的实施,另外,知识产权组织还承担促进知识产权保护的任务。随着互联网的发展,世界知识产权组织承担的一项新任务是解决互联网域名纠纷。1999 年,互联网名称与数字地址分配机构(The Internet Corporation for Assigned Names and Numbers)指定世界识产权组织仲裁和调解中心承担实施《统一域名纠纷处理规则》的任务。处理规则为商标持有人提供了有效解决涉及商标的恶意域名注册纠纷程序。仲裁和调解有权处理纠纷包括:① 与申请人持有的商品商标和服务商标相同或相似的域名引起的纠纷;② 域名注册人对于注册的域名不享有权利或者合法的权利而引起的纠纷;③ 基于恶意注册使用域名引起的纠纷。知识产权组织的领导机构是大会,由《斯德哥尔摩公约》的缔约方,同时也是《巴黎公约》和《伯尔尼公约》的缔约方派出的代表组成。知识产权组织是联合国的一个专门机构。现在,知识产权组织的成员国共有 187 个。

(二) 与贸易有关的知识产权理事会

1995 年《建立世界贸易组织协定》签订的时候,与贸易有关的知识产权理事会也同时成立。理事负责监督《与贸易有关的知识产权协定》的实施情况,这一协定是世贸组织协定的一份重要文件。理事会负责监督成员履行协定义务,帮助成员就与贸易有关的知识产权事项进行磋商,为成员之间的争端解决提供帮助。理事会和世界知识产权组织有关机构建立了合作关系。

二、知识产权公约

(一) 综合性协定

《与贸易有关的知识产权协定》(Agreement on Trade-Related Aspects of Intellectual Property Rights,TRIPs)(以下简称《知识产权协定》,TRIPs),是世界贸易组织管辖的一项多边贸易协定,是世界贸易组织的重要文件。于 1994 年与世界贸易组织所有其他协议一并缔结,并在 1995 年 1 月 1 日生效。该协定共有 8 个部分 73 条,内容涉及知识产权的各个领域,不仅在很多方面超过了现有的国际公约水平,而且把关税与贸易总协定(GATT)关于有形货物贸易的基本原则引入知识产权保护领域,可以说这是一部知识产权保护方面的国际法典,并将是世界贸易组织各成员方需长期执行的国际准则。

1.《知识产权协定》的三大基本原则

(1) 最惠国待遇原则。《知识产权协定》第 4 条规定:"任何一成员方知识产权保护提供给另一成员方国民的利益、优惠、特权或豁免应当立即、无条件地给予所有其他成员方的国民。"《知识产权协定》的最惠国待遇只适用于"知识产权"的保护方面。

《知识产权协定》要求在其管辖的知识产权范畴内,即《巴黎公约》《伯尔尼公约》《罗马公约》《关于集成电路的知识产权条约》4 个知识产权公约基础上、在已有国民待遇基础上,将最惠国待遇原则纳入知识产权保护之中,对世贸组织成员间实行非歧视贸易提供了重要的法律基础。

(2) 国民待遇原则。《知识产权协定》对该协定有关"国民"的特指含义加以注释。该注释指出,"本协定中所称'国民'一词,在世贸组织成员是一个单独关税区的情况下,应被认为系指在那里有住所或有实际和有效的工业或商业场所的自然人或法人"。

根据《知识产权协定》规定,凡是符合《巴黎公约》(1967)、《伯尔尼公约》(1971)、《罗马公约》和《关于集成电路知识产权条约》所列明的保护标准项下的自然人或法人,是以上 4 个公约成员国的国民或世贸组织成员的国民,就应该享受《知识产权协定》的国民待遇。协定使知识产权国民待遇扩大到世贸组织所有成员的范围,大大地扩大了知识产权的保护范围。

《知识产权协定》国民待遇的适用范围是有限制的。并不覆盖知识产权的所有方面,为此,协定确定了在以下几个方面的例外:

第一,已经在《巴黎公约》(1967)、《伯尔尼公约》(1971)、《罗马公约》和《关于集成电路知识产权条约》中规定的例外。

第二,有关知识产权在司法和行政程序方面的例外,包括对服务的地点的指定或在某一成员司法管辖中对代理人的指定。这些例外不能对正常贸易构成变相的限制、不能与《知识产权协定》的义务相抵触。

第三,在特定情况下,如果世贸组织成员按《知识产权协定》规定应用《伯尔尼公约》《罗马公约》而实行"互惠待遇"是允许的。但必须在事前通知与贸易有关的知识产权理事会。

第四,国民待遇也不适用于由世界知识产权组织主持所缔结的多边协议中有关获得及维持知识产权的程序方面的规定。

(3) 权利用尽原则。《知识产权协定》规定根据本协定解决争端时,在符合国民待遇和最惠国待遇规定的前提下,不得借助本协定的任何条款去涉及知识产权用尽问题。

2.《知识产权协定》明确世贸组织成员的义务

(1) 可在其国内知识产权法律及条例与修订中，采取必要的措施保护公众的健康和营养，以促进对其社会经济的技术发展至关重要的部门的公共利益。

(2) 可以采取适当的防止知识产权持有人滥用知识产权，或凭借不正当竞争手段限制贸易，或对国际技术转让产生不利影响。但是，上述两项基本原则在实施中都不能对《知识产权协定》项下的有关规定构成冲突。

3. 由《知识产权协定》实施的保护范围

《知识产权协定》在现阶段对知识产权实现了最广泛的保护，它可涉及如下范畴：

(1) 著作权(版权)的保护。《知识产权协定》首先肯定了《伯尔尼公约》的适用性，给予作者包括出租权在内的更广泛的经济权利。

(2) 商标的保护。《知识产权协定》第 15 条规定，能够使一类商品或者服务同其他各类商品或者服务相区别的任何标记或标记的组合，均能构成商标。除商品商标外，服务标记也可以作为商标注册登记。

商标首次注册保护年限为 7 年且可无限地续展。商标注册后，如无正当理由而连续 3 年不使用者，该商标权将予以取消。

(3) 地理标记的保护。《知识产权协定》强调对地理标记，尤其是对酒类地理标记的保护。将由与贸易有关的知识产权理事会建立一个多边通告与登记制度，以期更有效地保护酒类商品的地理标记。

(4) 工业产品外观设计的保护。《知识产权协定》规定各成员方应对外观设计给予保护。《知识产权协定》还特别规定了对纺织品外观设计的保护。工业产品外观设计的保护期限为 10 年。

(5) 专利技术的保护。《知识产权协定》第 27 条规定，专利应适用于所有领域的发明，不论其是产品发明还是方法发明，只要具有新颖性、发明高度和实用性即可。除了动植物品种、生物技术工艺等极少数发明之外，医药产品、化工产品和食品等都被明确列入专利保护的范围。

专利权的保护期，应不少于自申请日起 20 年。

(6) 集成电路布图设计的保护。集成电路布图设计是指集成电路中至少有一个是有源元件的两个以上元件和部分或者全部互连线的三维配置，或者为制造集成电路而准备的上述三维配置。现在的《知识产权协定》则在华盛顿公约的基础上，从两个方面进一步提高了保护标准：它对集成电路布图设计的保护范围超出了布图设计和由布图设计构成的集成电路本身,从而延伸到使用集成电路的任何物品,只要设含有非法复制的布图设计,即为非法。延长了受保护的期限,从《华盛顿公约》的 8 年到 10 年,起始日期自提交"注册申请之日或者在世界任何地方首次投入商业使用之日计算"。允许 WTO 成员规定,它的保护期自布图创作之日起 15 年后终止。

(7) 对为公开信息的保护。《知识产权协定》把未公开信息定为商业秘密和未公开的实验数据,并将其纳入保护范围。从而在国际公约中正式包括专有技术在内的商业秘密和未公开的实验数据纳入知识产权的保护体系之中。

(二) 关于文学艺术的知识产权协定

关于文学艺术作品的知识产权协定主要包括《文学艺术作品伯尔尼公约》《保护表演者、音像制品制作者和广播组织罗马公约》《保护录制者、防止录制品被擅自复制日内瓦公约》《关于播送由人造卫星传播载有节目信号的公约》以及世界知识产权组织《著作权协定》。

1.《伯尔尼公约》

1886 年 9 月,由英、法、德、意、比等十国发起,在瑞士首都伯尔尼召开了历史上第一次多边性版权会议,通过了《保护文学艺术作品伯尔尼公约》(Berne Convention for the Protection of Literary and Artistic Works)(简称《伯尔尼公约》)。该公约也有多个文本,以下以 1971 年的巴黎文本为准,介绍其主要内容。

该公约对成员国的版权法的最低要求可以归纳为下面几点:

(1) 国民待遇原则。包括三方面的含义,即公约各成员国应给三种作者的作品以相当于本国国民享受的版权保护:其他成员国的国民;在任何成员国有长期住所的人;在任何成员国发表其作品的第一版权人(即使他在任何成员国中均无国籍或长期住所);

(2) 自动保护原则。各成员国在提供版权保护时,求被保护的主体履行任何手续,不得要求在被保护的客体上一定要附带任何特有标记。

(3) 版权保护的独立性原则。它的含义是:各成员国所提供的与国民待遇相等的保护,不应受作品在其本国保护状况的影响。独立性原则与《巴黎公约》中规定的专利权在各成员国中独立的原则有所不同。所以,《伯尔尼公约》在第 2 条第 7 款、第 6 条第 1 款、第 7 条第 8 款及第 14 条之三中,规定了在保护水平有差距的几种情况下适用的互惠原则。按这项原则,版权有时就不独立了,会受到在本国所受的保护水平的影响。

(4) 受保护的作品起码要包括文学、科学及艺术领域的如下内容:书、小册子及其他文字作品;演讲、布道及其他同类作品;配有或不配有文字的音乐作品;电影作品;实用艺术品;地理学、解剖学、建筑学或科学方面的图标、图示及立体作品。

(5) 作者所享有的经济上的专有权起码包括:翻译权、公演权、广播权、复制权、朗诵权、改编权、追续权。但在规定"合理使用"的延及范围时,却不一定必须包括这些权利。

(6) 作者应享有不依赖于经济权利而独立存在的精神权利。

(7) 版权有效期对于文字作品来讲一般不得少于作者有生之年加死后 50 年;难以确定的情况下,不得少于自作品发表之日起 50 年。

(8) 要求各国法律向其他成员国作品提供的保护必须具有追溯力。一个成员国对其参加公约之前原成员国已经保护的作品必须给予保护,而不仅仅保护在它参加公约之后其他成员国产生的作品。

2.《罗马公约》

1961 年由伯尔尼公约联盟、国际劳工组织以及联合国教科文组织指定的联合专家组起草制订的《保护表演者、音像制品制作者和广播组织罗马公约》(Rome Convention for the Protection of Performers, Producers of Phonogramsand Broadcastingrganization)(简称《罗马公约》),旨在平衡表演者、音像制品制作者以及广播组织之间的利益。至今,公约已经有 86 个缔约国。对于表演者的利益,公约规定禁止未经授权录制实况表演,未经表演者授权进行录音。对于音像制作者的权益,公约规定禁止未经授权直接或间接地复制音像制品。对于广播组织的利益,公约规定禁止未经授权的录制广播作品或者再广播、再利用广播作品。另外,公约规定广播者向公众传送、播放授权作品的时候,应当向制作者和艺术家按同一标准支付报酬。公约允许缔约国对此做出保留。

3.《录音制品公约》

1971 年 10 月 29 日在日内瓦签订《保护录制者、防止录制品被擅自复制的日内瓦公约》(Geneva Convention on the Protection of Producers of Phonograms against Unauthorized Duplication of Their Phonograms)(简称《录音制品公约》《唱片公约》),于 1974 年 7 月 18 日生效。至今已经有 77 个缔约国。《保护录制者公约》共 13 条。主要内容是要求成员国在国内立法中制定有效的条款,制止盗印录制品及出售盗印的录制品的行为。公约规定,"录音制品"指任何仅听觉可感知的对表演的声音或其他声音的固定;"录音制品制作者"指首次将表演的声音或其他声音固定下来的自然人或法人;"复制品"指一件含有直接或间接从录音制品获取的声音的物品,该物品载有固定在该录音制品上的声音的全部或主要部分;"公开发行"指将录音制品的复制品直接或间接提供给公众或任何一部分公众的行为。各缔约国应当保护其他缔约国国民的录音制品制作者,防止未经录音制品制作者同意而制作复制品和防止此类复制品的进口,只要任何此种制作或进口的目的是为了公开发行;以及防止公开发行此类复制品。

《保护录制者公约》是对《罗马公约》的补充。公约由世界知识产权组织管理,只要是联合国的成员国,或是原子能机构的成员国,或承认了国际法院规则的国家,均可加入。给予保护的期限应当由各缔约国国内法律规定。但是,如果国内法律规定一具体保护期,此保护期不应短于自录音制品载有的声音首次被固定之年年底起,或从录音制品首次出版之年年底起 20 年。该公约没有追溯力。任何成员国加入公约之前在该国未经许可而复制的录制品,不在公约管辖之内。

4.《版权协定》

世界知识产权组织《版权协定》(Copyright Treaty)于 1996 年通过,至今已经有 89 个缔约国。1964 年,伯尔尼联盟缔约国召开会议,研究计算机程序和数据库保护问题,最终形成了该协定。协定规定,缔约国应当将《伯尔尼公约》的规定扩展到计算机程序和数据库的保护,保护作者对于程序和数据库中包含信息的版权。

(三)关于工业知识产权协定

为了克服工业产权的地域性局限,促进各国之间的经济技术交流与合作,各国政府通过谈判,在工业产权的保护方面订立了一系列的国际条约。如《保护工业产权巴黎公约》(Paris Convention for the Protection of Industrial Property)(简称《巴黎公约》)《专利合作条约》《商标国际注册马德里协定》《关于集成电路的知识产权公约》《商标法条约》等。

1.《保护工业产权巴黎公约》

其《巴黎公约》是工业产权保护领域最早的国际多边条约,也是影响最大的国际条约。其草拟于 1880 年,1883 年共有 11 家国家签署,1884 年生效,至今已经有 174 个国家加入。我国于 1984 年 11 月正式加入《巴黎公约》,《巴黎公约》所确立的工业产权保护的原则和规则已为国际社会广泛接受,成为工业产权国际保护的基本准则。这些原则包括:

(1)国民待遇原则。在工业产权保护方面,公约各成员国必须在法律上给予公约其他成员国相同于其本国国民的待遇;即使是非成员国国民,只要他在公约某一成员国内有住所,或有真实有效的工商营业所,亦应给予相同于本国国民的待遇。

(2) 优先权原则。指成员国的国民向一个成员国提出专利申请或商标注册申请后,在一定期限内(发明、实用新型为12个月,外观设计、商标为6个月)又向其他成员国提出同样的申请,则以首次申请日作为有效申请日,享受优先权。其条件是申请人必须在成员国之一完成了第一次合格的申请,而且第一次申请的内容与日后向其他成员国所提出的申请的内容必须完全相同。

(3) 独立性原则。申请和注册商标的条件,由每个成员国的本国法律决定,各自独立。对成员国国民所提出的商标注册申请,不能以申请人未在其本国申请、注册或续展为由而加以拒绝或使其注册失效。在一个成员国正式注册的商标与在其他成员国(包括申请人所在国)注册的商标无关。这就是说,商标在一成员国取得注册之后,就独立于原商标,即使原注册国已将该商标予以撤销,或因其未办理续展手续而无效,但都不影响它在其他成员国所受到的保护。同一发明在不同国家所获得的专利权彼此无关,即各成员国独立地按本国的法律规定给予或拒绝,或撤销,或终止某项发明专利权,不受其他成员国对该专利权处理的影响。这就是说,已经在一成员国取得专利权的发明,在另一成员国不一定能获得;反之,在一成员国遭到拒绝的专利申请,在另一成员国则不一定遭到拒绝。

(4) 强制许可原则。《巴黎公约》规定:各成员国可以采取立法措施,规定在一定条件下可以核准强制许可,以防止专利权人可能对专利权的滥用。某一项专利自申请日起的四年期间,或者自批准专利日起三年期内(两者以期限较长者为准),专利权人未予实施或未充分实施,有关成员国有权采取立法措施,核准强制许可证,允许第三者实施此项专利。如在第一次核准强制许可特许满二年后,仍不能防止赋予专利权而产生的流弊,可以提出撤销专利的程序。《巴黎公约》还规定强制许可,不得专有,不得转让;但如果连同使用这种许可的那部分企业或牌号一起转让,则是允许的。

(5) 商标使用原则。《巴黎公约》规定,某一成员国已经注册的商标必须加以使用,只有经过一定的合理期限,而且当事人不能提出其不使用的正当理由时,才可撤销其注册。凡是已在某成员国注册的商标,在一成员国注册时,对于商标的附属部分图样加以变更,而未变更原商标重要部分,不影响商标显著特征时,不得拒绝注册。如果某一商标为几个工商业公司共有,不影响它在其他成员国申请注册和取得法律保护,但是这一共同使用的商标以不欺骗公众和不造成违反公共利益为前提。

(6) 驰名商标保护原则。无论驰名商标本身是否取得商标注册,公约各成员国都应禁止他人使用相同或类似于驰名商标的商标,拒绝注册与驰名商标相同或类似的商标。对于以欺骗手段取得注册的人,驰名商标的所有人的请求期限不受限制。

2.《关于集成电路的知识产权公约》

《关于集成电路的知识产权公约》(The Treaty on Intellectual Property in Respect of Integrated Circuits),又称为《华盛顿公约》,于1989年通过,要求成员国承担保护集成电路设计(如计算机内存的设计)的义务。与《伯尔尼公约》相同,《华盛顿公约》包含国民待遇原则和一般性规则。一般性规则要求成员国采取保护措施,禁止未经授权的复制行为,禁止进口走私芯片。

3.《专利合作条约》

《专利合作条约》(Patent Cooperation Treaty)签订于1970年,截至2012年4月已经有144个缔约国。条约建立了允许发明人提出一个专利保护申请,即等同于向所有成员国提供申请的国际机制。专利申请递交给一个成员国的专利审批机构之后,该机构将申请材料发送给其他国家的专利审批机构,通过国际检索确定专利申请的新颖性。这一条约的目的,是消除专利机构和申请人不必要的重复性劳动,成员国计划最终建立一个统一的国际检索机构。

4.《商标注册马德里协定》

1891年,由法国、比利时、西班牙、瑞士及突尼斯发起,缔结了《商标注册马德里协定》(Madrid Agreement Concerning the International Registration of Marks)(简称《马德里协定》),作为对《巴黎公约》中关于商标的国际保护的补充。参加这个协定的国家,必须首先是《巴黎公约》的成员国。该《协定》经多次修改,目前通常使用的是1967的斯德哥尔摩文本。

按照该《协定》第3、4、5条,其成员国的商标所有人只要在世界知识产权组织驻日内瓦的国际局呈交一份注册申请,就有可能再参加该协定的所有成员国中都获得商标注册。最终在各成员国中能否获得注册,还要由各国依自己的国内法去定。在国际局提出申请以及在各国待批的具体规定是:

(1)商标所有人必须是《马德里协定》的成员之一的国民,或是在某成员国有居所或设有从事实际商业活动的营业所有人。同时,该所有人必须首先在其本国获得商标注册。

(2)该所有人获得本国的注册后,再通过本国的商标管理部门或代理组织,向世界知识产权国际局提交一份"按照马德里协定的国际注册"申请案。

(3)国际局对申请案进行形式审查。审查通过之后,就算是获得了"国际注册"。然后,国际局把"国际注册"予以公布,同时把申请案、审查结果及"国际注册"复印后分送申请人申请要在那里得到保护的国家。

（4）有关国家的商标管理部门接到上述文件后,有权在一年之内,在说明理由的前提下拒绝为该商标提供保护。如果一年内未表示拒绝,那么该商标的"国际注册"就在该国自动生效,转变为国的国内注册了。

（5）按照《马德里协定》获得的"国际注册"在任何国家生效后,保护期都是20年,可以无限制续展,每次展期也是20年。

5.《商标法条约》

《商标法条约》(The Trade Mark Treaty)于1994年通过,现有50个缔约国。条约的目的是,通过规定一般最低标准,简化商标注册的国内或者区域性机制。另外,根据条约的规定,商标的续展期限定为10年。

6. 知识产权的国际转让

知识产权从一个国家转移到另外一个国家的途径共有五种：知识产权所有人利用有关知识产权在国外生产产识产权人许可他人使用知识产权；知识产权所有人建立特许经营；政府可以通过强制许可的方式授权他人使用知识产权。

设立企业、附属机构或者合营企业的程序以及国际规则在前面的章节中已经做过讨论,在此不作赘述。

【本章思考题】

1. 知识产权的基本特征是什么？
2. 如何划分专利权的对象？取得专利的基本法律要求是什么？
3. 说明版权的分类。
4. 秘密技术(Know How)与专利有哪些不同？
5. 国际技术转让的主要方式有哪些？
6. 如何理解《保护工业产权巴黎公约》的基本原则？

第八章 产品责任法

教 学 要 求

产品责任法规定凡因产品质量问题造成人身伤害、财产损失,有关责任人员要承担的法律责任。通过本章的学习,学习者可以了解各国产品责任法的具体规定,同时区别产品的生产者以及销售者的责任认定,维护消费者的权益。

第一节 产品责任法概述

一、产品责任的概念

(一)产品责任的含义

产品责任,是指产品的制造者或销售者因制造或经销有缺陷的产品,造成消费者或使用者的人身或财产损害所应承担的赔偿责任。从广义上讲,产品责任包括合同关系的产品责任和侵权行为的产品责任两种。合同关系的产品责任即违约责任。通常所讲的产品责任主要是指产品的侵权责任,这是狭义上的产品责任。它是因产品存在缺陷造成他人损害所应承担的责任。

(二)产品责任的构成要件

1. 产品存在缺陷

它是承担产品责任的前提条件。各国的产品责任法都要求受到伤害的产品使用者证明某项致人伤亡或引起财产损失的产品有缺陷,否则就不能得到赔偿,即使是消费者依据无过错责任原则起诉时,也仍负有证明产品存在缺陷的法律义务。产品缺陷一般是指产品具有不合理的危险性,主要包括产品设计的缺陷、原材料的缺陷、制造装配上的缺陷和指示上的缺陷。

2. 损害事实与产品缺陷有直接的因果关系

它是承担产品责任的内在条件。若发生损害是由于使用者未按要求正常合理使用，则不存在产品责任问题；若发生损害是由于第三人的原则，则生产者不承担赔偿责任；若发生损害是由于产品缺陷、受害人过错等多方原因，而产品缺陷是其中的主要原因，则生产者应承担产品责任，但应减轻其赔偿责任。

以上是构成产品责任的两个实质性要件，缺一不可。

二、产品责任法的概念及其特征

（一）产品责任法的概念

当前，世界许多国家有几种不完全相同的立法形式处理产品责任问题。第一种是民法规定的产品责任；第二种是刑法对于劣质产品产销责任者的处罚的规定；第三种是专门产品责任法和关于产品责任的国际公约；第四种是我们国家的产品质量责任法律制度。

产品责任法是商品经济发达、科学技术加速发展和法律相应发展的产物。在没有产品责任法之前，生产者对其产品的责任一般是用合同调整的，也就是由买卖合同中担保责任所制约的。在第二次世界大战后，产品责任法兴起，在法律上发展成为侵权行为法律制度中一项重要内容。所谓产品责任法，即调整有关产品的生产者、销售者与消费者、使用者之间因产品缺陷所形成的侵权赔偿关系的法律规范的总和。其目的在于保护消费者的利益，确定制造者和销售者对其生产或出售的产品所应承担的责任。

（二）产品责任法的基本特征

（1）它调整的对象是因产品有缺陷而导致的人身或财产损害而产生的赔偿关系，不包括单纯产品本身的质量问题。产品本身的质量问题是由买卖法加以调整的，若卖方违反了对所出售货物的明示或默示的担保义务，就须承担法律责任。产品责任法主要解决产品有缺陷而给他人造成人身伤害和财产损失时，受害者应向谁获取何种赔偿的问题。

（2）它主要调整不以任何合同关系为前提的产品责任侵权行为。过去在产品责任领域中占主导地位的原则是"无合同，无责任"，即只要生产者或销售者同产品的使用没有合同关系，对生产及出售的产品一概不承担任何责任。由于这种将合同关系作为产品责任基础的理论依据极不合理，各国的产品责任法就逐渐地放弃了这一要求，规定其调整无任何合同关系的当事人之间因缺陷产品的侵权行为而产生的赔偿关系,从而扩大了产品责任法所保护的对象,也扩大了应承担赔偿责任的当事人的范围。

(3) 产品责任法的规定和原则多为强制性的。这是它与买卖法的一个区别。买卖法属于私法范畴。它所调整的是卖方与买方之间基于买卖合同所产生的权利、义务关系。它的规定大多是任意性的。在一般情况下,双方当事人可在他们的合同中予以排除或变更,法律不予干预;而产品责任法属于公法范畴,国家通过法律形式确定产品制造者或销售者对其生产或销售的产品所应承担的法律责任。因此,产品责任法的规定和原则多为强制的,双方当事人在订立合同时不得任意加以排除或更改。

第二节 各国的产品责任法

一、美国的产品责任法

美国的产品责任法中,有诸多受害者据该法向产品的生产者、制造者或销售者索取赔偿的理论,其中主要是疏忽责任理论、担保责任理论以及严格责任理论。原告可运用上述任何一种理论来为自己因使用有缺陷的产品受到的伤害向被告索赔,有可能的话,他可同时使用三种理论,以增加胜诉的机会。

最近几十年,保护消费者的趋势有了很大发展,因为经常发生无辜的消费者自己没有过错却被其使用的产品伤害的情况。一旦出现这种情况,是让受害的消费者个人承担产品引起的损失,还是让更有能力防止并且消化这种损失的产品生产者、批发商或零售商来承担呢? 司法实践表明经常是后者承担此种责任。

如果无须承担法律责任,公司是否还有尽量生产安全产品的经济上的动力呢? 事实上,如果不是畏惧损害赔偿的话,许多公司就会出于经济上的考虑生产表面上对消费者来说是安全的事实上却相当危险的产品。正因为可能被判付巨额赔偿,所以没有公司敢保证生产廉价的、但不安全的产品会给其带来巨大的利润。

(一) 美国产品责任法的历史发展

在过去,没有合同关系就限制了受害者获得赔偿的权利,即如果受害方要从被告取得赔偿,双方之间就必须有一合同关系。根据这种理论,生产有缺陷产品的生产商对与之有契约关系的批发商负责,因为前者将产品按合同卖给后者。受伤害的消费者不能向生产商索赔,只能起诉出售产品的零售商。在整个19世纪,这种契约关系的要求都占这一领域的主导地位,尽管在一些个别方面如涉及食品、药品和其他危险产品的案件中对此有所突破。

1916 年审理的著名的"麦克弗森诉布克汽车公司案"(MacPherson. v. Buick Moter Co)标志着对上述契约理论的重大突破。在该案中,纽约上诉法院裁决,不论一产品是否具有"内在的危险性"(inherently dangerous),只要能证明其生产者的制造、安装过程中有疏忽,则该生产者就要对使用者因使用该产品而导致的伤害负责,即使原告无法证明自己与生产者有契约关系,该原则也仍然适用。这一判决对其他各州的法院影响极大。

1960 年在美国产品责任法的发展史上的又一个里程碑是"汉宁森诉布朗姆费尔德案"(Genningsen v. Bloomfield)的审理。在该案中,原告克劳斯·汉宁森向被告布朗姆费尔德汽车公司购买了一辆普利茅斯牌轿车,克劳斯·汉宁森的妻子海伦在驾驶该车时受伤,于是他向地区法院起诉布朗姆费尔德和克莱斯乐汽车公司。法院基于默示的商业性担保理论对该案进行了审理,判决原告胜诉。被告不服判决,提起上诉,新泽西州最高法院经审理,决定维持原判,驳回被告上诉。大法官费朗西斯科在其意见中说,"虽然两被告强调在他们与海伦之间无任何契约关系,因而不能以违反担保责任为由向他们索赔,但是我们坚信,在合理考虑谁是此担保的受益人时,只有承认她也有可能成为该汽车的使用者,才足以维持这一法律领域的正义及公平"。

(二) 疏忽责任理论

1. 生产者的疏忽

所谓疏忽责任,是指由于粗心或没有注意,负有法律义务的一方没有履行或违反了该义务而对他们造成的损害,受害方可据此起诉疏忽方。这是侵权法中的一个主要理论。在产品责任诉讼中,如引用该理论,那么原告必须证明被告在生产、运输某产品时没有给予足够的注意。现在,按此理论提起诉讼,无须先证明合同关系。也就是说,原告不一定向被告购买了产品。但是,原告必须证明,他所受到的伤害是由被告违反了自己的义务引起的。这一义务就是被告需给予在相同情况下,任何一个谨慎小心的人所应当给予的注意。

在引用这一理论时,原告遇到的主要麻烦是举证责任问题,原告必须证明被告在生产产品的过程中有疏忽,没有给予注意。在现代化大生产条件下,随着产品生产的日益尖端化、精密化和复杂化,普通的消费者个人有时很难证明生产者在产品生产的某个环节上有疏忽行为。

生产者的产品组装中的疏忽行为。《侵权行为重述第二编》(以下简称《重述》)第 395 条规定了下述标准用以判断生产者的行为:"产品的生产者应该认识到,某一产品除非被仔细制造,否则就可能会对按照要求使用该产品的人的身体造成不合理损害。""如果一生产者在某一产品的生产中未给予足够的合理的注意,就应该对因按照生产该产品的本来目的并以合法方式使用该产品而使其身体受到伤害的人负责。"

因此该《重述》在第395条中主要讨论了由于某种原因,生产者在其产品的制造中没有给予合理的注意,而使其产品处于一种不安全的状况的问题。例如,一汽车生产商没有仔细检验一辆汽车,所以他未能发现汽车安全操作必需的两只安全螺钉中少装了一只,结果,该辆汽车的买主在去公司上班行车时汽车失控,撞上公路边的电灯杆。在这种情况下,生产者在制造这辆汽车没有给予合理的注意,给该汽车的使用者造成了身体伤害的不合理的危险。在该例中,汽车的购买者以一个合法的方式并按生产汽车的本来目的——即供人们驾驶之用——来使用该汽车,因而该汽车生产者就要对因其制造汽车时的疏忽给购买者造成的伤害负责。

但需要注意,如果生产商能使法官相信,他在生产某一产品时给予了足够的注意,那么根据第395条之规定,他不负任何责任。

将上述例子与下面的例子加以对比:汽车没有第二只安全螺钉,是因为公司在设计汽车中没有考虑这一点,在这种情况下,如果汽车出了事故,则汽车生产者不是因产品制造中的疏忽责任而是因其汽车设计中的疏忽而负责。

现在有许多案件都与有缺陷的产品设计有关。

生产者的产品设计中的疏忽。当代产品责任法的一个重要内容是,生产者对其设计有缺陷的产品承担赔偿责任的问题。生产中的疏忽可能只会影响某一个或几个产品,设计中的疏忽则可能影响整个一类产品,并且可能会使生产者对成千上万的消费者负赔偿责任。几个负责管理某几种产品的联邦机构越来越多地指导强制复查,这成为一种促使生产者修改其设计中的缺陷的手段。

某生产者可因其低劣的设计或不合理的制造而对消费者造成的损失负责,《重述》第398条对产品的设计规定了下述标准:"某个由于采用某种设计方案而可能使其制造的产品对按生产该产品的本来目的加以使用的人带来危害,生产者必须对他应该估计到使用该产品或者由于该产品的可能使用,而使其安全受到威胁的人,在由于使用了生产者因缺乏足够的注意而未采纳的一方安全方案生产的产品所造成的损失负赔偿责任。"

这就是说生产者在产品的设计中也必须给予足够的注意。某一投放到市场上的产品后来被证明在作正常使用时对使用者不安全,如果该产品给使用者造成了身体的伤害,那么生产者要对他承担赔偿责任。假设某生产采纳了一个显然是不安全的设计来生产产品，如生产无防护网的电扇，一个不了解此危害的孩子将手伸入风叶里，几个手指被切掉。该生产者要对孩子受到的伤害负责，因为他没有以足够的注意采取一套安全的设计方案生产电扇。

另外，还存在对产品的错误使用的问题。生产者在产品设计中一定要保证该产品在被正确使用和不正确使用的情况下都是安全的，当然这种不正确使用必须是可以预见到的。不正确使用产品的责任问题首先出现于"拉森诉通用汽车公司案"之中。法院在其审理该案的意见中说："在某生产者由于设计中的疏忽而使其产品给使用者带来不合理的危险的情况下，该生产者应当对其未在该产品设计中给予合理注意而产生的伤害负责。而这些伤害作为以正常的和所期望的方式使用汽车时的附带情况应该很容易地被预见到。尽管生产汽车的目的并不是要将它们相互碰撞，但正常使用汽车时经常发生的、难以避免的意外情况会导致汽车相互碰撞并产生足以伤人的冲击力。没有合理原因将损害赔偿责任仅限于由设计或生产中的疏忽所直接引起的事故的情况下，因为事故本身及乘客与汽车内部物件之间的所谓'第二次碰撞'都是可以预见到的。在伤害是由于生产者没有给以合理的注意而给使用者带来的情况下，这种疏忽应被改正且应在产品设计中采取合理措施以最大限度地避免汽车相互碰撞时产生的致人损伤的后果。"

2. 生产者有对其产品进行检查、试验和警告的义务

试验与检查。一般来说，生产者必须给以足够的注意，保证其投放市场的产品安全可靠。这就要求生产者在将某一产品投放市场以前进行合理的检查与试验，来发现明显的或隐蔽的缺陷。例如，一椅子生产商由于本应通过检查就会发现的缺陷但未去进行必需的检查而对损失负责。

假设某灯具生产商在设计和生产灯具时给予了合理的注意，但这是否就可以免除他对因灯具可能给别人造成的伤害所应承担的责任呢？如果灯具上的电线包皮在制造灯具时已擦破，致使买主在将电灯插头插入电源时遭到电击，该怎么办呢？可以认为，生产者在检查灯线时没有给予应有的注意。

警告。一个生产者仅仅试验与检查产品是不够的，有时他还负有义务警告公众使用产品时可能发生的潜在危险。《重述》第368条就"警告"的义务提出了下述标准，供法院参考：直接由自己或通过第三方为使用目的向另一方提供产品的人，对经过产品购买者同意而使用该产品的人，以及由于它的可能使用而安全受到威胁的人，在以合理方式并根据生产此产品的本来目的而使用该产品时所造成的身体伤害负责，如果产品的提供者知道或有原因知道该产品对按提供该产品的本来目的加以使用的人造成危险或可能有危险；没有理由相信他所预期的该产品的使

用者会认识到此种危险;在向上述有关人员通报该产品的危险情况或可能使该产品发生危险的某些事实上,没有给予合理的注意。

产品的缺陷必须是引起损失的直接原因,即在缺陷与所造成的损失之间存在着直接的联系。如果一桶化学品变热后发生爆炸,但具体的伤害却是因桶砸在一个工人的脚上造成的,那么就可认为没有就这种化学物品的可燃性提出警告是造成这个工人受伤的直接原因。

上述《重述》(a)项中指明,必须能够预见到其产品在正常使用时有危险性。可预见性在涉及警告义务的案件中至关重要。在使用者不正确使用产品时,"为此目的提供的"这种措辞可能会带来问题。即是否要生产者既要警告消费者在正常使用产品时存在的危险性又要警告他们在不正确使用产品时存在的危险性?许多法院要求生产者这样做。

警告用语必须清晰易懂。即使在一警告已清楚陈述了正常和非正常使用某产品时存在的危险,还有一个向谁发出警告的问题。例如:警告只出现在生产者提交给产品购买者的印刷品中,而没有出现在危险产品上。在"格里格诉弗里斯顿橡胶轮胎有限公司案"(Griggs v. Fireston Tire Rubber Co. 1975)中,法院判决即使在上述情况下,也不能认为弗里斯顿充分适当履行了它应有的警告义务,因为它虽然在一危险轮辋附属的印刷品中作出警告,但还应将警告直接置于轮辋上。但是,有的案例判决却表明,只要向产品的购买者提出充分的警告就足够了。上述"格里格案件"阐明了这样一点:把一项警告置于所有可能被该产品伤害的人都可以看到的地方,对生产者而言更为安全。

上述《重述》第 388 条(b)项讨论了产品的缺陷是否明显的问题,如果产品处于显而易见的危险状况之中,就可能没有必要提出危险警告了。但如果危险不太可能被产品使用者发现(即产品存在着隐蔽的危险),则警告义务就有存在的必要。在这种情况下,生产者要给予合理的注意就这种潜在的危险提出警告。

除了上述《重述》第 388 条之规定之外,一些成文法及法规(例如:食品、药品、化妆品法和联邦危险品法)也要求就某些产品提出警告。

3. 装配工或零部件生产者的疏忽

许多产品是由几家公司生产的部件组装而成的。在一个零部件发生故障的情况下,使用其他公司生产的零件来生产自己的产品生产者应负多大的责任。就拿飞机制造公司来说,如果一出现故障的高度表导致飞机坠毁,那么飞机的生产者是否就可以归咎高度表的生产者,从而使自己逃脱责任呢?

(1) 装配工。装配工一般来讲必须对产品进行检验以发现隐蔽的缺陷。在

"迈克菲索诉布瑞克案"(Macphaso v. Bruick 1916)中,布瑞克作为汽车生产者,对安装在汽车上的有缺陷的轮胎导致的伤害负责,尽管轮胎是布瑞克从另一公司购买的。法院判决布瑞克承担责任是因为如果布瑞克对这只轮胎进行了合理检查的话,此缺陷是可以被发现的。因此,装配工必须对包括成品中的部件进行合理的检查,以免除自己的责任。

(2) 零部件的生产者。一个零部件的生产者也要对自己的疏忽负责。《重述》采纳了这一立场,指出如果成品中的某一部件"是被疏忽地制造出,致使包含它的产品在使用时发生不合理危险",那么该产品所包含的这一零部件的生产者要承担责任。同样,制造产品所用的有危险的原材料的生产者也要对自己没有给予合理注意负责,除非原材料是细心地制造出来的。在"希德贝克诉案提哥电气有限公司案"(Schwedbach v. Antiga electric & Gas Inc. 1965)中,一安装在锅炉上的保安装置的生产者被判负有责任,因为此装置未能正常发挥作用而造成伤害。

4. 零售商的疏忽

如果原告想就因使用一有缺陷的产品受到的伤害而向零售商索赔的话,在大多数情况下,疏忽理论不是有效的理论。当一零售商从一生产商得到产品时,他并不比消费者知道更多的关于产品的情况。经常的情况是,零售商将包装好的产品原封不动地卖出。因为零售商对产品的设计和生产没有任何控制权,故没有理由认为他应该对自己的疏忽负责,零售商在产品的设计和制造上,自己并不承担什么义务。

检查、试验、警告。一般来说,如果零售商不知道,也没有理由知道产品是危险的话,他无需对产品进行检查或试验。在此种情况下,法院也不倾向于让他来承担此种义务。但是,如果他应当知道产品有危险,应该进行检查或试验,但他如没有这样做,就可能要承担责任。食品商和药品商应对他们出售的产品予以特别的注意。

上述情形适用于警告的义务,如果一零售商应该知道一产品有危险,且为一种不易被购买者觉察到的危险,他就应该警告购买者。

将产品描述为自己生产的情况。如果零售商以一种看上去他就是生产者的方式对产品进行广告、贴标签或包装,那么就要按生产者的标准要求零售商。

许多公司把别的公司生产的产品以自己的名义进行推销。《重述》第400条规定:"任何把别人生产的商品当作自己的产品进行推销的人要服从与该产品的生产者同样的标准,就像他自己是产品的生产者一样。"只要某零售商将自己的名字与产品联系起来或附上自己的商标,他就是反产品作为自己的产品在销售。如果标明该化物"为卖方制造"的字样,除非真正的生产者被明确地标出,这条规则仍然适用。在"舒瓦兹诉马卡罗斯家具与室内装潢公司案"(Schwatrz v. Macrose Lumber & Trim Co. 1966)中,法院判决一铁钉批发商对因铁钉断裂而致人伤害负责,铁钉的包装箱上标明铁钉专为该批发商所生产,但未指明生产者是谁。相反地,如果一听罐头上标明生产者,则受到伤害的消费者就不能向销售商索赔。

违反法律规定本身就构成疏忽的证据。一些联邦或州法律,如联邦食品、药品和化妆品法,规定了某些行为标准。如果受到伤害的一方能够指出某一法律或某一法规未被得到遵守的话,就产生了独立于普通法诉讼的依成文法进行诉讼的权利。某忽视有关政府机构发布的安全标准的生产者有可能承担责任。正因为这个原因,公司必须充分了解涉及它能生产的产品质量的政府法律及法规。

5. 原告引用疏忽责任理论索偿时被告的抗辩

(1) 原告自己的疏忽;

(2) 风险的承担;

(3) 非正常使用。

(三) 误述责任理论

没有过错的误述。有时,卖方通过口头的方式或通过广告、宣传手册等方式对产品作出不正确的介绍。如果卖者对其产品有所误述,由于使用该产品而受到伤害的买方可以基于误述原理提起诉讼。《重述》第 402 条 B 项对"没有过错的误述"作出了如下的解释:一从事经营商品销售的人如果通过广告、商品标签或其他形式对他销售的商品的特征或其质量的主要事实作出错误的陈述,那么他就应对因有正当理由依赖这一陈述而身体受到伤害的消费者负责,即使:① 这种错误陈述并非出于欺诈或疏忽;② 该消费者没有从卖方购买这一产品或与之没有任何合同关系。

《重述》据以要求卖方承担责任的所谓被误述的主要事实是指对买方是否购买此产品起决定作用的因素。许多陈述都被认为是对于涉及某一产品的质量或特征的主要事实的错误陈述。在"亨特诉佐加兹案"(Hunter v. Zogarts 1975)中,亨特因使用一专为打高尔夫球的人使用的叫作"高尔夫球新发明"的训练器材时受伤而提起诉讼。使用这一器材的第一天,在摆动球棍击球时,他被该产品严重伤害。他除依其他理论以外,还依没有过错的误述起诉被告,因为亨特依据生产者的"绝对安全,不会伤害击球者"的错误陈述购买了此产品。加州最高法院认为这是对该产品某一事实的陈述,因为这一陈述是错误的,所以亨特有权得到赔偿,尽管此产品的生产者相信这样的陈述是正确的。

（四）抗辩

被告经常用两个理由来为自己辩护，就是吹捧和原告没有依赖这种陈述。

1. 吹捧

吹捧(puffing)只是发现意见或一般性的赞扬，如果一陈述只是对产品的吹捧，原告就得不到赔偿。例如，在"伯克比尔诉布朗特利直升机制造公司案"(Berlebil v. Brantly Helicopter Co. 1973)中，伯克比尔因驾驶的直升机坠毁而死亡，他的继承人起诉布朗特利。在一个广告中，布朗特利将它的飞机描述为"安全、可靠""易操纵""初学驾驶者及职业飞行员一致同意该飞机极易驾驶"。宾夕法尼亚最高法院将这些陈述视为仅仅是一种吹捧，因而拒绝同意原告基于无过错的误述而得到赔偿。

判断哪些陈述是吹捧，哪些是误述，常常是困难的。

2. 原告的依赖

要想依没有过错的误述为由获得赔偿，不仅生产者产品的主要事实作了错误陈述而非吹捧，而且买方还必须证明他有理由依赖这一误述。如果买方不知道这一误述或虽知道但置之不理，或者如果这种陈述并未决定他是否购买这种货物或其后的行为，买方就不能得到赔偿。被误述的必须是促使买方购买或使用某产品的主要事实。误述不一定必须用文字表述某一具体的错误，它可能仅仅是一张图片。一名叫温克勒的警官为个人使用的目的，从百货商店购买了一个废弃的警用防暴头盔。在包装该头盔的纸盒上，生产商印刷的一幅图上画着一个戴此头盔骑摩托车的人。温克勒据此认为此头盔是专为骑摩托车者设计的。他在佩戴此头盔骑摩托车时，与一辆囚车相撞。他头部受伤，因为这个头盔不适合于骑摩托车者使用。在"温克勒诉病历保安设备公司案"(Winkler v. American Safety Equipment Corp. 1979)中，科罗接多法院注意到，有足够的证据来支持陪审团作出的从温克勒合理地依赖纸箱上的图画来看，生产者对产品有误述的裁决。

（五）严格责任理论

侵权法中严格责任理论概述，如果一个人或公司从事某种特定的活动，他们就要承担严格责任或称绝对责任。这一点已被现代侵权法所接受。例如，一公司从事爆破业。这种爆破行为可能对某人造成伤害，法院有可能依严格责任理论，判决该公司对受害者承担赔偿责任。

产品责任中的严格责任理论又不同于一般侵权法中的严格责任。产品责任法采用严格责任理论始于20世纪60年代。现在美国许多州的产品责任法都采纳了严格责任理论。严格责任理论也并非让一有缺陷的产品的销售者承担绝对的责任,受伤害的一方必须证明产品有缺陷,且这种缺陷是造成其伤害的原因。严格责任理论在《重述》第 402 条 A 款中得到了阐述,它规定:凡销售任何有缺陷的产品对使用者或消费者或其财产带来不合理的危险的人,对于由此造成最终使用者或消费者的身体伤害或其财产损害负有责任,如果,① 销售者从事经营出售此种产品;② 预期转到使用者或消费者手中时,对其销售时的条件没重大改变。

尽管有下述情况,仍适用前款原则:① 销售者在准备和出售其产品时已经尽一切可能予以的注意,而且,② 使用者或消费者并没有从销售者购买产品,或者与销售者没有任何合同关系。

美国法律协会曾解释上述原则适用于下列情况:① 对使用者或消费者以外的人的伤害;② 产品被期望加工或以其他方式在到达使用者或消费者手中之前发生重大实质性变化的卖主;③ 造成某一产品所需的零部件的卖主。

(六) 批发商、零售商、出租人的责任

在美国,各州的法律对批发商承担严格责任的规定有很大的区别。一般说,如果批发商仅仅把产品卖给另外的人,许多法院都不要求其承担严格责任。侵权法中的严格责任理论却有可能适用于零售商。尽管没有涉及任何买卖活动,有的州法院仍判决严格责任理论法也适用于出租人。

1. 生产者

目前,许多针对生产者提起的产品责任诉讼都基于严格责任理论。与疏忽责任案件不同,严格责任案件中的原告不需要证明被告的行为是否合理。即使在储存、销售其产品时给予了最大限度的注意,生产者仍要承担责任。不仅如此,侵权中的严格责任比过失疏忽责任所提到的举证责任问题更少。原告自己的疏忽行为在疏忽理论案件中是一个很好的抗辩手段,但在运用严格责任的案件中就不是如此。作为一种起诉的理由,严格责任理论也比担保责任理论优越,因为后者要遵守买卖诉讼中烦琐的程序规定。例如,《统一商法典》要求给所有人在一定情况下发出通知,而在《重述》中却无此要求。它也可能优越于无过错的误述,因为有可能生产者没有就其产品作出错误陈述。

原告必须证明下述各点:

(1) 被告从事经营此种货物的买卖;

(2) 产品在到达受害者手中时,其在销售时的主要条件无变化;

(3) 产品有缺陷;

(4) 该缺陷给产品的使用者、消费者或其财产造成一种不合理的危险;

(5) 产品的缺陷与原告的损害之间有直接的因果关系;

(6) 这一缺陷直接导致了其人身或财产的伤害。

如果原告能证明上述各点,他就能胜诉。

原告必须证明产品中存在着缺陷,并且要证明正是该缺陷导致了他的伤害。如果产品无缺陷,原告不能依此理论向被告索赔。另外,即使产品存在着缺陷,如果原告受到的伤害与该产品缺陷无关的话,他也不能胜诉。

2. 合同关系

合同关系的要求之所以发展起来是因为法院认为除非某人是合同的当事一方,否则他就不能因违约而获得赔偿。由于担保索赔理论实际上是合同规定理论之延伸,所以许多年来,法院都要求原告证明他与被告有合同关系。但在侵权理论下就无需证明这种合同关系,因为这一索赔理论并不基于当事人之间的契约。目前,在因某有缺陷产品造成的身体伤害而索赔时,原告一般无需证明合同关系。但是,在美国有的州,对有些案件,法院仍然要求证明这种关系。

契约关系更不是侵权中的严格责任理论所要考虑的问题。《重述》第 402 条 B 款现已规定,不论产品的使用者或消费者是否与销售者有合同关系,都适用严格责任理论。某受伤的消费者可依 402 条 A 款的规定,对零售商、批发商、零部件制造商和总制造商提起诉讼。受伤害的买主不能起诉的唯一的卖主就是不专门从事经营销售某种产品的卖主。例如,你要把你的割草机卖给隔壁邻居,他不能依严格责任理论对你提起诉讼,因为你不被认为是专门从事经营销售割草机的人。

3. 总制造商

很清楚,如果一制造商销售了给其使用者或消费者的人身或财产造成一种不合理的危险的有缺陷的产品,该制造商就有可能依严格责任理论被判决对受害者负责,只要该产品被预期且事实上到达消费者时,其被出售时的状况未发生重大改变。

4. 零部件制造商

受伤的一方不仅可依严格责任理论对产品的制造者提起诉讼,而且还可以依此理论对被用于最后产成品中的任何有缺陷的零部件的制造商提起诉讼。

5. 旁观者

假设受伤的人没有购买某一产品或者不是买者家庭的一员或客人,他也可以依据严格责任理论索赔。《重述》第 402 条 A 款要求卖方对"最终的使用者或其财产负责"。美国法律协会未就该条规则是否可以延伸适用于使用者及消费者以外的人发表意见。在一个美国密歇根州审理的案件中,法院允许一个因其同伴的火枪发生爆炸而受到伤害的猎人依严格责任理论提起诉讼;在美国特拉华州审理的一个案件中,法院判决汽车出租商对一名受伤的旁观者负责。

6. 警告的义务

在生产者虽仔细制造其产品,但由于存在隐蔽的危险还可以给其使用者造成伤害的情况下,如果该生产者没有向产品使用者就这一危险提出警告,那么根据《重述》,该制造商就会被判决负有责任,因为他的产品"处于一种会给其使用者或消费者带来不合理的危险的有缺陷的状况"之中。

如果制造商没有就在某一产品的使用中很可能会发生危险提出完全的、充分的警告,就不能逃脱依 402 条 A 款所应负的责任。

7. 有缺陷的状况

除了基于没有过错的误述提起的诉讼以外,其他每一个因产品责任而提起的诉讼中,证明产品有缺陷是一个必须的要求。在疏忽责任的案件中,原告需证明,缺陷是因被告未给予合理的注意而产生的;在明示担任责任的案件中,原告可以通过证明商品没有符合由卖方作出的担保的方法,以证明产品有缺陷。卖方为适合某一用途而违反了明示的或默示的商销性担保这一事实就足以证明产品有缺陷。

在严格责任案件中,原告必须证明产品有缺陷,且正是该缺陷才导致了他的伤害。他还须证明,被告是应对该缺陷负责的一方。《重述》第 402 条 A 款规定:"该条中所阐明的严格责任理论只适用于产品离开卖方时,最终的消费者没有考虑到的给其带来不合理危险的情况。而卖方对于交货时处于安全状况的产品,只是因后来的不当管理或其他原因才使它在被消费时具有危险性的情况不承担任何责任。产品在离开某一特定卖方时就处于有缺陷状况的举证责任由受伤害的原告承担。且,除非能提供证明产品在出售时有缺陷,否则原告就没有完成举证责任。"

要确定"缺陷"一词并非一件易事。法院经常采用的一种标准是考查人们对一产品的期望是什么,然后再决定消费者是否对与产品相联系的危险感到意外。这一领域还会继续给法院带来困难,但毫无疑问,其他判断"缺陷"的标准将来会被法院采纳的。

8. 不合理的危险

《重述》不仅要求原告提出证据证明造成其生产的产品有缺陷,而且要求其证明由这种产品产生的危险是一种不合理的危险,即比普通消费者所能想到的更大的危险。

《重述》的制定者将这一要求包括在内,是因为一些产品尽管明显地有缺陷,但并不具有不合理的危险。一个把食品烤得过热的炉具很可能是有缺陷的,但并不一定具有不合理的危险。

（七）担保责任理论

担保责任是指因产品有缺陷,销售者或生产者违反了对货物明示的或由法律规定默示的该产品的质量标准所承担的责任。据此,美国产品责任法将担保分为明示担保和默示担保。

1. 明示担保

明示担保是产品的生产者、销售者对产品的质量、性能所做的一种表述。在将产品出售给消费者时,生产者或销售者在其对所出售产品的说明书、标签等上面就该产品的用途、质量所做的陈述就是明示担保。

卖方明示担保的内容：

(1) 出售的产品在实际上必须与卖方所做的关于该产品的说明相一致；

(2) 整批商品必须与该商品样品相一致。

2. 默示担保

默示担保不取决于制造商的口头或书面表示,而是依法产生。默示担保责任对于产品责任法的发展具有重要意义。

(1) 商销性的默示担保。它指所出售的产品必须符合该产品之所以生产和销售的本来目的。美国《统一商法典》第2章314条(2)款规定:"除非不予适用或加以修改,如果出售人是买卖此种商品的商人,则出售该产品的合同中应默示保证该产品适合销售。"如汽车的制造者必须保证汽车可被安全驾驶等。

(2) 适合特定用途的默示担保。美国《统一商法典》第2章315条规定:"如果卖方在订立合同时,有理由知道买方对货物所要求的特定用途,而且买方信赖卖方的技能和判断力来挑选或提供合适的产品,则卖方就承担了货物必须适合这种特定用途默示担保。"

必须指出,符合商销性的默示担保的货物并不一定符合特定用途的默示担保,即适合买方的特殊目的。例如,假如买方要购买一只家用火炉,他告诉卖方他要买一只能给2 000平方英尺的房屋加热的火炉。但如果卖方所交付的火炉虽能完全很好地适应一较小的房屋的供热需要且性能很好,但如果它不足以给买方的房屋提供足够的热量,那么卖方就违反了他所承担的适合特定用途的默示担保。

二、欧洲主要国家的产品责任法

欧洲各国的产品责任法的发展落后于美国。除少数几个国家外,许多国家尚未建立一套完备的产品责任法体系,仍处于变化和完善的过程中。在20世纪30年代前,欧洲各国都没有专门的产品责任立法。为了达到保护消费者的目的,欧洲许多国家一方面通过单行法规为许多产品规定了最低限度的安全标准,这些涉及产品安全标准的立法属于刑事立法;另一方面,法院通过引申民法典的有关规定来处理涉及产品责任的案件。从这些规定来看,欧洲有三类实行不同制度的国家:第一类是采取无过失责任原则的,如法国、卢森堡等;第二类是在某种程序上采取疏忽推定原则的,如德国、爱尔兰和英国;第三类是仍然采取疏忽责任原则的,如荷兰、意大利等国。

由于各国在产品责任制度上的差异,对欧洲领域内的贸易发展造成了一定困难,遂导致了欧洲继往开来产品责任法运动的出现。《斯特拉斯堡公约》与《产品责任指令》即这一运动的成果。它们皆采纳了无过失的严格责任原则。随着越来越多的欧洲国家加入这两个公约,可以预料,欧洲各国产品责任法的发展趋势是最终都采纳严格责任原则。

在欧洲,各国在早期对产品责任的法律规定,都未实行专门立法,实践中以民法典中有关合同和侵权行为的条款作为判决的法律依据,大都采用过失责任。1985年7月欧盟理事会正式通过了《产品责任指令》,并要求各成员国通过本国立法程序将其纳入国内法予以实施。于是,欧洲国家产品责任立法发生了根本性转折,比利时、丹麦、德国、卢森堡、希腊、意大利、葡萄牙、奥地利、挪威、荷兰等国也颁布了本国的产品责任法,并采取严格责任。

(一)德国

1989年12月15日联邦德国议会通过《产品责任法》,将欧盟《产品责任指令》纳入本国国内法。该法从1990年1月起生效。该法主要内容是:

1. *产品责任适用原则*

德国《产品责任法》放弃了传统的过失责任原则,而采用严格责任原则。规定,如果缺陷产品造成他人残废、人身或健康伤害、财产损害,生产者应当就造成的损害对受害人予以赔偿。

2. "产品"与"缺陷"的含义

德国《产品责任法》所指的产品是指一切产品,即使已被装配在另一动产或不动产之内,包括电流。但未经初步加工的包括种植业、畜牧业、养蜂业、渔业产品在内的农产品(初级农产品)除外,狩猎产品亦然。

缺陷是指产品未提供人们有权期待的安全。

3. 产品责任的主体

(1) 生产者。包括成品中制造者、任何原材料的生产者和零部件的制造者;包括将其名字、商标或其他识别特征标示在产品上表示自己的生产者的任何人。

(2) 任何人在商业活动过程中,为销售、出租、租借或为经济目的的任何形式的分销,将产品进口到适用欧盟条约的地区,也应视为生产者。

(3) 在产品的生产者不能确认的情况下,供应者应当被视为生产者。除非他在接到要求的一个月内将产品生产者的身份或向他供应产品的人告知受害者。

4. 生产者的免责及责任的减轻

根据德国《产品责任法》规定,有下列情形之一,生产者不承担责任:① 未将产品投入流通;② 产品投入流通时,造成损害的缺陷并不存在;③ 产品既非为销售或为经济目的的任何形式的分销而制造,亦非在其商业活动过程中制造或分销;④ 产品的缺陷是由于为使产品符合投入流通时的国家强制规定而造成的;⑤ 产品投入流通时,依当时的科学技术水平尚不能发现其缺陷。

关于生产者的责任减轻问题,德国《产品责任法》规定:① 如果损害的原因可归因于受害人的过失,则适用《德国民法典》第四百二十五条;在造成财产损害的情形下,财产的实际控制者的过失应被视为相当于人身伤害中受害人的过失。② 若损害是由于产品的缺陷的第三人的作为或不作为共同造成的,不应减轻生产者的责任。

5. 损害赔偿

(1) 人身伤亡。德国《产品责任法》规定,在造成死亡的情况下,责任者应当赔偿死者生前抢救医疗费及死者生前在治疗期间因丧失或减少赚取收入的能力或增加必需费用所造成的经济损失,还应向已承担丧葬费的人员赔偿这种费用。在人身或健康受到伤害的情形下,赔偿应当包括医疗费用,以及受害人因伤害暂时地或永久地丧失或减少赚取收入的能力或增加必需费用所造成的经济损失。因人身伤害而引起的损害赔偿有最高赔偿限制。根据规定,由于某一产品或存在同样缺陷的同类产品造成人身伤害,责任的最高赔偿限额为1.6亿德国马克。

(2) 财产损害。若财产损害致使受害人损失不超过1125德国马克,不得依本法请求赔偿,只能依民法一般规定寻求救济。

(二) 意大利

在1988年以前,意大利无单独的产品责任立法。有关产品责任诉讼案件由法院依意大利民法典处理。若受伤者是产品的购买者,他可提起违约之诉,向零售商索赔;若受伤者不是产品的购买者,他可提起侵权之诉,向产品的生产者索赔。

1988年5月,意大利总统发布法令,将《指令》转化为国内法,其内容与《指令》完全相同。该法令允许被告以发展风险作为抗辩,不包括初级家产品和天然产品,同时也规定了生产者对人身伤亡的最高赔偿额。

(三)希腊

希腊已于1988年通过立法将《指令》转化为国内法。按照希腊的法律,初级农产品和天然产品包括在产品责任法的范围;被告可以发展风险作为抗辩理由,生产者对人身伤亡的最高赔偿额为7.2亿希腊货币单位。

除上述三国外,其他欧共体成员国也已经或正在考虑将《指令》转化为本国的国内法。

三、英国产品质量法

1987年5月,英国颁布了《消费者保护法》(Consumer Protection Act 1987)和欧盟《产品责任指令》相协调。该法于1989年3月1日正式生效。这使英国成为第一个颁布与欧盟《产品责任指令》相一致的立法的国家。该法第一章《产品责任》共九条,主要内容是:

1. 产品

根据该法,英国产品责任法所指的产品指任何产品,且包括不论是作为零部件还是作为原材料或是作为其他东西组装到另一产品中的产品。

2. 产品缺陷

根据该法,如果产品无提供人们有权期待的安全,该产品即存缺陷;产品的"安全"包括组装进该产品的各种产品的安全和与财产损害、人身伤亡风险有联系的安全。在确定产品是否提供人们有权期待的安全时,应当考虑与产品有关的所有情况,包括:① 产品的出售方式、目的、产品的外观、产品所使用的标志、对于或关于产品应做什么和不得做什么的使用说明和警告;② 可合理期待的产品的用途或可合理期待的与产品有关的用途;③ 生产者向他人提供该产品的时间。但是,不能仅根据以后提供的产品比原来提供的产品更安全的事实而推定原来提供的产品有缺陷。

3. 产品责任的主体

产品责任的主体包括:① 产品的生产者;② 通过将其名称标示在产品上或使用某种产品商标或其他识别标记,以表明自己是该产品生产者的任何人;③ 为了在其商业活动中向他人提供产品而将产品从非欧盟成员国进口到欧盟成员国者;

④产品的提供者。

4. 抗辩

在产品责任诉讼中,如果被告能够证明以下事项之一,则构成抗辩理由:① 缺陷可归因于执行法律的强制规定或履行共同体义务;② 被告未向他人供应该产品;③ 被告不是在其商业活动中将产品提供给他人;④ 在相关的时间里,产品不存在该缺陷;⑤ 在相关的时间里,科学技术尚未达到这种水平,即使该类产品的生产者能够发现所控制的产品已存在缺陷;⑥ 组装产品中的零部件或原材料缺陷是由该组装产品的设计者或生产者造成。

5. 损害赔偿

根据英国产品责任法,产品责任的损害指人身伤亡或任何财产(包括土地)的损失或损害。它不包括:① 缺陷产品本身和由缺陷产品组装的任何产品的损失;② 损害的财产不是通常用作个人使用、占有、消费的产品;遭受损失或损害的人主要不是将该产品用于个人使用、占用和消费。如经判决,判给受害人财产损失或损害的赔偿额不超过 275 英镑时,则不予判给。

四、日本的产品责任法

1994 年 6 月 22 日,日本《产品责任法》经过近 20 年的酝酿,终于由国会审议通过,并于 1995 年 7 月 1 日起正式生效。该法的主要内容是:

(一)产品责任适用原则

《产品责任法》排除了传统的过失责任原则,采用严格责任原则。只要消费者能证明产品的缺陷,无须证实厂商有无过失,均可提起损害赔偿的诉讼。

(二)"产品"与"缺陷"的含义

日本《产品责任法》所指的产品是指被制造或加工的动产,而"制造"是指将原材料制成新的物品;"加工"不仅指保有该动产的本质,而且附加其新的属性,并增加其价值,亦称"准制造"。如果制造或加工的产品不能提供一般消费者有权期望得到的安全,则该产品被认为是有"缺陷"。

(三)产品责任的主体

日本对责任主体制造业者作出了明确规定,是指"以制造、加工或进口产品为业者",因此,只要反复继续制造、加工或输入产品,即为制造业者,不论是以盈利为目的还是以公益为目的。除一般制造业者外,法律还规定对"自称的产品制造者"(如在产品上标示姓名、商号、商标或其他足以使人误认为其系产品制造的人)可视为产品制造者。

(四)生产者的免责情形

制造业者有下列两种情形之一,可免予承担赔偿责任:① 产品投入流通时,依当时的科学技术水平尚不能发现其缺陷;② 产品被当作其他制成品的零件或原材料使用的,其缺陷是由按照其他制成品的制造者设计而产生的。

(五)损害赔偿

有关制造业者等因产品缺陷引起的赔偿,除依《产品责任法》外,还适用民法的有关规定。范围包括:① 人身伤害赔偿。受害人因使用缺陷产品而遭受人身伤害的情况下,责任者应当赔偿受害人的医疗费、因受伤害而丧失工作能力所导致的消极财产损失,以及精神上的智慧财产损失;② 财产损害赔偿。责任人应赔偿使用人因产品缺陷导致的有关财产的损害,但不包括缺陷产品本身。

五、澳大利亚的产品责任法

澳大利亚联邦产品责任法主要体现在1992年生效的《贸易动作法》中,该法关于产品责任的基本规定如下:

(一)适用严格产品责任原则

只要生产者为商业目的出售的产品有缺陷、该缺陷导致消费者人身或财产损害,则不论生产者是否过错,都应承担责任。

(二)产品责任的主体

产品责任的主体原则上为产品的实际生产者,如实际生产者在澳大利亚没有商业营业机构时,进口商可视为生产者而承担产品责任;如果产品的销售者在合理期限内不能提供真正的生产商或其他销售商,则该销售商实际生产者的产品责任。

(三)产品缺陷

产品缺陷是指"产品的安全水平达不到人们的一般预期",其中一般预期由法院根据产品的性质、用途、销售方法、适用对象及适用说明等个案具体因素决定。

(四)提起产品责任诉讼的原告

原告为"消费者"包括任何中间商(即批发商、零售商)以及从其他消费者那里取得货物的人。

(五)产品责任赔偿范围

产品责任赔偿范围包括人身伤害、财产损失以及预期利益等。

六、我国的产品质量法

近年来,我国陆续颁布了一些与产品责任有关的法律、法规,如《食品卫生法》《药品管理法》《商品检验法》《化妆品卫生监督条例》《工业产品质量责任条例》等。这些法律、法规对于调整某些领域内的产品责任关系、提高产品质量,起到了明确规定因制造、销售缺陷产品而应承担的法律责任。

1993年2月22日,第七届全国人民代表大会常务委员会第三十次会议通过了《中华人民共和国产品质量法》,2000年7月8日第九届全国人民代表大会常务委员会第十六次会议通过了《关于修改〈中华人民共和国产品质量法〉的决定》,共六章七十四条。其中第四章"损害赔偿"专门规定产品责任。该法从2000年9月1日起开始实施。其主要内容是:

(一)产品

我国《产品质量法》第二条规定:"产品是指经过加工、制作,用于销售的产品,建设工程不适用于该法规定。但是建设工程使用的建筑材料、建筑构配件和设备,属于前款规定的产品范围的,适用该法规定。"该定义对产品的范围规定比较窄,产品必须经过加工、制作,如果未经过加工的天然品(如原煤、原矿、天然气、石油等)及初级农产品(如未经加工、制作的农、林、牧、渔业产品和猎物)就不在《产品质量法》规定的产品范围;同时产品要用于销售,非为销售目的而加工、制作的物品就也被排除在外。

(二)"缺陷"含义

我国《产品质量法》所指的产品缺陷,是指产品存在危及人身、他人财产安全的不合理的危险;产品有保险人体健康、人身及财产安全的国家标准和行业标准的,是指不符合该标准。

(三)产品责任原则

我国《产品责任法》规定,因产品存在缺陷造成人身、缺陷产品以外的其他财产损失的,生产者应当承担赔偿责任。由于销售者的过错使产品存在缺陷,造成人身、他人财产损害的,销售者应当承担赔偿责任。可以认为,我国《产品质量法》对生产者实行无过错原则,对销售者实施过错原则。

(四)生产者免责条件

根据我国《产品质量法》规定,生产者能证明有下列情形之一的,不承担赔偿责任:① 未将产品投入流通的;② 产品投入流通时,引起损害的缺陷尚不存在;③ 将产品投入流通时时科学技术水平尚不能发现缺陷的存在的。

(五) 损害赔偿

1. 人身伤害

因产品存在缺陷造成受害人人身伤害的，侵害人应当赔偿医疗费、治疗期间的护理费、因误工减少的收入等费用；造成残疾的，还应当支付残疾者生活自助费、生活补助费、残疾赔偿金以及由其扶养的人所必需的生活费等费用；造成受害人死亡的，并应当支付丧葬费、死亡赔偿金、死者生前抚养的人必要的生活费用等费用。

2. 财产损失

因产品存在缺陷造成受害人财产损失的，侵害人应当恢复原状或者折价赔偿。受害人因此遭受其他重大损失的，侵害人应当赔偿损失。

(六) 争议解决

因产品质量发生民事纠纷时，当事人可以通过协商或调解解决，当事人不愿通过协商、调解解决或协商、调解不成的，可以根据当事人各方的协议向仲裁机构申请仲裁；当事人之间各方没有达成仲裁协议的，可以向人民法院起诉。

(七) 诉讼时效

根据我国《产品责任法》规定，因产品的缺陷造成损害要求赔偿的诉讼时效为2年，自当事人知道或应当知道其权益受到损害时起计算。因产品存在缺陷造成的损害要求赔偿的请求权，在造成损害的缺陷产品交付最初用户、消费者满10年丧失，但是，尚未超过明示的安全使用期除外。

第三节 关于产品责任法律适用的国际公约

随着国际贸易的发展，国际涉及不同国家当事人的产品责任诉讼案件逐步增多。但由于各国的产品责任法不完全相同，法院所采用的法律冲突规则也有所不同，使案件的处理结果带有相当大的不确定性。为了统一各国关于产品责任的法律冲突规则，海牙国际私法会议于1973年10月2日通过了一项《关于产品责任的法律适用公约》(简称《海牙公约》)，该公约已于1978年10月1日生效。公约共有22条，除对产品责任的法律适用规则作出规定之外，还对产品、损害和责任主体作了明确的规定，现将其主要内容简述如下：

一、《海牙公约》的适用范围

《海牙公约》主要适用于有关产品责任的国际性诉讼案件，而且仅适用于无合同关系的当事人之间所发生的纠纷。换言之,《海牙公约》只适用于货物进口国的产品使用者而非产品购买者在因所使用产品有缺陷受到伤害后,依侵权理论起诉出口国的产品制造者或进口国的产品进口商以索取赔偿的情况。

二、《海牙公约》对产品、损害及产品责任主体的规定

(一)《海牙公约》对产品的规定

《海牙公约》规定,"产品"一词应包括天然产品和工业产品,无论是未加工的还是经过加工的,也无论是动产还是不动产。可见《公约》对产品所下的定义,比欧共体《关于对有缺陷品的责任指令》所下的产品定义更为广泛。

(二)《海牙公约》对损害的规定

《海牙公约》规定,损害发生的原因,一般是由于产品本身的缺陷,但即使产品本身没有缺陷,由于对产品的错误说明,或对其质量、特性或使用方法未提供适当说明而造成对消费者的损害,也在《海牙公约》规定的责任范围之内。

损害的种类包括对人身的伤害或财产的损害以及经济损失,但不包括产品本身的损害以及间接损失。产品本身的损害如和其他损害联系在一起,则包括在损害范围之内。

(三)《海牙公约》对产品责任主体的规定

《海牙公约》规定下列人员为承担产品责任的主体:① 成品或零部件的制造者;② 自然产品的生产者;③ 产品的供应者;④ 在产品准备或商业分配环节中的有关人员,包括修理员及仓库管理人员;⑤ 上述人员的代理人或雇员。

从上述责任人员范围中,可以发现,《海牙公约》未规定运输人员的责任。虽然运输人员在整个销售环节中是不可缺少的部分,但由于货物运输人员的责任主要是其他一些公约和国际惯例调整的,因此,《海牙公约》未将其列入责任人员范围。

三、《海牙公约》规定的法律适用原则及其内容

《海牙公约》对产品责任的法律适用采取了颇有特色的重叠连用原则,即规定某种国家的国内法为基本的适用法律,同时又规定了几个联结因素,该国内法只有同时具备其中至少一个联结因素,才能被作为准据法适用。《海牙公约》确定了以下四项法律适用规则:

第一,若以损害地所在国的国内法为基本的适用法律,则在该国同时符合下列情况之一时,才能适用损害地所在国的国内法,即:直接遭受损害的人惯常居住

地;被请求承担责任的人的主要营业地;直接遭受损害人取得产品的所在地。

第二,若以直接受害人的惯常居住国家的国内法为基本的适用法律,则在该国同时符合下列情况之一时,才适用直接受害人惯常居所国家的国内法,即:被请求承担责任的人的主营业地;直接受害人取得产品的所在地。

第三,若上述两条法院适用的规定所指定的法律都无法适用时,除非请求人根据伤害地所在国的法律提起诉讼,否则适用的法律应是被请求承担责任的人主营业地国家的国内法。

第四,若被请求承担责任的人证明他不能合理地预见该产品或他自己的同类产品经由商业渠道在伤害地所在国或直接受害人经常居住国出售时,则这两国的法律都不能适用,能适用的是被请求承担责任的人的主要营业地所在国的法律。这一规则显然考虑到了应避免过分损害被告的利益,限制了原告选择的法律。

《公约》还规定,适用的法律应确定下列基本内容:① 责任的依据和范围;② 免除、限制和划分责任的依据;③ 损害赔偿的种类;④ 赔偿的形式及其范围;⑤ 损害赔偿的权利可否转让或继承的问题;⑥ 可依自己的权利要求损害赔偿的人;⑦ 委托人对其代理人或雇主对其雇员行为所承担的责任;⑧ 举证责任;⑨ 时效规则,包括有关时效的开始、中断和中止的规则。

案例分析

[案情]

2013年5月8日,外高桥公司及中国船舶工业贸易上海有限公司(以下简称"中船公司")作为联合卖方,与买方新加坡太峰私人有限公司(PACIFICCRESTPTE. LTD.,以下简称"太峰公司"),在中国上海签订编号13SHPD08002的船舶建造合同,由外高桥公司建造"H1340"轮并出售与太峰公司。该合同约定,船舶的所有权和财产权及其发生损失的风险,仅在船舶按照约定建造完成后交付和被接收时转移给买方;双方明确在船舶有效交付前,船舶及其设备的所有权及发生损失的风险均由卖方承担。

2013年11月14日,原告签发编号PCAD××××××××××××××××的远洋船舶建造险及附加险保险单,载明投保人及被保险人为外高桥公司;承保船舶为"H1340"轮(包括在建造人船厂、船坞范围内所建造的船壳和机器等,以及由分承包人建造的被保险的船壳和机器等);保险金额××××××

×××美元;保险期间2013年11月18日至2015年5月30日。

2013年6月11日,外高桥公司、中船公司及上海外高桥造船有限公司(以下简称"外高桥船厂")作为买方,与乌斯坦公司作为供应商签订设计和设备供应协议,由乌斯坦公司为外高桥公司承建的"H1340"轮采购建造所需的众多设备,包括涉案主推进设备及发电机、泵类、通信导航等一系列其他船用设备。该协议定义条款载明,供应商为乌斯坦公司;买方为外高桥公司、中船公司和外高桥船厂;船东为太峰公司;造船厂为外高桥船厂;分供应商(SUBCONTRACTOR)为任何向供应商乌斯坦公司提供设备或其部件和调试的分供应商。

另该协议第24条约定,电子、电器和机械产品通用供货条款(ORGALIMES2000,以下简称"通用条款S2000")适用该协议并作相应修改和变更。第24.7条约定,通用条款S2000第22~37条的规定删除并以下述内容替换:对于设备中任何缺陷或不合格,供应商不承担任何责任;根据通用条款S2000第22~37条规定并经本协议第24.7~24.13条中修改的关于缺陷瑕疵责任的约定适用于本协议中规定的分供应商;供应商应促成分供应商接受此类缺陷瑕疵的直接责任;在设备到达交货地点的情况下,供应商在本协议第24.7~24.13条中规定的权利即转让与买方,买方接受此等转让;供应商应促成分供应商接受此等转让;设备到达船厂后至船舶交付前如有任何索赔,供应商在没有对缺陷瑕疵或其纠正行为承担任何责任的情况下应提供必要协助,并在买方发出适当通知后充当此类索赔的协调人,以便相关分供应商纠正缺陷瑕疵,供应商的责任仅限于上述协调;设备在船舶交付之后,买方应直接向分供应商处理设备中所有缺陷瑕疵的索赔,供应商无须参与其中,也不对此类索赔承担任何责任。第24.10条约定,对通用条款S2000第28条进行修正,即在原文"当缺陷瑕疵修补为必要时,买方应自费支付除产品自身以外的设备拆卸和重新组装而产生的其他费用"之后再增加以下内容:缺陷瑕疵修补而产生的其他费用,包括但不限于例如进出船坞、索具舾装等,均应由买方承担风险和费用。第24.18条约定,通用条款S2000规定与本协议条款冲突的,则以本协议条款为准。第25条约定,根据本协议第24条修订的通用条款S2000,买方有权在保修期内向船东转让任何买方可能对分供应商的权利,包括与任何部分设备有关的直接向分供应商索赔的权利,供应商应促成分供应商接受此等转让。

2013年6月21日,乌斯坦公司作为买方与被告作为供应商签订设备供应协议,由乌斯坦公司向被告采购"H1340"轮建造所需的主推进设备。该协议定义条款载明,供应商为被告;买方为乌斯坦公司;船东为太峰公司;船厂为外高桥船厂。

另该协议第8.8条约定,按照通用条款S2000第23~37条的规定,供应商应修补任何由于错误设计、材料或做工而导致的缺陷瑕疵或不合格;随着设备到达指定目的地,买方依照通用条款 S2000 第 23~37 条规定的权利转让给船厂;如果造船合同中的船舶交付之前产生针对供应商的索赔,在供应商收到买方的指示后,船厂可以直接向供应商提出索赔;如果造船合同中的船舶交付之后产生的索赔,所有此类索赔应由船厂或船东直接向供应商提出,买方对此类索赔没有任何义务牵涉其中;供应商在此确认接受上述转让。第 8.10 条(经第 29.3 条修改)约定,通用条款 S2000 第 30 条的规定删除并以下述内容替换:除非另有约定,供应商应当承担由其导致设备在非合同约定目的地(如未约定则为交货地点)发生的修理、拆卸、安装和运输任何合理的额外费用……为避免疑问,设备在船厂期间发现并按照经本协议修改后的通用条款 S2000 规定的应由供应商负责的缺陷瑕疵导致的所有费用,应由供应商承担;其他因修补缺陷瑕疵所产生的,包括但不限于进出船坞、索具舾装等此类费用,均应当由买方完全承担。第 8.12 条约定,通用条款 S2000 的规定与本协议条款冲突的,则以本协议条款为准。第 8.16 条(经 29.8 条新设)约定,通用条款 S2000 第 37 条在原文"重大疏忽"一词后加入"和故意渎职",即除通用条款 S2000 第 22~36 条规定的以外,供应商不对产品缺陷瑕疵负责,并适用于由缺陷瑕疵而导致的生产损失、利润损失、间接损失等,除非系由于供应商根据通用条款 S2000 第 15 条中规定的重大疏忽和故意渎职所致。该协议未修改通用条款 S2000 第 28 条和 29 条,即当缺陷瑕疵修补为必要时,买方自费支付除设备自身以外拆卸和重装而产生的其他费用;除非另有约定,与供应商负责的相关设备缺陷瑕疵补救所必要的产品或部件运输产生的风险和费用由供应商负担。

2016 年 6 月 13 日,上海双希保险公估有限公司(以下简称"双希公司")受原告委托就"H1340"轮左侧主推进设备轴封系统滑油内漏事故出具编号 DH-M-(15)010 的检验报告。该报告载明,2015 年 3 月 31 日,"H1340"轮左侧主推进设备轴封系统发现滑油内漏事故。为此,双希公司署名验船师于 2015 年 5 月 11 日及随后诸日前往外高桥船厂临港厂区及被告上海车间对前述事故进行现场检验和相关调查,以确定损坏程度、原因、性质和范围并评估合理的修理费用,相关内容具体如下:

1. 2015 年 5 月 11 日,双希公司前往外高桥船厂临港厂区并登轮对"H1340"轮受损的左侧主推进设备进行现场查勘和事故调查;同年 8 月 2 日,外高桥船厂来电通知该设备已由船上拆下并送至被告上海车间,计划于 8 月 4 日进行解体检修;8 月 4 日,双希公司随同船厂代表前往被告上海车间对该设备解体、检修进行进一步现场查勘;8 月 6 日,该设备解体完成,双希公司再次前往被告上海车间对损坏范围进行现场查勘并调查损坏原因。

2. 根据外高桥船厂代表述称并参考提供的主推进设备情况说明,上述事故相关经过了解如下:2014年7月,"H1340"轮左侧主推进设备到货外高桥船厂,经开箱外观检查验收后存放于租用的仓库中;同年11月,外高桥船厂安排该设备吊装上船并对轴封系统加注滑油;据称当时工作人员已注意到该设备轴封系统重力油柜油位持续缓慢下降,初步分析认为可能系因轴封系统中存有残余空气导致重力油柜油位下降;2015年3月31日,外高桥船厂安排对该设备进行密封性检查,发现该设备45#接口(安装手册图纸号)处油压无法维持稳定,遂将此情况报知外高桥船厂配套部,建议申请该设备厂家服务工程师进行检查、修理,并对"H1340"轮姊妹船"H1350"轮及"H1351"轮的主推进设备一并进行彻底检查;同年4月30日,"H1340"轮主推进设备厂家服务工程师在外高桥船厂临港厂区对该轮及其姊妹船主推进设备进行检查,确认轴封系统滑油内漏。

3. "H1340"轮配备的主推进设备规格如下:型号AZP085CPNBC16TMH,生产制造商被告(ROLLS-ROYC EMARINEAS),建造年份2014年,识别码RRM××××××××××,密封设备型号RADIALLIPSEAL(SIMPLEX品牌);该设备主要组成部分包括中间轴、上端齿轮模块、中间部分、推进单元、滑油系统、变螺距系统、重力油柜、液压模块等;中间部分与其内部传动轴之间设置有密封设备;推进单元(包括螺旋桨及下端齿轮系统)集成了桨轴密封设备;中间轴与上端齿轮模块使用法兰螺栓连接;推进单元与中间部分内部传动轴也通过螺栓连接;中间部分通过螺栓固定于船体机座上;当中间轴将主推进设备原动机动力传递至上端齿轮模块,再经斜齿轮变向后通过传动轴传递至推进单元;变螺距及回转操作由主推进设备液压模块辅助完成;上端齿轮模块与推进单元下端齿轮系统使用滑油系统进行冷却和润滑;中间部分设有的密封设备与螺旋桨桨轴密封设备使用重力油柜进行油封,防止水进入系统和滑油泄漏。

4. 经检验查明,通过向主推进设备45#接口(安装手册图纸号)注入压缩空气进行密封试验,发现有滑油从上端齿轮模块观察孔中溢出,进油管上的压力表显示压力约0.2 bar左右;船厂工作人员声称此处压力正常应稳定于0.5 bar(查阅主推进设备安装手册图纸,45#接口为主推进设备中间部分与其内部传动轴之间密封设备滑油进口);另据船厂工作人员称,"H1340"轮主推进设备运抵船厂时大部分部件已经组装完成,船厂仅仅是将设备吊装上船,然后将中间部分与船体连接部位使用螺栓固定,之后将推进单元与中间部分内部传动轴连接即可,安装过程中不会影响设备系统内部的密封设备;2015年8月4日、6日,左侧推进设备的上齿轮箱和中间壳体被运送至被告上海车间进行分解检修，外观未见任何异常，中间壳体下端安装的轴封于分解前观察未见任何损坏或异常；分解后经检查，轴封、轴承和齿轮等部件未见损坏；将轴封分解后查看，轴封部件包括密封圈未见明显损坏；现场生产制造厂家服务工程师确认轴封壳体无异常，泄漏处在密封环处；根据厂家试验结果，泄漏试验结果证实是内漏，遂对其密封环进行修理。

5. 基于上述检验发现，双希公司署名检验师根据经验对左侧主推进设备合理的修理方案建议如下：拆解设备需在船坞内进行；设备拆除及安装搭建必要的脚手架；设备拆除后送往厂家车间进行解体、检修；安装错误的密封环需换新后正确安装至相应位置；修理结束后应进行密性试验；运送至船厂装复并对设备轴封系统滑油密性进行试验。

6. 2015 年 8 月 21 日，外高桥船厂提交了编号 UL×××××××的被告检修报告，该报告中确认密封设备的密封环安装错误是造成此次事故的主要原因；结合现场检验发现，该报告对左侧主推进设备滑油系统内漏原因的判定是合理的；而鉴于该设备是由制造厂装配完成后整体运抵船厂的，因此密封环安装错误应是设备在制造厂的装配过程中发生的。

7. 2015 年 8 月 1 日，"H1340"轮于外高桥船厂临港厂区进坞；本次进驻的船坞为外高桥船厂向上海丰渡船务工程有限公司（以下简称"丰渡公司"）租用的浮船坞；因"H1340"轮无动力，由丰渡公司负责将浮船坞拖至船厂，然后再将该轮拖进船坞；该轮进坞后，船厂安排对左侧主推进设备进行拆解并送往被告上海车间进行解体修理；8 月 4 日，该设备拆下后送抵被告上海车间开始解体检修；因该设备车间修理周期较长，船厂在得到船东的允许后，将"H1340"轮姊妹船"H1351"轮同型号的主推进设备借用安装于"H1340"轮，最终于 8 月 9 日完成主推进设备装复、重新加油及试验后出坞；"H1340"轮拆下的受损主推进设备于 8 月 8 日在厂家车间完成解体检修，而后运抵外高桥船厂临港厂区安装至"H1351"轮。

8. 根据船厂方提供的"H1340"轮主推进设备采购合同条款中第 24.10 条（对通用条款 S2000 第 28 条进行修正）为"Other cost sincurred when rectifying defects, suchas, butnotlimitedto, docking, riggin getc., shall before the Buyers risk and account."，设备供应商负责对设备故障和缺陷的修理，但因该修理而发生的其他费用，如驻坞、吊装等费用将由买方承担；鉴于上述条款，船厂在除去该设备供应商所应承担的责任后，就"H1340"轮因本次事故所进行的二次进坞而产生的船厂服务费和修理费用提出索赔共计人民币×××××××元；以上述现场检验发现为基础，对船厂提供的索赔账单进行逐项评审，账单明细及评审意见如下：根据船厂方维修进出坞工程承揽合同,"H1340"轮本次所进驻的"东山"号船坞为外高桥船厂向丰渡公司租用的浮船坞,并由丰渡公司提供拖轮将浮船坞拖至船厂码头后完成"H1340"轮驻坞作业;该合同中同时约定了浮船坞使用费与拖轮作业费分别为人民币 450 000 元及人民币 300 000 元,前述该项费用合理;经查看船厂方提供的相关资料并考虑当前的市场行情,各工种计费单价可以认为合理;左侧主推进设备进坞拆装过程中,船厂配合项目各分项工程费用可以认为合理;船体涂层、油漆项目等各分项工程与左侧主推进设备拆装及修理无关,相应费用予以扣除;该轮二次进坞,船厂搭载部安排配合工程的工时及费用经逐项核对可以认为合理;该轮二次进坞总装部劳务费,其中第 37~44 分项与左侧主推进设备缺陷修理无关,相应费用予以扣除,其他各分项经与现场检验发现对比可以认为合理;该轮二次进坞及左侧主推进设备拆装、测试等工程需要船厂动能配合,考虑其拆装及测试等修理工程量,其所主张的动能费可以认为合理;船厂主张的脚手架搭设数量明显偏高,根据现场检验发现及以往经验,左侧主推进设备修理所需搭设的脚手架量约为 2 000 平方米,该项合理费用应为人民币 8 000 元;综上,"H1340"轮因左侧主推进设备滑油系统内漏事故进行的永久性修理所发生的合理费用应为人民币 961 615.27 元。

另该报告载明检验在场人员如下:外高桥船厂代表唐剑伟先生;外高桥船厂总装部工程师邹金宝先生;被告厂家服务工程师 MR. DrageCato。该检验报告附件如下:1."H1340"轮主推情况说明;2."H1340"轮主推进设备开箱验收记录;3."H1340"轮主推进设备领料单及清单;4."H1340"轮主推进设备修理方案;5. 被告服务工程师修理报告;6."H1340"轮主推进设备采购合同条款摘页;7."H1340"轮主推进设备修理账单;8. 2013 年外高桥船厂临港厂区各工种借工工价审查会议决议;9."H1340"轮主推进设备维修进出坞工程承揽合同及发票;10. 相关照片 24 张。

2016 年 5 月 25 日,外高桥公司向原告签署权益转让书,载明原告承保的"H1340"轮左侧主推进设备轴封系统滑油内漏出险受损,根据双希公司检验报告涉案事故应由被告负责赔偿;外高桥公司请求原告根据保险合同及条款将损失金额 132 917.46 美元予以赔付;外高桥公司收到前述金额款项后,将向被告的索赔权利自动转让与原告并负责协助追偿。同年 6 月 30 日,原告通过银行汇款保险赔付外高桥公司 132 917.46 美元。原告于本案诉讼中称,由于涉案保单以美元为货币单位,原告在双希公司检验报告中确定的费用损失金额人民币 961 615.27 元以内,刨非属承保范围的拖轮费增值税人民币 82 365.74 元、保险免赔额人民币 30 000

元进行扣除后(费用损失人民币 961 615.27 元—拖轮费增值税人民币 82 365.74 元—免赔额人民币 30 000 元＝人民币 849 249.53 元),再将此费用损失金额人民币 849 249.53 元按照外高桥公司提出保险理赔日期(2015 年 8 月 31 日)的美元与人民币汇率(人民币 849 249.53 元/汇率 6.389 3)折算,最终原告实际保险赔付外高桥公司 132 917.46 美元。原告提起本案诉讼后,向本院缴纳了案件受理费人民币 12 293 元,另为向被告送达应诉法律文书分别支付了外交送达翻译费人民币 34 200 元及公告费人民币 560 元。原告明确以侵权为由提起本案诉讼,要求被告承担船舶关键部件存在缺陷所致费用损失的赔偿责任。庭审中,原告就本案纠纷选择适用中华人民共和国法律,而被告认为应当根据供应协议中的具体约定来确定法律适用,双方未就本案纠纷的法律适用问题协议达成一致。此外,被告对其系"H1340"轮左侧主推进设备的生产制造商无异议;对 2015 年 8 月 4 日该设备从"H1340"轮拆卸下来之后送至被告上海工厂对其内部密封环进行维修的事实无异议;对双希公司检验报告第 13 页所载人员 MR. DrageCato 系被告工程师之身份无异议。

[问题]

本案争议焦点有三个:第一,原告就"H1340"轮主推进设备缺陷瑕疵所致的费用损失是否具有代位求偿权;第二,原告能否依据侵权法律关系要求被告承担主推进设备缺陷瑕疵所致费用损失的赔偿责任;第三,原告诉请费用损失金额的具体构成及其合理性。

[法律规定]

《中华人民共和国侵权责任法》第二条、第四十六条(现为《中华人民共和国民法典》第一百一十条、第九百九十一条、第一千二百零六条),《中华人民共和国合同法》第八十八条(现为《中华人民共和国民法典》五百五十五条),《中华人民共和国产品质量法》第四十一条,《中华人民共和国海商法》第二百五十二条第一款,《最高人民法院关于审理海上保险纠纷案件若干问题的规定》第十四条,《中华人民共和国民事诉讼法》第六十四条第一款,《中华人民共和国海事诉讼特别程序法》第九十三条、第九十四条、第九十六条,《最高人民法院关于适用〈中华人民共和国海事诉讼特别程序法〉若干问题的解释》第六十八条。

[法律运用及处理结果]

本案系船舶关键部件产品质量责任纠纷,原告作为保险人代位求偿并明确以侵权为由提起本案诉讼,而被告系境外主体,故属涉外海事侵权纠纷案件。根据《中华人民共和国涉外民事关系法律适用法》第四十四条的规定,"侵权责任,适用侵权行为地法律,但当事人有共同经常居所地的,适用共同经常居所地法律。侵权行为发生后,当事人协议选择适用法律的,按照其协议。"涉案纠纷系因"H1340"轮在中国上海建造过程中,该轮关键部件左侧主推进设备被销售并被发现存有缺陷瑕疵而产生,并由此导致本案诉讼。本案被侵权人的经常居所地、侵权行为地均在中华人民共和国境内。原、被告双方没有共同经常居所地,亦未就本案法律适用问题达成协议,而且原告以被侵权人身份亦未选择适用侵权人主营业地法律,故本案应当以中华人民共和国法律作为处理纠纷的准据法。

一、原告就"H1340"轮主推进设备缺陷瑕疵所致费用损失是否具有代位求偿权。根据《最高人民法院关于审理海上保险纠纷案件若干问题的规定》第十四条的规定,"受理保险人行使代位请求赔偿权利纠纷案件的人民法院应当仅就造成保险事故的第三人与被保险人之间的法律关系进行审理。"原告作为承保"H1340"轮船舶建造险及附加险的保险人,在涉案设备因缺陷瑕疵导致修理,并已向被保险人外高桥公司实际保险赔付由此所致相关费用损失后,依法取得代位求偿权,有权提起本案船舶关键部件产品质量责任纠纷之侵权诉讼。因此,被告关于涉案设备最终更换至其他船舶、涉案检验报告已明确排除供应商责任、原告未提供费用损失的有效证据,以及外高桥公司亦未按保险合同约定出示追偿文件等相关原告代位求偿权利不能成立的抗辩理由,缺乏法律依据,本院不予采信。但本案应就被告是否对涉案设备缺陷瑕疵导致外高桥公司相关费用损失承担侵权赔偿责任之法律关系进行审理。

二、原告能否依据侵权法律关系要求被告承担主推进设备缺陷瑕疵所致费用损失的赔偿责任。原告现诉请的费用损失系在涉案设备到达交货地点后,外高桥公司为维修该设备缺陷瑕疵而导致"H1340"轮重新进出船坞、拆卸装配该设备所产生的相关船坞、拖轮、脚手架、人工、劳务、动能配合等费用损失。根据外高桥公司与乌斯坦公司之间的设计和设备供应协议(以下简称"总供应协议")之约定,由乌斯坦公司为"H1340"轮采购建造所需,包括涉案设备在内的众多设备及部件。该总供应协议中的定义条款已明确载明,分供应商(SUBCONTRACTOR)为任何向供应商乌斯坦公司提供设备或其部件和调试的分供应商。该总供应协议签订后,乌斯坦公司再与被告签订涉案设备供应协议(以下简称"分供应协议"),由乌斯坦公司向被告采购"H1340"轮建造所需的主推进设备,并提供给外高桥公司。由此可见,被告系外高桥公司与乌斯坦公司之间总供应协议中最终为外高桥公司提供涉案设备的分供应商。另该总供应协议中经修改的通用条款 S2000 已明确载明,关于缺陷瑕疵责任的约定同样适用于分供应商被告。供应商乌斯坦公司应促成分供应商被告接受此类缺陷瑕疵的直接责任。而该总供应协议第 24.10 条明确约定,当缺陷瑕疵修补为必要时,买方外高桥公司应自费支付除设备自身以外的拆卸和重装而产生的其他费用,包括但不限于进出船坞、索具舾装等,均应由外高桥公司承担风险和费用。该总供应协议另约定,在设备到达交货地点的情况下,乌斯坦公司在该协议第 24.7~24.13 条中规定的权利即转让与外高桥公司,外高桥公司确认接受此等转让,乌斯坦公司应促成被告亦接受此等转让。而乌斯坦公司与被告之间的分供应协议中第 8.8 条同样约定,随着设备到达指定目的地,乌斯坦公司依照通用条款 S2000 第 23~37 条规定的权利转让给外高桥公司,被告确认接受上述转让。而且该分供应协议中将通用条款 S2000 第 30 条的规定删除并以下述内容替换:除非另有约定,为避免疑问,设备在船厂期间发现并按照经修改后的通用条款 S2000 规定的应由被告负责的缺陷瑕疵导致的所有费用应由被告承担,但其他因修补缺陷瑕疵所产生的,包括但不限于进出船坞、索具舾装等费用均应当由乌斯坦公司完全承担。

  由此可见,涉案总供应协议中就原告现诉请的前述外高桥公司为维修涉案设备缺陷瑕疵所致的相关船坞、拖轮、脚手架、人工、劳务、动能配合等费用损失的风险及承担之约定,除适用于供应商乌斯坦公司之外,同样还适用于分供应商被告,且外高桥公司与被告在总供应协议及分供应协议中均已分别确认相关上述费用损失的风险及承担之约定,即由乌斯坦公司转让与外高桥公司和被告,外高桥公司和被告均确认受让,故应可认定外高桥公司与被告之间就原告现诉请前述该等费用损失的风险归属、责任承担等问题已明确予以约定,即当涉案设备到达交货地点外高桥船厂后,由于设备缺陷瑕疵所致其自身以外的拆卸和重装而产生的其他费用,特别是重新进出船坞、重新索具舾装等费用均应由外高桥公司自行承担。而该约定并未违反法律规定,在外高桥公司、乌斯坦及被告之间当属有效。该约定所涉合同权利义务,在外高桥公司、乌斯坦公司及被告之间的转让与受让,亦符合《中华人民共和国合同法》第八十八条相关合同权利义务转让的规定。现原告作为保险人虽以侵权为由提起代位求偿诉讼,但其要求被告承担涉案设备缺陷瑕疵维修所致拆卸和重装而产生的其他费用的赔偿责任,属于被保险人外高桥公司与被告之间已经总供应协议及分供应协议明确加以约定的范畴,外高桥公司就此应当遵守和履行已有的明确约定,并按照约定处理涉案争议。《中华人民共和国侵权责任法》并未将合同债权列入该法保护范围,即侵权责任法不调整违约行为。对于前述外高桥公司为维修涉案设备缺陷瑕疵所致相关费用损失的风险及承担之问题,在外高桥公司与被告之间属已有明确约定的单纯合同债权,属合同法调整范围,而非属侵权责任法调整范围。

再者,《中华人民共和国侵权责任法》第四十六条规定,"产品投入流通后发现存在缺陷的,生产者、销售者应当及时采取警示、召回等补救措施。未及时采取补救措施或者补救措施不力造成损害的,应当承担侵权责任。"如对该条作反面解释,本案中分供应商被告已采取补救措施而未造成损害的,则不应承担侵权责任。《中华人民共和国产品质量法》第四十一条规定,"因产品存在缺陷造成人身、缺陷产品以外的其他财产损害的,生产者应当承担赔偿责任。"如对该条作反面解释,本案中被告提供的设备虽存有缺陷瑕疵,但未造成人身及该设备以外的其他财产损害,故被告亦不应承担侵权责任。被告所应承担的仅为修理、更换缺陷瑕疵设备及部件的合同责任。据此,涉案设备因密封环部件瑕疵所致船舶关键部件产品质量责任属已有明确约定的设备缺陷瑕疵之担保责任,此等缺陷的修理及瑕疵部件的更换须根据已有的明确约定进行处理。同样,原告依侵权所主张的费用损失均系为维修设备本身缺陷瑕疵而支出的船坞、脚手架等费用,该等费用损失承担之问题亦已有明确约定。在设备缺陷瑕疵本身的修理更换责任不能以侵权为由而主张的情形下,原告并无法律依据要求被告对船坞、脚手架等费用承担侵权责任。现被告作为该设备的分供应商及生产制造商,已按照约定承担了设备维修义务及由此所致其按约所应承担之费用,而消除了涉案设备因缺陷瑕疵所致的妨碍和危险。原告再以侵权为由提起本案诉讼,要求被告承担已有明确约定的维修设备缺陷瑕疵所致相关费用损失之赔偿责任,显然缺乏法律依据,对此本院不予支持。

三、关于原告诉请费用损失金额的具体构成及其合理性。原告在案已提供相应有效证据佐证涉案设备装配至"H1340"轮后因设备自身密封环存有缺陷瑕疵,进而导致该轮重新进出船坞并拆卸设备后送修,被告亦未就此提供相反证据予以推翻,且被告对其作为设备分供应商及生产制造商就设备拆卸后送至其上海工厂对内部密封环进行维修之事实亦无异议,故由此所致的相关船坞、拖轮、脚手架、人工、劳务、动能配合等费用系"H1340"轮重新进出船坞、拆卸设备所必然及实际发生的费用。虽原告委托双希公司对前述缺陷瑕疵及费用损失进行了检验评估,并已对其中不合理及非属承保范围的部分予以了扣除,被告亦未就此提供相反证据佐证该等费用损失存有不合理或明显畸高之情形,但鉴于原告代位求偿提起本案侵权损害赔偿诉讼无法律依据,故对其主张的各项费用损失不再予以分析认定,其相关要求被告承担本案诉讼产生的其他费用之诉请亦无法律依据,本院不予支持,本案件受理费依法应由其自行负担。

综上,依照上述法律规定,对原告中国人民财产保险股份有限公司上海市分公司的诉讼请求不予支持。本案件受理费人民币12 293元,由原告中国人民财产保险股份有限公司上海市分公司负担。

案例改编自"威科先行法律信息库之＊＊＊海事海商一审民事＊＊＊案号:(2017)沪＊＊民初619号"。

【本章思考题】

1. 简述产品责任的概念。
2. 简述产品责任法的基本特征。
3. 解释《美国产品责任法》中违反担保的含义。
4. 简述《海牙公约》规定的法律适用原则。

第九章　国际商事仲裁

教学要求

在国际商事活动中,由于双方分处于不同的国家或地区,合同的履行在很大程度上受各国政治、经济和自然条件变化等因素的影响,情况复杂多变,双方当事人在执行合同的过程中出现这样或那样的争议,是在所难免的。国际商事仲裁是处理争议的一种常用方式。通过本章的学习,学习者会了解在国际商事活动的交易方在采用仲裁方式处理争议时,该怎样签订国际商事仲裁协议,国际商事仲裁程序是如何规定的,以及各国仲裁庭的仲裁裁决是否能得到承认和执行等相关规定。

第一节　国际商事仲裁法概述

按照国际上的习惯做法,对于国际商事活动过程中发生的争议,可以采取协商和解、仲裁和司法诉讼三种不同的方式来处理。协商和解是指在争议发生之后,由双方当事人进行磋商,双方都作出一定的让步,在彼此都认为可以接受的基础上达成和解协议,消灭纷争。这种做法的好处是,无须经过仲裁和司法诉讼程序,可以省去仲裁和诉讼和麻烦和费用,而且气氛比较友好,有利于双方贸易关系的进一步发展。但是,在某些情况下,双方当事人虽然经过协商和调解,但仍然不能达成和解协议。比如,争议所涉及的金额巨大,双方都不肯作出太大的让步;或者一方有意毁约,根本没有协商解决问题的诚意;或者双方各执一端,相持不下,虽经反复磋商,仍无法消除纷争等。遇到这种情况,就必须采取其他办法来解决,或者是进行仲裁,或者是向法院起诉。

一、国际商事仲裁的概念和特征

（一）国际商事仲裁的概念

国际商事仲裁就是具有不同国籍，或者其营业地处于不同国家或地区，或者争议标的、法律关系具有国际性的双方当事人根据协议（仲裁协议），自愿把他们之间的争议交给双方所同意的第三者（仲裁机构）进行裁决，由其作出具有约束力裁决的争议解决方式。仲裁协议可以在争议发生之前或在争议发生之后达成。

仲裁是解决对外经济贸易争议的一种使用比较普遍的方式，它既不同于友好的协商和调解，也不同于司法诉讼。同双方当事人友好协商和调解的做法相比较，仲裁的特点是有仲裁员参加，而且仲裁员是以裁判者的身份而不是以调解员的身份对双方争议的事项作出裁决。这种裁决一般是终局性的，对双方当事人都有约束力。如果败诉一方不自动执行裁决，胜诉一方有权向法院提出申请，要求予以强制执行。

（二）国际商事仲裁的特征

仲裁之与诉讼而言有其固有的特征：

1. 国际仲裁的国际性

国际商事仲裁的争议双方当事人具有不同国籍，或者其营业地处于不同国家或地区，或者争议标的、法律关系具有国际性。这是它与国内仲裁的主要区别，这就决定了它要收国际国内的双重规范。

2. 国际商事仲裁提交仲裁争议的自愿性

仲裁是在自愿的基础上进行的，如果双方当事人没有达成仲裁协议，任何一方都不能迫使另一方进行仲裁；仲裁机构只能根据双方当事人仲裁协议受理提交给它处理的案件。

3. 国际商事仲裁审理灵活、迅速性

法院的法官都是由国家任命或由选举产生的，诉讼当事人都没有任意指派或选择法官的权利，而仲裁员则是由双方当事人指定的；按照有些国家的法律，仲裁员也可不必像法院的法官那样严格地适用法律，而可以按照商业惯例或所谓"公平合理"的原则对争议事项作出裁决。因此，对双方当事人来说，仲裁比司法诉讼具有较大的灵活性，有较多的选择自由，而且由于仲裁员一般多是贸易界的知名人士或有关方面的专家，对国际贸易比较熟悉，所以处理问题一般比较迅速及时。

4. 国际商事仲裁具有终局性

通过仲裁程序作出的仲裁裁决一般是终局性的，对争议双方当事人都有约束力，如果一方不执行裁决，另一方有权提出申请，请求法院承认裁决效力并强制执行裁决。

二、国际商事仲裁法的法律渊源

（一）《承认和执行外国仲裁裁决的公约》(Convention on the Recognition and Enforcement of Foreign Arbitral Awards)

为了解决各国在承认和执行外国裁决问题上的分歧，1923年国际联盟主持签订了《日内瓦仲裁条款》，1927年又在日内瓦签订了《日内瓦仲裁条款议定书》。二战后，在联合国的主持下，来自45个国际和有关国际组织的代表在纽约召开国际商事仲裁会议，并且通过了《承认和执行外国仲裁裁决的公约》，简称《纽约公约》，它总结了前两个公约的主要内容以及国际、国内仲裁立法的得失，反映了20世纪各国承认与执行外国仲裁裁决的主要实践，对各国相关立法、实践及其他有关条约影响很大，被誉为是"整个商法历史上最有效的国际立法实例"，是"国际仲裁大厦最重要的一根支柱"。截至1998年8月已有145个国家或地区批准加入和继承、适用该公约，这说明公约虽然不是完美无缺，却是行之有效的。透过国际条约这一形式，《纽约公约》实质上就是为世界各国提供了一整套简捷的承认与执行仲裁裁决的程序和条件，使得仲裁裁决的承认和执行富有效率。可以说，《纽约公约》代表了法院倾向于强制执行仲裁裁决的国际趋势，是商事仲裁国际性和普遍性优势的最重要的保证。

（二）《联合国国际贸易法委员会国际商事仲裁示范法》(Uncitral Model Law on International Commercial Arbitration)

《联合国国际贸易法委员会国际商事仲裁示范法》，简称《国际商事仲裁示范法》。1985年6月21日联合国国际贸易法委员会主持制定，1985年12月11日联合国大会通过批准该示范法的决议，其宗旨是协调和统一世界各国调整国际商事仲裁的法律。建议各国从统一仲裁程序法的愿望和国际商事仲裁实践的特点出发，对该示范法予以适当的考虑。

《国际商事仲裁示范法》共八章36条。第一章，总则（第1～6条）；第二章，仲裁协议（第7～9条）；第三章，仲裁庭的组成（第10～15条）；第四章，仲裁庭的管辖权（第16～17条）；第五章，仲裁程序的进行（第18～27条）；第六章，裁决的作出和程序的终止（第28～33条）；第七章，对裁决的追诉（第34条）；第八章，裁决的承认和执行（第35～36条）。

该示范法在国际商事仲裁的含义中对"国际性"进行了宽泛的解释，同时对什么是该法所称的"仲裁"也作出了解释，既承认机构仲裁，又承认临时仲裁。关于"商事"一词，该示范法没有在条文中作出规定，而是在注释里作了广义的解释，指明包括契约性和非契约性的一切商事关系,以使其涵盖所有具有商业性质的关系所产生的争议。商事包括但不限于:任何提供或交换货物与服务的商业交易;销售协议;商业代理;财务代理;租赁;工程建设;咨询;工程技术应用;许可;投资;融资;银行;保险;开采协议或特许使用;合资或其他形式的工商业合作;货物或旅客的空中、海上、铁路、公路运输等。

该示范法公布后,对各国的仲裁立法产生了巨大影响,对规范国际商事仲裁起到了积极的推动作用。随着经济全球化的发展,各国关于仲裁的国内立法以及由此所确立的仲裁制度日益趋同,许多国家或地区按照示范法的规定建立健全了仲裁法律制度,代替了原有的仲裁立法。如美国的许多州、加拿大、澳大利亚、俄罗斯、意大利、新西兰、英国以及中国的香港等,都以示范法为蓝本稍加修改或直接移植使用。中国1994年的《仲裁法》在起草过程中也参考了该示范法。

(三)《关于解决国家与他国国民之间投资争议公约》《Convention on the Settlement of Investment Disputes between States and Nationals of Other States》

《关于解决国家与他国国民之间投资争端公约》也称《华盛顿公约》,其宗旨是为国家与他国国民之间的投资争议提供便利。该公约在1965年3月18日,由世界银行执行董事在华盛顿通过,1966年10月4日正式生效。截至1995年底,该公约共有正式缔约国125个。我国已于1993年1月7日正式加入该公约。

第二节 国际商事仲裁的机构和规则

一、我国的国际商事仲裁机构和仲裁规则

(一)我国的国际商事仲裁机构

我国的国际商事仲裁机构主要是中国国际经济贸易仲裁委员会(中文简称贸仲委,英文简称CIETAC),又称中国国际商会仲裁院,是世界上主要的常设商事仲裁机构之一。它成立于1956年,原名为对外贸易仲裁委员会(简称贸仲委)。贸仲委于1980年改名为对外经济贸易仲裁委员会,后又于1988年改为现名,并于2000年同时启用中国国际商会仲裁院的名称。贸仲委设在北京,并在深圳、上海、天津、重庆、杭州、武汉、福州、西安、南、成都、济南分别设有华南分会、上海分会、天津国际经济金融仲裁中心(天津分会)、西南分会、浙江分会、湖北分会、福建分会、丝绸之路仲裁中心、江苏仲裁中心、四川分会和山东分会。贸仲委在香港特别行政区设立香港仲裁中心,在加拿大温哥华设立北美仲裁中心,在奥地利维也纳设立欧洲仲

裁中心。贸仲委及其分会/仲裁中心是一个统一的仲裁委员会,适用相同的《仲裁规则》和《仲裁员名册》。贸仲委《章程》规定,分会/仲裁中心是贸仲委的派出机构,根据贸仲委的授权接受并管理仲裁案件。根据仲裁业务发展的需要,以及就近为当事人提供仲裁咨询和程序便利的需要,贸仲委先后设立了29个地方和行业办事处。为满足当事人的行业仲裁需要,贸仲委在国内首家推出独具特色的行业争议解决服务,为不同行业的当事人提供适合其行业需要的仲裁法律服务,如粮食行业争议、商业行业争议、工程建设争议、金融争议,以及羊毛争议解决服务等。此外,除传统的商事仲裁服务外,贸仲委还为当事人提供多元争议解决服务,包括域名争议解决、网上仲裁、调解、投资争端解决、建设工程争议评审等。

(二)中国国际经济贸易仲裁委员会的仲裁规则

我国第一个仲裁规则,是对外贸易仲裁委员会1956年制订的《仲裁程序暂行规则》,这个规则使用了三十多年,其中有些内容已经不能适应对外开放的要求。因此,中国国际经济贸易仲裁委员会根据我国的法律和我国缔结或者参加的国际条约(如1958年承认与执行外国仲裁裁决公约),并参照国际惯例,对该规则进行了重大修改,制定了一项新的仲裁规则,称为《中国国际经济贸易仲裁委员会仲裁规则》。该规则由贸仲委先后于1988年、1994年、1995年、1998年、2000年、2005年、2012年和2014年八次修订规则。现行的仲裁规则于2015年1月1日起施行,与国际上主要仲裁机构的仲裁规则基本相同,全文共84条,主要内容包括总则、仲裁程序、裁决、简易程序、国内仲裁的特别规定、香港仲裁的特别规定以及附则。它在现行的《仲裁法》允许的范围内最大限度地尊重当事人意思自治。中国国际经济贸易仲裁委员会既可受理涉外和国际案件,也可受理国内案件;其受理案件的范围也不受当事人行业和国籍的限制。

二、外国及国际性的仲裁机构和仲裁规则

当今世界有100多个国家和地区有常设的国际商事仲裁机构,其一般可分为国际性、地区性、国别性等仲裁机构。

(一)国际性仲裁机构

1. 临时仲裁机构

临时仲裁机构(ad hoc arbitration tribunal),亦称随意的、偶然的仲裁组织形式。它是根据双方当事人仲裁协议所选定的仲裁员负责审理当事人之间的争议,并在仲裁裁决作出后即解散的一种仲裁形式。由临时仲裁机构进行的仲裁称为临时仲裁(或随意仲裁)(ad hoc arbitration)。

临时仲裁是仲裁历史上仲裁组织的最初表现形式。虽然现在常设仲裁机构在各国普遍存在,但通过临时仲裁庭解决争议的情况依然存在。在英国、美国、日本等地,这种随意仲裁还占有相当的地位。我国仲裁法对临时仲裁没有规定,事实上是不允许临时仲裁的。这种做法与国际上的做法不大一致。

2. 常设仲裁机构

常设仲裁机构(permanent arbitral institution),是专门为了解决国际商事争议而设立的专门性、永久性仲裁组织,一般具有自己的仲裁员名册,供当事人选择。仲裁员采用聘用制。由常设仲裁机构进行的仲裁称为机构仲裁(institutional arbitration)。常设仲裁机构不是政府或国家的司法机关,一般设立在工商贸易界中影响较大的商会组织内,或者附设在一些非政府间的国际组织或专业团体之下,多属于民间性质。常设仲裁机构有仲裁规则,设有秘书处,以进行日常工作。常设仲裁机构的日常组织和行政管理工作是临时仲裁机构所不具有的,有专门人员负责受理仲裁案件的申请、组织仲裁庭、传递文件证据、确定开庭日期、提供翻译、收取仲裁费用等。

(1) 国际商会仲裁院(The International Chamber of Commerce, ICC)系国际商会附设的国际商事仲裁机构,成立于1923年,总部设在巴黎。1998年生效的《国际商会仲裁规则》由国际商会在1988年《国际商会调解与仲裁规则》的基础上修订而来,后者中的调解规则在2001年修订为《国际商会友好争议解决规则》。国际商会仲裁院是当今世界上提供国际经济贸易仲裁服务较多和具有广泛影响的国际仲裁机构,是国际商事仲裁的一大中心。

(2) 解决投资争议国际中心(The International Centre for the Settlement of Investment Disputes, ICSID)于1965年在国际复兴开发银行的倡导下,签订了旨在解决有关国家与其他国家国民之间投资纠纷的《关于解决国家与他国国民之间投资争端公约》。该公约于1966年生效,目前已有近百个成员国。解决投资争议国际中心设在美国华盛顿,专门处理国际投资争议。

(二) 地区性常设仲裁机构

1. 美洲国家商事仲裁委员会

该委员会是拉丁美洲国家成立的一个区域性国际仲裁组织。1975年拉美12个国家签订了《美洲国家国际商事仲裁公约》。

2. 亚洲及远东经济委员会商事仲裁中心

该中心是由联合国亚洲及远东经济委员会组织设立并制定仲裁规则。该仲裁中心设在泰国曼谷。

(三) 国别性常设仲裁机构

1. 瑞典斯德哥尔摩商会仲裁院(The Arbitration Institute of Stockholm Chamber of Commerce, AISCC)

它成立于1917年,是瑞典全国性的仲裁机构。仲裁员现行的仲裁规则为1976年10月1日生效的《商会规则》。瑞典在政治上是中立国,国际上认为该仲裁院在解决东西方经贸争议问题方面是较理想的机构。中国国际贸易仲裁委员会已同该仲裁院建立了业务上的联系,并且建议我国的涉外经济合同双方当事人在选择第三国仲裁时,对该仲裁院以优先考虑。

2. 英国伦敦国际仲裁院(London Court of International Arbitration, LCIA)

它源于1892年11月23日成立的伦敦仲裁会,1903年4月2日改名为伦敦仲裁院,由伦敦城市和伦敦商会各派12名代表组成的联合委员会管理。1975年,伦敦仲裁员和女王特许仲裁员协会合并,1981年改为伦敦国际仲裁院。现由伦敦城市、伦敦商会和女王特许协会共同组成的联合管理委员会管理。现行《伦敦国际仲裁规则》于2014年10月1日生效。

3. 瑞士苏黎世商会仲裁院

它成立于1910年,设在瑞士的苏黎世,有《瑞士联邦苏黎世商会调解与仲裁规则》。该仲裁院既受理国内商业和工业企业之间的争议案件,也受理涉外经济贸易争议案件。由于瑞士在政治上是中立国,国际上较多的经贸纠纷都交给它仲裁。

4. 美国仲裁协会(American Arbitration Association, AAA)

它成立于1926年,总部设在纽约市,并在全国各地设立分会,是全国最大的综合性常设仲裁机构。美国仲裁协会是民间常设仲裁机构,有《商事仲裁规则》。它同我国仲裁机构建立了业务联系,中美两国仲裁机构成功地联合调解解决过两国贸易中发生的争议案件。

5. 日本商事仲裁协会(Japan Commercial Arbitration Association)

它成立于1950年,总营业所设在东京,在神户、名古屋、大阪和横滨也设有营业所。它有《商事仲裁规则》。该仲裁协会除进行仲裁工作外,还从事对仲裁人员的培训,同外国仲裁机构进行业务合作等项工作。日本商事仲裁协会同20多个外国仲裁机构保持联系,并订有双边协议。

6. 香港国际仲裁中心(The Hong Kong International Arbitration Centre, HKIAC)

香港国际仲裁中心成立于1985年,其目的是协助有纠纷的当事人通过仲裁或其他方式解决争议。它由香港主要的商业及专业人士组成,是亚洲解决争议的中心。香港国际仲裁中心受到香港商界和香港政府的慷慨资助但却是完全独立,并且在财政上自给自足。

香港国际仲裁中心是一个非牟利的有限担保公司。中心在一个由不同国籍、拥有各种广泛经验与技术的商业及专业人士组成的委员会领导下工作。中心的秘书长是其首席行政人员和登记主管,中心的行政工作皆由管理委员会通过秘书长进行。

7. 中国国际经济贸易仲裁委员会(下称仲裁委员会)(China International Economic and Trade Arbitration Commission,CIETAC)又称中国国际商会仲裁院。

它成立于1956年,原名为对外贸易仲裁委员会。仲裁委员会于1980年改名为对外经济贸易仲裁委员会,后又于1988年改为现名,并于2000年同时启用中国国际商会仲裁院的名称。仲裁委员会先后于1989年和1990年分别在深圳特区和上海市设立了深圳分会和上海分会,并于1999年在重庆、成都、长沙、福州和大连设立了5个办事处。仲裁委员会和其深圳分会和上海分会是一个整体,在整体上享有一个管辖权,适用统一的仲裁规则和仲裁员名册。

(四)仲裁规则

1. 联合国国际贸易法委员会仲裁规则

1976年在第31届联合国大会上正式通过了联合国国际贸易法委员会仲裁规则。这套规则是供双方当事人自愿选择使用的,它在任何国家都不具有普遍的法律约束力。由于联合国没有成立常设的仲裁机构,因此这项仲裁规则是供临时仲裁使用的,即适用于没有常设仲裁机构管理的仲裁。但是为了便于仲裁的进行,双方当事人也可以在仲裁协议中指定任何一个常设仲裁机构,委托它负责仲裁的行政管理工作。

2. 国际商会仲裁院和仲裁规则

《国际商会仲裁规则》明确规定,仲裁院的职责是根据规则,以仲裁方式解决国际性商务争议;如果有仲裁协议的明确约定,还可以仲裁非国际性商务争议。仲裁院本身并不直接解决争议,而是由经仲裁院任命或明确的仲裁员组成仲裁庭来解决。它的主要任务是:① 保证该院所制定的仲裁规则和调解规则的适用;② 指定仲裁员或确认当事人所指定的仲裁员;③ 决定对仲裁员的异议是否正当;④ 批准仲裁裁决的形式。仲裁院下设秘书处,由秘书长领导,作为仲裁院的日常工作机构。该规则全文共35条,其主要内容包括:仲裁的性质;仲裁程序的开始;仲裁申请与答辩的要求;仲裁庭;管辖权;仲裁员的确定、回避和替换;仲裁程序及法律适用;裁决的作出;仲裁费用等。

第三节 国际商事仲裁协议

一、国际商事仲裁协议的概念

国际商事仲裁协议是国际商事关系当事人表示愿意把他们之间的争议交付仲裁解决的一种书面协议。它是仲裁机构或仲裁员受理争议案件的依据。仲裁机构只受理有仲裁协议（或仲裁条款）的争议，不能受理无仲裁协议的争议。我国国际经济贸易仲裁委员会仲裁规则规定，仲裁委员会根据当事人在争议发生之前或者在争议发生之后达成的仲裁协议和一方当事人的书面申请，受理有关国际经济贸易的争议案件。

二、仲裁协议的种类

除有的国家，如美国并不否认仲裁协议可以口头形式存在以外，绝大多数国家的仲裁立法和实践以及国际条约都不承认所谓的"君子协定"，明确规定仲裁协议必须以书面的形式存在。在书面形式中，仲裁协议主要有以下几种类型：

（一）仲裁条款

仲裁条款（arbitration clause）是由双方当事人在争议发生之前订立的，表示愿意把将来可能发生的争议提交仲裁解决的协议，这种协议一般都包含在主合同内，作为合同的一项条款。这是目前国际商事仲裁协议普遍采用的一种形式。常设仲裁机构一般都拟定有自己的示范仲裁条款，推荐给当事人订立合同时采用。我国《中国国际经济贸易仲裁委员会仲裁规则》第五条第二款就规定："仲裁协议系指当事人在合同中订明的仲裁条款，或者以其他方式达成的提交仲裁的书面协议。"

（二）仲裁协议书

仲裁协议书（arbitration agreement or submission agreement）是指双方当事人为将来某项争议交付仲裁而订立的专门协议，这种协议独立于合同，一般是在争议发生之后才达成的。在国际上也有不将上述两种类型加以区分的，统称为仲裁协议。

（三）仲裁特别约定

仲裁特别约定即为双方当事人在往来信函，如电报、电传、电子数据交换和电子邮件中，同意交付仲裁的意思表示等，是双方当事人将争议交付仲裁的特别约定。

根据我国国际经济贸易仲裁委员会仲裁规则的规定,仲裁协议包括当事人在合同中订立的仲裁条款,或者以其他方式达成的提交仲裁的书面协议,两者具有同等法律效力。只要双方当事人在合同中订有仲裁条款,日后如果双方发生了争议,任何一方都可以根据合同中的仲裁条款提出仲裁,无需另外再签订任何同意提交仲裁的协议,只有在合同中没有订立仲裁条款的情况下,才要求双方当事人在提交仲裁之前达成一项提交仲裁的协议。世界上大多数国家的做法与我国的做法基本相同。

三、涉外仲裁协议的法律效力

涉外仲裁是指当事人依据仲裁协议,将涉外经济贸易、运输和海事中发生的纠纷提交仲裁机构进行审理并作出裁决的制度。仲裁协议是仲裁的基础,它的效力具体表现为仲裁协议对于仲裁当事人、仲裁机构以及仲裁裁决本身的作用和影响。主要包含以下几个方面:

(一)赋予并限制当事人的程序权利,排除法院的管辖权

当事人签订有仲裁协议的,当争议发生时,任何一方都有权提请仲裁,通过仲裁解决当事人之间的争议,这是仲裁协议赋予当事人的权利。如果没有仲裁协议,当事人则无权请求仲裁;若一方当事人在无仲裁协议情况下提请仲裁的,仲裁机构不予受理。同时,仲裁协议也限制了当事人选择诉讼的手段解决纠纷。订有仲裁协议的,当事人只能进行仲裁,且向仲裁协议约定的仲裁机构提请仲裁,而不能在法院提起诉讼。我国《民事诉讼法》第二百七十一条规定:"涉外经济贸易、运输和海事中发生的纠纷,当事人在合同中订有仲裁条款或者事后达成书面仲裁协议,提交中华人民共和国涉外仲裁机构或者在其他仲裁机构仲裁的,当事人不得向人民法院起诉。"

各国仲裁法也都有类似规定。

(二)赋予仲裁机构及仲裁庭对争议案件的仲裁管辖权

仲裁属于协议管辖,当事人选择仲裁是自治行为。通过仲裁协议,当事人赋予特定的仲裁机构或仲裁庭对特定的争议具有管辖权,仲裁庭进行审理并作出裁决必须以仲裁协议为依据。只有存在有效仲裁协议,并且在仲裁协议规定的争议范围内,仲裁庭才有权进行审理并作出裁决。

(三)强制执行仲裁裁决的依据

当事人在仲裁协议中一般都会规定双方承认仲裁裁决的效力,承诺主动履行仲裁裁决。对于一方当事人不履行仲裁裁决的,另一方当事人可以向有关法院申

请强制执行。申请强制执行时,除提交裁决书外,通常还必须提供仲裁协议的正本或经正式证明的副本。1958年《联合国关于承认和执行外国仲裁裁决公约》第4条规定,为了使裁决能在另一缔约国获得承认和执行,申请人应该在申请时提供:正式认证的裁决正本或经正式证明的副本,和仲裁协议正本或经正式证明的副本。只有有效的仲裁协议才具有上述作用。我国仲裁法律也有相应规定。

四、仲裁协议的内容

对于仲裁协议的内容,国际上没有统一的要求。但有一点是明确的,即协议的内容必须是具体明确的,以便在需要提交仲裁时,有遵循的依据,而不致引起争议。除此之外,各国有关仲裁的立法和各常设仲裁机构的规则,都在原则上承认双方当事人可以自由商定仲裁协议的内容,但同时也都在不同的程度上对之进行限制。如仲裁协议的内容不得违反一国公共秩序,不准许把一国法律规定不属于仲裁管辖的事项提交仲裁,不得在协议中规定将已提交仲裁的案件再向法院起诉等。因此,仲裁协议的内容不得违反仲裁地国家和其他有关国家的禁止性和强制性的规定。

仲裁协议的内容,无论是在合同中订立的仲裁条款,还是争议发生后提交仲裁的协议,其内容主要包括:

(一)仲裁意愿

仲裁意愿是当事人一致同意将争议提交仲裁的意思表示,标明当事人愿意接受特定的仲裁机构的审理,接受仲裁机构作出的合法有效的仲裁裁决的约束,并承诺自觉履行裁决的义务。

(二)提请仲裁的事项

即提请仲裁的争议范围。仲裁事项必须订得概括而且明确,不可遗漏。如果仲裁事项有遗漏,日后发生的争议超出了范围,则仲裁庭也无权审理。

(三)仲裁地点和仲裁机构

一般地说,在哪个国家仲裁,往往就要适用那个国家的仲裁程序法规;如果当事人对适用的实体法未作约定的话,则仲裁庭将根据仲裁所在地国的冲突规则确定应适用的实体法。这将对仲裁结果产生影响。如果约定临时仲裁庭仲裁,则应订明组成仲裁庭的人数及如何指定,亦即采用什么程序审理等;如果约定在常设仲裁机构仲裁,则应写明仲裁机构的名称。

(四)仲裁程序规则以及仲裁裁决的效力

仲裁程序。主要是规定进行仲裁的程序和手续,包括如何提出申请、如何指定仲裁员组成仲裁庭、如何审理、如何作出裁决,以及如何收取仲裁费用等。仲裁裁决的效力一般应订明是终局的,对双方均具有约束力。但也有国家规定经仲裁作出裁决以后,如败诉方起诉,法院仍可以受理,前提是当事人在仲裁条款中未明确排除法院干预。

有的还包括仲裁员人数及指定方法、仲裁适用的法律、仲裁费用的承担以及仲裁使用的语言等。

第四节 国际商事仲裁程序

一、我国的国际商事仲裁程序

根据《中国国际经济贸易仲裁委员会仲裁规则》(以下简称《仲裁规则》),有关仲裁程序的主要内容介绍如下:

(一) 受案范围

仲裁委员会根据当事人的约定,受理契约性或非契约性的经济贸易等争议案件。包括:① 国际或涉外争议案件;② 涉及香港特别行政区、澳门特别行政区及台湾地区的争议案件;③ 国内争议案件。

(二) 仲裁申请、答辩和反诉仲裁申请是提起仲裁的必要法律程序

根据《仲裁规则》的规定,仲裁委员会只受理当事人根据仲裁协议以书面方式提出仲裁申请的案件。申诉人在仲裁申请书中应写明下列内容:① 申诉人和被诉人的名称和地址;② 申诉人所依据的仲裁协议;③ 申诉人的要求及所依据的事实和证据。仲裁委员会仲裁院经审查,认为申请仲裁的手续完备的,应将仲裁通知、仲裁委员会仲裁规则和仲裁员名册各一份发送给双方当事人;申请人的仲裁申请书及其附件也应同时发送给被申请人。仲裁委员会仲裁院经审查认为申请仲裁的手续不完备的,可以要求申请人在一定的期限内予以完备。申请人未能在规定期限内完备申请仲裁手续的,视同申请人未提出仲裁申请;申请人的仲裁申请书及其附件,仲裁委员会仲裁院不予留存。被申请人应自收到仲裁通知后45天内提交答辩书。被申请人确有正当理由请求延长提交答辩期限的,由仲裁庭决定是否延长答辩期限;仲裁庭尚未组成的,由仲裁委员会仲裁院作出决定。被申请人未提交答辩书,不影响仲裁程序的进行。被申请人如有反请求,应自收到仲裁通知后45天内以书面形式提交。被申请人确有正当理由请求延长提交反请求期限的,由仲裁庭决定是否延长反请求期限;仲裁庭尚未组成的,由仲裁委员会仲裁院作出决定。

仲裁委员会仲裁院认为被申请人提出反请求的手续已完备的,应向双方当事人发出反请求受理通知。申请人应在收到反请求受理通知后30天内针对被申请人的反请求提交答辩。申请人确有正当理由请求延长提交答辩期限的,由仲裁庭决定是否延长答辩期限;仲裁庭尚未组成的,由仲裁委员会仲裁院作出决定。申请人对被申请人的反请求未提出书面答辩的,不影响仲裁程序的进行。

(三)仲裁庭的组成

仲裁庭通常由三人组成。仲裁庭由一名或三名仲裁员组成。除非当事人另有约定或本规则另有规定,仲裁庭通常由三名仲裁员组成。申请人和被申请人应各自在收到仲裁通知后15天内选定或委托仲裁委员会主任指定一名仲裁员。当事人未在上述期限内选定或委托仲裁委员会主任指定的,由仲裁委员会主任指定。第三名仲裁员由双方当事人在被申请人收到仲裁通知后15天内共同选定或共同委托仲裁委员会主任指定。第三名仲裁员为仲裁庭的首席仲裁员。双方当事人可以各自推荐一至五名候选人作为首席仲裁员人选,并于收到仲裁通知后15天内提交推荐名单。双方当事人的推荐名单中有一名人选相同的,该人选为双方当事人共同选定的首席仲裁员;有一名以上人选相同的,由仲裁委员会主任根据案件的具体情况在相同人选中确定一名首席仲裁员,该名首席仲裁员仍为双方共同选定的首席仲裁员;推荐名单中没有相同人选时,由仲裁委员会主任指定首席仲裁员。双方当事人未能按照上述规定共同选定首席仲裁员的,由仲裁委员会同其他条款分离的、独立存在的条款,附属于合同的仲裁协议也应视为与合同其他条款分离的、独立存在的一个部分;合同的变更、解除、终止、转让、失效、无效、未生效、被撤销以及成立与否,均不影响仲裁条款或仲裁协议的效力。被指定的仲裁员,如果与案件有利害关系,当事人一方应当自行向仲裁委员会申请回避,当事人也有权向仲裁委员会提出书面申请,要求该仲裁员回避。有关仲裁员回避的决定,由仲裁委员会主席作出。这些规定的目的,是为了确保仲裁的公正性,避免由于有利害关系的仲裁员参与仲裁而可能发生的偏差。

(四)应当开庭审理案件

仲裁审理按照《仲裁规则》第二十九条的规定,仲裁庭应当开庭审理案件。但是,如果双方当事人同意或提出申请,仲裁庭也可以不开庭审理,只依据书面文件进行审理,并作出裁决。仲裁庭开庭审理的日期,由仲裁庭与仲裁委员会秘书处商定,并于开庭前20天通知双方当事人。当事人如有正当理由,可以请求延期开庭,但必须在开庭前10天向仲裁委员会秘书处提出要求,由仲裁庭与仲裁委员会秘书处商议后作出决定,并通知双方当事人。仲裁地点如果有双方当事人书面约定仲裁地的,从其约定;如果当事人对仲裁地未作约定,仲裁委员会或其分会所在地为仲裁地;仲裁裁决应视为在仲裁地作出。仲裁庭在开庭审理案件时,不公开进行,如果双方当事人要求公开审理,则由仲裁庭作出决定。仲裁规则还规定,在仲裁庭开庭时,如果一方当事人或其代理人不出席,仲裁庭可以进行缺席审理和作出缺席裁决。仲裁裁决按照《仲裁规则》第四十二条的规定,仲裁庭应当在组庭之日起6个月内作出仲裁裁决书。凡是由3名仲裁员组成仲裁庭审理的案件,裁决应依多数仲裁员的意见决定,少数仲裁员的意见可以作为记录附卷。仲裁庭对其作出的仲裁裁决,应当说明裁决所依据的理由,并由仲裁庭全体或多数仲裁员署名。仲裁裁决是终局的,任何一方当事人都不得向法院起诉,也不得向其他机构提出变更仲裁裁决的请求。

二、外国的常设仲裁机构之全国性仲裁机构的仲裁程序

（一）英国伦敦仲裁院

伦敦仲裁院成立于1892年,是英国最重要的常设仲裁机构。英国伦敦国际仲裁院是国际社会成立最早的常设仲裁机构之一,在国际上享有较高声望。该仲裁院可受理任何性质的国际争议,尤擅长国际海事案件的审理。仲裁院备有仲裁员名单供当事人选择,这些仲裁员来自三十多个国家,均为有关领域的专家。

该仲裁院既受理双方当事人自愿提交仲裁的案件,也可以对法院转交的商事仲裁案件进行仲裁。仲裁院备有仲裁员手册,除当事人有不同的规定外,一般是由1名仲裁员进行仲裁。该院的一个特点是设有"应急委员会",在遇有紧急案件时,该委员会有义务立即指定1名仲裁员或公断人对有关案件进行审理。根据1998年1月1日起生效的《伦敦国际仲裁院仲裁规则》,当事人未就仲裁员人选达成协议时,由该院从其仲裁员名单中加以指定。在涉及不同国籍的当事人的商事争议中,独任仲裁员或仲裁庭主席不得与任何当事人国籍相同。开庭地点可设于伦敦,也可设于各方一致认可的其他地点。仲裁庭应以当事人选择的适用于其争议的实体法和法律规范裁决当事人的争议。若当事人未作选择,则应适用仲裁庭认为适当的法律。仲裁庭须以书面形式作出裁决,并应附具裁决所依据的理由。倘若仲裁由3名仲裁员组成而未能就任何事项达成一致意见,仲裁员应以多数作出决定。若未能以该方式作出决定,则由仲裁庭主席作出决定。仲裁庭可在不同时间就不同事项作出裁决,此类裁决具有与仲裁庭作出的其他任何裁决相同的法律效力。根据该院的仲裁规则,仲裁员的权力比较广泛,例如,当案件涉及外地市场价格时,仲裁员有权要求该地的商会、行业公会或政府有关部门提供物价证明书,并以此作

为仲裁的依据。对于纯属商品品质方面的争议,例如关于卖方所交付的货物是否符合货样或者是否符合合同规定的标准的争议,仲裁员可进行非正式和简易的审理,即仲裁员可把货物同货样或合同规定的标准进行比较,并于审阅有关单证后,无须听取双方当事人口头提出的证据或理由,即可作出裁决。

(二)美国仲裁协会

美国仲裁协会成立于1926年,它是由1922年成立的美国仲裁协会和1925年成立的美国仲裁基金会合并组成的。总部设在纽约,在美国24个主要城市设有分支机构。仲裁协会备有仲裁员名册,其中载有居住在全国一千五百多个城市的10 000名以上的各界人士的名单。按照该协会的仲裁规则,对仲裁员的国籍没有任何限制,而且还规定如在争议的双方当事人中有一方是美国以外国家的公民,则中立仲裁员(首席仲裁员)或独任仲裁员应由不同于双方当事人国籍的人员担任。如果双方当事人对指定仲裁员的方式没有达成协议,则由仲裁协会把仲裁员名单写成一式两份,分别送交双方当事人,双方当事人须于7天之内把不同意的人员从名单中划去,并在余下的名单中编列号码标明先后次序,退回仲裁协会,由仲裁协会参照双方当事人所标示的先后顺序代为指定仲裁员。如果当事人不按规定的时间退回名单,就认为是对名单全部同意没有异议。各方当事人对于仲裁员的人数如无约定,则由该协会指定1名独任仲裁员。争议标的巨大或案情复杂的,应指定3名仲裁员组成仲裁庭。若当事人就仲裁地点无法达成协议,则协会可初步选定,但仲裁庭有权在组庭后60天内最后确定仲裁地点。若当事人未约定应适用的法律,则仲裁庭应适用其认为适当的法律。涉及适用合同的仲裁,仲裁庭应按照合同的条款进行仲裁,并应考虑到适用于该项合同的贸易惯例。仲裁庭的任何裁决、决定或裁定在有1名仲裁员以上时,应由仲裁员以多数作出。在得到当事人或仲裁庭的授权时,首席仲裁员可以对程序问题作出决定或裁定,但仲裁庭可以改变。仲裁庭应以书面形式作出裁决,并应说明裁决所依据的理由。除作出终局裁决外,仲裁庭亦可作出临时裁决、中间裁决或部分裁决。

(三)瑞典斯德哥尔摩商会仲裁院

瑞典斯德哥尔摩商会仲裁院成立于1917年,是瑞典全国性的仲裁机构。由于瑞典在政治上是中立国,近年来该仲裁院已逐渐发展成为所谓东西方国际贸易仲裁的中心。我国从西欧、北美进口的成套设备合同,有相当一部分是规定在瑞典进行仲裁的。斯德哥尔摩仲裁院现行仲裁规则为1976年10月1日生效的《商会规则》,2017年进行了修订,现行仲裁规则自2017年1月1日生效。本次修订并非彻底改变仲裁院的仲裁程序,而是根据当事者要求,简化某些程序并将现有实践经验融入规则。具体措施包括引入简易程序、提供多重解决方案、引入行政秘书、仲裁员人数灵活化、案件管理会议、费用担保、效率和快速办案等。该规则对仲裁庭的组成、法律适用、仲裁裁决等问题作出了较为明确的规定。斯德哥尔摩仲裁院没有统一的仲裁员名单,对仲裁员的国籍没有任何限制,双方当事人可以指定任何国家的公民为仲裁员。双方当事人在仲裁协议中自行确定仲裁员的人数,奇数、偶数均可。按照该院仲裁规则的规定,双方当事人可以在仲裁协议中自行确定仲裁员的人数,如果双方当事人对此没有作出规定,则按 3 名仲裁员组成仲裁庭,由双方当事人对此没有作出规定,则按 3 名仲裁员组成仲裁庭,由双方当事人各指定 1 名,另 1 名须由仲裁院指定,并担任仲裁庭的主席。如果双方当事人事先预定由 1 名独任仲裁员进行审理,则该独任仲裁员亦必须由仲裁院指定。这是瑞典仲裁的一个特点,其目的是使仲裁院牢牢掌握决定仲裁庭主席和独任仲裁员人选的权力。仲裁庭必须在指定仲裁员之日起 1 年内作出裁决。仲裁裁决必须说明理由,否则法院有权以裁决的形式不符合法律的要求为理由予以撤销。当事人如对裁决有异议,可在收到裁决后 60 天内向法院提出,如果超过了上述法定期限,就不能再对裁决提出异议。

三、联合国国际贸易法委员会仲裁规则的仲裁程序

(一)仲裁庭组成

根据《联合国国际贸易法委员会仲裁规则》(以下简称《仲裁规则》)的规定,仲裁员的人数得是由双方当事人事先约定。如双方未约定选任 1 名独任仲裁员,则应指定 3 名仲裁员。如双方同意指定 1 名独任仲裁员,该仲裁员的国籍应不同于双方当事人的国籍。如须指定 3 名仲裁员,则由双方当事人各指定 1 名仲裁员,然后由被指定的两名仲裁员指定第 3 名仲裁员,并由其担任首席仲裁员。首席仲裁员的国籍应当不同于双方当事人的国籍,这是国际仲裁的习惯做法,其目的是保证独任仲裁员和首席仲裁员的中立性,防止他们因与当事人的国籍相同而在仲裁员袒护本国的当事人。

《联合国仲裁规则》的特点之一是,它在任何情况下都不会由于双方当事人不能就仲裁人员人选达成协议而影响仲裁的进行。其办法是由一个叫作"指定仲裁员的机构"可以由双方当事人在仲裁协议中指定,也可以由双方当事人在争议发生之后指定,如果双方当事人不能就"指定仲裁员的机构"达成协议,则任何一方当事人可请求海牙常设仲裁法庭秘书长任命"指定仲裁员的机构"。它可以是一个现存的仲裁组织或商业团体,也可以是某个个人。

（二）仲裁地点

仲裁地点得由双方当事人在仲裁协议中规定，如双方当事人未能就仲裁地点达成协议，则应由仲裁员根据具体情况决定仲裁的地点。

（三）适用法律

仲裁员应适用双方当事人规定适用于其合同的法律，如双方当事人对此未做规定，仲裁员可按其认为适用的法律冲突规则来确定应当适用的法律。但在任何情况下，仲裁员都应当考虑合同条款的规定和贸易惯例。

（四）仲裁程序

仲裁庭可以按照它认为适当的方式进行仲裁，但须平等地对待各方当事人，并且在仲裁程序的任何阶段都给予当事人以陈述其主张的充分机会。在程序进行中的任何阶段，倘任何一方要求仲裁庭听取证人包括专家证人的证词或进行口头辩论时，应即举行听证。倘无这一要求，仲裁庭应自行决定是否开庭听证或是否根据文件和其他资料进行仲裁程序。

仲裁庭考虑到仲裁情况，可在其认为合适的任何地点听讯证人和为仲裁员彼此间互相协商而举行会议。该规则还就仲裁所使用的文字、申诉书、答辩书、申诉和答辩的改正、对仲裁庭管辖权的抗辩、期限、证据和听证、临时性的保全措施、专家、迟误、听证的终止、对于适用规则的弃权等仲裁程序问题作出了规定。

（五）裁决、和解

在有3名仲裁员裁决的情况下，裁决应由多数仲裁员作出。裁决应以书面形式作成，除当事人双方同意无须说明理由外，裁决应附具理由。仲裁庭除作出终局裁决外，亦可作出临时性的、中间的或部分的裁决。仲裁庭仅在当事人双方同意的情况下，方得公开其裁决。仲裁庭应将由仲裁员签署的仲裁裁决副本送达双方当事人。

当事人任何一方在收到裁决后30天内，可于通知另一方后，要求仲裁庭对裁决加以解释。仲裁庭应在收到要求后45天内作出书面解释，该解释构成裁决的一部分。当事人任何一方在收到裁决书后30天内，可于通知另一方后，要求仲裁庭更正裁决中的任何计算上的错误、笔误、排印错误或任何类似性质的错误。仲裁庭可以在送达裁决后30天内主动作这种更正，且更正须以书面形式作出。在上述期间内，当事人一方在通知对方后，可要求仲裁庭就在仲裁程序中提出而未载入裁决书内的要求作成附加的裁决。仲裁庭如认为附加裁决的要求合理，且认为此项遗漏无须举行任何其他审理或获得其他证据即可修正的，应在收到要求后60天内完成其裁决书。

在作出仲裁裁决以前,如双方当事人同意和解,仲裁员可以发出停止仲裁程序的命令,也可以以仲裁裁决的方式记下调解的内容。

四、国际商会仲裁院

国际商会仲裁院的仲裁程序主要包括:无论是国际商会的会员国还是非会员国都可以采用该规则进行仲裁。

(一)仲裁申请

当事人如申请仲裁,可根据仲裁协议或仲裁条款直接向设在巴黎的国际商会仲裁院秘书处提出,也可以通过申诉人所在国的国际商会国别委员会转交该院秘书处。秘书处在收到申诉人的仲裁申请书后,应将申诉书的副本及有关文件送交被诉人。被诉人在收到上述文件后,应于30日内作出答复。

(二)仲裁庭

按照国际商会仲裁规则的规定,如果双方当事人已商定由1名独任仲裁员来处理他们之间的争议案件,但双方当事人不能就独任仲裁员的人选达成协议,则由仲裁院代为指定1名仲裁员。如应指定3名仲裁员,则双方当事人应各指定1名仲裁员并提请仲裁院予以确认,第3名仲裁员由仲裁院指定,并担任仲裁庭的主席。如双方当事人未能就仲裁员的人数达成协议,仲裁院可指定1名独任仲裁员进行仲裁。如一方当事人要求采用3名仲裁员,仲裁院将根据案情的重要性或复杂性对是否应当指定3名仲裁员进行决定。为了保证仲裁员的中立性,独任仲裁员或仲裁庭主席的国籍必须不同于双方当事人的国籍。

(三)审理事项

仲裁庭收到秘书处转来的卷宗后,应尽快根据当事人提供的文件,起草一份有关审理事项的文书,内容包括当事人的有关情况、当事人的请求、争议范围、仲裁员的情况、仲裁地点、仲裁可适用的程序规则等。该文件由双方当事人及仲裁员签字后递交给仲裁院,经仲裁院确认后,仲裁庭方可正式开始审理。

(四)法律适用

当事人可以自由约定仲裁庭处理案件实体问题所应适用的法律规则。当事人没有约定的,仲裁庭适用其认为适当的法律规则。但在任何情况下,仲裁庭均应考虑合同的规定以及有关贸易惯例。

(五)抗辩

如果一方当事人拒绝仲裁,仲裁仍应按仲裁规则的规定进行。如有人就仲裁条款是否存在及其有效性的问题提出抗辩,仲裁院只要认为有存在仲裁条款的初步证据,就可以下令进行仲裁。但这对于该项抗辩是否成立并无影响,关于这个问题应由仲裁员作出决定。仲裁规则还规定,仲裁员不因有人主张该合同无效或不存在而中止其对争议的管辖权,只要仲裁员认为仲裁条款是有效的,即使合同无效,但仲裁员仍可继续行使其管辖权,对双方当事人的权利、义务作出决定,并对他们的请求权和抗辩作出说明。在开始审理案件以前,仲裁员必须就其职责范围提出一份报告,送交仲裁院批准。除非双方当事人同意,仲裁院不能授予仲裁员作为友好调解人处理案件的权限。

(六) 仲裁裁决

裁决须以书面作成,除经双方当事人明示排除外,还应附具理由。裁决书的草案须经仲裁院批准,然后才由仲裁员签名,原则上仲裁院只审查形式,虽然它也有权就实体问题提出意见,但最后取舍的权利仍属仲裁员。仲裁裁决应在仲裁庭收到当事人签字的审理文件之日起 6 个月内作出,但在仲裁庭合理请求或仲裁院认为必要时,可以延长该期限。仲裁庭由数名仲裁员组成的,应根据多数意见作出裁决。如果不能形成多数意见,则裁决应由首席仲裁员独自作出。裁决应说明其所依据的理由。仲裁员在签署仲裁裁决前须将裁决草案交仲裁院审阅,后者一般只能作出形式修改或提醒仲裁员注意某些实质性问题。仲裁裁决一旦作出,秘书处应向双方当事人发送裁决文本。仲裁裁决是终局性的,当事人应当自动执行裁决,并放弃任何形式的上诉权。

第五节 国际商事仲裁裁决的承认和执行

一、承认与执行仲裁裁决的含义和方式

(一) 承认与执行仲裁裁决的含义

国际商事仲裁的承认与执行是指法院或其他法定的有权机关,承认国际商事仲裁裁决的终局约束力,并对不自觉执行的一方经申请予以强制执行的制度。国际商事仲裁作出后,在最理想的状况下,是当事人自动履行裁决结果。原则上当事人双方同意以仲裁方式解决纠纷,那么对于裁决结果就应该心悦诚服才是。但有些当事人在不利的裁决作出之后,会有所不平,甚至不自动履行该裁决。而在非裁决地国执行该裁决,更是困难。

仲裁裁决的承认与执行具有密切的关系。承认是执行的前提,一项外国(法

域)裁决如被执行,则其效力必然已得到管辖法院的承认,从这个意义上讲,"承认"被并入"执行"。但是,承认裁决并非没有独立的价值,裁决的承认并不必然导致裁决的被执行,如一项裁决的内容成为关联诉讼案的证据,法院承认它就足够了。1958年《承认及执行外国仲裁裁决公约》(以下简称《纽约公约》)第3条规定:"各缔约国承认仲裁裁决具有拘束力,并依援引裁决地之程序规则及下列各条所载条件执行之。承认或执行适用本公约之仲裁裁决时,不得较承认或执行内国仲裁裁决附加过苛之条件或征收过多之费用。"显然,公约肯定承认具有独立的价值,即承认裁决的拘束力是缔约国的一项基本义务。另一方面,仲裁的一方当事人如向法院就同一争议事项提出诉讼,另一方当事人可凭有效的仲裁裁决要求法院以"一事不再理"为由终结诉讼。总之,仲裁裁决的承认在于固定、确认裁决的效力,防止当事人反言;仲裁裁决的执行则是法院根据胜方当事人的申请,以查封、扣押、强行划拨银行存款等强制手段迫使败方当事人履行裁决。正因为如此,实践中,当事人主要是申请执行仲裁裁决。

通常说来,从一国的角度看,仲裁裁决的承认与执行包括三种情况:内国仲裁裁决在内国法院的执行、内国仲裁裁决(无论有无涉外因素)在外国的承认与执行、外国(或非内国)仲裁裁决在内国的承认与执行。就中国区际仲裁裁决而言,应只包括各法域相互执行彼此的仲裁裁决的情况。在"一国两制"的情形下,除非法律另有明确规定,确认外法域仲裁裁决的效力是不言而喻的,不必专门确立一套程序和条件。同时,各法域在执行本地仲裁裁决时,无须以与外法域协调为必要条件,不必纳入区际仲裁裁决的执行体制。

(二) 承认与执行仲裁裁决的方式

从国际实践看,承认与执行外国仲裁裁决的方式主要有三种:① 将外国仲裁裁决视为法院判决,除适用国际条约外,基本按执行外国判决的条件和程序予以执行。如欧洲的意大利、葡萄牙等国,拉丁美洲大多数国家以及亚洲的泰国、伊朗等一些国家采用这种做法。② 将外国仲裁裁决视为合同之债,这种做法在英美法系国家较为普遍,执行外国裁决要由当事人基于该裁决提出普通法诉讼。在这一方式下,外国裁决的执行要较上一种方式容易。③ 将外国裁决视为本国裁决。如法国基本上把执行内国裁决的规则扩大适用于外国裁决,日本也没有专门的承认及执行外国裁决的规则。

二、国际商事仲裁的承认与执行的法律适用问题

国际社会先后制定了多项区域性和全球性国际公约及文件,以加强统一国际

商事仲裁的承认与执行的实体立法。从而更有效地解决国际商事仲裁纠纷。这些国际公约及文件主要包括：联合国先后颁布的《联合国国际贸易委员会仲裁规则》《联合国国际贸易法委员会仲裁示范法》、世界银行1965年主持制定的《解决国家与他国国际民间投资争端的公约》、1958年联合国通过的《承认与执行外国仲裁裁决公约》（简称"纽约公约"）等。其中最为重要的当属"纽约公约"，目前已有约146个国家及地区加入该公约。我国也于1986年12月正式加入了"纽约公约"。该公约在解决国际商事仲裁的承认与执行上具有广泛的主导性重要作用。因此对该公约的必要了解就显得尤其重要。"纽约公约"在承认与执行国际商事仲裁方面的主要内容归纳如下：

（一）适用范围

公约适用于由于自然人或法人间的争议而在申请执行地国以外的国家领土上做出的仲裁裁决；仲裁裁决执行国认为该裁决是非国内裁决；对临时仲裁庭与常设仲裁庭所作裁决均可适用；作出裁决的争议不管是否属于契约性质，只要依缔约国国内法的规定为商事关系，亦可适用。

（二）缔约方的义务

缔约国应该相互承认与执行对方国家所作出的仲裁裁决。在承认与执行对方国家的仲裁裁决时，不应该在实质上比承认与执行本国的仲裁裁决提出更为苛刻的条件或征收更高的费用。

（三）当事人应当提交的文件

申请承认与执行裁决的另一方当事人应该提供原裁决的正本和经过证明的副本，以及仲裁协议的正本或通过适当证明的副本，必要时还应附具译本。

（四）仲裁裁决的拒绝承认和执行

拒绝承认与执行外国仲裁裁决方面即规定凡外国仲裁裁决有下列情况之一的，被请求执行国家的法院可以依照被诉人的请求，拒绝承认与执行：

（1）签订仲裁协议的当事人依对其适用的法律有某种无行为能力的情形，或该协议依当事人约定的准据法或当事人无约定时依裁决地国家的法律无效；

（2）当事人一方未接到关于指派仲裁员或仲裁程序的适当通知，或因其他原因未能对案件进行申辩；

（3）裁决所处理的争议并非交付仲裁的标的，或超出仲裁协议范围，但交付仲裁事项的裁决部分与未交付仲裁事项可区分时，裁决中关于交付仲裁事项的裁决部分应予承认和执行；

（4）仲裁庭的组成及仲裁程序与各方当事人间的协议不符，或无协议时与裁地国家的法律不符；

(5) 裁决对当事各方尚无约束力，或者已经裁决地国家或据其法律作出裁决的国家的主管机关撤销或停止执行。

申请承认及执行地国家的主管机关认定有下列情形之一拒绝承认与执行：

(1) 依该国法律，争议事项不能或不适合以仲裁方式处理；

(2) 承认或执行裁决有违该国公共政策或公共秩序。

三、我国在涉外商事仲裁承认与执行中的法律适用问题

我国有关处理涉外商事仲裁的立法，主要是国家立法机关制定的《中华人民共和国仲裁法》和《中华人民共和国民事诉讼法》，此外，还包括国家立法机关和有立法权的国家行政机关在其他的一些民商事立法中所规定的一系列有关商事仲裁条款。其中在承认与执行涉外商事仲裁方面所规定的主要内容归纳如下：

(1) 国外任何仲裁机构的裁决，需中国法院承认与执行的，应当由当事人直接向被执行人住所地或财产所在地的中级人民法院申请，人民法院依照中华人民共和国缔结和参加的国际条约或互惠原则办理；

(2) 经涉外仲裁机构作出的裁决，当事人不得再向人民法院起诉。如一方当事人不履行仲裁裁决的，当事人可向败诉人住所地或财产所在地中级人民法院申请执行；

(3) 胜诉的一方当事人向有管辖权的法院提出了强制执行的申请，法院在收到申请后只对裁决作形式审查。法院认为裁决在形式上和程序上符合法律要求，即发布强制执行的命令。对中华人民共和国涉外仲裁机构作出的裁决，被申请人提出证据证明仲裁裁决有下列情形之一的，经人民法院组成合议庭审查核实，裁定不予执行：① 当事人在合同中没有订有仲裁条款或者事后没有达成书面仲裁协议的；② 被申请人没有得到指定仲裁员或者进行仲裁程序的通知，或者由于其他不属于被申请人负责的原因未能陈述意见的；③ 仲裁庭的组成或者仲裁的程序与仲裁规则不符的；④ 裁决的事项不属于仲裁协议的范围或者仲裁机构无权仲裁的。人民法院认定执行该裁决违背社会公共利益的，裁定不予执行。仲裁裁决被人民法院裁定不予执行的，当事人可以根据双方达成的书面仲裁协议重新申请仲裁，也可以向人民法院起诉。

中国在加入国际的条约方面，主要是包括我国在内的约 146 个国家和地区加入的《纽约公约》。另外，我国还在与一些国家的双边经贸条约或司法协助条约中规定的相互承认与执行仲裁裁决的条款。这些公约和条款成为我国(外国)法院承

认与执行外国(我国)仲裁裁决的重要依据。我国在《纽约公约》中作了两项保留声明,即按照互惠基础上对另一缔约国领域内作出的仲裁裁决的承认与执行适用该公约,并只对根据中国法律认为属于契约性和非契约性的商事法律关系所引起的争议适用公约。而对于在非缔约成员国领土内作出的仲裁裁决,当事人请求我国法院承认与执行的,我国可根据有关外国与我国缔结的关于承认与执行仲裁裁决的双方的规定办理。在没有这种双边条约的情况下,我国法院可按互惠原则办理。如果既无条约又无互惠的,我国法院没有承担外国仲裁裁决的义务。

案例分析

[案情]

申请人 H 公司系中国公司,被申请人 S 公司系美国纽约州公司。申请人与被申请人自 2016 年 4 月 8 日至 2017 年 5 月 17 日共签订 21 份《国际货物买卖合同》,约定由申请人向被申请人出售床上用品,总价款为 1 493 270.14 美元。21 份《国际货物买卖合同》中明确约定:"(1) 任何因本合同而发生或与本合同有关的争议,应提交中国国际经济贸易仲裁委员会,……(2) 本合同适用中华人民共和国法律,FOB 等价格术语适用《2010 年国际贸易术语解释通则》(下称《Incoterms 2010》),信用证则适用《跟单信用证统一惯例(国际商会 600 出版物)》(下称《UCP600》),本合同使用的语言为中文。"

合同签订后,申请人按照合同约定出具了发票,并将货物及时运送给被申请人,被申请人应当向申请人支付 150 650.97 美元,但是,被申请人并未按照合同约定支付货款。申请人多次向被申请人催款,但被申请人拒不履行合同规定的义务,已经构成严重违约。基于此,申请人提出并明确如下仲裁请求:1. 裁决被申请人向申请人支付货款 1 150 650.97 美元;2. 裁决被申请人向申请人 支付律师费损失人民币 150 000 元;3. 裁决被申请人承担公证费人民币 4 870 元;4. 裁决被申请人承担本案仲裁费用。

[问题]

1. 缺席裁决问题,2. 申请承认与执行仲裁裁决程序中的缺席判决问题。

[法律规定]

《仲裁规则》第二十五条,《中华人民共和国涉外民事关系法律适用法》第四十一条,《仲裁规则》第五十二条第二款,《纽约公约》第五条第一款。

[法律运用及处理结果]

中国国际经济贸易仲裁委员会受理了上述仲裁案,案件编号为SHG20190266。2019年8月2日,仲裁委员会仲裁院以EMS全球邮政特快专递分别向申请人和被申请人寄送了《仲裁通知》(附英文翻译)、《仲裁规则》和《仲裁员名册》,同时向被申请人寄送了申请人提交的仲裁申请书及其附件、申请人主体身份证明材料及授权委托手续。寄送被申请人的地址为申请人提供的仲裁申请书中所载地址即地址1。后,寄送被申请人的上述函件未妥投。2019年8月30日,申请人提交"补充证据目录"及其附件。2019年9月2日,按照申请人提供的被申请人新送达地址即地址2,仲裁院以EMS方式重新向被申请人寄送了被退回的仲裁通知等材料。后,寄送被申请人的上述函件未妥投。2019年10月23日,按照申请人提供的被申请人新送达地址即地址3,仲裁院以EMS方式重新向被申请人寄送了被退回的仲裁通知等材料。邮件查询记录显示,上述函件于2019年10月28日妥投。根据《仲裁规则》第二十五条的规定,本案应由三名仲裁员成立仲裁庭进行审理。申请人选定陈先生担任本案仲裁员。由于被申请人未在规定期限内选定或委托仲裁委员会主任指定仲裁员,仲裁委员会主任根据《仲裁规则》之规定指定朱女士担任本案仲裁员。由于申请人和被申请人未在规定期限内共同选定或共同委托仲裁委员会主任指定首席仲裁员,仲裁委员会主任根据《仲裁规则》的规定指定林女士担任本案首席仲裁员。上述三位仲裁员在签署《声明书》后,于2020年4月7日组成仲裁庭审理本案。

2020年4月7日,仲裁院以EMS方式向双方当事人寄送本案组庭通知及其所附《声明书》。寄送被申请人的地址为地址3。后,寄送被申请人的上述函件未妥投。

2020年6月28日和2020年7月15日,申请人分别提交"关于:被申请人SUNBIRD USA INC送达地址"及其附件。仲裁庭经商仲裁院决定于2020年9月18日在上海开庭审理。2020年7月17日,根据《仲裁规则》有关视为有效送达的规定,仲裁院按照申请人确认的被申请人最后一个为人所知的联系地址及联系信息即地址4,委托某律师事务所向被申请人寄送(2020)中国贸仲京(沪)字第007319号开庭通知,并随函向其寄送前述被退回的组庭通知及其附件。该律所于2020年7月22日就向被申请人送达情况出具了委托送达证明。

2020年9月18日,仲裁庭如期在上海开庭审理本案。申请人委派代理人出席了庭审,被申请人经有效通知未派员到庭,亦未向仲裁庭说明不出庭的理由,仲裁庭根据《仲裁规则》第三十九条第(二)款规定,对本案进行了缺席审理。仲裁裁决及理由仲裁庭认为,根据《中华人民共和国涉外民事关系法律适用法》第四十一条的规定"当事人可以协议选择合同适用的法律。当事人没有选择的,适用履行义务最能体现该合同特征的一方当事人经常居所地法律或者其他与该合同有最密切联系的法律"。因此,仲裁庭认为,本案适用中华人民共和国法律法规,并在判断双方与银行对信用证议付或承兑或付款项下的责任和交货方面的责任,适用《UCP600》和《Incoterms 2010》。本案系争 21 份合同所涉交易是申请人与被申请人通过电子邮件方式沟通,制作电子版合同文本,并有双方代表签字、形成扫描件,再通过邮件发送。当事人在签订合同时均具有相应的民事行为能力,合同各条款系当事人经协商一致达成,为签约方共同的真实意思表示。当事人均应按照合同约定及相关法律的规定主张权利、履行义务和承担责任。仲裁庭认为,尽管本案中中信保已进行赔付,但其同意仍由申请人根据买卖合同向被申请人主张拖欠的货款及相关的所有权益,并将其获得的代位求偿的权利转给申请人行使。就本案买卖合同基础法律关系来看,被申请人拖欠货款已经构成违约,申请人有权根据合同约定和法律规定要求被申请人支付所有货款,并承担相应的违约责任。对申请人的第一项仲裁请求予以支持。根据《仲裁规则》第 52 条第 2 款的规定,"仲裁庭有权根据案件的具体情况在裁决书中裁定败诉方应补偿胜诉方因办理案件而支出的合理费用。仲裁庭裁定败诉方补偿胜诉方因办理案件而支出的费用是否合理时,应具体考虑案件的裁决结果、复杂程度、胜诉方当事人及/或代理人的实际工作量以及案件的争议金额等因素。"根据仲裁庭的前述认定,本案被申请人存在违约行为,故被申请人应承担申请人的全部律师费,即人民币 150 000 元。仲裁庭作出如下裁决:(一)被申请人向申请人支付货款 1 150 650.97 美元。(二)被申请人向申请人支付其为办理本案支出的律师费人民币 150 000 元。(三)被申请人向申请人偿付申请人为本案支付的公证费人民币 4 870 元。(四)本案仲裁费为人民币 209 695 元,由被申请人承担。美国法院判决及理由裁决作出后,S 公司没有履行裁决,H 公司遂向美国纽约南区联邦地区法院申请承认与执行上述仲裁裁决。2022 年 9 月 23 日通过纽约州州务卿向 S 公司送达了本案诉讼文件。S 公司既没有对申请作出答辩,也没有申请延长答辩。H 公司申请美国法院作出缺席判决,这一动议同样通过纽约州州务卿向 S 公司送达。美国法院认为,根据其上诉法院美国第二巡回上诉法院 D. H. Blair & Co., Inc. v. Gottdiener, 462 F. 3d 95, 109 (2d Cir. 2006)这一判例的要求,一般而言,在确认外国仲裁裁决程序中进行缺席判决是不恰当的。法院必须按照批准简易判决的标准审查申请书和证据材料。根据《纽约公约》的规定,申请承认和执行外国仲裁裁决的一方当事人应向法院提供经正式认证的最终裁决和仲裁协议的副本,以及经认证的译文,H 公司已经履行了其举证责任。而申请不予执行的一方当事人必须提出并证明存在《纽约公约》第五条第 1 款所列举的抗辩事由。S 公司未能以任何方式就此作出抗辩。除了上述规定列举的抗辩事由外,如果裁决违反了"公共政策"或"可仲裁性"问题,法院也可以依职权拒绝执行。本案中,S 公司签订了 21 份国际货物买卖合同。合同约定纠纷提交中国国际经济贸易仲裁委员会在上海进行"最终和有约束力的"仲裁,并按照其规则进行。H 公司正式提起仲裁后,仲裁委员会向 S 公司发出了通知。第一次的通知被邮寄到纽约市的一个地址并被退回,于是 H 公司又提供了 S 公司的第二个纽约地址。寄到该地址的邮件也被退回。仲裁委员会再次将通知寄往 H 公司提供的第三个地址,并 2019 年 10 月 28 日确认妥投。然而,S 公司没有以任何方式回应。根据仲裁规则,仲裁委员会委任了三人仲裁庭,并于 2020 年 9 月 18 日举行了庭审。S 公司收到了庭审通知,但既没有出庭也没有提交证据。2021 年 9 月 7 日,仲裁庭作出最终裁决。美国法院认为,上述最终裁决涉及的争议具有可仲裁性,该争议是根据双方合同中的书面仲裁条款提交给仲裁庭的,向被申请执行裁决的一方当事人获得了通知和庭审机会。该程序完全符合《纽约公约》的规定,故最终裁决并不违反公共政策,而且被申请人也没有存在其他执行抗辩理由。案涉最终裁决应予以承认及执行。

案例改编自采安律师事务所"2023 年第一案:中国贸仲委缺席裁决获美国纽约南区法院承认与执行"案号:〔2021〕中国贸仲京(沪)裁字第 0185 号裁决、High Hope Zhongtian Corporation v. SUNBIRD USA INC.(1:22 - cv - 07569 - PKC)。

【本章思考题】

1. 国际商事仲裁协议的含义是什么?
2. 简述仲裁协议的内容及法律适用。
3. 国际商事仲裁程序是如何规定的?
4. 各国仲裁庭的仲裁裁决是否能得到承认和执行?

参考文献

1. 戚伟平：《商事组织法》，上海财经大学出版社1997年版。
2. 朱立芬：《国际商法》，立信会计出版社2000年版。
3. 施一飞等：《国际商法》，立信会计出版社2005年版。
4. 吴建斌等：《国际商法》，上海财经大学出版社2020年版。
5. 韩宝庆等：国际商法（图解版），清华大学出版社2020年版。
6. 雷澳规斯特等：《国际商法》，机械工业出版社2021年版。
7. 韩永红：《国际商法理论与实务》，法律出版社2022年版。
8. 最高人民法院民法典贯彻实施工作领导小组：《中华人民共和国民法典合同编理解与适用》（一）（二）（三）（四），人民法院出版社2020年版。
9. 张文博：《英美商法指南》，复旦大学出版社1995年版。
10. 曹建明：《国际经济法概论》，法律出版社1994年版。
11. 沈四宝：国际商法教案，百度文库。
12. 福布外贸论坛（FOB BUSINESS FORUM）外贸政策。
13. 宋连斌：《我国内地与港澳台地区相互执行仲裁裁决若干问题探讨》，中国涉外商事海事审判网，2005年5月。
14. 《国际商事仲裁的承认与执行》，法律常识网，2010年1月28日。
15. 王学先：《国际商事法》，大连理工大学出版社1998年版。
16. 杜万华：《合同法·精解与案例评析》，法律出版社1999年版。
17. 国际私法统一协会：《国际商事合同通则》，法律出版社1996年版。
18. ［英］施米托夫：《国际贸易法文选》，中国大百科全书出版社1993年版。
19. 冯大同：《国际商法》，中国人民大学出版社1994年版。
20. 杨良宜：《国际货物买卖》，中国政法大学出版社1999年版。
21. 赵维田：《世界贸易组织（WTO）法律制度》，吉林人民出版社2000年版。
22. 王军：《美国合同法判例选评》，中国政法大学1995年版。

23. 郑成思:《知识产权法通论》,法律出版社1986年版。
24. 齐景升等:《国际技术贸易实务教程》,中国海关出版社2003年版。
25. 张学森主编:《国际商法》(英文版),复旦大学出版社2008年版。
26. 陈慧芳:《英国商务法律》,立信会计出版社2008年版。
27. 江平:《西方国家民商法概要》,法律出版社1984年版。